古代の信仰と社会

国士舘大学考古学会編

六一書房

はじめに

　国士舘大学を会場として開催した第71回日本考古学協会の総会において、「古代の信仰を考える」と題したテーマ会場を設けた。会場は立ち見で埋まり、資料集も不足し、こうした問題に対する関心の高さを改めて実感した。

　本書は、テーマ会場の資料集をベースとしたものであるが、新たに3人の方の論文を加え、さらに旧稿の加筆や新稿に改めるなどの改訂を行い、全面的に刷新をはかって刊行するものである。内容的にも、考古資料を中心として、生前における信仰から死後の世界に至るまでを、考古学と文献史学を専門とする方々に論じていただいた。

　日本の埋蔵文化財は、バブル期の大規模な土地開発の中で遺跡の保護に苦慮してきたが、一方で膨大な資料が蓄積され、研究体制や学問そのものは飛躍的に進展してきた。古代の信仰関係の研究領域もそのひとつである。かつて、ある高名な学者は、「奈良時代の仏教を国家仏教ということに異論はあるまい」と主張された。確かに、国家鎮護を目的とした1000ヵ寺に近い寺院が全国に立ち並び、『金光明経』や『大般若経』などがしばしば読誦・転読されている。しかしその一方で、『陀羅尼経』や『神呪心経』などの密部経典が好んで用いられ、個人の安寧を願った現世利益も盛んに求められたのである。

　さらに、官衙・道路・集落遺跡などの調査でも、膨大な量の信仰関連の遺物や遺構が蓄積されてきた。それらの遺跡からは、仏教・神祇・道教的信仰などを示すさまざまな遺物がみられ、しかも、それぞれの信仰が習合した状態で渾然一体となって出土する。そこでは、世界の宗教史上例をみない、神・仏・道が違和感なく同居し、その後における日本人の豊かな感性を形成する初期的段階の様相が、生々しく示されている。古代の信仰は、これまで考えられてきた以上に、重層的で複雑な様相を呈しているのである。その時代における社会の有様と信仰との問題は、相互に有機的に関連して進行するものであり、ひとつの社会をみるとき、信仰からの切口は重要な視点であると考える。

　末尾ではあるが、本書を刊行するにあたり、有限責任中間法人日本考古学協会、六一書房八木環一氏、天山舎石井雅男氏のご理解とご尽力に心からお礼申し上げる次第である。

　2006年6月20日

国士舘大学考古学会会長　須田　勉

目　次

はじめに ──── 3

考古編

平城宮・大嘗宮の諸問題　金子裕之 ──── 11

古代村落寺院とその信仰　須田　勉 ──── 35

境界と官道の祭祀──古代能登における検討事例──　小嶋芳孝 ──── 79

出雲の神社遺構と神祇制度　内田律雄 ──── 97

仏面・人面墨書土器からみた古代在地社会における信仰形態の一様相
　　　　　　　　　　　　　　　　　　　　　　　　高島英之 ──── 131

無頸壺形骨蔵器にみる諸問題　吉澤　悟 ──── 157

文献編

古代における道の祭祀　平川　南 ──── 187

刻書紡錘車からみた日本古代の民衆意識　宮瀧交二 ──── 203

竈神と墨書土器　荒井秀規 ──── 217

「鴨御神」小考──古代の農耕祭祀に関わる一資料──　三上喜孝 ──── 249

おわりに ──── 259

執筆者一覧 ──── 260

カバー図版　東大寺二月堂本尊光背菩薩像（模写）
表紙・大扉図版　群馬県沼田市戸神諏訪Ⅱ遺跡出土紡錘車刻書

古代の信仰と社会

考 古 編

平城宮・大嘗宮の諸問題

金子裕之

はじめに

　小稿では平城宮における大嘗宮遺構の基礎的検討を行い、大嘗祭に関する基礎史料である『儀式』にみる大嘗宮の制との関わりを明らかにする。

　大嘗宮とは大嘗祭に建てる仮設の宮殿のことである。大宝元年（701）に成立した『大宝令』の時代（令制下）、毎年の11月には稲の初穂を神に供える新嘗祭（神祇令仲冬条）を行うが、このうち即位直後の祭を大嘗祭と呼んで（神祇令大嘗条）、大嘗宮を特別に建て盛大に行った。大嘗祭は践祚大嘗祭ともいうように（『延喜式』巻7）、即位儀に関わり、令制下では最大の大祀である（衣服令諸臣条、内命婦条）。

　大嘗祭については『儀式』巻2-4（872～877年頃）、『延喜式』巻7（927年撰進）をはじめとして、歴代天皇の祭りに関して豊富な史料や図面があり、江戸時代以降はこれらによる膨大な研究がある。そうした研究を簡潔に総括したものに加茂正典の業績があり〔加茂1999〕、研究の全体と趨勢を総覧するのに便利である。

　大嘗宮については、幕末の勤皇家である裏松固禅『大内裏図考証』（巻3附録）に規模・構造に関する詳細な研究があり、これをもとにした建築史の分野からの蓄積がある。先鞭をつけたのは関野克であり、大嘗宮に加えて北野の斎院や外院など施設全般にわたる復元研究がある〔関野1939a・1939b〕。次いで福山敏男の大嘗宮正殿と住吉社との類似を強調した研究〔福山1984〕があり、近年では池浩三の祭儀用の仮設宮殿という観点からの研究〔池1983〕などがある。

　これらは図面を含めて文献史料による研究である。しかし、大嘗宮の研究にとって基本文献となる『儀式』は、成立が平安前期の9世紀後半に下り、その大嘗宮の制はどの天皇のいつのものか明らかでない。それゆえ大嘗宮や大嘗祭の成り立ちを再構成するためには、基本的な年代問題を解決することが必要である。この最良の手懸かりが平城宮で発掘した大嘗宮遺構である。

　大嘗宮遺構の発掘は二度ある。最初は1984・85年と1988年、平城宮第二次（東区）朝堂院の朝庭部分における発掘であり、それから20年後の2004・05年における平城宮第一次（中央区）朝堂院地区での発掘である（図1-a）。

　二度の発掘によって奈良時代の7代6天皇（孝謙・称徳は重祚）のうち、朝堂院地区に存在した6期の大嘗宮遺構が明らかになった。史学研究の鉄則は同時代史料の使用である。発掘遺構は歴

表1　奈良時代の大嘗祭略年表(記事は抜粋である)

日　時	関連記事
天武天皇 天武2年(673)12月5日丙戌	大嘗に侍奉れる中臣・忌部及び神官人等、ならびに播磨・丹波二国の郡司、亦以下の人夫等悉く禄を賜ふ。因りて郡司等に各々爵一級賜ふ。
天武5年(676)9月21日丙戌	神祇官奏して曰く、「新嘗の為に国郡を卜しむ。斎忌は尾張国山田郡、次は丹波国訶沙郡、並びに卜に食へり」。
天武5年(676)10月3日丁酉	相新嘗の諸神祇に祭幣帛る。
天武5年(676)11月1日乙丑朔	新嘗の事を以て告朔せず。
天武6年(677)11月21日己卯	新嘗す。
天武6年(677)11月27日乙酉	新嘗に侍へ奉りし神官及び国司等に禄賜ふ。
持統天皇 持統5年(691)11月24日？戊辰	大嘗す。神祇伯中臣朝臣大嶋天神寿詞を読む。
持統5年(691)11月28日丁酉	(略)神祇官の長上より以下、神部に至るまで、及び供奉れる播磨・因幡国の郡司より以下、百姓の男女に至るまで饗たまひ、絹等を賜ふ。
文武天皇 文武2年(698)11月23日己卯	大嘗す。直広肆榎井朝臣倭麻呂大楯を竪つ。直広肆大伴宿禰手拍楯鉾を竪つ。神祇官の官人、事に供する尾張美濃二国の郡司百姓等に賜物。
元明天皇 和銅元年(708)11月21日己卯	大嘗す。遠江但馬二国その事に供奉す。
和銅元年(708)11月23日辛巳	五位以上を内殿に宴し、諸方の楽を庭において奏し、賜禄。
元正天皇 霊亀2年(716)11月19日辛卯	大嘗す。親王已下及び百官の人等に賜禄。由機遠江、須機但馬の郡司二人位一階を進む。
聖武天皇 神亀元年(724)11月23日己卯	大嘗す。備前国を由機とし播磨国を須機とす。従五位下石上朝臣勝男・石上朝臣乙麻呂、従六位上石上朝臣諸男、従七位上榎井朝臣大嶋等、内物部を率ゐ、神楯を斎宮の南北二門に立つ。
孝謙天皇 天平勝宝元年(749)11月25日乙卯	南薬園新宮にて大嘗す。因幡国を由機国とし、美濃を須岐国とす。
淳仁天皇 天平宝字2年(758)11月23日辛卯	乾政官院に御して大嘗の事を行ふ。丹波国を由機とし、播磨国を須岐とす。
天平宝字2年(758)11月25日癸巳	閤門に御して五位已上を宴す。賜禄。
称徳天皇 天平神護元年(765)11月16日癸酉	廃帝淡路に遷り、天皇重ねて万機に臨む。ここにおいて、更に大嘗の事を行ふ。美濃国を以て由機とし、越前国を須岐とす。
天平神護元年(765)11月23日庚辰	詔して曰く、(略)又詔して曰く、今勅りたまはく、今日は大新嘗の直会の豊の明り聞こし召す日に在り。然るにこのたびの常より別に在る故は、朕は仏の御弟子として菩薩の戒を受け賜ひて在り(略)、次には天社・国社の神等をもいやびまつり、(略)と宣りたまふ。
光仁天皇 宝亀2年(771)11月21日癸卯	太政官院に御して大嘗の事を行う。参河国を由機とし、因幡国を須岐とす。(略)石上朝臣宅嗣(略)、榎井朝臣種人神楯鉾を立つ。(略)大中臣朝臣清麻呂神寿詞を奏す。(略)十一月二十三日乙巳、是日、五位已上を閤門前幄に宴す。賜禄。
桓武天皇 天応元年(781)11月13日丁卯	太政官院に御して大嘗の事を行ふ。越前国を以て由機と為し備前国を以て須機と為す。両国種々翫好の物を献じ、土風の歌舞を庭に奏す。五位已上賜禄。
天応元年(781)11月15日己巳	五位已上を宴す。雅楽寮の楽及び大歌を庭に奏せしむ。

表2　大嘗祭の次第(『儀式』『延喜式』による)

日　時	大嘗祭の次第
事前準備	黒酒・白酒を作る稲をとる悠紀国・主基国の卜定。準備にあたる悠紀・主基国行事所の設置。
8月上旬前〜9月下旬	北野斎場(平安京の北郊)を卜定。方48丈の斎院内外院・服院・雑殿地を点定。大嘗宮の材を取る山野卜定。 悠紀・主基の外院・内院、服院などを設け、雑殿を立てる(7間の庁、7間の酒屋、5間の人給屋等)。 近くに大嘗会所(官人の準備作業所、起居の場)を設置。
8月上旬	大祓使を卜定。諸国に派遣し大祓を行う。
8月・9月上旬	由加物使(由加物は儀式に使用する雑器、天皇が食す雑贄。由加物使はその製作・採取を監督)を畿内に派遣。
8月下旬	抜穂使(神祇官人)を悠紀・主基国に派遣。両国の斎場で抜穂に従う男女(造酒童女・稲実公ら)を卜定。 田の近くに斎場を作る。抜穂の後、9月上旬、北野の斎場にいたる。
9月上旬	神服使を駿河国に派遣、天皇が着る神服を織る服長・織女などを卜定。服長ら10月上旬に上京する。
9月下旬	内院の雑殿を造る(8間神座殿、稲実殿、片葺御倉など11棟。黒木柱に萱葺)。
10月上旬	北野斎場の御井、童女(さかつこ)井を掘る。悠紀・主基国の稲と男女により酒を醸す。
10月上旬	卯日の神事用の酒を悠紀・主基内院で醸す。御禊。御禊座は5丈幄2宇を並び立て、皇太子幄、神祇官幄など。
10月中旬	服院の中に悠紀・主基の神服院(黒木柱、萱葺)を設け駿河国の神服女・服丁が神服を織る。大嘗宮の材を取る。
10月下旬	外院に大嘗宮の雑殿を構える。天皇が斎場近くの川で禊。人々11月1日から1月間の物忌(散斎)。
11月下卯10余日前	大嘗宮の料の雑材、萱を朝堂第二殿前に置く。
11月下卯7日前	龍尾道の南庭を鎮祭し、大嘗宮を造り始め、5日の内に終わる。 大嘗宮＝東西21丈4尺、南北15丈。中分し東は悠紀院、西は主基院。構えるに黒木とし青草(あおがや)等を葺く。 木工寮大嘗院以北に横5間の廻立殿を造る。柱は黒木、板を葺き、苫で覆う。
11月卯日前日	承光・顕章堂(3堂)前に小斎人7丈幄1宇(縦)、暉章堂(東5)前に参議以上・五位以上5丈幄2宇(横)、参議以上幄の北に皇太子軽幄、修式堂前(西5)に親王・五位以上5丈幄2宇(横)を、廻立殿の北に内侍5丈幄1宇を建つ。
11月卯日前日	鎮魂祭(天皇の霊魂を身体に鎮める祭)を行う。
11月卯日	石神・榎井・伴・佐伯氏ら大嘗宮門左右に神楯・戟を立て、楯下の胡床に就く。神祇官・国郡司ら悠紀・主基両国の供物が行列し、北野斎場から七条の衢・朱雀門を経て大嘗宮に向かう。神祇官両国の供物を率いて大嘗宮南門の外に至り、左右に分かれ北門に到る。
11月卯日夜	天皇は廻立殿で浴湯、祭服を着し、悠紀正殿に入り神饌を共し、御饌につく。御衾(まどこふすま)の儀？ 吉野国栖、檜笛工ら門前の版位に就き古風を奏し、語部古詞を奏す。皇太子以下版位に就き跪座拍手4度。 再び廻立殿で浴湯、祭服を着し主基正殿に赴く。右と同儀式を終え、廻立宮を経て宮に戻る。 大嘗宮の門を閉じる。
11月辰日朝	大嘗宮の鎮祭・解体。跡地の鎮祭。大殿祭を仁寿殿で行う。

11月辰日	豊楽院悠紀帳にて中臣が天神寿詞を奏し、忌部が神璽之鏡剣を奉る。天皇に御膳を供し、五位以上を饗し、風俗歌舞を奏す（悠紀の節会）。
11月巳日	豊楽院主基帳にて中臣が天神寿詞を奏し、忌部が神璽之鏡剣を奉る。天皇に御膳を供し、五位以上を饗し、和舞、風俗舞、田舞を奏す（主基の節会）。
11月午日	豊楽院の悠紀・主基帳を撤し、高御座を設け、悠紀・主基国司に叙位、久米舞など奏す（豊明の節会）。
11月未日	六位以下、二国の郡司以下に叙位、賜禄。
11月晦日	在京諸司の大祓。
12月上旬	両国で御膳の8神を祭り、斎郡の解斎解除を行う。

代天皇の大嘗宮跡そのものであり、大嘗宮研究にとって最高・最大の資料である。前後の発掘調査では即位式に関わる宝幢や儀仗の遺構なども検出しており、こうした遺構群から考古学的に大嘗祭を再構成する途が開かれたのである。

考古学による大嘗祭の再構成は将来の課題として、ここではその一環として、『儀式』にみる大嘗宮の制度がどこまで遡るのかに焦点を絞って平城宮の大嘗宮遺構を分析し、結果と課題についての見通しを述べたい。

結論を先に示すと、『儀式』が描く大嘗宮の宮殿構造は8世紀後半にはほぼ成立する。しかし、廻立殿や幄舎、外庭など大嘗宮付帯施設はこれより遅れ、一部は平安初期に下る可能性がある、というものである。

これは『儀式』などによる研究では未解明の部分であり、発掘調査による新知見によって大嘗祭の発展過程を再構成する手懸かりは格段に増加したのである。

1 大嘗宮とは──史料にみる大嘗宮──

（1）大嘗祭の始め

即位儀礼の一環としての大嘗祭は、7世紀後半の天武朝に始まる。日本書紀の天武2年（673）年12月条は大嘗に関する最初の史料であり、それまでは年ごとの祭りも即位に伴う祭りもともに「新嘗」であった。天武紀では新嘗と大嘗の明確な使い分けがあるが、大嘗祭の特徴とされる悠紀・主基国の国郡卜定は両祭でともにみられる。すなわち大嘗祭では悠紀・主基国を卜定し、両国の斎田からの稲米をもって大嘗神事に用いる飯や酒の料とする。大嘗の始めとなる天武2年では悠紀・主基は播磨と丹波であるが、国郡の卜定は天武5年（676）9月、天武6年11月の新嘗でもある。このことからみても天武朝の大嘗と新嘗には後世のような相違はなく、規模も似たものだという〔加藤 1980〕。

大嘗の記録は天武以降の各天皇の即位記事にみえる。持統5年（691）11月条には持統女帝の、文武2年（698）11月条には文武天皇の大嘗がそれぞれみえており、これが令制大嘗祭の原型となるのであろう（表1）。

（2）大嘗祭の次第

次に大嘗宮を理解する前提として「践祚大嘗祭儀」（『儀式』巻2－4。以下『儀式』と略）から大嘗祭の次第を要約し、解説を少し加えておこう。

大嘗祭は即位が7月以前の時はその年の11月に、8月以後の時は翌年に行う原則であった。これは大きく事前の準備と、卯日の大嘗宮儀、その後の節会に分かれる。事前の準備は大内裏の北方にあたる北野斎場が主体であるが、卯日以降は舞台が宮内の朝堂院朝庭と豊楽院に移る。

大嘗祭の中核は11月卯日の夜の大嘗宮儀である。大嘗宮の北にある廻立殿で湯浴み（禊ぎ）をした天皇が、悠紀・主基の両正殿で神饌を神とともに食する。この悠紀殿の悠紀は「斎城」の意味で斎み清められた神聖な一区域を指し、主基殿の主基は「次の悠紀」の意味である〔西宮 1978〕。

大嘗祭の本質が悠紀・主基殿の儀にあるとする点は諸説が共通するが、祭の本質については大きく二説が対峙している。一方は折口信夫説の系統で、悠紀・主基正殿に設える御衾を『日本書紀』の天孫降臨神話にみえる真床覆衾と同じであり、ここでの秘儀が天皇霊の復活再生に連なるとし〔折口 1966〕、この大嘗の儀に何らかの秘儀を認める説〔井上光貞ほか校注 1976〕、聖婚の場とする聖婚説〔岡田精司 1989ほか〕などがある。これに対して岡田荘司説は、御衾は神座の設えであり祭儀の本質は夕御饌・朝御饌の共食にあるとし、折口説とその亜説を批判する〔岡田荘司 1990、加茂 1999〕。

（3）大嘗祭の設営

大嘗宮は朝堂院の朝庭、八省院朝堂の第1・2堂の前に設置し、祭の7日前に造り始めて5日の内に終わり、大嘗祭の終了と同時に解体する規定であった。

大嘗宮の構造は南北15丈（約45m）、東西21丈4尺（約64.2m）の柴籬で囲んだ中央に中垣を設けて東を悠紀院、西を主基院とし、中垣の南と北、悠紀・主基院の東西やや北寄りにそれぞれ一門を開き、東西門の外側には目隠し塀を建てる。

そして悠紀・主基両院の内部はさらに南北2区画に分け、北には臼屋と膳屋、神服柏（栲）棚を、南には正殿と厠を各々建て、中垣に向けて小門を開くものである。大嘗宮の縦横の比は $1:\sqrt{2}$ の関係にある〔関野 1939a・1939b〕。

なお、『儀式』大嘗宮の復元については、大嘗宮に開く門の有無・位置に裏松説と関野説とで微妙な違いがある。『儀式』の本文からみる限り関野克説が合理的であり、図1－dはこの観点による。

悠紀院・主基院の正殿は南北棟建物、他は東西棟建物であり、『儀式』はその規模を「五間正殿一宇、長四丈広一丈六尺」などと記している。4丈を5間で除すと柱間寸法が8尺（約2.4m）となり、梁間の1丈6尺は2間となるので、以下では裏松固禅や関野等の先行研究に従って、正殿と膳屋が桁行5間・梁間2間、臼屋が桁行3間・梁間2間などと記す。

正殿の内部は間仕切りし、3間の室と2間の堂にする。この室での大嘗儀が大嘗祭の本質で

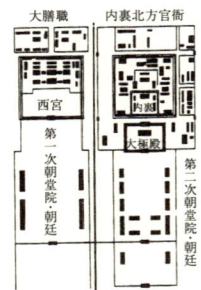
a 平城宮復元図と二つの朝庭の位置

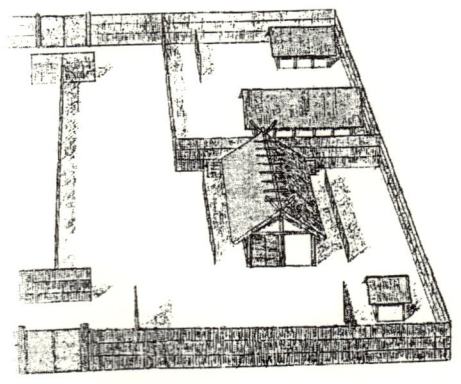
b 大嘗宮悠紀院復原図（岩永省三画）

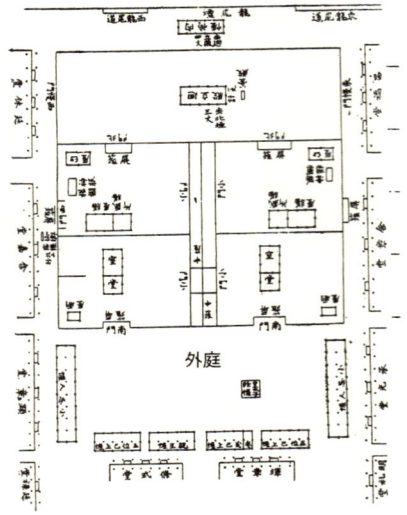
c 大嘗宮復元図（『大内裏図考証』の復元）

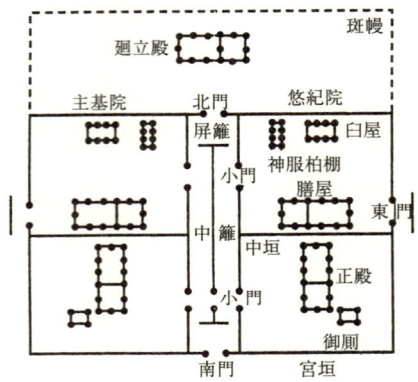
d 『儀式』による大嘗宮復元図〔奈文研 2005〕

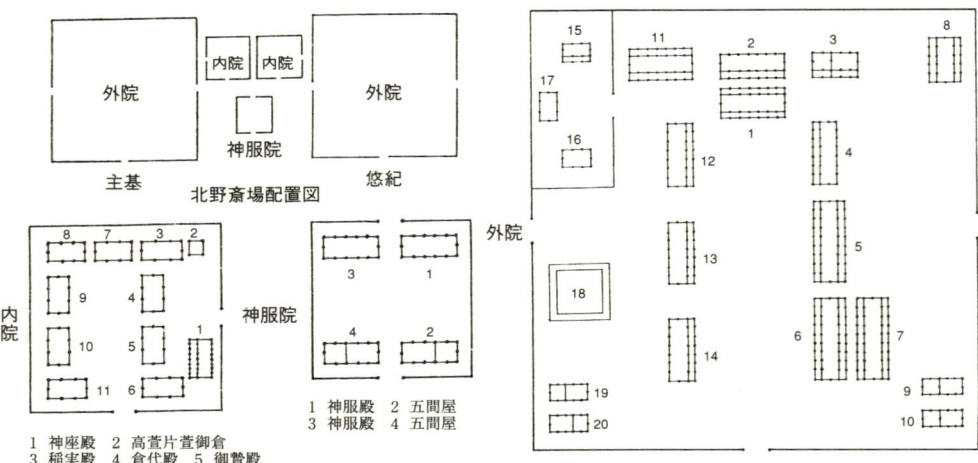
e 大嘗宮外院復元図（池 浩三『家屋文鏡の世界』 1983、128～129頁）

図1　平城宮の大嘗宮跡と大嘗宮復元図

あり、ハイライトであることはすでに述べた。

　大嘗宮の北には廻立殿がある。天皇が湯浴みをし神服(かむみそ)に着替える廻立殿は、周囲に斑幔(まだらまく)を巡らせ、廻立宮と呼ぶこともある(『延喜式』巻7、廻立殿条)。廻立殿は桁行5・間梁間2間の東西棟建物であり、正殿と同様に内部を間仕切りし3間と2間とする。

　大嘗宮柴垣の南と北には柱間1間の門がそれぞれ開く。卯日の当日、両門には石冲・榎井・伴・佐伯氏らが神楯・戟（鉾）を立てた。

　楯や鉾の樹立は大儀における荘厳であり、即位儀、元日朝賀儀と同じである。その記録は文武2年（698）11月の文武大嘗祭や、神亀元年（724）11月の聖武大嘗祭にもみえ、また、元明女帝の和銅元年（708）の歌もそれを示唆する。

　ますらおの鞆の音すなりもののふの大臣楯立つらしも（『万葉集』巻1-76）

　折口信夫の解釈では、この歌は元明自身の大嘗祭の直前、まさに楯を立てる情景を歌ったものという。なお、この大嘗祭は藤原宮における祭儀である。

　南門の外は外庭（『延喜式』では中庭）を構成し、卯日、皇太子以下の版位(へんい)をここに置き、周囲に布張りの幄舎を配置した。その数は7棟。皇太子、親王、参議、五位以上および小忌(おみ)（厳重に物忌した官人）の各幄舎があり、これとは別に、龍尾壇(りゅうびだん)の下には内侍(ないし)の幄舎1棟がある。皇太子幄は軽幄である。小忌幄舎を桁行7間・梁間2間、他は桁行6間梁間2間にそれぞれ復原する（図1-c）。

　卯日の南門前の行事には二つの場面がある。ひとつは事前の準備に関わり、神祇官に引率された国郡司ら悠紀・主基両国の供物が大嘗宮に入り大嘗儀の設えを行うこと。北野斎場を出た一行の経路は一旦平安京の七条の衢(ちまた)まで南下し、そこから再び北上して宮城正面の朱雀門を経て宮城内に入る。そして大嘗宮の南門外にあつまり、左右に分かれて北門に進み、設えを行う。

　いまひとつは天皇が悠紀・主基正殿に入る大嘗宮儀の時であり、大嘗宮南門前では吉野国栖(くず)、檜笛工らが古風を奏し、語部が古詞を奏し、次いで皇太子以下が跪き拍手4度を行いこれを繰り返す。これは八開手(やひらで)という厳重な拍手で32回手をたたくものである。南門前での芸能や跪座拍手では、皇太子以下の版位を門前の外庭に設置して位置を決めた。こうした儀式の基本は平安宮の大儀である朝賀儀と共通し、皇太子の座は龍尾壇上での次第と類似するようである〔井上充夫 1969〕。

（4）黒木の宮殿

　大嘗宮や関連する施設は黒木造(くろきづくり)で、屋根や壁には草を用い、蔀(しとみ)は柴とする（図1-b）。黒木は黒く焼いた柱との説があるが〔折口 1966〕、通説は白木に対する言葉で、皮つきの丸柱の意味である。祭りのたびに神を迎えるため、神の住まいを新調する〔岡田精司 1992〕のと同じ意味であり、マツの黒木は青葉(あおがや)（若い茅の意味）の屋根とともに生命力を象徴する。黒木造を材質を生かした清浄で豪華な建物としたり、粗末な建物とする解釈がある。後者は元弘2年（1332）、隠岐島に流された後醍醐帝の配所の黒木御所（『太平記』巻4）からきているが、いずれも誤りであ

る。

　生命力あふれる黒木や青葉は強いたまふり効果がある。たまふり（魂振り）はたましずめ、たま結びなどともいい、肉体から遊離したたま（魂）を呼び戻して体内に鎮めたり、衰えた魂を揺り動かして霊力を復活させる呪術のことである〔土橋 1990〕。黒木の宮殿はその生命力が主人に長寿をもたらすのであり、なかでもマツは冬にも青葉を保ち長寿を言祝（ことほぐ）瑞木である。日本武尊伝説では、尾津の崎（三重県桑名郡多度町）の松を瑞木と讃えるし、『日本霊異記』には松の葉を食べて神仙道に励む話がある（上巻28話）。

　マツの黒木に青葉で葺く大嘗宮は強いたまふり効果を発揮する。大嘗祭を折口説〔折口 1966〕は新天皇に天皇霊を取り憑け、強化するたまふり行事とする。天皇霊については異論があるところであるが、舞台となる宮殿は霊力にあふれている。

　平城宮では大嘗宮の北、大極殿南（閤）門の南にある7間×4間の東西棟建物SB11223（東妻柱南から2番目の柱穴）と、東に隣接する5間×3間の南北棟建物SB11806（東北隅柱穴）からマツの柱根を検出した〔奈文研編 1985：26頁〕。これら建物の性格については検討が必要だが、大嘗宮や関連施設をマツの黒木造とする記述が8世紀代に遡る根拠となろう。

　大嘗宮と対になるのが大嘗祭の経営に不可欠な悠紀内・外院、服院（はとりいん）などの諸施設である。平安宮北郊の北野では、大嘗祭の2～3ヵ月前に斎場の建設が始まる。北野は大内裏の北の野の意味で、一画には伊勢神宮に奉仕する斎王が潔斎する野宮などがあり、また内膳司の農園（『延喜式』巻39）などがあった。この悠紀内・外院、服院などの諸施設の成立も大嘗宮の充実に対応するものであり、その成立過程も課題である（表2）。

2　平城宮の大嘗宮遺構と時期区分

（1）大嘗宮遺構の発掘

　平城宮における大嘗宮遺構の発掘は1984・85年、1988年と、2004・05年である。前者は平城宮第二次（東区ともいう）朝堂院の朝庭からであり、後者は第一次（中央区ともいう）朝堂院の朝庭からである（以下、朝堂院朝庭を単に朝庭と略す）。第二次（東区）朝庭の大嘗宮遺構には5期分が、第一次（中央区）朝庭には1期分がある。

　第二次（東区）朝庭の遺構群については発掘当時は3時期の遺構と思われていた。すなわち、調査概報では遺構群をA～Cの3時期に区分した〔奈文研編 1985・1986〕。これに対して建築史の上野邦一は、A・B・C各期とは別に01期、02期が存在すること、これらがA・B・C期に先行することを明らかにした〔上野 1993〕。これによって第二次朝堂院朝庭には都合5期分（01、02、A、B、Cの各期）があることが判明した。ここは平安宮における大極殿前庭にあたり、そこに大嘗宮を営むとする『儀式』の記述が8世紀に遡るとともに、大嘗宮の場所が宮内における皇権の所在地と密接な関係にあることが明らかになった〔水林 2002〕。

　この遺構群についてはいまだに正式報告がないために、遺構の前後関係など細部にわたる検討

が行えない[1]。しかし、2004・05年に第一次区朝庭の大嘗宮遺構を発掘したことで、基本的な疑問点が解消され、各遺構と天皇との対比が可能となった。

（2）大嘗宮遺構と天皇の比定

平城宮で即位した天皇は元正から桓武にいたる7代の天皇であるが、孝謙と称徳天皇は同一人物（重祚）であるから、7代6天皇となる。このうち、大嘗宮の場所を明示するのは孝謙天皇の「南薬園新宮（みなみやくえんしんぐう）」、淳仁天皇の「乾政官院（けんせいかんいん）」、光仁・桓武天皇の「太政官院（だじょうかんいん）」である（表1）。孝謙天皇の「南薬園新宮」は、現状では平城宮東側張り出しにある東院地区に比定すべきであろう。奈良時代前半にはここが南苑であり、薬園はその一施設の可能性があるからである〔金子 2003〕。

次に、乾政官院と太政官院は同一施設であり、これは朝堂院の別称である。これを太政官の庁舎とする見方があったが誤りである〔金子 1996a〕。大嘗宮跡が平城宮の二つの朝堂院にあることも、この解釈を支持する。すなわち、孝謙天皇を除く6天皇の大嘗祭が、平城宮の二つの朝庭で行われたことになる。

遺構と天皇の比定に移ると、第二次（東区）朝庭の遺構は重祚した称徳を除く元正天皇から桓武天皇の大嘗宮跡であり、第一次（中央区）朝庭の遺構は称徳天皇の大嘗宮跡であろう。これは第二次（東区）朝庭の遺構が奈良時代初期から末まで各時期にまたがるのに対して、第一次（中央区）朝庭の遺構は1期分しかない上に、柱穴の根固めに入れた軒瓦の様式が8世紀後半に下ることから判明する〔奈文研編 2005〕。

現時点における遺構と天皇との関係は表3の通りとなり、ここでは各期大嘗宮を、①～⑥期として呼称する。

（3）遺構の時期と配置

次に、5期の大嘗宮遺構が集中する第二次（東区）朝庭を中心に、遺構配置をみておこう。第二次朝堂院の遺構は奈良時代の前後で上・下2層に分かれ、意匠や構造に大きな違いがある。すなわち上層遺構は築地塀と築地回廊で画し、内部の殿舎は礎石建瓦葺とするが、下層遺構は掘立柱塀で画し、内部の殿舎は掘立柱檜皮葺とする。

また、朝堂院の規模も上・下層遺構で若干違いがある。東西は450尺（135m）と共通するが、南北は20尺の差があり、下層朝堂院が960尺（288m）、上層朝堂院は940尺（282m）である。この差は下層から上層の移行にあたって閤門位置を20尺南に移動させたことによって生じたものである〔奈文研編 1993〕。

天平12年（740）のいわゆる恭仁宮遷都が下層から上層へ建て替える契機であるから、ここでは下層遺構を奈良時代前半、上層遺構を奈良時代後半とする。また、大嘗宮の構造や関連施設は上層の③⑤⑥（A、B、C）期の3時期が明確であり、これらを中心に述べ、適宜第一次朝庭の④期称徳大嘗宮遺構を参照する。

大嘗宮遺構は大極殿南（閤）門基壇から朝堂院第5堂基壇までの間の朝庭部分、南北は約640

表3　平城宮における大嘗宮遺構と天皇

時期	遺　構	天　皇	大嘗祭
①期	第二次(東区)朝堂院朝庭　01期遺構	元正天皇	霊亀2年(716)11月
②期	第二次(東区)朝堂院朝庭　02期遺構	聖武天皇	神亀元年(724)11月
③期	第二次(東区)朝堂院朝庭　A期遺構	淳仁天皇	天平宝字2年(758)11月
④期	第一次(中央区)朝堂院朝庭　遺構	称徳天皇	天平神護元年(765)11月
⑤期	第二次(東区)朝堂院朝庭　B期遺構	光仁天皇	宝亀2年(771)11月
⑥期	第二次(東区)朝堂院朝庭　C期遺構	桓武天皇	天応元年(781)11月

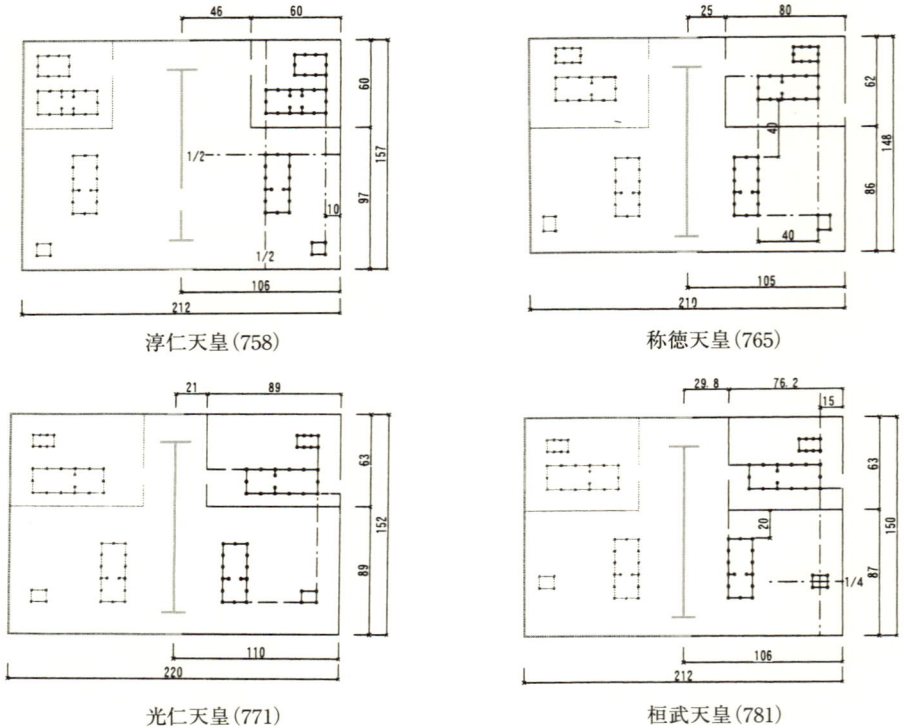

図2　奈良時代後半の大嘗宮(『奈文研紀要　2005』)　単位:尺

尺(192m)、東西は朝堂東西第2堂の基壇間、約390尺(117m)の範囲に位置し、北・中央・南の各遺構群に分けることができる。

　大嘗宮はこのうち中央の遺構にあたり、やや横長の区画内部に悠紀・主基の正殿、膳屋、臼屋、厠などを配する。また、南の遺構には後の幄舎にあたる建物、井戸、あるいは宝幢跡かと思われる遺構等があり、北の遺構には大極殿南(閤)門周辺の幢幡遺構と、大嘗宮とは別のコの字形配置をとる建物等がある。これらの柱穴掘形は仮設とは思えないほど大きく立派である〔奈文研編1986ほか〕。①②③⑤⑥時期の配置は、図3・4に示した。

表4　大嘗宮遺構③④⑤⑥期規模一覧表（1尺＝0.296mとする）

（『平城宮跡発掘調査部概報　1986』『奈良文化財研究所紀要　2005』による）

		悠紀院（東半部）		臼屋・膳屋区画		臼屋				膳屋				正殿				御厠			
		東西	南北	東西	南北	桁行		梁間		桁行		梁間		桁行		梁間		東西		南北	
儀式		107尺	150尺	記載なし	記載なし	(16尺) 5.3尺等間		10尺		(40尺) 8尺等間		(16尺) 8尺等間		(40尺) 8尺等間		(16尺) 8尺等間		10尺		8尺	
③期		31.325m 106尺	46.500m 157尺	18.050m 60尺	17.900m 60尺	6.22m (21尺) 7尺等間		4.14m (14尺) 7尺等間		11.84m (40尺) 8尺等間		4.74m (16尺) 8尺等間		11.84m (40尺) 8尺等間		4.74m (16尺) 8尺等間		2.66m 9尺		2.37m 8尺	
						3×1間東西棟				5×2間東西棟				5×2間南北棟				1×1間			
④期		31.20m 105尺	43.8m 148尺	22.325m 80尺	18.90m 62尺	SB11790 4.88m (16.5尺) 5.5尺等間		2.96m (10尺) 5尺等間		SB11785 11.84m (40尺) 8尺等間		4.74m (16尺) 8尺等間		SB12270 11.84m (40尺) 8尺等間		4.74m (16尺) 8尺等間		SB12243 2.36m 8尺		2.96m 10尺	
						3×2間東西棟				5×2間東西棟				5×2間南北棟				1×1間			
⑤期		32.50m 110尺	45.0m 152尺	22.325m 89尺	18.90m 64尺	SB18630 4.17m (14.1尺) 4.7尺等間		2.37m 8尺		SB18635 14.06m (47.5尺) 9.5尺等間		4.74m (16尺) 8尺等間		SB18640 11.84m (40尺) 8尺等間		4.74m (16尺) 8尺等間		SB18645 2.96m 10尺		2.36m 8尺	
						3×1間東西棟				5×2間東西棟				5×2間南北棟				1×1間			
⑥期		31.325m 106尺	44.4m 150尺	22.6m 76尺	18.9m 64尺	SB12300 4.17m (14.1尺) 4.7尺等間		2.37m 8尺		SB12280 14.06m (47.5尺) 9.5尺等間		4.74m (16尺) 8尺等間		SB12260 11.84m (40尺) 8尺等間		4.74m (16尺) 8尺等間		SB12242 2.66m 9尺		2.36m 8尺	
						SB12301 3×1間東西棟				SB12290 5×2間東西棟				SB12261 5×2間南北棟				SB12244 1×1間			

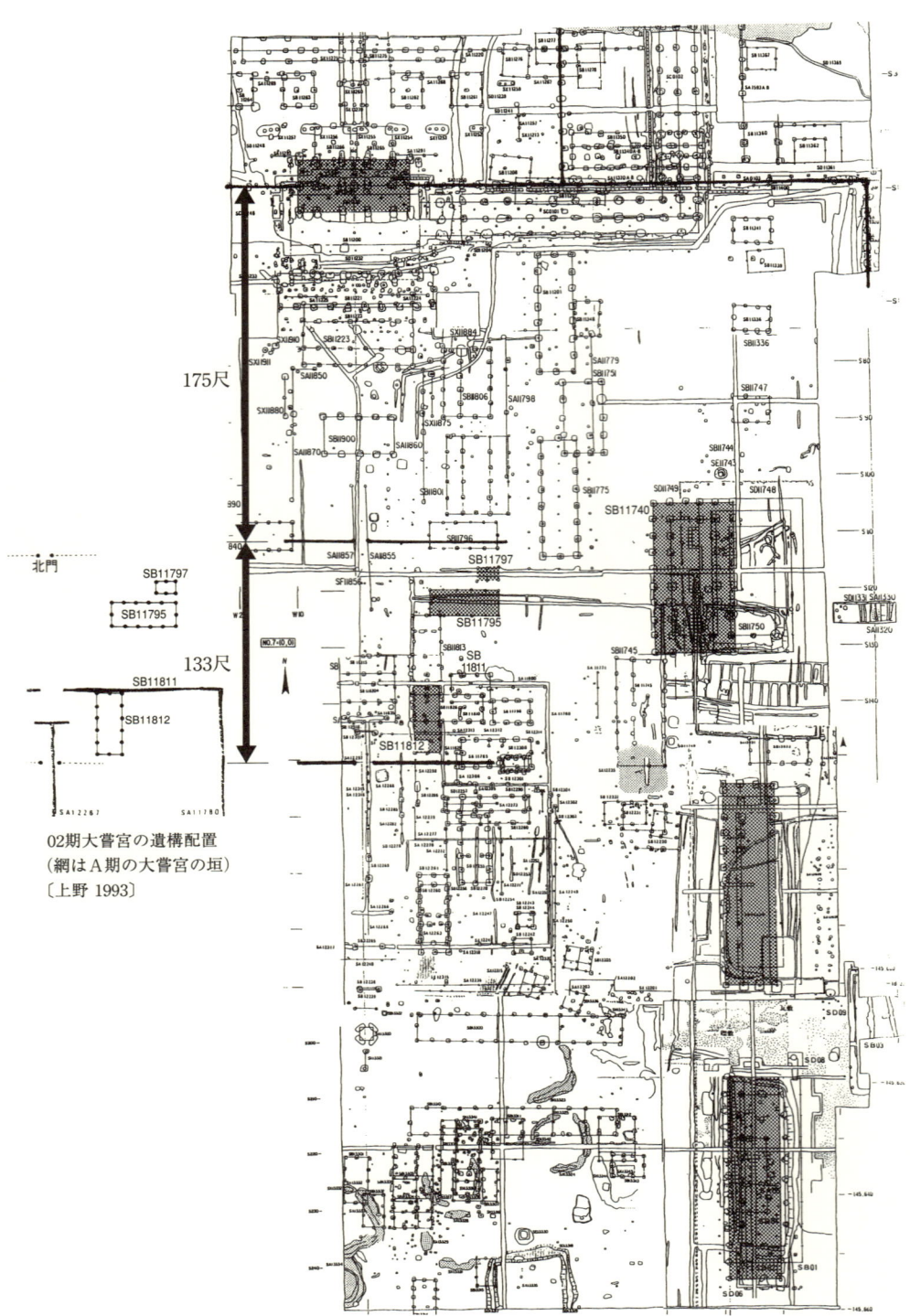

図3 平城宮聖武大嘗宮の遺構(岩永省三「平城宮」『古代都城の儀礼空間と構造』1996より一部改変して引用)

22 考古編

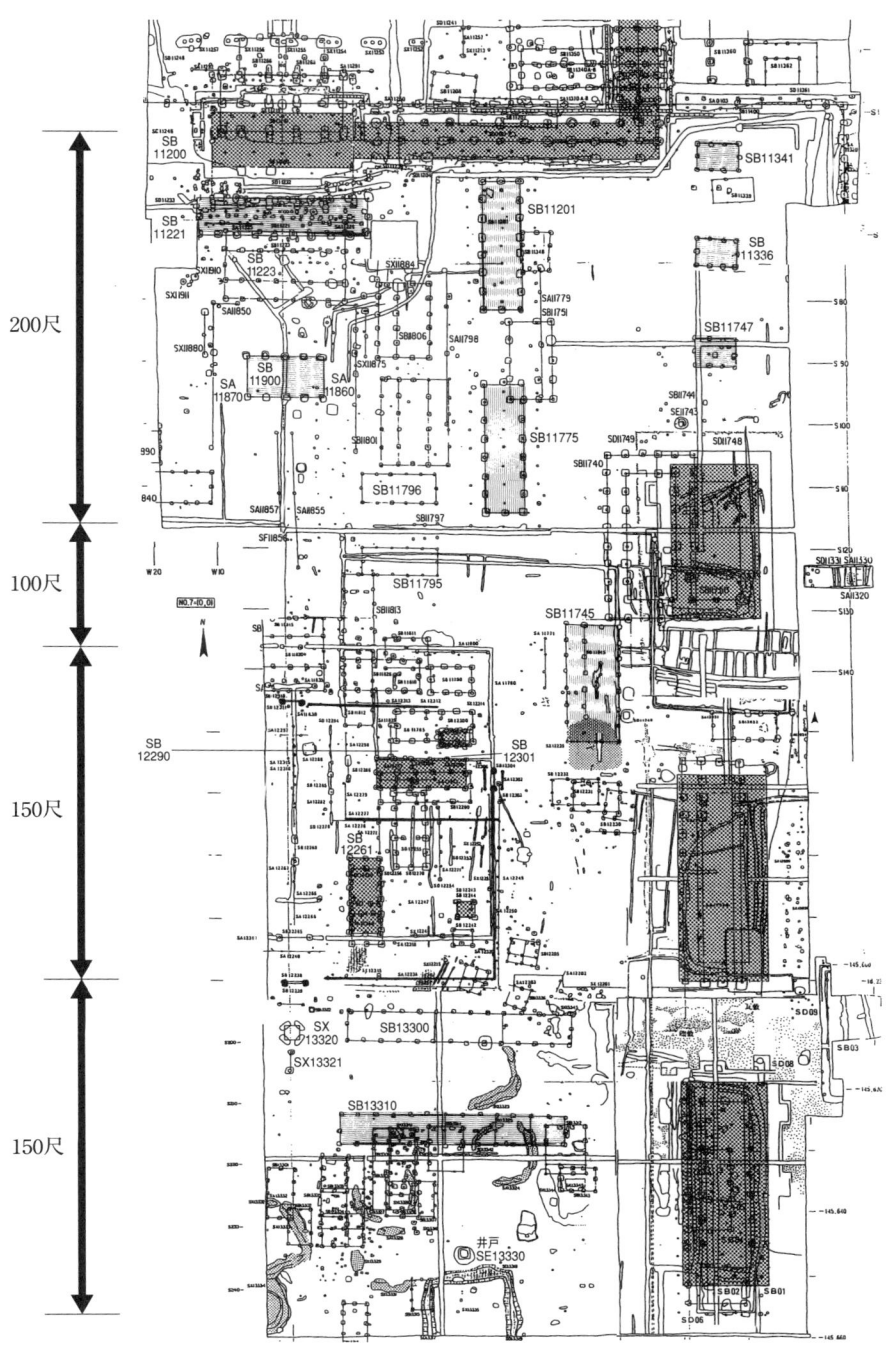

図4　平城宮桓武大嘗宮の遺構配置推定(岩永省三「平城宮」『古代都城の儀礼空間と構造』1996より一部改変して引用)

（4）下層遺構の配置

　奈良前半期、①②期の大嘗宮は位置や平面規模が後半期とはやや異なる。全体の位置は大極殿南（閤）門側に約100尺（約30m）～130尺（39m）ほど寄っている。

　①期（上野説の01期）の遺構には正殿SB11813、膳屋SB11796と大嘗宮南北両門があり、②期（上野説の02期）には正殿SB11812、臼屋SB11797、膳屋SB11795、大嘗宮南北両門がある。宮の区画施設などは一部しか明らかではなく、大嘗宮周辺の遺構も不詳である。朝堂院では下層から上層遺構への建て替えに際して遺構面をかなり削平しており、その影響でもあろうか。大嘗宮の南北規模は①②期ともほぼ133尺前後であろう。

　②期の北門は下層閤門の南175尺に位置し、下層閤門から大嘗宮南門までは約303尺である。奈良後半期には300尺という数値が意味をもつが、これはそれに近い。

（5）上層遺構の配置

　上層については大嘗宮、廻立殿相当の遺構、幄舎と外庭の施設など項目を分かって述べる。

　大嘗宮　大嘗宮は時期によりややずれがあるが、大極殿南（閤）門と朝堂院第5堂との南北中間点より北寄りに位置する。③⑤⑥の3期の遺構に第一次（中央区）朝庭の④期称徳天皇の遺構を合わせた大嘗宮の構造は次のようである。大嘗宮区画の規模は時期による違いがあり、南北は③期がやや過大であるが、⑤⑥期には150尺に近くなる。これに対して東西規模はバラツキが大きく統一性がない。

　大嘗宮に開く門では南北の門は当初からあるが、東西の門は③期にはなく、出現は④期に下る。また、③～⑥期を通じて臼屋・膳屋には区画があって中垣側に門が開くことは共通するが、正殿・厠には区画がない。また建物配置は基本的には③～⑥期で共通するが、④期以降に正殿が中垣側に移動することなどが特徴といえよう〔奈文研編 2005〕。各時期の建物の遺構番号、規模、変遷などは紙数の関係から表4と図2に譲り、記述は省略する。

　この変遷を見ると、大嘗宮自体の全体的な構造は③期の淳仁大嘗宮で成立し、④期称徳大嘗宮において東門が成立し殿舎配置もより計画的になるといった傾向にある。大嘗宮の発展段階からすると、③期と④期が画期といえよう。

　廻立殿相当の遺構　大嘗宮の北には2時期～3時期分の遺構がある。『儀式』が説く廻立殿に相当する施設と、それとは別の遺構のようである。後者は大極殿閤門前の諸施設で検討するとして、ここでは廻立殿相当施設についてみてみよう。

　廻立殿は大嘗宮の北にある桁行5間・梁間2間の東西棟建物である。しかし、第二次朝庭ではその位置に桁行5間の東西棟建物はない。これに代わるのが桁行4間・梁間1間のSB11900と、桁行4間・梁間4間(?)のSB11820であろう。ともに柱間4間で、中央の柱が大嘗宮中軸線上にくる構造である。前者のSB11900の東西には、目隠し塀的な南北塀SA11870・11860が付属する。これらの位置は、SB11900の南側柱が上層閤門と⑥期大嘗宮南門との中点から北約4mにあり、SB11820は南側柱が⑤期大嘗宮南門にほぼ接する。SB11900は奈良前半期の聖武大

嘗宮の廻立殿とされたこともあったが〔奈文研編 1986〕、廻立殿相当施設が2時期分しかないことからみて無理があろう。二つの建物は⑤⑥期に下るのであろう。なお、SB11820は⑤期大嘗宮南門に近接し、その間隔は約0.9mである。あるいは二面庇ではなく南と北は区画施設とみるべきかもしれない。

幄舎と外庭の施設 過去の研究は大嘗宮の検討には熱心であったが、周囲の遺構については極めて冷淡であった。大嘗祭の本質が悠紀・主基正殿の内部構造にあると考えて、そこに論議が集中していたからである。しかし、儀式の成立・展開過程を再構成する上で、周辺施設のあり方は重要であり、その検討は欠かせない。

幄舎相当施設から見よう。大嘗宮の周囲には幄舎にあたると思われる建物がある。ただし、数はそれほど多くなく、3期ある大嘗宮との関係が課題である。大嘗宮の南には13間×2間の長大な東西棟建物SB13300とSB13310があり、東側には7間×3間の南北棟SB11745がある。さらに東北には3間×2間の東西棟建物SB11341・11336・11747がある。これらが幄舎相当の建物であろう。大嘗宮中軸線の西側対称位置にも同じ建物があって、左右対称の配置なのであろう。

南北棟建物SB11745と3間×2間の東西棟建物SB11341・11336・11747はそれぞれ1時期のようであり、時期を下らせるべきであろうか。次の長大な東西棟SB13300、SB13310のいずれかに伴うのであろう。

13間×2間の東西棟建物SB13300とSB13310は40尺（約12m）の距離を置いて並び、大嘗宮の南垣からはそれぞれ16尺（約5m）と70尺（約21m）を測る。SB13300は大嘗宮南門の正面の宝幢(?)SX13320と筋を揃えるのであろう。両建物は間仕切りがあり、SB13300は西から5・4・4間とし、SB13310は西から3・3・3・2・2間とする。位階・官職に応じた区画であろう。

しかし、時期は2時期であろう。それはSB13300の大棟の東西軸の振れが大きいことや、SB13310の柱穴からは軒瓦（平城宮Ⅲ期）を検出しているのに、SB13300にはないなどの理由からである〔奈文研編 1989〕。ただし両建物の前後関係を直接判別する手懸かりは乏しい。

大嘗宮南門の南中軸線上には四つの掘形が菱形に並ぶ遺構SX13320がある。あるいは四方に支脚がある宝幢であろうか。その南にも幢幡支柱と見られるSX13321がある。

大嘗宮は3時期分あるが、これに対して幄舎相当施設は2～1時期分、宝幢・幢幡(?)遺構は1期分しかない。この理由は大嘗宮と幄舎や宝幢(?)等との発展段階に違いがあり、幄舎や宝幢(?)等の出現時期が遅れることを意味するのであるまいか。

言い換えると出現時期は奈良末期に下るのであろう。このように考えると、幄舎は⑤⑥期に、宝幢(?)等は⑥期に属することとになる。その正否については、今後の④期称徳大嘗宮の発掘成果に注目したい。

外庭の他の施設 SB13310の南に井戸SE13330がある。西の対称位置にもあるのではなかろうか。閤門心の南600尺の位置にある。発掘調査概報では出土土器を根拠に時期を平安初期とするが、これは廃絶時期であろう。定期的な井戸浚いによって、通常は古い時期の遺物はない。北野斎場の御井との関わりで注目できる井戸であろう。

大極殿南（閤）門の施設　閤門前には、朝堂院中軸線にのる２棟の東西棟大型建物と、関連する南北棟建物等が２〜３期分ある。それぞれ性格が異なる遺構群であろうか。

　東西棟建物には二面庇の７間×４間SB11223と、身舎のみの９間×２間SB11221がある。前後関係は右の順であり、二面庇建物SB11223には東脇殿として５間×３間西面庇の南北棟建物SB11806があり、９間×２間のSB11221には東脇殿に７間×２間の南北棟建物SB11201・SB11775がある。このうち前者は朝堂院中軸線西側の対称位置には遺構がなく、左右非対称の逆L字型ともいうべき配置となる。

　南北棟建物SB11806の南にはSB11801が位置する。これは東西二面庇の５間×４間建物であり、これもSB11223の脇殿の可能性があるが、SB11806は西庇建物であるのに対してSB11801は東西二面庇である上に、西の柱筋が揃っておらず微妙にずれている。残っていた柱根もSB11223とSB11806がマツ、対するSB11801はヒノキであり、別時期の性格を異にする建物の可能性もあろう。

　他方、東西棟建物SB11221を主殿とする南北棟建物SB11201・SB11775は左右対称のコの字形配置をとるのであろう。その配置は200尺四方を意識している。すなわち、閤門心から東脇殿SB11775南妻までが200尺、東脇殿から中軸線で折り返した推定西脇殿の入り側柱間もまた、200尺である。そして東脇殿SB11201とSB11775の南北両妻間の距離は、主殿SB11221の桁行総長の２倍値に等しい。

　南北棟建物SB11775と重複する南北棟建物にはSB11751がある。梁間が広い４間×２(?)間の建物である。調査概報ははその前後関係をSB11775→SB11751とする〔奈文研編 1985：22頁〕。しかし、柱穴の重複状態は微妙であり確実とは言えないようである。儀式書の『北山抄』には、廻立殿の東に廻立殿で用いる湯を沸かす施設である御釜殿を造る記事があり、廻立殿相当のSB11900と一体という〔奈文研編 1985：32頁〕。

　第二次大極殿院の調査報告書では東西棟建物SB11221の時期を桓武朝とみている。柱穴が上層閤門の階段を避けていることや門に付属した土庇の柱穴を切っているからである〔奈文研編 1993：136頁〕。ただし、南北棟SB11751が廻立殿相当のSB11900と一体とすると、両者の時期的な関係は微妙になる。なお、『儀式』ではここに内侍幄をおくが、それに該当しそうな単独の東西棟建物はなく明らかではない。

　以上から、大嘗宮周囲に幄舎など付属施設が成立し始めるのは⑤期であり、それなりに整備が進むのが⑥期とすると、大嘗宮と関連施設の配置は大枠で次のようになる。すなわち、閤門の南200尺の範囲にはコの字形配置をとるSB11201・11775があり、閤門から300尺（東脇殿SB11775の南妻から100尺）の位置には大嘗宮の北門が位置し、そこからさらに南300尺には井戸SE13330が位置する（図４）。

　300尺は言うまでもなく令制１里（1,800尺）の１/６であり、平城宮内裏の当初規模、600尺四方の半分となろう。大嘗宮の南北規模150尺という数字は600尺四方の１/４となる。

表5 『儀式』と平城宮大嘗宮の比較

	①元正天皇	②聖武天皇	孝謙天皇	③淳仁天皇	④称徳天皇	⑤光仁天皇	⑥桓武天皇
『儀式』にみる大嘗宮等							
場所　朝堂第1堂以南	△	△	−	○	○	○	○
規模　21丈4尺・15丈	△	△	−	○	○	○	○
北・南門	?	○	−	○	○	○	○
西・東門	?	?	−	×	○	○	○
宮殿　正殿5間	5間×2間	5間×2間	−	5間×2間	5間×2間	5間×2間	5間×2間
膳屋5間	5間×2間	5間×2間	−	5間×2間	5間×2間	5間×2間	5間×2間
臼屋3間	−	△2間×1間	−	3間×2間	3間×2間	3間×2間	3間×2間
厠　1間	−	−	−	1間×1間	1間×1間	1間×1間	1間×1間
服棚3間	×	×	−	×	×	×	×
廻立宮							
廻立宮区画	×	×	−	×	?	×	×
5間廻立殿	×	×	−	×	?	4間×4間?	4間×1間
外庭							
皇太子軽幄	×	×	−	×	?	×	×
幄舎							
小斎人7丈幄（縦）	×	×	−	×	?	×	7間×3間
参議・五位以上5丈幄	×	×	−	×	?	13間×2間	13間×2間
外庭	×	×	−	×	?	?	?
北庭							
内侍5丈幄	×	×	−	×	?	×	×

孝謙天皇の南薬園新宮は未発掘。称徳天皇の大嘗宮は南門外と外周が未発掘。

3　奈良時代大嘗宮の諸問題

（1）大嘗宮の規模・構造

　前章での平城宮大嘗宮遺構の変遷を踏まえ、『儀式』が示す大嘗宮の構造と比較すると、大嘗宮の制はある時期に劇的に成立したのではなく、奈良時代の後半から平安初期にかけて、順次形成されたようである（表5）。

　平城宮大嘗宮のうち上層遺構に伴う③～⑥期の遺構は、朝堂院朝堂第1・2堂の前に位置し、柴垣区画の規模は東西21丈3尺（約63.5m）、南北15丈（約45m）前後であり、内部に配した臼屋、膳屋、悠紀（主基）正殿、御厠などの規模も大きくは変わらない。この大枠は③期淳仁大嘗宮に固まり、④期の称徳大嘗宮では東西門が開くことや正殿、膳屋など各建物配置が洗練される等の改良が加えられる〔奈文研編2005〕。

　すなわち、大嘗宮の大枠は平城大嘗宮③期・④期に成立するといえよう。なお、大嘗宮東・西門外側の目隠し塀などは、遺構では確認できない。これらは奈良時代以降に起きた変化のようである。

（2）5間×2間の廻立殿

　廻立殿は問題が多い。すなわち、平城宮では桁行5間の廻立殿は存在しない上に、相当施設

である4間×4間(?)のSB11820と4間×1間のSB11900の出現も、⑤期光仁大嘗宮とそれ以降に下る。両建物ともに桁行4間で中央の柱位置が大嘗宮中軸線上にくる、やや特異な建物である。この点を第一次（中央区）朝庭の④期大嘗宮に確認すると、ここにも該当施設はないようである。2004年の調査時、廻立殿とされた5間×4間の南北二面庇建物SB18660があるが、これは2005年の調査によって後出の遺構と関わることが判明し、大嘗宮廻立殿とみることには否定的となった〔奈文研編 2005、金子 2006〕。

　このように廻立殿の成立は⑤期の光仁大嘗宮に下り、しかも桁行5間となるのは平安時代のことのようである。桓武天皇以降、清和天皇（在位858〜876）までの諸天皇（平城、嵯峨、淳和、仁明、文徳）の大嘗宮に関わるのであるまいか。

　なお、『延喜式』では廻立殿を廻立宮とも呼び斑幔によって周囲を画している。第二次朝庭のSB11900の東西にある目隠し塀SA11870・11860は、斑幔の前身であろうか。

　このように大嘗宮と廻立殿の展開が異なるのは、廻立殿が後に付加された要素であることを物語る。『儀式』の当該条が大嘗宮と廻立殿について項を分かつことや、『延喜式』の廻立宮呼称が、その傍証となろう。

（3）南門前の幄舎遺構

　従来ほとんど論議の対象にならなかった大嘗宮南門外では、門外の空間とその周囲に建つ幄舎相当施設が問題となる。『儀式』では南門外を外庭（『延喜式』では「中庭」）と呼んで、皇太子以下の版位を設けること、その周囲に建てる幄舎などについて述べる。それによると承光・顕章堂（朝堂東第3堂）前に小斎人の7丈幄1宇（南北棟）を立て、暉章堂（朝堂東第5堂）前と修式堂前（朝堂西第5堂）には参議・五位以上および親王・五位以上の5丈幄（東西棟）各2宇を横にならべ、さらに皇太子の軽幄を参議以上の幄以北に建てる。この幄舎配置は外庭を意識したものであろう。ただし、この外庭の広さについては記述がなく不詳である。

　前節までの検討によると、幄舎相当の施設は2期〜1期分がある。これらは位置からみて3群があり、そのうち朝堂第1堂の北にある3間×2間の小規模な3棟は『儀式』に該当する施設がない。北の遺構に関わる可能性があるので除外すると、問題となるのは朝堂東第1・2堂前の7間×3間南北棟SB11745と、大嘗宮南門前（第5堂前）の13間×2間の東西棟SB13300とSB13310である。

　前者の南北棟SB11745は『儀式』が伝える朝堂東第3堂前ではなく、第1・2堂（平安宮では昌福・含章堂）前であるが、小斎人の7丈幄にあたるのであろう。ただし1期分である。

　後者の長大な13間×2間の東西棟SB13300とSB13310は間数が『儀式』とは異なるが、位置から見て参議・五位以上の5丈幄（東西棟）、および親王・五位以上の5丈幄（東西棟）各2宇に相当するのであろう。これからみると、奈良時代には長屋風に細かく間仕切りしたものを平安初期には複数の幄舎としたのである。両建物の間仕切りはSB13300が5・4・4間、SB13310が3・3・3・2・2間である。こちらは2期分である。

これからみて幄舎相当施設の出現は奈良末の⑤期〜⑥期に下るのであろう。

(4) 南門前の外庭

『儀式』では大嘗宮南門前の外庭を囲む位置に、参議・五位以上の5丈幄、親王・五位以上の5丈幄が並ぶようであるから、東西棟建物SB13300とSB13310の配置は外庭の有無を示唆するものとなろう。大嘗宮の南垣から東西棟建物SB13300の北面までは16尺（約5m）、東西棟建物SB13310までは70尺（約21m）である。南垣から離れたSB13310の位置なら、南門との間にはそれなりの余地が生じるが、SB13300では南垣に近接しすぎる。殊に、これと宝幢(?)SX13320とが同時期とすると、宝幢(?)と南門の間隔は約7mしかなく、南門前に外庭があることにならない。

なお、平安宮の元日朝賀儀では大極殿の前面に7種の宝幢を建て、大極殿と宝幢の間を奉賀使が動いて大極殿前に立つが、宝幢と大極殿との間隔は15丈4尺（約46m）もあり、奉賀使の動線を妨げることはない。しかし、平城宮の場合はあまりにも狭く、ここに版位を置き跪座拍手や芸能などを行う余裕は考えがたい。⑤⑥期に外庭があり得たか否か、検討が必要である。第一次（中央区）朝庭の④期称徳大嘗宮（765年）では、大嘗宮南門前は未調査であり、将来の調査によって奈良時代後半期の南門前の状況は明らかになるであろうが、現状からみる限り平城宮大嘗宮幄舎群と外庭は未発達である。

(5) 北の遺構群の性格

平城宮では大極殿南（閤）門と朝堂院第1堂の間にも大嘗宮関連仮設建物がある、それぞれ性格が異なる3・4種の遺構のようである。ここでは四つの可能性を挙げておきたい。一は光仁大嘗祭直後の賜宴に関わらせるもの、いま一つは大嘗宮外院との関わらせるもの、三は廻立殿に伴う釜殿とみるもの、そして『儀式』が述べる内侍幄にあてるものである。

一から述べると、宝亀2年（771）11月23日（乙巳）条には、「是日、宴五位已上於閤門前幄。賜五位已上及内外命婦禄。各有差」（『続日本紀』）とある。

五位已上への賜宴にはかなりの規模の建物が必要である。閤門が大極殿閤門と同義なら、ここで問題としている閤門前になり、閤門前の9間×2間東西棟建物SB11221を主殿とするコの字形配置の建物は、「閤門前幄」にそれなりに相応しい。

ただし、「閤門前幄」についての可能性を挙げるなら、閤門前を大嘗宮南門前にまで拡大して、「前幄」を長大な東西棟SB13300・13310など幄舎群に充てることもできる。ここなら「幄」の語にも、また五位已上という規模にも対応できるが、この場合は大嘗宮南門前が『続日本紀』が伝える「閤門前」にあたるか否かと、遺構の年代が問題となろう。

二は大嘗宮外院の前身に関わらせるもの。大嘗宮外院の庁、料理屋、倉代屋、納雑物屋、造笠形幷漬菜物屋など外院の建物はコの字形の企画性が強い配置であり、20棟を建てる（図1-e）。7間×4間の二面庇東西棟SB11223を主殿とする群や9間×2間東西棟建物SB11221を主殿と

表6 『儀式』と平城宮大嘗宮

日　時	『儀式』	平城宮大嘗宮
8月以前〜9月下旬	北野斎場を卜定 方48丈の斎院内外院・服院・雑殿地を点定 悠紀・主基の外院・内院、服院等設置、雑殿を立つ 大嘗会所(官人の準備作業所、起居の場)設置	松林苑に設置か？ 閤門前SB11221・11201・11775等に3期分遺構？
9月下旬	内院の雑殿を造る	
10月上旬	北野斎場の御井、童女井を掘る	朝庭の井戸4ヵ所SE13330・11745
10月中旬	服院に悠紀・主基の神服院を設置	
10月下旬	外院に大嘗宮の雑殿を構う	
11月下卯 10余日前	大嘗宮材料朝堂第2堂前に置く (朝堂第1堂以南に設置)	第二次朝庭③期〜⑥期
11月下卯7日前	大嘗宮＝東西21丈4尺、南北15丈	第二次朝庭③〜⑥期
11月下卯7日前	黒木柱、青草葺等	松の柱根：SB11223・11806
11月下卯7日前	木工寮横5間の廻立殿を造る	4間4間？SB11815＝第二次朝堂⑤期？ 4間1間　SB11900＝第二次朝堂⑥期？
11月卯日前日	小斎人7丈幅1宇(縦)：承光・顕章堂(東第3堂)前 参議・五位以上5丈幅2宇(横)：暉章堂(東第5堂)前 親王・五位以上5丈幅2宇(横)：修式堂(西第5堂)前 皇太子軽幄：参議以上幄以北 内侍5丈幅1宇：廻立殿の北	SB11745？：7間3間、1期分のみ SB13310：13間2間(間仕切3・3・3・2・2) SB13300：13間2間(間仕切5・4・4) ？
11月卯日	大嘗宮の門に神楯・戟を立つ	第二次朝庭SX13320、またはSX13321？
11月卯日	神祇官・国郡司ら悠紀・主基両国の供物が行列 北野斎場から七条の衢・朱雀門経由大嘗宮に	
11月卯日夜	天皇廻立殿→悠紀正殿にて神饌共食、御衾 廻立殿→主基正殿にて神饌共食、御衾 吉野国栖、檜笛工ら門前の版位に就き古風を奏す 語部古詞を奏す。皇太子以下版位に跪座拍手4度 廻立宮を経て宮に戻る	外庭＝？ 北門＝SB11820・18631・12310・13311
11月卯日夜	大嘗宮の門を閉じる	南門＝SB12265・18644・12238・12239・13322
11月辰日朝	大嘗宮の鎮祭・解体。跡地の鎮祭。仁寿殿に大殿祭	
11月辰日 (悠紀節会)	豊楽院悠紀帳に中臣天神寿詞を奏し、忌部神璽之鏡剣を奉ず 天皇に御膳を供え、五位以上を饗し、風俗歌舞を奏す	第1次朝堂？
11月巳日 (主基節会)	豊楽院主基帳に中臣天神寿詞を奏し、忌部神璽之鏡剣を奉ず 天皇に御膳を供え、五位以上を饗し、和舞、風俗舞、田舞を奏す	第1次朝堂？
11月午日 (豊明節会)	豊楽院の悠紀主基帳を撤し高御座設置、悠紀・主基国司へ叙位、久米舞などを奏す。	第1次朝堂？

する群を、この一部に充てるのである。

　この場合の最大の問題は、外院の場所である。平安宮で外院が置かれた北野を平城宮に求めると、宮城北方の大蔵省推定地か松林苑にあたるが、面積から見ると後者の松林苑が相応しいであろう。この点は今後の松林苑の発掘調査に期待しなければならない。ただし、方48丈と伝える斎院内・外院、服院、雑殿地などの構造、諸施設が平安時代初期に、北野で一気に成立したとするのも無理がある。やはり何らかの前段階があると考えるべきであろう。

　その一つの筋書きが、平城宮大極殿南（閤）門の庭に「外院」の萌芽的施設が成立し、これが大嘗宮外院として9世紀後半の平安宮で大規模化する可能性である。平安宮北野には伊勢神宮に奉仕する斎王の斎宮もおかれたが、奈良時代、平城宮の斎宮はやはり松林苑にあった可能性があり〔金子 1996b〕、今後の検討が必要であろう。

　三の御釜殿説は南北棟建物SB11775と重複する南北棟建物SB11751を充てるもので、根拠は『北山抄』に、廻立殿東に御釜殿を建てるとあること〔奈文研編 1985：32頁〕。南北棟建物SB11801をこれに類した施設とみるなら、候補は2棟となり廻立殿の数とは合う。

　四の内侍幄については、『儀式』が5間の幄舎（5丈幄）とするが、現存遺構の規模はこれをはるかに超えており、該当するものがない。内侍幄は平城宮では未成立とみるべきであろうか。ここでは遺跡群の解釈として四つの可能性を検討した。一部は相互に矛盾するところもあり、そのいずれが合理的であるのかも含めて今後に委ねたい（表6）。

（6）まとめと課題

　以上、数項目に分かって検討してきた。発掘遺構との比較によると『儀式』にみる大嘗宮の制は奈良時代の後半から末にかけて順次成立するが、平安期に下る様相も少なくない。改めて要約すると、以下の通りである。、

(1) 大嘗宮の規模や平面構造の基本が成立するのは、③④期の淳仁および称徳大嘗宮である。
(2) 廻立殿に相当する施設は、⑤期の光仁大嘗宮に初現するようだが、桁行は4間であり、5間の施設はみられない。
(3) 南門外の幄舎関連施設も廻立殿相当施設と同様に、⑤期の光仁大嘗宮に始まり、⑥期の桓武大嘗宮でやや充実をみる。
(4) 幄舎のうち龍尾壇の南にある内侍幄は、相当する遺構が確認できない。
(5) 大嘗宮の南に『儀式』に見るような外庭は、確認できない。外庭は卯日の大嘗宮儀では皇太子以下官人の跪座拍手、吉野国栖、檜笛工や語部の芸能を行う重要な場である。跪座拍手では外庭に設けた版位に皇太子以下が就く。その版位の制、諸芸能などが平城宮でどこまで行われたのか、検討が必要であろう。
(6) 大極殿南（閤）門前の遺構には大嘗宮外院施設の一部や、光仁大嘗祭の賜宴施設の可能性が含まれるなどなお明らかではなく、今後の検討が必要である。なお、『儀式』にはこれらに関連した施設はみえない。この書の成立以前に変容したのであろう。

このように『儀式』大嘗宮の制は、一部が奈良時代後半期に遡ることは確実であるが、廻立殿や外庭などは未発達で、これらは平安時代に入って大きく発展するのであろう。
　こうした所見をもとにすると、今後はこれらの比較検討によって、奈良末以降、『儀式』編纂時（871年頃）までの大嘗宮儀の変容過程が明らかにできるであろう。外庭を例にとるなら、ここは卯日の大嘗宮儀では跪座拍手や芸能の舞台となる。そこでは皇太子以下の版位を設け、周囲には幄舎と軽幄を配している。
　これは平安宮の大儀である朝賀儀における龍尾壇での設えに似たもの——厳密には違いもあるが——であろう。朝賀儀との類似は大嘗宮の南・北門に大楯など樹立することを含めて当然であるが、やはり9世紀後半の朝賀儀に同化した大嘗宮儀の姿を示すのであろう。
　言い換えると、それ以前の姿を表す平城宮の大嘗宮遺構は重要である。ここでは祭儀としての独自性をどこまで留めるのか、奈良時代の宮廷儀式と同化しているのかについては今後検討が必要となるが、初期の大嘗宮儀と朝賀儀のあり方を比較する上にも貴重な手懸かりとなろう。こうした観点を含め、平城宮大嘗宮遺構について多方面からの検討が行われることを期待したい。

註
1） 平城宮大嘗宮遺構については正式の調査報告書が未刊であり、小稿は遺構図を含めて発掘調査概報の成果に基づいている。そのために細かな遺構の前後関係や年代については制約がある。本論で用いた書目は次の通りで、遺構図面はそれから起こしたものである。なお、奈良国立文化財研究所と後身の独立行政法人文化財研究所奈良文化財研究所はすべて奈文研と略称している。
　　奈文研編 1985『昭和59年度　平城宮跡発掘調査部発掘調査概報』4、「第二次朝堂院地区の調査　第161・163次」20～38頁
　　奈文研編 1986『昭和60年度　平城宮跡発掘調査部発掘調査概報』2、「推定第二次朝堂院朝庭地区の調査　第169次」25～44頁
　　奈文研編 1989『昭和63年度　平城宮跡発掘調査部発掘調査概報』1、「第二次朝堂院朝庭域の調査　第188次」3～10頁
　　奈文研編 2005『奈良文化財研究所紀要　2005』「中央区朝堂院の調査　第367・376次」86～94頁
　　奈文研編 2004『平城宮中央区朝堂院の調査　平城宮第376次調査』1～4頁
　　また、史料については寺崎保広氏の御教示を得た。

参考文献
　紙数の関係から、ここでは最小限の文献に留めた。加茂正典 1999『日本古代即位儀礼史の研究』第一章第四節、「大嘗宮に関する研究動向と課題」思文閣出版、15～42頁には近年の大嘗祭と大嘗宮に関する研究動向が簡潔にまとめられており、また巻末には詳細な文献目録がある。
池　浩三 1983「大嘗宮の建築」『家屋文鏡の世界』相模書房、121～210頁
井上充夫 1969『日本建築の空間』SD選書。なおこの書では5間×2間の建物はごく一般的な建物とする。
井上光貞ほか校注 1976『律令』（「日本思想大系」3）、岩波書店
岩永省三 1996「平城宮」『古代都城の儀礼空間と構造』奈文研、57～12頁
上野邦一 1993「平城宮大嘗宮の再考」『建築史学』第20号、90～101頁
大野健雄校注 1985『践祚大嘗祭』（神道大系編纂会編「神道大系」朝儀祭祀編5）神道大系編纂会

岡田精司 1989「大王就任儀礼の原形とその展開」『天皇代替わり儀式の歴史的展開』柏書房、7〜50頁
岡田精司 1992「神と神まつり」『古墳時代の研究』12、雄山閣出版、138頁
岡田荘司 1990『大嘗の祭り』学生社
折口信夫 1966「大嘗祭の本義」『折口信夫全集』3、中央公論社、174〜240頁。初出は1928年
加藤　優 1980「「大嘗祭」「新嘗祭」の呼称について」『関晃先生還暦記念　日本古代史研究』吉川弘文館、85〜112頁
金子裕之 1996a「朝堂院の変遷をめぐる諸問題」『古代都城の儀礼空間と構造』奈文研、263〜273頁
金子裕之 1996b「平城宮の後苑と北池辺新造宮」『瑞垣』第175号、神宮司庁、80〜85頁
金子裕之 2003「平城宮の園林とその源流」『東アジアの古代都城』奈文研、131〜162頁
金子裕之 2005「平城宮の法王宮の法王宮をめぐる憶測」『古代日本と東アジア世界』(奈良女子大学21世紀COEプログラム報告集」6)、5〜24頁
加茂正典 1999『日本古代即位儀礼史の研究』思文閣出版、15〜42頁
川出清彦著 1990『大嘗祭と宮中のまつり』名著出版
宮内庁書陵部 1991『大嘗会関係資料展示目録』
国史講習会編 1928『御即位礼と大嘗祭講話』雄山閣出版
神宮文庫編 1990『即位の礼と大嘗祭　資料集』国書刊行会
関野　克 1939a「貞観儀式大嘗宮の建築(上)」『建築史』第1巻第1号、1〜12頁
関野　克 1939b「貞観儀式大嘗宮の建築(下)」『建築史』第1巻第2号、122〜139頁
瀧川政次郎 1983『律令と大嘗祭―御代始め諸儀式―』国書刊行会
田中　卓ほか 1990『平成時代の幕明け：即位礼と大嘗祭を中心に』(歴史研究会文化講演会編集)、新人物往来社
田中初夫 1975『践祚大嘗祭』木耳社
谷川健一 1990『大嘗祭の成立―民俗文化論からの展開―』小学館
土橋　寛 1989『日本古代の呪禱と説話』塙書房
鳥越憲三郎・有坂隆道・島田竜雄編著 1990『大嘗祭史料：鈴鹿家文書』柏書房
奈文研 1993『第二次大極殿院の調査』(「平城宮発掘報告」XVI)、136頁
西宮一民 1978「践祚大嘗祭式重要語彙攷証」『大嘗祭の研究』(『天皇代替わり儀式の歴史的展開』柏書房 1989、64〜65頁による)
林　一馬 2001『伊勢神宮・大嘗宮建築史論』中央公論美術出版
平野孝國 1986『大嘗祭の構造』ぺりかん社
福山敏男 1984「神社建築概説」『神社建築の研究』(「福山敏男著作集」4)、8〜9頁。初出は1949年
真弓常忠 1985「神と祭りの世界」『祭祀の本質と神道』朱鷺書房
真弓常忠 1989『大嘗祭の世界』学生社
水林　彪 2002「平城宮読解」『日本古代王権の成立』青木書房、105〜188頁
吉野裕子 1987『大嘗祭―天皇即位式の構造―』弘文堂
吉野裕子 2000『天皇の祭り―大嘗祭＝天皇即位式の構造―』(「講談社学術文庫」1455)

付記
　校了後に次の文献を知った。私説と密接に関わるが本論に取り入れることができなかった。あわせて参照し批判していただければ幸いである。
岩永省三「大嘗宮移動論―幻想の氏族合議制―」『九州大学総合研究博物館研究報告』第4号、2006年1月、99〜132頁

岩永省三「大嘗宮の付属施設」『喜谷美宣先生古稀記念論集』喜谷美宣先生古稀記念論集刊行会、2006年6月、343〜355頁

古代村落寺院とその信仰

須田　勉

はじめに

　8・9世紀における東国の集落遺跡からは、地域的偏差はあるものの、村落社会に流布した仏教を跡づける多数の考古資料が出土する。私はかつて、そうした社会に存在した小規模寺院を「村落内寺院」[1]と呼び、その成立の背景や性格について論じたことがある〔須田 1985〕。そこで述べたことの要旨は、造営上の技術的水準が低く、在地の技術に依存して建てられ、仏堂の周囲には、側柱建物や総柱建物などが存在することから、それらの建物が有機的に機能し、一括して管理が行われたこと、区画施設が認められず、村落とは未分化の状態で存在すること、また、村落共同体における農業生産維持活動などと深く関わって出現し、動揺した村落秩序を維持するため、それを主導した豪族層と一般農民との精神面での結合強化を意図した装置と考えられること、さらに、そうした宗教活動の維持・経営が、村落構成員の出挙によって行われていたことが想定されること、などである。1985年のことであるから、すでに20年が経過したことになる。その際に対象とした遺跡は、上総・下総国内で検出されたわずか5例であったが、その後の大規模な発掘調査によって類例が急増し、さまざまな構造をもつ寺が存在することが明らかになってきた。また、両総以外の地域でも類例が増加することによって研究上の共通の基盤が生まれ、広範な地域での比較・検討が可能となり、墨書土器・仏具・瓦塔などの個別研究も深化した[2]。さらに、当時の村落社会に展開した宗教が、仏教のみならず、神祇・道教的信仰などが渾然一体となって存在し、在地社会の宗教は想像以上に重層的で複雑な様相を呈していることも次第に明らかになってきた。そうした考古学上の成果は、出土文字資料をともなうことなどから、文献史学との協業が可能となり、より広い視野での分析が進みつつある。

　古代における民間宗教の研究は、当時の村落社会に展開した宗教が、地域的偏差はあるにせよ、そうした社会における固有のものであったのか。それとも8世紀前半以降に、貴族社会から地方豪族層にいたるまでの上層階級の間で急速に進んだ神仏習合の宗教現象と、そこから発展した宗教とが、同質のものであったのか否かを明らかにする必要がある。それは、村落社会に展開した宗教のみを取り上げて、それを民間宗教という概念で規定することができるのか、それとも、古代社会の全般のなかで、それぞれの階層が置かれた社会的立場はあるにせよ、一般農民層から貴族層にいたるまで、同様な宗教を共有していた可能性が高いと考えるのかという問いである。

そのことを明らかにしたうえで、民間的な宗教とはどのようなものであったのかを、改めて考えなおす必要があろう。

ここでは、そうしたことを明らかにするための基礎的作業として、おもに東国の村落社会に存在した村落寺院の構造分析を通じ、その宗教と信仰を検討する。

1　村落寺院の構造

（1）正堂の構造と居宅建物

　最近の東国における集落遺跡の発掘調査で検出された村落寺院の中心的建物である正堂[3]には、さまざまな構造があることがわかってきた。その構造は、大別して3類型に分類することができる[4]（図1～3）。ここではまず、村落寺院の正堂における構造上の分析を行い、さらに、それと構造的に類似する当時の住宅建物と比較検討することで、その系譜を明らかにする。

　Ⅰ類Aは、宮城県宮崎町壇の越遺跡にみられる5間×3間の身舎に北廂の付く建物である（図1－1）。後に、身舎前面に5間×2間の礼堂を付設し、双堂建物に発展する〔宮崎町教育委員会編 2003〕。北廂部は、廂としての機能のみならず、儀礼上の空間をかねていた可能性がある。神奈川県横浜市藪根不動原遺跡の建物は、5間×4間の正堂の前面に礼堂を設けた双堂建物である〔大坪 2000、坂本 2000〕（図1－2）。正堂は、正方形に近い側柱のみの建物で、床束の柱痕跡がみられることから、全面床張りの構造と想定される。通常は3間×2間の内陣をもつのが一般的であるが、堂内の奥行を広くとることを必要とする儀礼上の要請から生まれた構造であろう。時期の特定はできないが、中世仏堂の萌芽を思わせる構造である。壇の越遺跡は9世紀後半から10世紀前半に位置づけられることから、坂東でみられる一般例からするとやや新しい。この正堂も北廂空間の付設と関連して、儀礼上の要請の変化から生み出されたと想定される。このほか、5間×3間の正堂をもつ例として神奈川県厚木市愛名宮地遺跡〔日野・境 1999〕・千葉市緑区内野台遺跡〔千葉市文化財調査協会編 1992〕（図4－3）がある。これらの正堂は、内陣を設けて四面廂建物にした場合は、Ⅱ類Bに含まれる構造となるが、内陣をもたないところに儀礼上の意義があるのであろう。Ⅰ類Bは、千葉県大網白里町新林遺跡のように桁行が4間で、梁間3間の身舎のみの掘立柱建物の正堂から出発して、8世紀末ころには僧俗の接点である礼堂を付設し、正堂と礼堂とが独立した双堂建物に、さらに、正堂の四面に廂を付け、作合空間を設けた双堂建物へと発展するタイプである〔山武郡市文化財センター編 1996〕（図1－3）。いま一つは、同袖ケ浦市東郷台遺跡にみられるような（図1－4）、8世紀第4四半期に4間×3間の身舎の南面に片廂を付けた建物から四面廂建物へと発展する構造で、身舎はいずれも4間×3間を基本とする〔君津郡市文化財センター編 1986〕。

　Ⅱ類Aは、桁行が3間であるが、梁間を3間とすることでⅠ類Bと共通し、桁行方向に長い建物である（図2－1～6）。この構造は、千葉県大網白里町砂田中台遺跡にみられる3間×3間の身舎のみの建物から出発し〔山武郡市文化財センター編 1994〕、身舎の前面に片廂を付けた千葉

豪族居宅型(1)

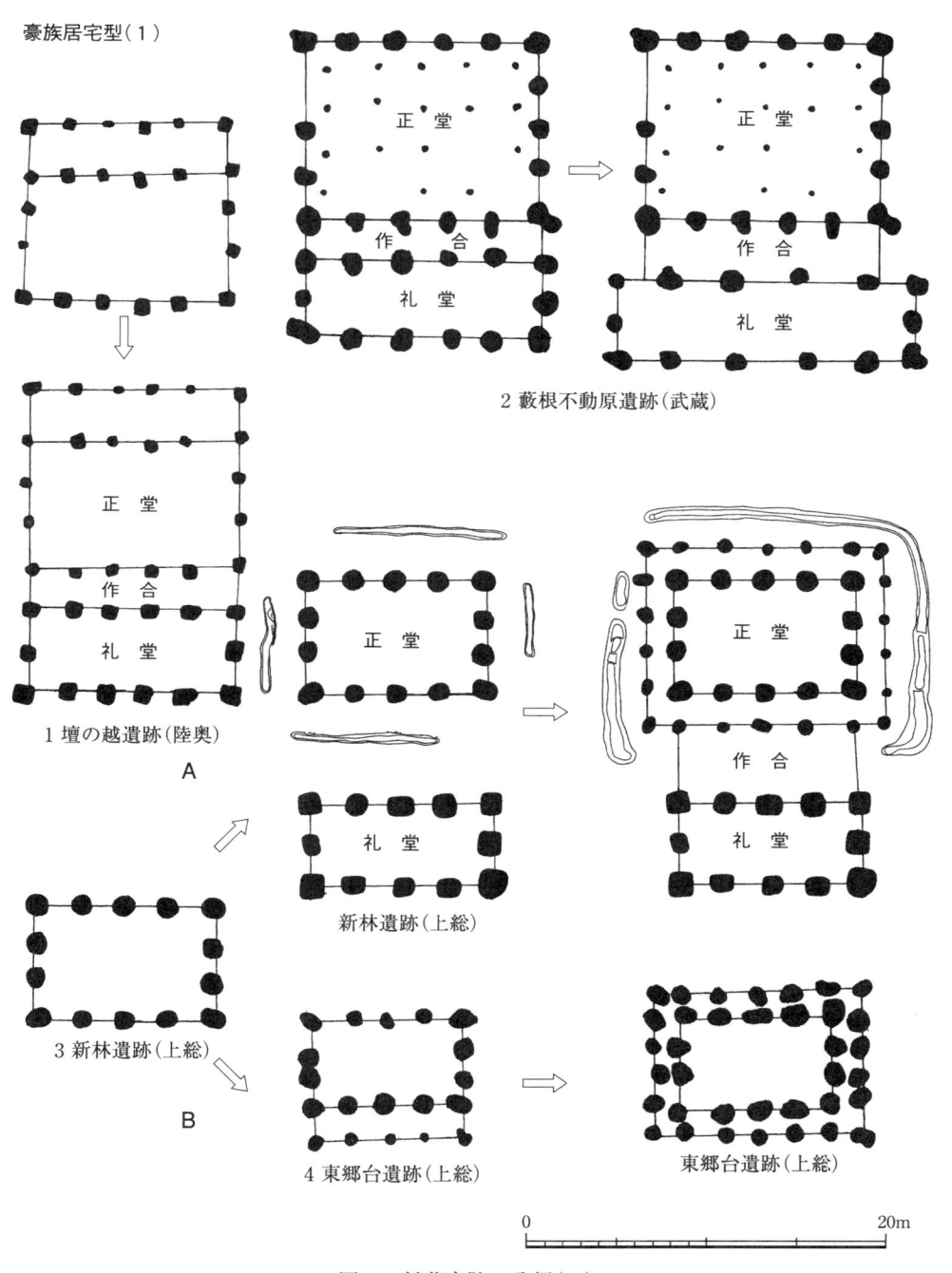

1 壇の越遺跡(陸奥)
2 藪根不動原遺跡(武蔵)
3 新林遺跡(上総)
新林遺跡(上総)
4 東郷台遺跡(上総)
東郷台遺跡(上総)

図1　村落寺院の分類(1)

居宅型（Ⅱ類）

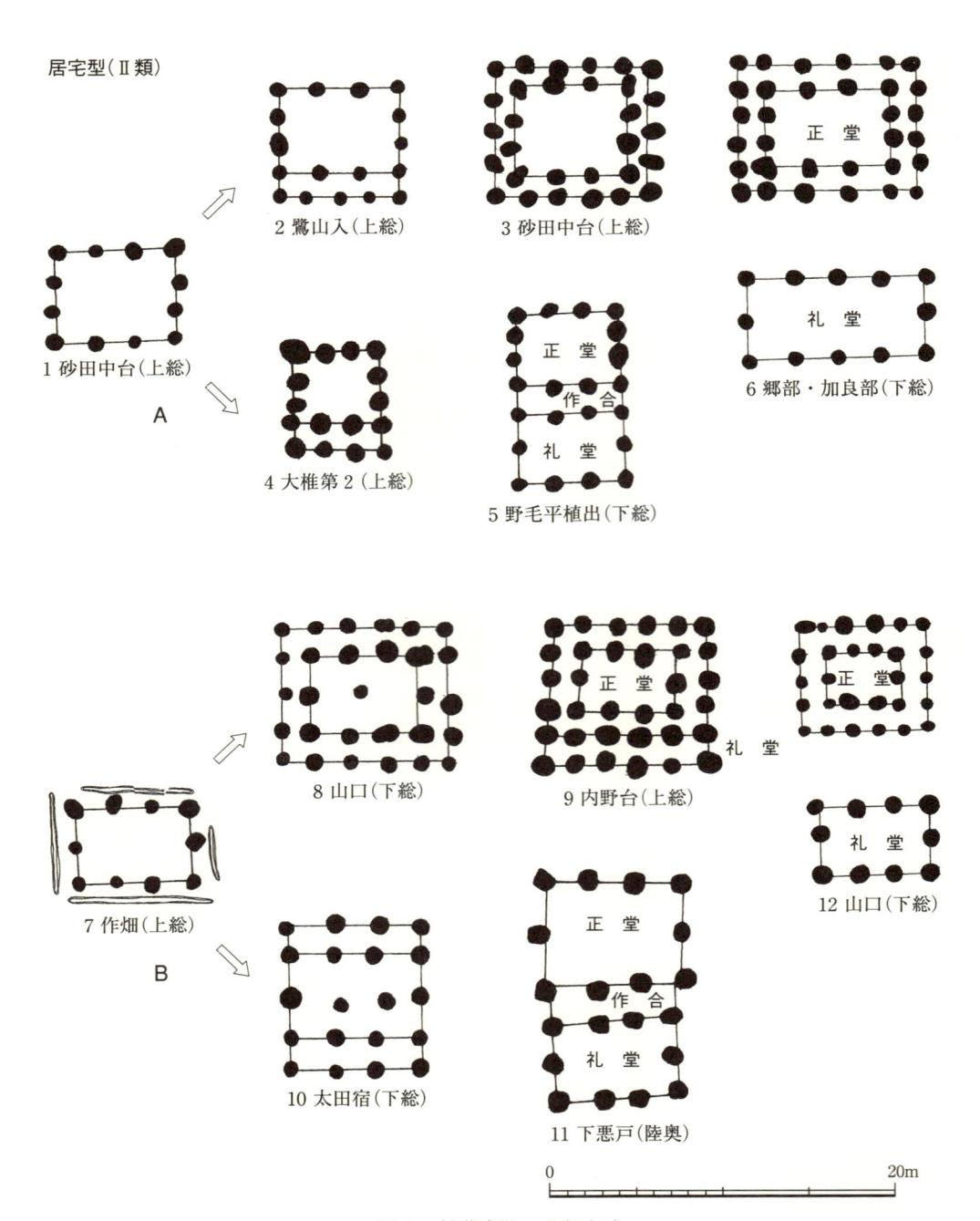

1 砂田中台（上総）
A

2 鷺山入（上総）
3 砂田中台（上総）

4 大椎第2（上総）
5 野毛平植出（下総）　正堂／作合／礼堂
6 郷部・加良部（下総）　礼堂

7 作畑（上総）
B

8 山口（下総）
9 内野台（上総）　正堂／礼堂
12 山口（下総）　礼堂

10 太田宿（下総）
11 下悪戸（陸奥）　正堂／作合／礼堂

0　　　　　20m

図2　村落寺院の分類（2）

県山武町鷺山入遺跡〔山武郡市文化財センター編 1999〕から砂田中台遺跡の四面廂建物へ、さらに、成田市郷部・加良部遺跡のような礼堂を付設した双堂建物へと発展する〔千葉県文化財センター編 1981〕（図2－6）。いま一つは、千葉市緑区大椎第2遺跡にみられる片廂建物〔千葉市文化財調査協会編 1992〕（図2－4）から、成田市野毛平植出遺跡のように、身舎のみの正堂に礼堂を付設した構造に発展するものもある〔印旛郡市文化財センター編 1990〕（図2－5）。後述するように、この3間×3間の身舎は、天平勝宝4年（752）に、実忠が創始したとされる東大寺二月堂の正堂（図8－3）と共通した構造である。Ⅱ類B建物は、3間×2間の身舎を基本とするもので（図2・3）、図示した千葉県東金市作畑遺跡〔作畑遺跡調査会編 1986〕のほか千葉市緑区内野第2遺跡〔千葉県文化財センター編 1997〕・佐倉市六拾部遺跡〔千葉県文化財センター編 1994〕など類例は多いが、集落遺跡に存在する倉や掘立柱住居などの建物構造とも共通することから、建物構造のみからは、寺と峻別しにくい場合が多い。この身舎の四面に廂を設けたのが成田市山口遺跡〔千葉県文化財センター編 1981〕に代表される寺で、この構造は成田市大袋小谷津遺跡〔印旛郡市文化財センター編 1994〕・八千代市白幡前遺跡〔千葉県文化財センター編 1991〕・袖ケ浦市遠寺原遺跡〔君津郡市文化財センター編 1985〕・木更津市久野遺跡〔千葉県文化財センター編 1999〕・成東町真行寺廃寺〔千葉県編 1996〕・茨城県土浦市寺畑遺跡〔上高津貝塚ふるさと歴史の広場編 1998〕など類例が多い。この四面廂建物に孫廂を付けたのが千葉市緑区内野台遺跡であり〔千葉市文化財調査協会編 1994〕、村落寺院の正堂に孫廂をもつ例に栃木県宇都宮市辻の内遺跡がある〔栃木県文化振興事業団編 1992〕。おそらく、内野台遺跡の場合は、孫廂部が礼堂空間に相当するのであろう。さらに、佐倉市太田宿遺跡のように3間×2間の身舎に二面廂をもつものと〔佐倉市教育委員会編 1983〕（図2－10）、側柱のみの正堂前面に礼堂を付け双堂建物に発展する福島県石川町下悪戸遺跡〔福島県教育委員会編 1983〕（図2－11）・岩手県北上市鬼柳Ⅲ遺跡〔岩手県文化振興事業団編 1992〕（図3－1）などがある。

　Ⅲ類は、竪穴建物を掘立柱建物に発展させた構造の正堂で、集落遺跡に比較的多くみられる構造である（図3）。正堂の平面空間が正方形に近いため、奥行に広い空間をもつのが特徴である。Ⅲ類Aは、3間×3間の身舎のみの建物、それに片廂が付くもの、さらに四面廂建物などの構造に分類できる。Ⅲ類Aの千葉県印西市大塚前遺跡は床張構造の建物である〔千葉県都市公社編 1974〕。Ⅲ類Bは、2間×2間の身舎のみの建物で、千葉県袖ケ浦市上大城遺跡のようにその前面に片廂が付くものと〔君津郡市文化財センター編 1994〕、茨城県つくば市九重東岡廃寺のように四面廂建物に発展するものとがある〔茨城県教育財団編 2001〕。Ⅲ類Cは、2間×1間の身舎のみの建物と、それに四面廂の付く建物とがある。四面廂建物の類例としては東金市尾亭遺跡・茨城県土浦市長峯遺跡〔土浦市教育委員会 1997〕などがある。Ⅲ類Cでは、唯一桁行方向に長い構造の建物に千葉県市原市萩ノ原遺跡がある〔日本文化財研究所編 1977〕。Ⅲ類Dは、1間×1間の身舎の四面に廂の付いた建物になるが、さらに礼堂を付設した双堂建物もある。1間×1間の身舎は、十一面観音を本尊とする東大寺二月堂の正堂と同じ構造で、本尊が立像であったことを思わせる。四面廂建物の類例には、千葉県小見川町織幡妙見堂遺跡〔香取郡市文化財センター編

1 上鬼柳Ⅲ（陸奥）
B

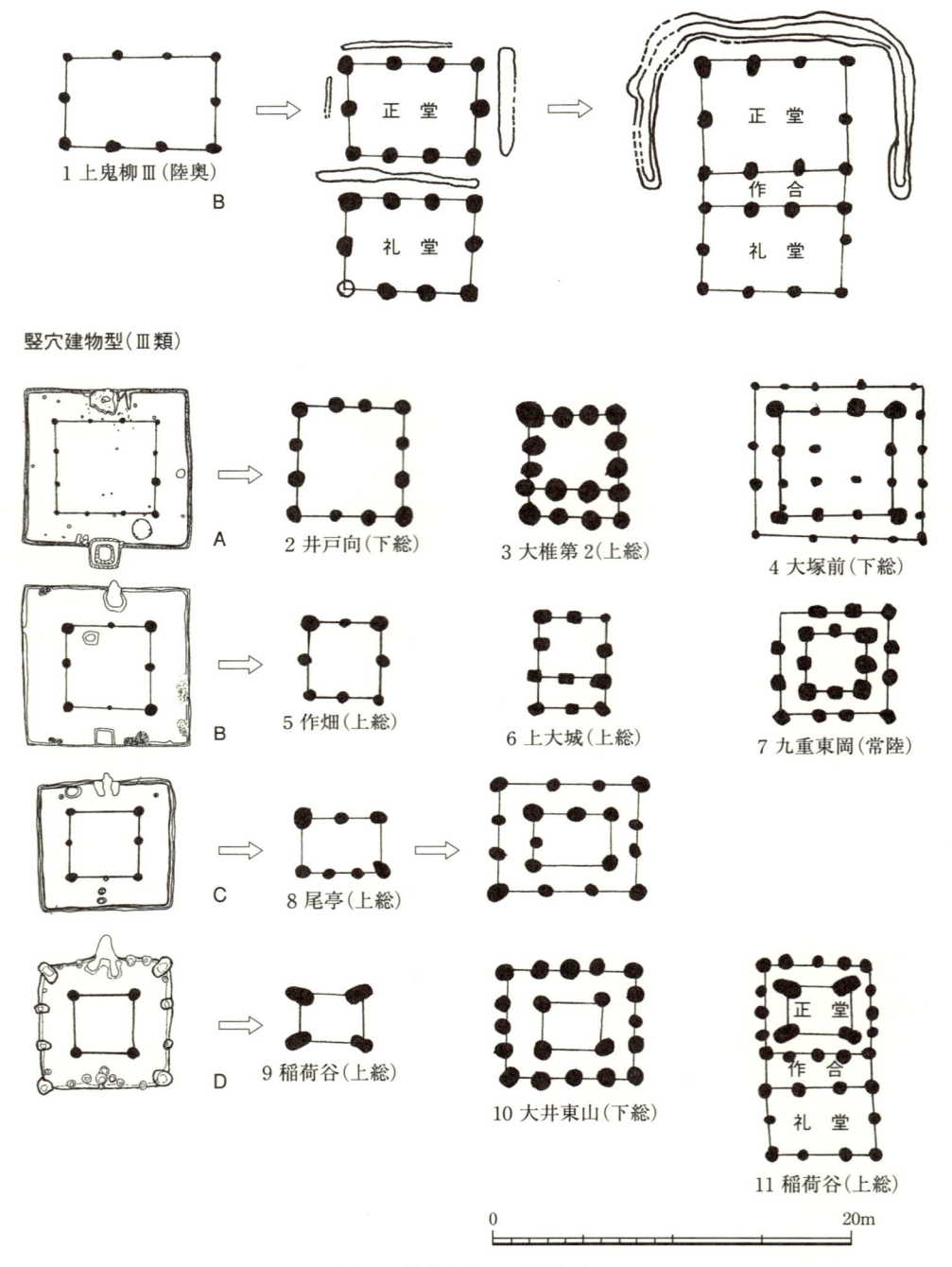

正堂 / 礼堂

正堂 / 作合 / 礼堂

竪穴建物型（Ⅲ類）

A
2 井戸向（下総）
3 大椎第2（上総）
4 大塚前（下総）

B
5 作畑（上総）
6 上大城（上総）
7 九重東岡（常陸）

C
8 尾亭（上総）

D
9 稲荷谷（上総）
10 大井東山（下総）
11 稲荷谷（上総） 正堂／作合／礼堂

0　　　　　20m

図3　村落寺院の分類（3）

40　考古編

1994〕・沼南町大井東山遺跡〔千葉県文化財センター編 1987〕・東金市稲荷谷遺跡など比較的多く見られる構造であるが、この構造で礼堂空間をもつ例は、いまのところ稲荷谷遺跡のみである（図3-11）。Ⅲ類Dの廂の構造もすべて外壁をもたない土廂と想定すべきかの判断は難しい。

　以上、34例のさまざまな正堂および双堂建物の構造を挙げたが、このほかに、瓦塔を収納したと思われる鞘堂風建物や基壇建物などを含めると類例はさらに多くなる。8世紀中ごろから10世紀前半期における東国の村落社会には、さまざまな構造の村落寺院の正堂が存在したことになる。

　そこで、村落社会に展開した仏教の性格がどういったものであったかを建物構造の上から分析するため、村落寺院と構造的に類似する居宅の主屋の構造と比較・検討しておきたい。まず、郡家を構成する郡司の居宅では、5間×3間の身舎をもつものに、福島県いわき市根岸遺跡〔いわき市教育委員会編 2000〕（図7-1）・岐阜県関市弥勒寺東遺跡・静岡県藤枝市御子ケ谷遺跡・栄町大畑Ⅰ・Ⅱ遺跡・神奈川県横浜市都筑区長者原遺跡などがあるが、四面廂建物の根岸遺跡、片廂建物の弥勒寺東遺跡・御子ケ谷遺跡を除いては、いずれも身舎のみの建物である。また、5間×2間の身舎をもつ例は、茨城県つくば市河内郡家（四面廂）・福島県泉崎村関和久遺跡（片廂）・東京都北区御殿前遺跡・御子ケ谷遺跡などがある。いずれも、桁行が5間の建物であるが、梁間を3間とする例が多い。これは、国司居宅の身舎の多くが梁間を2間とすることと著しい相違をみせている。また、四面廂建物の場合であっても、廂の柱掘方が身舎柱のそれと比べて小さいものや、身舎柱と同規模の柱掘方であっても身舎柱と柱筋が通らないものがあり、いずれの廂も土廂と想定される。これらの例から、桁行5間規模の建物は、郡司ないしそれに匹敵する階層の居宅と考えてよいだろう。また、桁行柱間数が偶数間であったり、梁間を3間とするもの、さらに土廂構造であるなどの特徴をもつ建物は、古墳時代以来の豪族居宅と構造上の共通性をもち、郡家を構成する建物群のうちの居宅部分については、正庁などの構造と異なり、前代からの古い建築構造が受け継がれていたといえよう。

　これに次ぐ規模の居宅として、4間×3間ないし4間×2間規模の建物がある。前者には千葉市若葉区芳賀輪遺跡、埼玉県川本町百済木遺跡G区、同県児玉町将監塚・古井戸遺跡、後者では、神奈川県横浜市都筑区神隠丸山遺跡・埼玉県江南町丸山遺跡・同県岡部町大寄遺跡などが挙げられる〔田中 2003〕。主屋はいずれも身舎のみの構造で、建物群のなかで際立った規模をもたない。主屋のほかは複数の屋や倉などで構成され、溝や一本柱塀などの区画施設をもつのが特徴である。郷長クラスの居宅に想定できようか。

　さらに下位のクラスでは、3間×2間規模の居宅の主屋と想定される一群がある。千葉県印旛村油作第2遺跡・栃木県上三川町西赤堀遺跡・同町多功南原遺跡・埼玉県岡部町北坂遺跡など類例は多い〔田中 2003〕。屋や倉などの複数の建物によって構成されるが、集落内の一般的な住居とは未分化で、区画施設をもたないことがこのクラスの居宅の特徴である。有力農民層の居宅と想定される。また、村落寺院の正堂の床構造については、藪根不動原遺跡・寺畑遺跡・山口遺跡・太田宿遺跡、山林寺院では大塚前遺跡・久野遺跡などで身舎内に束柱の痕跡がみられ、堂

内が床張構造であった例がかなり存在する。身舎内の床張は、奈良県桜井市上之宮遺跡6号建物（図7-3）・千葉県我孫子市日秀西遺跡5号建物などの居宅建築でもみられる。

　以上、郡司クラスから有力農民層までの居宅について分類したが、実際には、さらにさまざまな構造の建物があり、類型化できないものも多く存在する。これを村落寺院の構造と比較すると、郡司クラスの居宅である身舎の桁行が5間規模に相当する建物は、今のところ、壇の越遺跡・藪根不動原遺跡・内野台遺跡双堂建物の正堂や愛名宮地遺跡などでみられるのみで、類例は少ない。また、これらの正堂は、各柱間寸法が短いことやバラツキがみられるなど、郡司クラスの居宅と比べると規模は小さく、造営上の水準も低い。したがって新林遺跡や、東郷台遺跡のように、桁行4間・梁間3間のⅠ類Bを含めた建物が最大の規模になる。居宅の分類からは、郷長クラスの居宅に廂を付設した構造に相当しよう。同様に、砂田中台遺跡に代表される3間×3間規模のⅡ類Aの正堂や、Ⅱ類Bの身舎が3間×2間規模の村落寺院は、有力農民クラスの居宅に相当すると考えることができる。しかし、居宅構造が郷長クラス以下の階層で四面廂建物になることはむしろまれで、身舎のみの建物や片廂建物が主流であったと考えられることから、8世紀中ごろに成立する村落寺院は、成立の当初は居宅構造から出発するが、本尊の重要性や宗教儀礼の内容が充実するにしたがって、次第に仏堂建築の主流である四面廂建物に発展したと考えられる。一般農民の居宅建築から発展したⅢ類の竪穴建物型も同様に想定することができよう。

　隋・唐あるいは朝鮮半島からの影響で成立した寺院の金堂の構造は、身舎の桁行方向が奇数間で、梁間の柱間数が2間であることを原則とし[5]、さらに、土間にすえられた須弥壇上の中央に本尊・脇侍を安置し、その周囲に四天王像をはじめとする他の諸仏を配する構造をとる。しかし、住宅建築から発展した村落寺院やそれと関連する山林寺院の正堂の構造は、それとはまったく系譜を異にしたところから出発したと考えなければならない。隋・唐を中心とした東アジア世界との国際関係を重視し、国家仏教の拠点として造建した寺院を伽藍寺院とするならば、村落寺院は、私宅で営む個人の救済や共同体の願望を達成することを目的とした私宅仏教に原点があると想定することができよう。それゆえ、身舎の桁行を偶数間である4間とする建物、3間の梁間を有する建物、床張をもつ建物、さらに、竪穴建物型などのさまざまな正堂が生まれるのであり、その造営にあたっては、他地域からの技術を導入することなく、前代から伝統的に引き継がれた在地の技術に依存したのである〔須田 1985〕。

　律令政府は、その発足の当初から、仏教を国家として保護・育成するとともに、寺院や僧尼に対し規範を順守することを求め、さらに鎮護国家のための仏教政策を打ち出し、いわば、隋・唐様式の伽藍寺院の造営を促進したのである。しかし、それとはまったく異なる流れのなかで、個人の救済や共同体の発展を目的とした専用寺院が出現したことは、古代仏教史のなかで、画期的な出来事としてとらえる必要がある。それは、この寺院構造が住宅建築から出発したことに大きな歴史的意義があり、そこでの仏教信仰の性格を大きく規定していたと考えられる。

1 新林(上総)

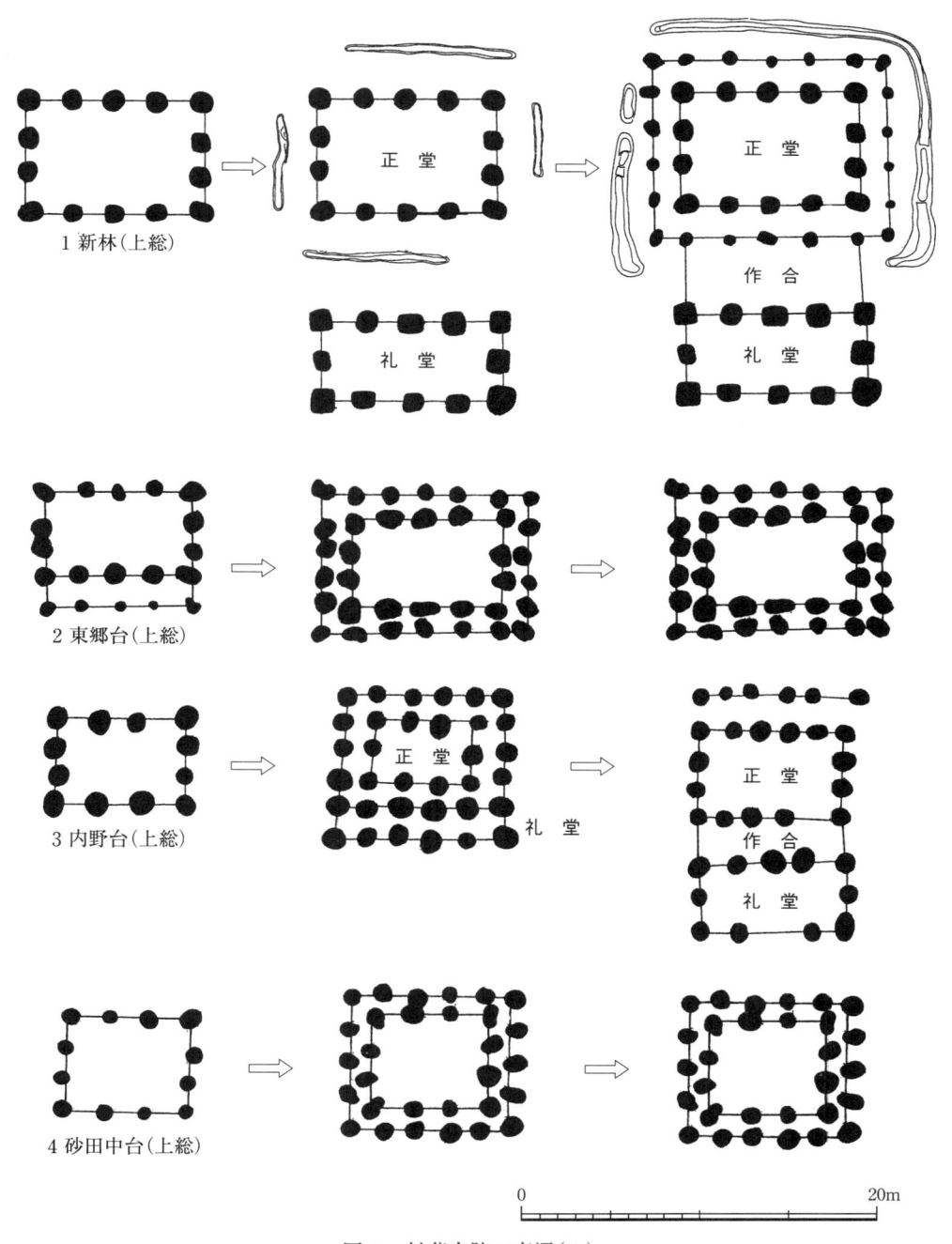

2 東郷台(上総)

3 内野台(上総)

4 砂田中台(上総)

0　　　　　　　20m

図4　村落寺院の変遷(1)

（2）正堂の構造と変遷

　村落寺院は、8世紀前半に成立した可能性もあるが、多くは8世紀後半期に成立し、9世紀前半から中頃にピークを迎え、9世紀後半から10世紀にかけて衰退する傾向にある。ここでは、建物構造の変遷の分析をとおし、村落社会に広まった仏教の性格に変化があったのかを検討する。

　新林遺跡は、当初、身舎のみの正堂から出発し、後に約70m西に位置を移し、礼堂を付設した双堂建物として建て替えられる（図4－1）。正堂の四周には雨落ち溝がみられることから、この段階では、正堂と礼堂とは別棟であったと考えられる。その後、礼堂は同規模で、さらに正堂も身舎の規模をそのままにして四面廂建物にそれぞれ建て替えられる。正堂の正面以外の三面に雨落ち溝が認められることから、正堂に廂を付設することで礼堂の廂と軒先が接し、正堂と礼堂とが一体化した構造になり、作合空間を形成した双堂建物に発展したと思われる。その際、正堂の身舎のみが坪地業による礎石建物に改められるが、廂部分の柱掘方の規模が小さいことから、四周に外壁をもたない土廂であったと想定される。身舎は3時期とも同規模で建て替えられているので、東大寺二月堂の正堂と同様に、そこで行われた法会の内容は一貫していたと考えられる[6]。正堂周辺からは宇瓦と女瓦が出土するが、熨斗瓦が多いことから甍棟建物と想定される〔今泉 1990〕。瓦は宇瓦と女瓦の組合せのみで、鐙瓦・男瓦をもたない。宇瓦は上総国分僧寺のものと同笵で、女瓦も同じ特徴をもつものが僧寺からも出土する。この周辺の集落遺跡からは、上総国分寺の付属瓦窯である千葉市南河原坂窯跡群〔千葉市文化財調査協会編 1996〕で焼成された瓦が多く出土するなど、同寺や瓦窯との関連性が強い地区である。さらに、8世紀後半ごろから急速に開発が進み、「山辺万所」などの墨書土器が出土することから、同寺の寺領庄園の可能性がある〔須田 2002〕。新林遺跡は、その中心に位置することから、同寺の出先機関と考えられる遺跡である。上総国分寺から直線にして約50kmの距離にある。

　東郷台遺跡は、養老川をのぞむ丘陵上にあり、片廂建物から掘立柱四面廂建物、さらに坪地業による礎石建ちの四面廂建物に変遷する（図4－2）。建物周辺からは、男瓦・女瓦を出土するが量的に少ないことから、坪地業の礎石建物の段階に甍棟建物に建て替えられたと考えられる。瓦は養老川中流域にある市原市二日市場廃寺と同じものなので、同廃寺と密接に関連する遺跡であろう。二日市場廃寺は上総国海上郡にあり、7世紀第4四半期ころの紀寺式と山田寺式の鐙瓦を出土する。養老川下流域の左岸には、海上郡家および郡名寺院と想定される市原市今富廃寺があり、二日市場廃寺の檀越は、それに匹敵する新興豪族であったと考えられる。

　内野台遺跡は、身舎のみの建物、四面廂に孫廂を付設した建物、双堂建物へと変遷すると考えられるが、それぞれの遺構に切り合い関係がないことから、造営の順序はさだかではない（図4－3）。孫廂をもつ建物は、礼堂を付設した栃木県宇都宮市辻の内遺跡を除き、他に検出例がみられないが、鎌倉期に成立したとされる京都市右京区神護寺灌頂堂の例を参考にすれば〔藤井 1998〕、孫廂部に礼堂機能があったと考えることもできよう。しかし、双堂建物の正堂の構造は5間×3間の身舎のみの建物であり、それが独立した礼堂空間をもつ双堂建物に発展したと考えると、身舎のみの建物から四面廂建物へと発展する一般的事例と合わなくなる。したがって、双

1 山口(下総)

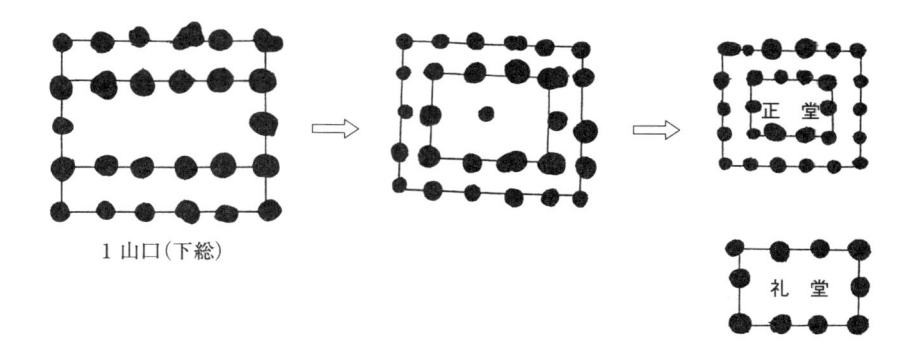

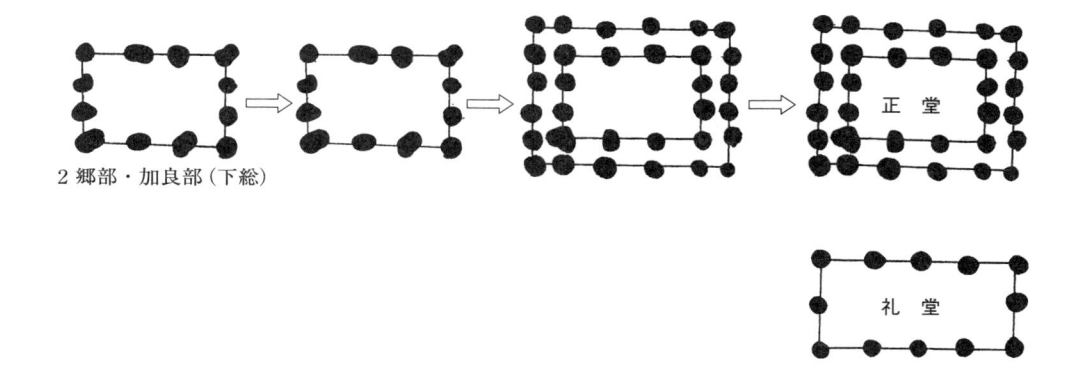

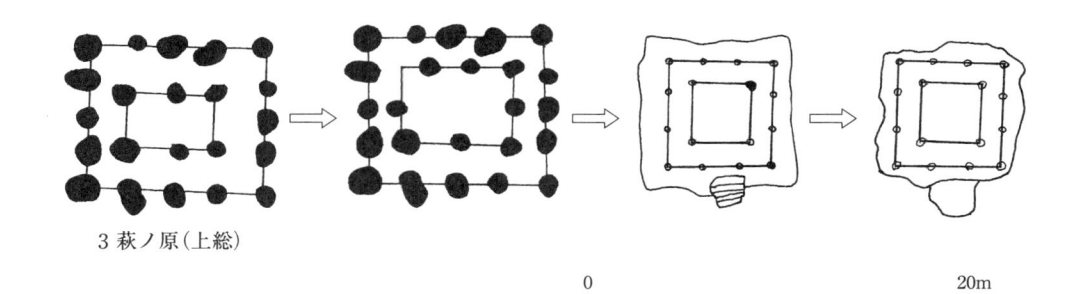

2 郷部・加良部(下総)

正堂

礼堂

3 萩ノ原(上総)

0　　　　　20m

図5　村落寺院の変遷(2)

堂建物から孫廂建物へと発展したか、あるいは両者が並存した可能性もある。その場合は、身舎のみの建物は僧坊の可能性が高いであろう（図12－1）。双堂建物の正堂北に柱列がある。構造上やや不審な点もあり、これを目隠し塀と考えるべきか、北に設けられた土廂と想定するべきか判断は難しい。ただ、前述した宮城県壇の越遺跡でみられる双堂建物の正堂の北に廂をもつ例を参考にすると、内野台遺跡の場合も廂の可能性があろう。そう考えた場合は、単なる廂ではなく宗教儀礼上における一定の役割を果たした空間と想定する必要もあろう。

　内野台遺跡が形成された地域は、上総・下総国の国界線に近い村田川と鹿島川の分水界にあたる。支谷の発達した狭隘な丘陵で、弥生時代から7世紀ごろまでは、ほとんど土地利用のなかった地域である。しかし、8世紀以降からは、狭い丘陵上に小規模な竪穴建物や掘立柱建物が営まれ、瓦鉢・燃灯具・奈良三彩などの多くの仏教関連遺物のほかに、「祥寺」「丈寺」「冨寺」「砂田東寺」「壽寺」などの寺名をともなった墨書土器が多数出土する。また、山間部の急峻な地勢にあることから、大きな集落が形成されたとは考えにくく、私度僧を中心とした修行地として利用された可能性が高い。内野台遺跡はこの地域の中心に存在することから、修行僧が集まる山林寺院であったと想定される〔須田 2002〕。

　砂田中台遺跡は、身舎のみの建物から四面廂建物に発展し、身舎の位置を同じくして2度にわたり変遷する（図4－4）。身舎は3間×3間であるが、廂は5間×4間となり、内陣・外陣とも柱掘方の規模は変わらないが、身舎柱と柱筋が通らないことから、これも土廂と想定される。ただ身舎規模は3時期とも一致することから、新林遺跡と同様に法会の形式は一貫していたとみられる。

　山口遺跡は、両廂建物から四面廂建物へ、さらに双堂建物への変遷が考えられるが（図5－1）、重複関係にないので明らかではない。しかし、東郷台遺跡では、片廂建物から双堂建物へと変遷することから、山口遺跡も同様の変遷をたどった可能性がある。四面廂建物の身舎の中央に床束を受ける柱掘方が検出されたことから、身舎部は床張と想定される。

　山口遺跡と直線距離にして約1kmのところにある郷部・加良部遺跡は、身舎のみの正堂の時期が2時期と、いま一つは四面廂建物から正堂と礼堂空間をもつ双堂建物へと発展した二つの段階があり、4時期の変遷をもつ（図5－2、9－2）。2段階目は方位を異にし、やや東に移動して建て替えられた。成立時期は8世紀第4四半期ころで、最終段階の双堂建物は9世紀中ごろから後半にかけての時期であろう。ここでも、3間×3間の正堂は、4時期とも同規模で変遷する。

　萩ノ原遺跡は、2間×1間の身舎をもつ四面廂建物から2間×2間の身舎をもつ四面廂建物へと同位置で建て替えられ、その後、別の位置で基壇建物に改められる〔日本文化財研究所編 1977〕（図5－3）。基壇はほぼ正方形なので、1間×1間の身舎に廂の付く竪穴建物型の建物に復元できよう。基壇南面に階段が付設される。古い方の基壇中央には横刀が縦位で、新しい基壇には土師器坏の上に十数本の釘を乗せた鎮壇具がそれぞれ埋納されていた。釘の数本には朱が塗布されていることから、正堂は朱色に塗られていた可能性が高い。村落寺院の外観を考えるうえ

1 久野・SB5建物(上総)

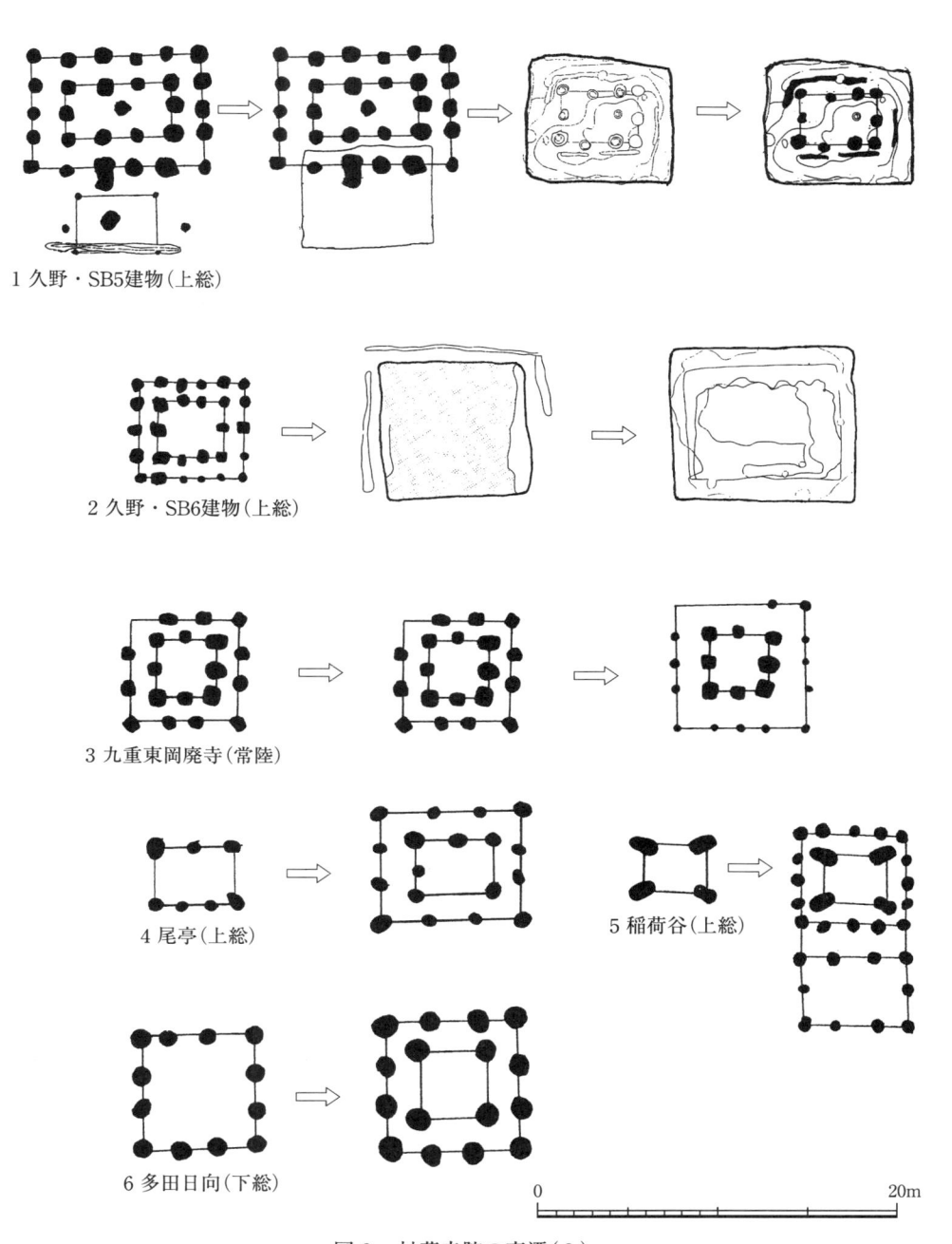

2 久野・SB6建物(上総)

3 九重東岡廃寺(常陸)

4 尾亭(上総)　　5 稲荷谷(上総)

6 多田日向(下総)　　0　　　　　20m

図6　村落寺院の変遷(3)

で貴重な資料である。最終段階の基壇建物周辺からは、建物に使用された多数の鉄製の釘・風鐸などが散乱した状態で出土し、自然倒壊した状況にあった。8世紀第4四半期に造営が始まり、最終段階の基壇建物は地鎮具として使用された土師器坏の特徴から、9世紀中葉から後半にかけての成立であろう。荻ノ原遺跡は、四面廂建物から始まるが、双堂建物には変遷せず、基壇建物に発展したことに特徴がある。

　久野遺跡では、6基の基壇建物とSB5・SB6の基壇下層から、それぞれ掘立柱の四面廂建物が検出されている。SB5の四面廂建物は、建物の前面に小規模な4本柱による施設と、硬化面が認められる時期の遺構とがある（図6-1）。四面廂建物そのものには建て替えた痕跡はみられないが、建物前面の施設の相違により2時期に分けられる。2期目の硬化面は、内陣に接する位置まで広がるので、宗教儀礼の際に使用した範囲を示す遺構ととらえることができよう。建物前面における法会の際の使用法を考えるうえで重要である。基壇上に建てられた4期目の3間×2間の掘立柱建物は、基壇上に雨落ち溝が認められることから、それ以前に基壇を覆う礎石建物が存在したと考えられるので、SB5建物は4時期にわたり変遷したことになる。SB6建物は、掘立柱による四面廂建物から基壇建物へと変遷するが、最終段階に最大規模の基壇建物になる点でSB5とは異なる経緯をたどる（図6-2）。両建物間の距離は約100mある。さらに、SB6建物の西約100mには、4基の正方形に近い基壇建物があり、それらのうち、最大規模の建物基壇の上面からは、この遺跡特有の男瓦・女瓦・熨斗瓦が集中して検出されている。量的には総瓦葺建物を想定することは困難であり、特に熨斗瓦が多いことから、新林遺跡や東郷台遺跡のように甍棟建物と考えられる。

　久野遺跡は、小櫃川と矢那川に挟まれた、標高約100mの舌状に張り出した丘陵上にあり、古墳時代前半期以来、仏堂建物群が成立する8世紀後半まで、まったく土地利用のなかった山間地区であるが、遺跡が消滅する10世紀前半ころまでの約150年は、丘陵全体が仏教空間として利用されていた。一時期をとってみても、複数の仏堂が存在することから、近隣の僧侶が修行した山林寺院と考えられ、千葉市内野台遺跡の周辺とよく似た環境にある。建物構造は、荻ノ原遺跡と同様に四面廂建物から双堂建物に発展せず、基壇建物になることで共通する。上総国分寺に付随する山林寺院と想定される千葉市小食土廃寺〔千葉県文化財センター編 1986〕が、礎石建ての三間四面堂を中心に僧坊・屋などで構成されるのと同様に、郡名寺院の僧や民間僧が修行する山林寺院の構造を示す代表的な遺跡である可能性が高い。

　最後に取り上げておかねばならない掘立柱構造の仏堂建物に、常陸国河内郡の郡名寺院と考えられる九重東岡廃寺の金堂と講堂の中間西側に設置されたSB04建物がある（図6-3、13-4）。2間×2間の身舎に四面廂が付くⅢ類Bの竪穴建物型の仏堂である。いずれの建物も側柱が身舎の柱筋と合わないので、外陣は外壁をもたない土廂と想定される。3時期とも身舎の規模は不変で、しかも同じ位置で建て替えられたことから、この建物で行われた法会の性格は、先述の新林遺跡などと同様に一貫していたと想定される。また、同様の性格をもつ建物として、上総国武射郡の郡名寺院とされる真行寺廃寺の金堂の東に設置された掘立柱構造の四面廂建物を挙げるこ

1 磐城群家居宅(陸奥)
〈根岸遺跡〉

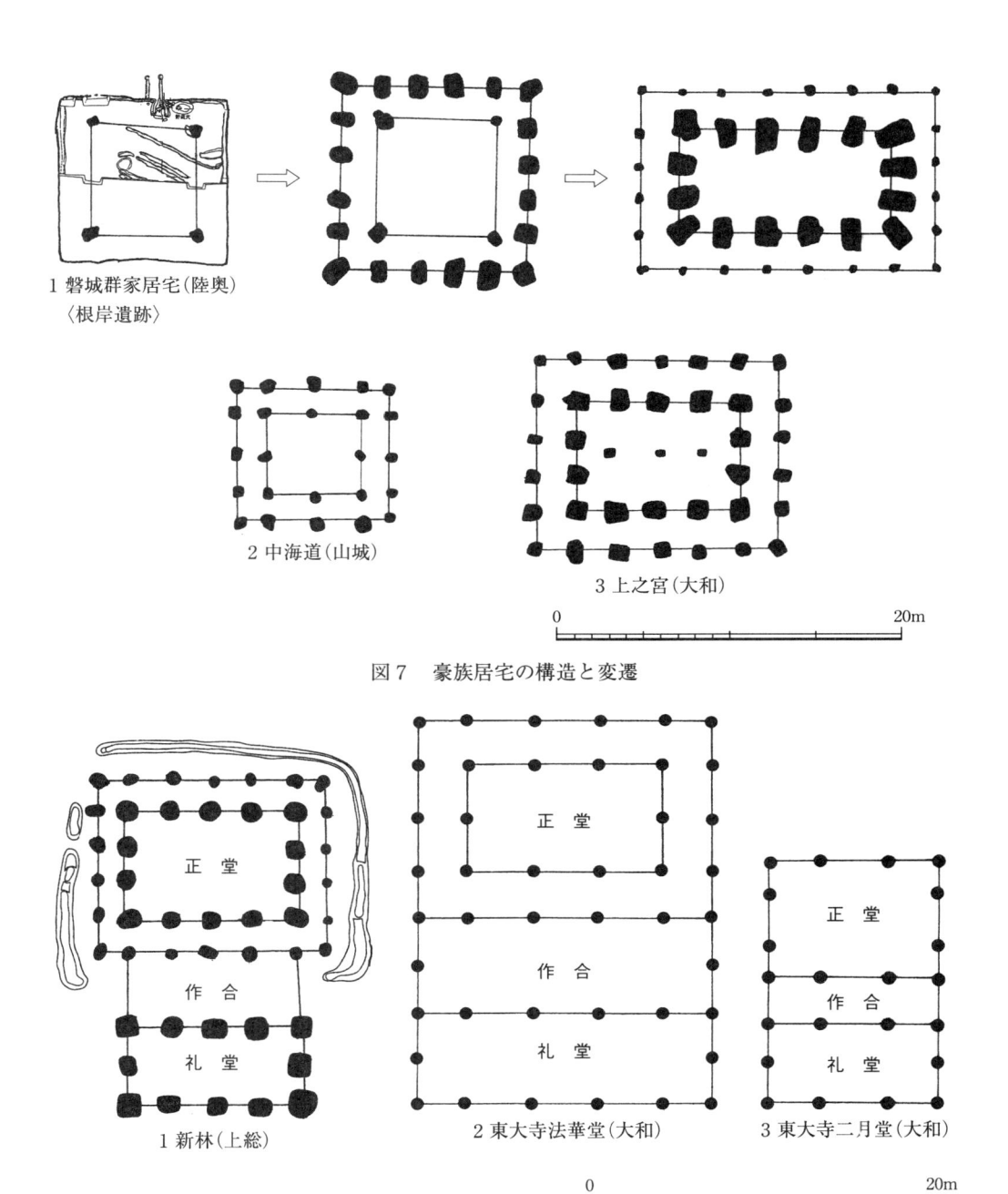

2 中海道(山城)

3 上之宮(大和)

0　　　　　　　　20m

図7　豪族居宅の構造と変遷

正堂

作合

礼堂

1 新林(上総)

正堂

作合

礼堂

2 東大寺法華堂(大和)

正堂

作合

礼堂

3 東大寺二月堂(大和)

0　　　　　　　　20m

図8　双堂建物の比較

とができる（図13-5）。この四面廂建物の建て替え痕跡は不明であるが、身舎柱と比べ廂部の柱掘方が小規模になるなど、柱掘方や建物構造の特徴が在地の技術で造られた村落寺院の構造ときわめて酷似する。建築構造の特徴が法会の内容を規定すると考えると、そこで行われた法会は、村落寺院と同様の性格をもっていた可能性が高い。このことは、一般の集落遺跡から出土する仏具や墨書土器などの仏教関連遺物と同様のものが多数出土することからも裏づけられる。九重東岡廃寺・真行寺廃寺の両建物とも、それぞれ金堂近くに設置されていることから、いずれも重要な法会が行われた施設であったと考えられる。そこでの法会は、金堂とは別棟で行われていることから、既存の金堂で行われた儀礼とは性格を異にしたことが想定され、村落寺院と同様の法会が、郡名寺院内で行われた遺構である可能性はきわめて高い。

　以上、村落寺院の正堂の構造的特色と変遷をまとめると、以下の点が挙げられる。

　①寺名や仏教関係の内容を記した墨書土器から、村落寺院の出現時期は、8世紀前半期までさかのぼる可能性もあるが、多くは8世紀後半期、しかも第4四半期ころに成立するものが多く、9世紀前半から中ごろにピークを迎える。一方、消滅時期については、10世紀前半期まで続くものもあるが、多くは9世紀後半期で消滅する。村落寺院と有機的な関連性をもつと考えられる山林寺院もほぼ同様である。

　②柱掘方の形状は、円形や不整方形のものがほとんどで、柱筋が通らない建物も相当数あり、造営技術の水準は低い。その造営にあたっては、他からの技術者を招聘することなく在地の技術に依存したからであろう。隋・唐あるいは朝鮮半島からの寺院建築の影響をまったく受けることなく、在地の伝統的建築技術を受け継いだ点に特徴がある。

　③身舎のみの正堂もあるが、身舎のみの建物から出発して四面廂建物に建て替えられるものと、当初から四面廂建物で始まるものとがある。なかには双堂建物や礎石建物に発展するものもある。

　④四面廂建物は、身舎が1間×1間のものから4間×3間のものまであり、規模はまちまちである。本来、仏堂建物は四面廂建物であり、そうした構造を模倣したとも考えられるが、廂部の構造のほとんどが土廂であったと想定できることからすると、構造や造営にかかわる技術のうえからは、在地の豪族居宅にみられるものにきわめて近い。土廂については、竪穴建物から発展した正堂にも付設されるので、単に加飾的効果をねらったものではなく、また伽藍寺院の金堂にみられる廂部の利用とも異なった法会上の機能が要請されていた可能性が高い。また、山口遺跡・久野遺跡・大塚前遺跡・太田宿遺跡・藪根不動原遺跡・寺畑遺跡などでは、身舎部に束柱を受ける柱穴があり、床張であったと想定される。この柱穴は、床束を受けるだけの機能なので、浅く小さいのが一般的である。このため、調査時に確認することができないことも多いと予想されることから、床張構造の事例はかなり多かったことが考えられる。双堂建築で著名な東大寺法華堂も、創建当初より正堂・礼堂とも床張であったことが明らかにされており〔浅野 1969〕、村落寺院で廂をもつ正堂については、床張構造の例がかなりあった可能性が高い。ただし、礼堂と作合空間からは、束柱の痕跡が確認された例がみられないので、この部分については土間であったと考えられる。したがって、正堂の内陣内の様子は、土間の上に設置された須弥壇上に本尊・脇侍・

四天王などの諸像を安置する隋・唐様式の金堂とは、明らかに異なっていたと想定される。

　⑤双堂建物には、正堂と礼堂とが身舎のみの建物で構成されるものと、四面廂建物の正堂と身舎のみの礼堂とが組み合わさるものとがある。また、正堂と礼堂建物とが軒先を連ね、軒先と軒先とが接することで作合空間を形成し、両建物を外見上一体に見せかけた構造と、両者が別棟になる場合とがある。後者についても、正堂と礼堂とが一体となって機能を果たしたと考えられるので、そうした構造についても双堂建物と称しておきたい〔須田2001〕。さらに、四面廂建物の全面に孫廂をもつ正堂がある。その場合、孫廂部が礼堂に想定されるので、これも双堂建築に含めておきたい〔山岸2000〕。従って、東国の村落社会には3種の双堂建築が存在したことになる。礼堂建物には、桁行が3間のものと4間のものとがあるが、梁間数については、これまで確認されたものはいずれも2間であり、東大寺法華堂・同二月堂、さらに京都市教王護国寺の灌頂院と同様である〔京都府編1959、藤井1983〕。畿内の礼堂建築の構造がそのまま東国の村落社会に伝わったと考えてよく、それは、単に構造のみならず、そこで行われた儀礼の行法をもともなっていたと想定すべきだろう。

　⑥双堂建物は、内野台遺跡でみられるように、独立した小規模の山林寺院が集中して存在する地区にもみられるが、ほとんどは、農村社会のなかに村落寺院として建てられるので、ほとんどが村落社会レベルでの法会の空間として存在したと思われる。

　⑦農民層の法会・礼拝の空間である村落寺院と、僧侶の修行空間である山林寺院とがあり、両者はそれぞれの役割をもちながら、一体として機能したと想定される〔笹生1994〕。建物の造営技術や構造のうえでは両者とも共通するが、比較的規模の大きい山林寺院については、掘立柱建物から基壇建物へと発展するのが主流のようである。しかし、実際には、内野第2遺跡・南河原坂第2遺跡・大椎第2遺跡・針ヶ谷遺跡でみられるように、仏堂・倉・屋などと1棟から数棟の竪穴建物で構成される小規模な山林寺院が多かったようである。そうした実態からすると、村落寺院や山林寺院が数多く検出される当時の上総・下総地域には、徳一教団の陸奥慧日寺・常陸中禅寺や、道忠教団の上野緑野寺・下野大慈寺のような民間仏教の一大拠点となるような寺院は存在しなかった可能性が高い。むしろ大規模に組織化されたものではなく、村落レベルでのまとまりが強かったのであろう。さらにいえば、8・9世紀の上総・下総には、徳一や道忠のような卓越した指導力をもった僧がおらず、そのことが、村落ごとに多数の、しかもさまざまな構造の村落寺院を生み出す背景となったともいえよう。

　⑧真行寺廃寺・九重東岡廃寺のような郡名寺院の寺院地のなかにも、村落寺院と同様の構造をもつ建物が独立して建てられ、国家の仏教に連なる機能が要請された寺院の金堂とは別に、村落社会レベルに展開した仏教儀礼を、郡司層が共有していたことを物語る遺構がある。8・9世紀における村落社会の変化のなかで、豪族層と農民層とが内面において結合する最大の要素が、ここに存在したと考えられる〔須田1999〕。

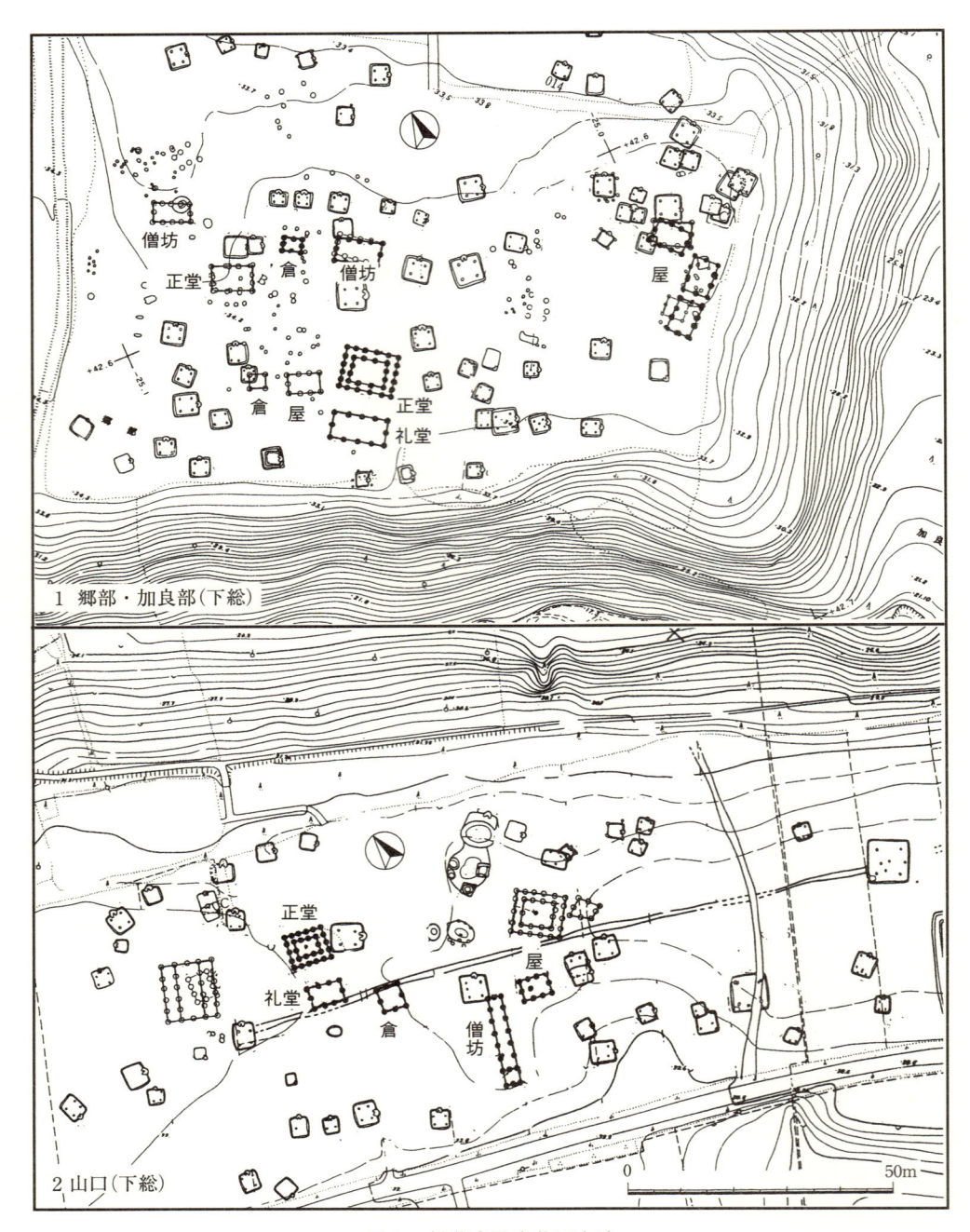

図9　村落寺院全体図（1）

52　考古編

図10 村落寺院全体図（2）

古代村落寺院とその信仰（須田） 53

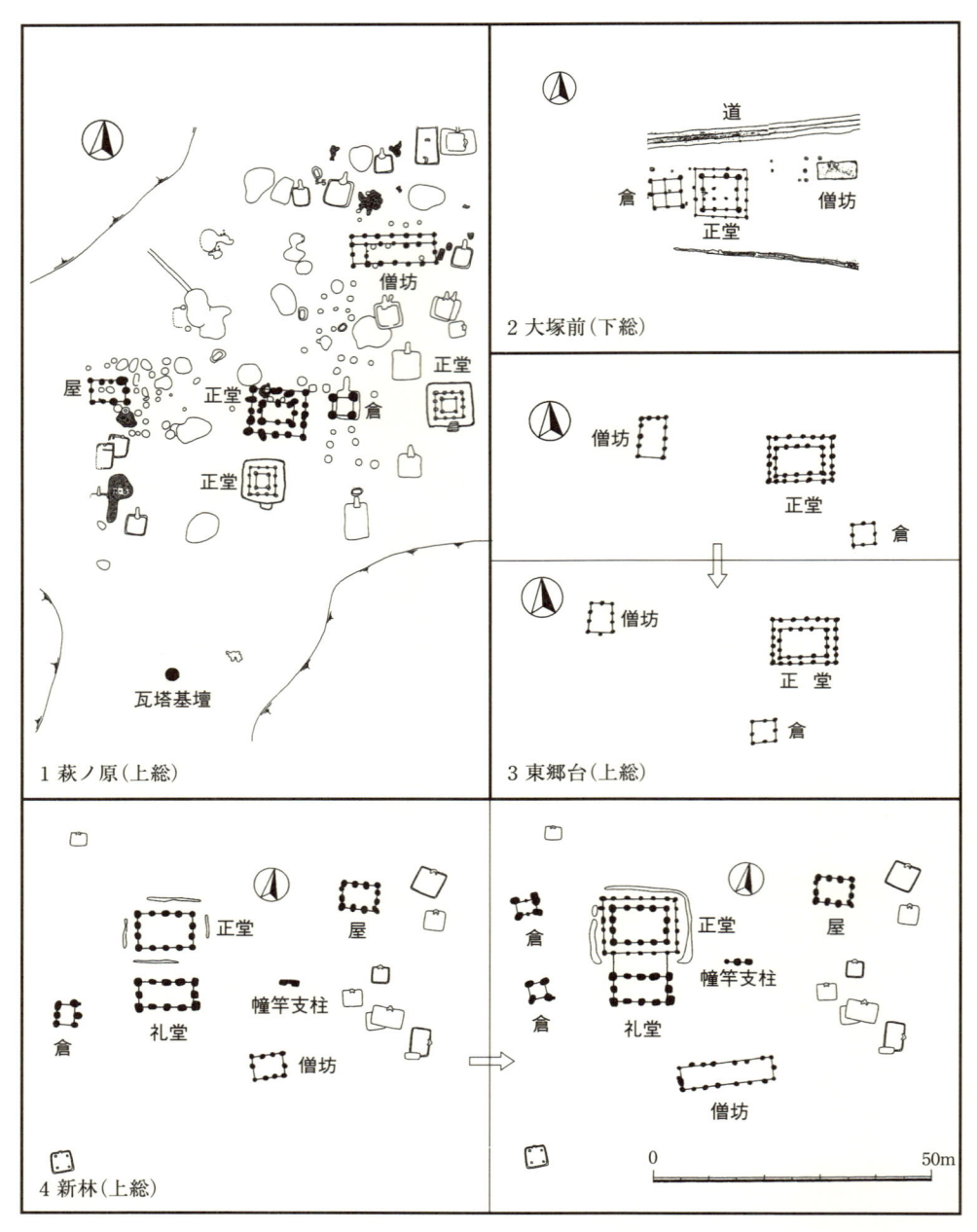

図11　村落寺院全体図（3）

54　考古編

（3）寺の建物構成

　村落寺院の多くは、正堂建物のみで完結する例はむしろ少なく、その多くが、さまざまな機能をもった独立した複数の建物によって構成される。特に、正堂の規模が大きいほど付属の建物数は増大する傾向にある。ここでは、いくつかの事例を取り上げ、村落寺院の建物構成から、その性格について検討する。成田市郷部・加良部遺跡では、3間×3間の身舎のみの正堂の北に4間×2間の僧坊、南に1間×1間の倉と3間×2間の屋などを付属施設としてもつ（図9－1）。さらに、それが発展し四面廂建物の正堂と僧俗の接点である礼堂を付設した段階では、北に4間×2間の僧坊とその西に接して2間×2間の倉、東に3間×2間の屋をもつようになる。双堂建物に発展すると法会の規模が拡大したとみえて、付属建物は規模や数を増すようになる。郷部・加良部遺跡と直線距離で約1kmにある山口遺跡でも、礼堂の東前面に2間×2間の倉、さらに7間×2間の僧坊、3間×2間の屋をもつ。礼堂前面の空間を広くとり、各建物の方位はほぼ一致する（図9－2）。

　遠寺原遺跡は、8世紀第4四半期の創建当初から四面廂建物の正堂をもち、その東に側柱筋を通して2間×2間の倉、その北に竪穴建物の長大な僧坊、その北西に屋があり、北東の柱掘方の大きい3間×2間建物は厨の可能性がある。さらに正堂東にも屋を配置した構成をとる（図10－1）。次の時期は、ほぼ同位置で正堂が坪地業の四面廂建物に建て替えられる。稚拙な作りをもつ女瓦を少量出土することから、甍棟建物かグシ葺建物に造り替えられた可能性が高い（図10－2）。正堂の東には、南の側柱を通した位置に2間×2間の倉、さらに東には正堂と北側柱筋を通した位置には8間×1間の長大な僧坊、北には屋、東北には厨と想定される建物を配し、正堂・倉・僧坊・厨・屋で構成されたと考えられる。ここでも、正堂の規模が大型化すると、その他の施設も大型化する。

　萩ノ原遺跡では、8世紀第4四半期ころに掘立柱の四面廂建物が創建される（図11－1）。東に1間×1間の倉、西に3間×2間の屋、北に6間×2間の身舎に北廂を付加した僧坊があり、その後、正堂は基壇建物に建て替えられる。南には約2m四方の瓦塔基壇があり、高さが2mをこえる市原市永田・不入窯産の瓦塔が造立されていた。東郷台遺跡は、正堂が坪地業の四面廂建物に建て替えられた段階で2間×2間の倉と3間×2間の倉と僧坊が配置される（図11－3）。前述のように、両遺跡とも二日市場廃寺と同じ瓦を出土することから、檀越を同じくしたと想定される。萩ノ原遺跡は、掘立柱建物の正堂が基壇建物へと構造を変えるので、山林寺院へと性格を変えた可能性がある〔千葉県文化財センター編 1999〕。

　大塚前遺跡は、正堂・倉・僧坊で構成される（図11－2）。印旛沼と手賀沼との中間の分水界にあり、手賀沼に続く小支谷にわずかに張り出した、標高約25mの丘陵中央部に位置する。北には、掘削した幅約1.5mの道路跡があるので、寺は道路に面していたことになる。出土瓦は、下総国分寺の創建期のものと同笵関係にあるが、時期的には下総国分寺の創建段階の後半期に位置付けられる瓦である。瓦の量は仏堂規模と比べると少なく、熨斗瓦が多いことから甍棟建物に復元されている〔今泉 1990〕。下総国分寺から直線距離で約20kmの地ににあり、同寺の山林寺院

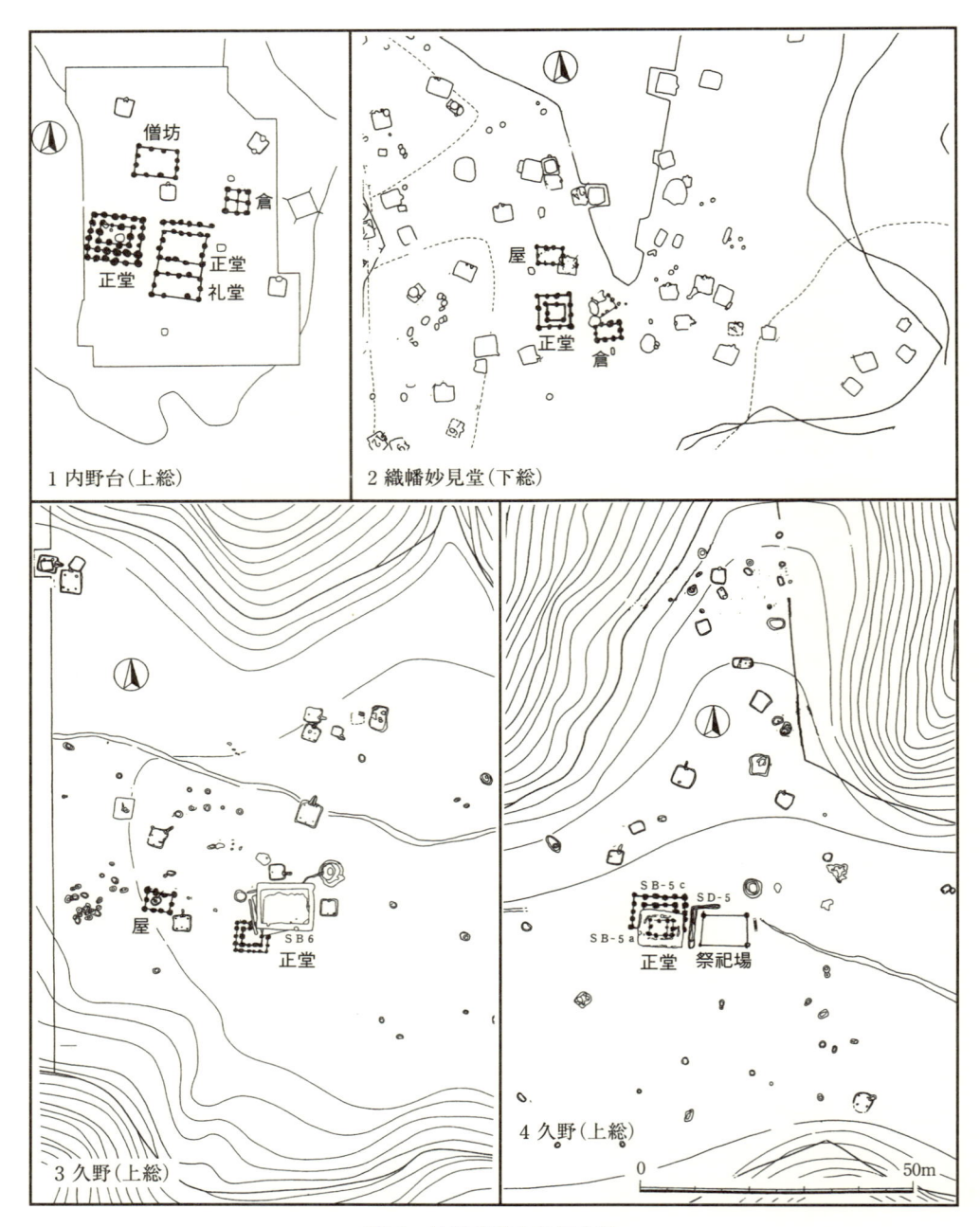

図12 村落寺院全体図（4）

56 考古編

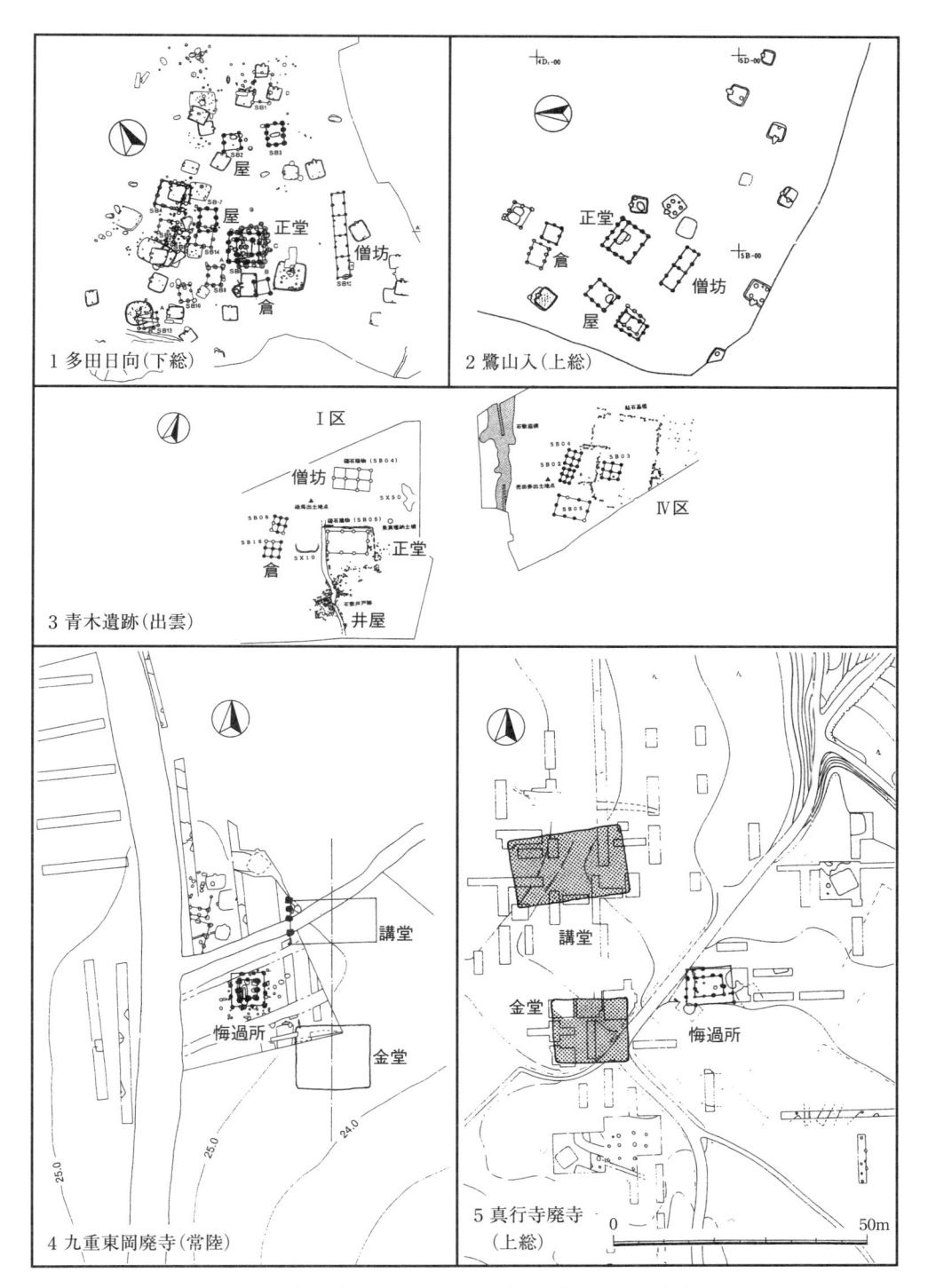

図13　村落寺院・群名寺院悔過所全体図全体図（５）

である可能性が高い〔須田 2002〕。

　新林遺跡は、上総国分寺の寺領庄園ともいうべき同寺の経営になる「山辺万所」にともなって設置された山林寺院と考えられる〔須田 2002〕。創建は8世紀後半期で、身舎のみの正堂に2棟の屋がともない、2期目の8世紀末ころに双堂建物に建て替えられた段階で、倉・僧坊・屋・幢竿支柱などの付属施設が整備される（図11-4）。3期目は正堂身舎のみを坪地業による礎石建物にし、作合空間をもった双堂建物に建て替えられた。屋はもとの規模であるが、倉・僧坊は拡大される。幢竿支柱は、他の村落寺院にはみられない施設であるが、上総国分寺に付随する山林寺院の小食土廃寺には存在することから、国分寺に付属する施設の特徴である可能性が高い。法会の際に使用したのであろう。

　内野台遺跡で検出した双堂建物と孫廂建物は、小規模な山林寺院が集中する地区の中心的な建物である（図12-1）。各遺構に重複関係が認められないので、正堂建物の変遷を判断することが難しいが、ここでも、僧坊と倉をともなっている。調査区外にも建物が存在していた可能性があろう。千葉県織幡妙見堂遺跡は、身舎部が1間×1間と2間×2間の時期がある竪穴建物型の正堂と、2棟の付属建物がある〔香取郡市文化財センター編 1994〕（図12-2）。正堂北の3間×2間の建物は屋と考えられる。また、正堂南東の3間×2間の建物は、倉と考えるには規模が大きいが、建物が建てられた位置や柱掘方の規模から、倉としての性格をもった建物と想定しておきたい。

　久野遺跡は、郡名寺院や民間僧の修行する山林寺院と考えられる遺跡であるが、互いに約100m離れて建てられた正堂がそれぞれ独立していたのか、それとも機能分化していたのかは、明らかではない（図12-3・4）。さらにSB6建物の西にも4基の基壇建物があり、これとの関係も不明である。ただ、墓所や生産の場を含め、丘陵全体が修行地として完結していたと考えられるので、郡名寺院の僧から私度僧に至るまで、さまざまな僧が活動した修行の場であったのであろう。ここには、村落寺院に一般的にみられる掘立柱の倉や僧坊はなく、正堂の数や規模からすると屋の数もきわめて少ない。掘立柱の正堂も基壇建物に建て替えられるが、双堂建物には発展しないのである。僧侶は、個別の竪穴建物に止住し修行に励んだのであろう。また、U字鋤先・鎌・鉄斧・鉄製紡錘車、さらに多数の鍛冶炉などが出土することから、自給的な農業生産やその他の手工業生産に関する活動にも従事しながら仏教修行を行い、里の村落寺院や本寺である郡名寺院などとの関係をもったのであろう。

　佐原市多田日向遺跡は、1間×1間の身舎に廂を付加した竪穴建物型の正堂を有し、その南面に倉、北に屋、東にはさらに僧坊をもつ（図13-1）。僧坊は8間×2間の建物であるが、2間ごとに間仕切り柱があり、2間房が4房で構成されていた。僧坊をともなって整備されるのは、9世紀後半ころであろう。出土した「三綱寺」「観音寺」「多理草寺」「火神部」などの墨書土器から、本尊が観音菩薩であったこと、「三綱」（上座・寺主・都維那）の名称が記されていることから、国分寺僧が関与した可能性がある。

　千葉県山武町鷺山入遺跡は、6・7世紀に形成された墓域に進出し、墓域を侵食するかたち

で9世紀前半期に整備された寺である（図13-2）。正堂は3間×3間の身舎に4間の廂を付加した建物で、廂部は、礼堂としての性格を具備したと想定される。付属施設として僧坊・屋・倉をもつ〔山武郡市文化財センター編 1999〕。

　以上、村落寺院や山林寺院の建物構造について分析したが、これらをまとめると以下のとおりとなる。

　①多くの村落寺院は、本尊を安置する正堂や僧俗の接点である礼堂を中心として、倉・屋・僧坊などの独立した付属施設をもつが、これに法会時における僧の食事を準備する厨や、僧侶の清浄を目的とした湯屋が加わる可能性がある。そうした実態からすると、村落寺院は、異なった役割をもつ建物がそれぞれ有機的に関連して、建物群全体として機能を果たす独立した寺院とみるべきであろう〔須田 1985〕。

　②正堂と付属施設を小規模な溝で区画した例が白幡前遺跡でみられるほかは、寺を区画する施設をもつ例はない。村落構成員による通常の礼拝は、自由に行われたと想定するべきであろう。その点でも、寺院地内と俗界との分離を重視した国家の仏教とは異なる。また、正堂の方位が必ずしも南面せず、僧坊の位置もまちまちで、寺院内での仏地と僧地の区分もみられない。

　③付属施設を構成する建物のうち、小規模な倉のほとんどが正堂近くに設置され、機能的に一体化しているとみられることから判断すると、法会に必要な法具類を収納した施設と考えられる。通常時における法具類は倉の中に保管され、法会が執行される時にのみ持ち出されたのであろう。村落寺院における法会をこのように考えると、ここでの法会は定期的に執り行われた可能性が高い。僧坊は法会の際にのみ使用され、通常時においては、僧侶は止住しなかったと考えられる。

　④村落寺院の構成で特徴的なことは、伽藍寺院における僧侶の修学空間である講堂の機能が喪失することである。宝亀11年（780）勘録の『西大寺資財流記帳』に記載されるように[7]、西大寺には金堂が2堂存在するが、講堂の標記がみられないこととも関連し、村落寺院での僧侶の修学空間の喪失は、寺院内における修学機能が山林寺院での修行地に移ったことを示唆すると考えられる。また、同流記帳には、西大寺の寺院地内に、双堂建物を中心として多数の僧坊や屋によって構成される十一面堂院や四王院などとよばれる独立した一郭が存在する。建物の内部には、密部経典に基づく諸像が多く配されているので、西大寺の中心をなす金堂とは別に設置された、新たな宗教的役割をもつ施設と想定される。規模や構造は異なるが、真行寺廃寺や九重東岡廃寺に新たに設置された仏堂と同様の性格をもつ施設である可能性が高い。

　⑤久野遺跡に代表されるような山林寺院の建物構成には、村落寺院にみられるような長大な僧坊や法会に必要な仏具類を収納する倉が認められず、厨や食堂などの建物も明らかではない。山林寺院での僧侶は、個々に竪穴建物に住み自由に修行に励んだ状況が想定される。

2　村落寺院の機能

　ここでは、最近注目を集めている島根県出雲市青木遺跡と、東大寺法華堂・二月堂の建築構造

の分析を通し、村落寺院における宗教の性格について検討する。
　青木遺跡は、図13－2に示したように中央の道路をはさみⅠ区とⅣ区に分けられるが、両地区とも宗教性の強い遺跡である〔松尾 2004〕。Ⅳ区の中心的建物である2間×2間のSB03総柱建物については、すでに多くの識者によって論じられており、常設の建築物として建築された古代神社の実相を示す遺構と考えられている。SB03建物には、すべての柱位置に柱根が残る。側柱の埋め込みが50cm以内であるのに対し、中央柱のそれは約120cmあり、深さにおいて最大で70cmの差がある。また、中心柱の柱径は側柱より一回り太く、この柱のみに特別に針葉樹が使用されたようである。本来、2間×2間の総柱建物における中心柱は、収蔵機能を増すための高床を支持するための機能であるから、側柱より大きくする必要はない。SB03建物の中心柱の特徴からすると、梁や棟まで達していた可能性が高く、中心柱に特別な意味が込められたと想定できる。この柱は、高床を突きぬけていた可能性が高いことから、立柱の時点で倉としての収蔵機能を喪失し、中心柱が心御柱としての性格をもつ建物に転換したと考えられる。そうした構造は、大社造りの神社建築様式と共通することから、これまで指摘されてきたように、SB03建物が常設の神社建築として造られた可能性はきわめて高い。ただし、2間×2間の倉は、一般的な郡衙正倉と比較すると小規模であり、むしろ村落社会の私的な倉から発展した神社建築と理解する必要があろう。
　一方、Ⅰ区の中央に3間×2間の身舎に南面庇付のSB05建物がある。基壇上に建つ礎石建物である。身舎が3間×2間の建物は、一般的には居宅か倉に想定されるが、Ⅳ区のSB03建物が倉庫建築から恒常的な神社建築に発展しているので、SB05建物がもつ基本的性格は、居宅建築と考えた方がよいだろう。しかし、8・9世紀の村落社会において、礎石建ちの居宅建築が存在するとは考えがたく、むしろ、人間の住まう居住空間を基壇上に建つ礎石建物に発展させることで、仏の住まう空間に昇華させた、と考えるべきであろう。前述したように、身舎が3間×2間規模の正堂は、東日本における村落寺院の正堂の分類ではⅡ類Bに含まれ、住宅建築では有力農民クラスの居宅に相当する。西国では、美作国分寺の創建期後半の瓦と同笵の瓦を出土することから、同寺の山林寺院と想定される岡山市太田茶屋遺跡の正堂が3間×2間の建物であり〔岡山県文化財保護協会編 1998、須田 2002〕、青木遺跡のSB05建物を寺の正堂と考えることは、十分容認できるだろう[8]。このことは、青木遺跡のⅠ区から、「新寺」「寺」の墨書土器や漆塗瓦鉢などの仏教関連遺物の出土からも補強されよう。従って、青木遺跡のⅠ区とⅣ区に併存する遺構は、内田律雄が指摘するように、神仏習合の宗教構造をもった姿と考えられる〔内田 2005〕。
　Ⅰ区の正堂以外の建物については、正堂北に3間×2間の礎石建物と西に2間×2間の総柱建物2棟がある。正堂に付属する小規模の倉は、これまで述べてきたように、東国の村落寺院では一般的にみられる建物であり、太田茶屋遺跡にも存在する。前述したように、この倉庫建築を法会時に必要な法具類を収納した倉と考えると、青木遺跡でも同様の性格をもつ建物と想定できるだろう。Ⅰ区の建物構成をそのように考えると、北の礎石建物は僧坊に比定することが可能かも知れない。以上のように、正堂に付属する建物の性格が容認されると、正堂を中心とした建

物の構成要素は、東国の村落寺院と同様であったことが理解されよう。また、正堂南面に石敷井戸がある。湧水点に置かれた井筒からあふれた水は、外側を囲む木製の水槽に溜る仕組みになっており、さらに周囲を石敷で加飾し、正面に大石を使用した踏石を置くなどの丁寧な造作は、寺内での生活用井戸とは考え難い〔松尾 2004〕。この寺での仏教は、神仏習合の宗教構造を有していると想定されることから、当然、雑部密教であると考えなければならず、もしそうであれば、仏・菩薩に供える香水をくむ閼伽井としての重要な宗教的役割を果たしていた可能性が高く、井屋をともなっていたとも考えられよう。また、井屋の隣に残された木根痕の樹種は、柳と考えられている。柳は仏教ときわめて関係の深い樹種である。むしろ、青木遺跡の正堂は、湧水点を基点として位置を決定したとさえ考えられるのである。

　以上のように、青木遺跡での寺院遺構と神社遺構は、いずれも村落社会の中に存在する有力農民クラスの居宅とそれを構成する倉を発展させたものであり、官衙に付属する施設である可能性は低いと思われる[9]。そうした神仏習合の宗教構造の形成は、村落構成員を統括するための新たな思想を具現化するための装置として生みだされたものと考えられるが、その姿は、村落寺院の性格を理解するうえで、きわめて示唆的である。

　次に、東国の村落社会に多くみられる双堂建築と同様の構造をもつ東大寺法華堂・二月堂の建築とを比較し、建築構造のうえから、村落寺院での宗教の性格についてを検討する。

　双堂建物が今日に残る例として、東大寺法華堂がある（図8-2）。不空羂索観音を本尊とするこの建築は、奈良時代に建てられた密教建築としても名高い。この建築は、近年の研究により、造営年代が天平12年（740）以前にさかのぼる可能性が指摘されるなど、東大寺の大仏造営が発願される天平15年（743）以前からの寺院活動があり、密部経典に基づく法会が執り行われていたと考えられている〔山岸 2000〕。奈良時代における法華堂の屋根構造については必ずしも明らかではないが、『東大寺要録』永観2年（984）の分付帳に、応和2年（962）8月30日の大風による被害の記事として、「五間一面庇瓦葺正堂一宇」「五間檜皮葺礼堂一宇」とあり、正堂が瓦葺で礼堂が檜皮葺であることがわかる[10]。東国の双堂建築でも、正堂が萱棟であっても、礼堂には瓦を使用した例がみられないこととも共通する。

『日本霊異記』第21話には、聖武朝に東大寺が建立される以前の、良弁がまだ優婆塞であった若かりしころの話として、法華堂の正堂内に安置された執金剛神のふくらはぎに縄をかけ、一心に礼仏悔過を行い、そのことが発端となって東大寺建立に至った、という譚がある。これは、良弁が若かりしころの法華堂における悔過なので、東大寺二月堂が創設される以前から悔過が行われていたことになり、実忠による二月堂の建立に大きな影響を与えたと思われる。

　良弁のもとで法華堂の僧坊に止住し密部経典に明るかった実忠は、天平勝宝4年（752）に、法華堂に付随した小堂を建て、十一面悔過を開始した。これが、修二会で著名な東大寺二月堂の始まりであるとされる〔中里 1969〕。二月堂は、十一面観音を本尊とする十一面悔過を本業とした建物で、堂の創建以来、悔過専用の建物として今日まで使用されてきた。そうした点で、奈良時代における悔過の実態がほとんどわからない現在、二月堂の建築および修二会の分析はきわめ

て重要である。また、寛文7年（1667）の火災で焼け出された本尊である十一面観音の後背が残されている。周縁に火焔をおき、全面に鏨で図様を線刻であらわした千手観音である。注目されるのは、その後背裏面の最下段に描かれた地獄図である。日本最古とされるこの地獄図には、燃えさかる焔の中に髑髏が転がり、逃げまどう罪人の姿が描かれている[11]。この図様は、後背の裏面の目立たない部位に描かれているが、密部経典の単なる図解にとどまらず、悔過の行法の場で実際に行われた儀礼の内容を反映している可能性があろう〔奈良国立博物館・仏教美術協会編2001〕。十一面観音の後背裏面に描かれたこの場面は、東国の集落遺跡から出土する冥界をあらわした墨書土器を解釈するうえで示唆的であり、さらには、墨書土器そのものが、どういった儀礼にともなって書かれたのかを考えるうえでもきわめて重要である。

　創建時における二月堂の構造については、必ずしも明らかではないが、先に引用した『東大寺要録』の応和2年（962）の記事に、「三間二面庇瓦葺二月堂一宇」とある。大風による被害を記した内容なので、資料のうえからは、10世紀中ごろの段階で礼堂が付設されていたか否かについては明らかではない。しかし、すでに8世紀末段階には、東国の農村社会にも双堂建物が出現していることを考えると、創建当初から礼堂を付設していた可能性もあろう。

　注目すべきことは、「三間二面庇」（3間×3間建物）という、隋・唐あるいは朝鮮半島からの影響を受けて成立した伽藍仏教の仏堂建築にはまったくみられない構造が、二月堂正堂に採用されていることである。そうした構造の建物は、東国の村落寺院と同様に、むしろ畿内における庶民の居宅建築と共通した性格をもつものと考えられる。東国の村落寺院の構造が、豪族居宅から竪穴建物に至るまで、いずれも居宅建築から専用寺院に発展したと考えられることは前述したが、悔過の専用施設である東大寺二月堂の正堂もまた、居宅建物から生み出された可能性が高い。双堂建物である東大寺法華堂が床張構造であることも、住宅建物との関連性をもつものと考えられる。そうした悔過法会の専用施設に住宅建築が採用されたのは、もともと個人が居宅内で礼拝していた私的な神祇や仏教信仰が、悔過法会の隆盛にともない、独立した専用寺院として発展したものと考えられる。それゆえ、悔過の勤修を中心とした専用寺院の多くは、個人的・共同体的な救済や祈年を目的とした法会が中心に行われたのであろう。その点では、欽明朝に百済から仏像や経論が献上された際、蘇我稲目が小墾田の私邸に仏像を安置し、礼拝供養したという、『日本書紀』の記事以来の私的な仏教信仰については、いま一度見直す必要があろう。

　東大寺二月堂が「二月堂修中練行衆日記」の中で具体的なイメージをもってくるのは、1130年代のことである〔中里ほか1969〕。少なくともこの時期には、正堂の前面に礼堂の並ぶ形態をもっていた（図8-3）。その時の規模は、三間二面庇瓦葺正堂一宇と、三間または五間の礼堂一宇であったと推定される。この形態は、建永元年（1206）まで続き、以後、礼堂が内礼堂と外礼堂との二部構成に拡大され、さらに正堂の東・南・北に廂が付加されるなどの変化はあるが、正堂と礼堂とからなる基本的形態は、今日まで変わることなく続く。特に、正堂内陣の規模については、創建時から終始変化がなかったと考えられており、建築空間から、修二会法要の一貫性が推測されている〔山岸2000〕。

東大寺法華堂以外に、正堂と礼堂によって構成された双堂建築の現存例は、法隆寺の食堂を除いては存在しないが、そうした形式の建物が存在していたことは、前述した『西大寺資財流記帳』に記載された双堂によって知ることができる。すなわち、十一面院に「檜皮葺双堂二宇長十一丈五尺広十丈五尺　蓋頭在竜舌廿八枚」、四王院には「檜皮葺双堂二宇各長十二丈双広八丈六尺　蓋頭在竜舌廿八枚」とある。十一面院、四王院ともに二つの堂の桁行が同じ長さで、梁行は、前後に並ぶ正堂・礼堂と作合空間を合併した長さであろう。十一面院には阿弥陀如来を本尊として十一面観世音菩薩、不空羂索菩薩などを配し、四王院には八角五重塔、火頭菩薩のほか、四王像など密部経典にもとづく諸像が安置されている。両院とも双堂・僧坊のみが瓦葺で、そのほかは、いずれも檜皮葺建物である。また、全体規模の割には僧坊の数が多く、多くの僧が参加した法会が盛んであったことをうかがわせるが、通常は僧侶は止住せず、法会の時にのみ使用されたのであろう。『西大寺資材流記帳』は、宝亀11年（780）の勘録であるから、十一面院と四王院の機能は、西大寺の造営計画の当初から組み込まれ、資財帳作成時期までに完成していたと見られる。

　いま一つ、京都市教王護国寺灌頂院についてあげておく。創建時における規模・構造が分かる史料はないが、1965年からの解体修理にともなう発掘調査によって、礎石が原位置を保ち、宝蔵と同一工法が取られていることなどが確認されている。そのことから、寛永11年（1634）に再建された現在の堂は、きわめて忠実に前身の堂の上に建てられていることが明らかとなった〔京都府編 1969〕。創建当初から五間四面の正堂が建てられたことは確実であろう。礼堂については埋土が多く、発掘調査では確認できなかったが、藤井恵介は創建当初の礼堂について、延喜元年（901）に行われた宇多上皇の灌頂で、灌頂の前行で三昧邪戒道場として使用されており、この行法は灌頂に先立って必ず行われることから、礼堂建築について創建当初から存在したことを指摘する〔藤井 1983〕。

　教王護国寺の伽藍配置は、廻廊の接続する金堂を中心に置き、その北側に講堂と三面僧坊、さらに廻廊の東に塔を配す型式で、南都興福寺の伽藍配置に似た奈良時代からの伝統に沿ったものである。空海は、天長元年（824）に造寺別当に就任し、同寺を真言宗寺院とすることに成功したが、密教らしい建築を造ることができたのは、西塔を置く位置に建てた灌頂院のみである。しかしその完成は、空海没（835）後の、承和10年（843）と考えられている〔藤井 1983〕。

　これまでみてきたような双堂建築における建物空間の特徴が、法会の形式や内容、さらにその性格を規定すると考えると、東国の村落社会に広がった双堂建物もまた、雑部密教の影響を受けて成立した密教建築と想定される。特に、建物空間における構造上の共通性を重視すると、悔過の法会を主要目的とした建物であったと推察される。さらに、東大寺二月堂の3間×3間の正堂空間が、創建当初から今日に至るまで終始一貫していたように、東国の新林遺跡、郷部・加良部遺跡、砂田中台遺跡、九重東岡廃寺などでみられる正堂の規模・構造も終始一貫しており、このことは、法会の内容や性格が基本的に変化しなかったことを、建築構造のうえから示すものであろう。もしそうであるとすると、身舎のみの構造で造営された村落寺院の正堂も、通常は礼拝空間として使用された施設であったとしても、創建当初から悔過の法要を執り行うことを目的と

して出現したと考えることができよう。その出現時期は、8世紀前半までさかのぼる可能性もあるが、現段階では、東大寺二月堂とほぼ同時期の8世紀中ごろには、東国の村落社会でも専用施設が出現し、悔過法要が開始された可能性を指摘することができるだろう。

そうした村落寺院の多くは、悔過法要のための運営施設である倉・僧坊・屋などの付属施設をもち、それぞれが有機的に関連して、全体としての機能を果たすわけであるが、いま一つ重要なことは、前述したとおり、寺院内での僧尼の修学空間である講堂の機能が喪失することである。8世紀における南都の寺院、あるいは、そうした仏教を地方において具現化した国分寺などでは、講堂・僧坊・食堂がそれぞれ軒廊で結ばれ、僧尼の修学を中心とした日常活動の空間が緊密に結びついて、「講堂並僧房等院」として構成される。しかし、村落寺院では、僧尼の日常における修学空間としての講堂機能が喪失することにより、僧侶が寺院内に止住する僧坊にも影響をあたえ、僧が常駐するという僧尼令に説くような寺院としての性格を失うことになる。南都の寺院でみられるように、村落寺院の僧坊が講堂北の定位置に置かれず、各遺跡でまちまちに存在することは、通常、僧侶は常駐せず、悔過をはじめとする法会を執り行う時にのみ住したことを示していると思われる。前述したように、村落寺院の正堂の近くに一般的に置かれる1間×1間、あるいは2間×2間の小規模な建物は、法会時に必要な法具類を収納した倉である可能性が高く、法会が執行される時にのみ持ちだされたと考えられる。

以上の点から、村落寺院は、通常における礼拝空間であったとしても、僧侶は常駐しなかったと思われる。僧侶の日常における居住地は、修行地である山林寺院である可能性が高く、日中に集落を托鉢し、暮には山林寺院に戻るといった生活であったのであろう。このため、南都の寺院にみられるような、仏地と僧地の概念をもたないところに村落寺院の構成上の特徴があるのである。したがって、僧坊の規模が拡大することは、僧侶の数が増加することとも関連し、法会の規模や内容が次第に充実してきたことを示している。当然、それにともない、厨や食堂などの整備が必要となるが、屋と考えてきた建物のなかには、厨や湯屋としての性格をもった建物が含まれていたと考える必要があろう。先にあげた『東大寺要録』永観2年の分付帳にも、「七間檜皮葺会坊一宇」「二十一間二面檜皮葺僧房一宇」「双倉」の記載がみえる。これは、大風による破損や朽損による建物を記したのみなので、東大寺羂索院における全体の建物構成についてはわからないが、修二会を行う二七日の間、練行衆が使用する厨・食堂・湯屋などの施設は、当然、必要としたのである。

東大寺の寺院組織における二月堂は、不空羂索観音を本尊とする羂索院の中の一部署として置かれるが、悔過法会の専用施設として設置された点では、まさに東大寺二月堂や西大寺十一面堂院・四王院などでみられる十一面悔過所ともいうべき施設である。これが、法会の全国的隆盛にともない、東大寺におけるさまざまな行事の中でも、次第に重きをなしたのであろう。

東大寺十一面悔過所の正堂の構造やそれに付属する様々な施設は、村落寺院ときわめて酷似した構造や構成をもつのであり、既設寺院内における悔過専用の組織と施設を独立させたのが村落寺院と考えることもできる。しかし、そう結論づけることは、まだ現時点ではむずかしい。なぜ

なら、行基が主導して建立したとされる四十九院の中には、東国の村落寺院と同様の構造の寺が含まれる可能性があり、畿内の村落社会における仏教を通じた社会活動の影響を受けて成立したことも考えるからである。例えば、京都府大山崎町にある大山崎遺跡群から、大阪府堺市大野寺土塔と同様の文字瓦が出土する。遺構は明らかではないが、『行基年譜』にみえる天平3年(731)建立の山崎院に比定されている。同地からは、山崎院に先行する白鳳期の瓦が出土することから、林享は「古い寺を取り込む中で山崎院を建立していったか廃寺の旧地を利用したのかのいずれかであろう」と想定する〔林 2002〕。私は、既存の白鳳期寺院のなかに、既存寺院の仏教とは異なる仏教的性格をもつ山崎院が、別棟として新たに建立されたと考えている。既存寺院の檀越が行基集団に参加することにより、行基による新たな仏教の実践活動の場として存在したと想定する。それは、常陸九重東岡廃寺や上総真行寺廃寺の金堂の隣に、新たに造立された仏堂と同様の性格をもっていた可能性は少なくないと考えるからである。

そうした点からすると、村落寺院と同様の性格をもつ建物が、九重東岡廃寺や真行寺廃寺のような従来型の郡名寺院のなかにも存在することが明らかになったことはきわめて重要である。九重東岡廃寺では3回の変遷が認められるので、村落寺院の変遷にみられる一般的事例からしても、少なくとも、8世紀末葉には成立していたと考えられる。建物構造の特徴からすれば、郡名寺院で行われる法会の形式も農民層のそれと同様のものであると思われるので、法会の性格が村落構成員と一体化していたことを示す遺構と理解したい。それが、従来の金堂内で行われたのではなく、悔過の専用空間として新たな仏堂を設置したところに特徴がある。まさに、九重東岡廃寺悔過所・真行寺廃寺悔過所ともいうべき施設であろう〔須田 2002〕。天平17年(745)、国家は薬師悔過を行う場所として、「京畿内諸寺及諸名山内浄処」を指定している[12]。九重東岡廃寺や真行寺廃寺での悔過所は、金堂と講堂の中間の西や、金堂の東に置かれたものであり、まさに寺内の浄所に置かれたとみるべきであろう。

観音信仰を積極的に受容した中央では、8世紀中ごろ以降、急激に悔過の記録が増大し、それにともない、既設の施設内に十一面悔過所、菅原寺千手千眼悔過所、香山薬師寺薬師悔過所、上山寺悔過所、南吉祥寺悔過所など、「悔過所」と名付けられた名称が史料上に多くみられるようになる。悔過法会の増大とともに、悔過専用の建物や組織が、既設の寺院や役所、さらに貴族の私邸などに整備され、地方においても国分寺や諸寺において執行されたのである〔速水 1983〕。それらは、私的な救済を求めた悔過から国家的・祈年的なものに至るまで、その目的に応じ、さまざまな形態があったと考えられる。村落社会のレベルでは、富を築く機会も手段も与えられなかった一般農民にとって、仏・菩薩に対し自らの罪と過ちを懺悔することで、現世での利益が得られるという、新たな世界が開かれてきたという点で、仏教信仰上、大きな画期をなす時期である。しかし、村落社会のみならず、郡名寺院のなかにも悔過所が出現することを重視すると、豪族層とそれに従属する農民とが、悔過法会を通じ、内面において結合したと考えられることができよう。その場合、豪族層と農民層との悔過の目的は、必ずしも一致したものではなかったと思われるが、村落社会のなかで、そうした信仰を主導したのは、新たな支配論理を構築しようとす

る在地豪族層であったと考えてよいだろう。村落寺院は、村落社会における豪族層と農民との、新たな精神的結合の装置として機能したと考えることができる。そうした意味で、九重東岡廃寺と真行寺廃寺の例は、豪族層の「悔過所」の実態が最初に明らかになった例として貴重である。

4 村落寺院とその信仰

　悔過とは、自ら犯した罪悪を悔い改め、罪報をまぬがれることを求めたもので、記録の上では蘇我蝦夷が祈雨のために寺々で大乗経典を転読し、仏説のごとく悔過せんことを提案したという内容の『日本書紀』皇極天皇元年（642）の記事が初見である[13]。7世紀後半から8世紀初期における悔過の記事は少ないが、天平期の後半ごろから急激に増大し、次第に法会としての形式・内容が整備されるようになる。それにともない、天平勝宝5年（753）の紫微中台十一面悔過所を初見とし[14]、菅原寺千手千眼悔過所、香山薬師寺薬師悔過所、上山寺悔過所などと称される悔過のための組織や専用建物が出現し、官寺・私寺を問わず、また、貴族・官人・僧侶から農民にいたるまで、全国各地で普遍的に行われるようになったのである。

　前述したように、8世紀中ごろから東国の村落社会に集中して存在する村落寺院は、農民層の悔過法会を主要な勤修とする施設であり、それらの建物のほとんどが、竪穴建物や豪族居宅などの居住用建物を専用寺院として昇華させたものと、私は考えている。もともと、個人の居宅と在来の宗教との関係については、手捏土器をはじめとする各種土製模造品や石製模造品などが竪穴建物から出土する例は少なくなく、前代の古墳時代を通じて、屋内祭祀は一般的に存在したと考えられる〔高橋 2003〕。さらに、千葉県印西市鳴神山遺跡などをはじめとして、9世紀代にいたってもなお、手捏土器祭祀が存続したのである〔千葉県文化財センター編 2001、笹生 2004〕。村落寺院が成立する8世紀中ごろ以前から、居宅内あるいは宅地内での祭祀は、日常生活における一般的な祭祀として定着していたと考えられる。

　一方、仏教においても、百済から欽明朝に献上された仏像や経論などが蘇我稲目に与えられ、稲目は小墾田の家にこれを安置し、後に向原の家を寺とした。また、『元興寺縁起』によれば、甲賀臣からもらいうけた弥勒菩薩の石像を豊浦の自宅の「家の口」に安置し礼拝供養したように、仏教伝来の当初から、居宅や宅地内との結びつきをもっていたのである。貴族の邸宅においても、長屋王邸からの出土木簡に「経師」「明縁沙弥」「尼二坐」「僧」「観世音寺」「斎会」などがみられ、具体的な遺構は明らかではないが、邸内に仏教関連の家政機関が存在したことが想定されている。そこでは、僧尼が邸内に出入りし、さらに観世音寺とも関連をもちながら、斎会が執り行われていたのであろう。また、邸内からは人形や馬形などの祭祀具も出土し、家政機関内で神祇や道教的信仰も行われていたのである〔奈良県教育委員会編 1995〕。仏教信仰からみても、そうした自己の居宅内に仏像を安置し、在家者が礼拝供養するという仏教の個人的受容は存在するのであり、仏教伝来の当初から、仏教と神祇、さらに道教的信仰とが、そう明確に区別されていたわけではない。そうした住宅内における信仰は、一般民衆においても可能なのであり、薗田

香融が指摘するように、切実な要求を実現するためには、それぞれの宗教を対立的に考える必要はないのである〔薗田 1957〕。

　8・9世紀における東国の集落遺跡からは、地域的偏差はみられるものの、膨大な量の墨書土器が出土する。それらの中には、「多理草寺」「岑寺」「一万寺」「白井寺」「三井寺」「桑田寺」「勝光寺」「長谷寺」「殿寺」「堺寺」など、村落寺院の寺名をあらわしたと思われる墨書土器が数多く出土する。さらに、信仰の対象である仏像の尊名が想定できる例もある。「千手寺」「千寺」「千仏」「手寺」「観音寺」「釈迦寺」「阿弥寺」「赤水寺」「赤弥田寺」「□祥寺」「仏・ササ」「ササ」「四佛」などがそれである。「千手寺」は千手観音を本尊とした可能性が高く、同遺跡から出土した墨書土器の「千寺」はその略称と考えられ、「千仏」も同様に解釈できよう。千手観音の特徴は、何といっても多数の手にあり、その像容から「手寺」も千手観音を本尊とした寺と考えられる。「法・ササ」「ササ」は菩薩をあらわしたもので、「観音寺」は観音菩薩を本尊とした寺であろう。「四佛」については、上山寺悔過所で「四菩薩」を前に悔過会を行った例が『正倉院文書』にみえ、四菩薩をあらわした可能性がある[15]。「阿弥寺」「赤水寺」「赤弥田寺」は阿弥陀如来を本尊としたもので、「□祥寺」は吉祥天と想定され、上総国分僧寺からも「吉祥」の墨書土器が出土する。神護景雲元年（767）を初年として[16]、それ以降に盛んに行われた国分寺の吉祥悔過と関係するのかも知れない。その他、「仏」のみを記した墨書土器が最も多く、一般農民は像容にかかわらず一様に仏と称した可能性が高いだろう。以上のように、東国の村落社会に広がった仏教信仰の中心は、雑部密教系の変化観音にあったことがわかる。特に多いのが千手観音であるが、『千手経』のもたらす功徳は現世利益に重点が置かれ、どの密教経典より功徳数が多い。

　一方、同じ集落遺跡からは、仏教に関連した墨書土器と比べると数は少ないが、神に関わるものも多く出土する。それらの中には、「国玉神」「歳神」「竈神」「毛神」などのように、祭祀の対象となる神の名が記されたものもある。「丈部乙刀自女形代」「丈部山城方代奉」「神奉」などのように、本来は、祈願の対象となる神名と、祈願する側の人名を明らかにするため、「人名」＋「形（方・召・身）代」＋「奉（進上）」のような記載形式をとるのであろうが、実際はそれを省略したものが多い〔平川 2000、高島 2000〕。そうした省略形式が多いのが墨書土器の特色でもある。また、道教の符号である「五芒星」や「九字」を墨書または線刻した土器も見られる。悪霊や邪気をはらい、願いを達成するための道教的信仰にともなう符号と考えられ〔平川 2000〕、仏教での「得」や「願成就」などに近い意味をもつのであろう。「竈神」も、5世紀以降に竈の伝来にともなって日本にもたらされた道教的信仰に基づく神であるが、早くから基層信仰と結びついたと考えられる〔内田 2004〕。

　これまで述べてきたように、東国の集落遺跡からは、仏・神・道教的信仰にともなう多数の墨書土器が出土するが、それらにはいくつかの共通点がある。ここでは、それを5点ほど挙げておきたい。

①呪術性の強い基層信仰では、祈願内容を文字や記号で書き表す伝統をもたないことから、墨書をする行為は、写経などで筆や墨を日常的に使用し、文字を書く習慣を持つ仏教側からの発想

であろう。仏・菩薩と在家の信者との間に立つ密教僧によって書かれた可能性が高く、宗教関連のことを記した墨書土器の数のうえからは、圧倒的に仏教に関するものが多い。少なくとも8・9世紀における村落社会では、仏教を中心とした儀礼に移行したと考えられる。

②墨書土器の9割以上は、日常的に使用される坏に書かれることである〔高島2000〕。坏の使用は、仏・神関連のみならず道教的信仰とも共通することから、同じ場所で、同じ儀礼に基づいて記された可能性が高い。坏のほかに、甕や壺に人面や仏面を墨書する場合がある。これは本来、平城京などの都市部に疫病が侵入することを防ぐための道饗祭に基づく方法が、東国社会に伝わったと考えられる。しかし、東国の村落社会では、人面の表現が異なること、全身像もみられること、仏面も含まれること、人面と文字の組み合わせがあることなど〔盤古堂編2004〕、疫病対策との関係は残すものの、祭祀の方法は、東国社会特有の儀礼の中に吸収される。そうした変化を端的に示すのが、千葉県庄作遺跡でみられるように、本来、甕に人面を描くという道教的祭祀の方法が坏に書かれ、それが在地神である「国玉神」に奉られていることである。効用があると信じられたものは、何でも受容するのが在地社会の特徴であり、そこには、違和感は存在しない。

③一つの遺跡から出土する仏・神・道教的信仰を示す墨書土器の組み合わせが、複数の遺跡から出土する。また、一軒の竪穴建物から仏教と神に関わる墨書土器が出土する例があったり、さらに同一筆跡の墨書土器が複数の住居から出土する場合もある。そうした集落遺跡での在り方からすると、①②とも関連し、墨書土器は仏・神・道教的信仰が一体化した儀礼にともなって書かれた可能性が高い。

④竪穴建物から出土する墨書土器は、居宅や宅地内で行われた私的な祭祀を想定する必要がある。そうした祭祀の形態は、前代から続く土製模造品や石製模造品などによる祭祀からの、宗教的儀礼の連続性のうえに形成されたものと考えられ、儀礼に際して書かれた墨書土器が、居住する住居単位に持ち込まれた可能性が高い。その場所が、最終的な祭祀の場であったと考えられる。

⑤そうした宗教に関わる墨書土器は、8世紀前半に含まれるものもあるが、ほとんどが8世紀中葉以降に出現する。その時期が村落社会の変質と再編とに深く関わった宗教上での大きな変革期であったと思われるが、それは、村落社会のみならず、社会のあらゆる階層で進行したと考えられる。

以上、宗教関係の墨書土器の性格について簡単に分析してきたが、さらにそれらを、村落寺院との関係で検討しておきたい。前述したように、村落寺院は東大寺二月堂・法華堂、西大寺十一面堂院・四王院、さらに教王護国寺灌頂院などの建築構造との共通性から、村落社会における悔過法会を主要な目的とした寺であると想定してきた。東国の村落社会では、福島県いわき市荒田目条里遺跡から、仁寿3年（853）銘をもつ木簡と共伴して、「陀羅尼廿遍　大仏頂四返　千手悔過」などと千手悔過にともなう陀羅尼の読誦回数と、出家した僧名と俗名をメモ書きしたと思われる木簡が出土した〔いわき市教育委員会編2002〕。大仏頂は、仏頂陀羅尼の略称と思われ、陀羅尼呪の読誦にもとづいた悔過が行われていたのであろう。ここでは、千手悔過が行われた場所や規模については明らかではないが、9世紀中ごろにおける東国の村落社会での悔過に際し、陀

羅尼の読誦が行われたことがわかる貴重な資料である。しかし実際には、村落寺院が存在した8世紀後半から10世紀に至る時期における悔過会の具体的な行法については不明な点が多く、かつ、法会の内容を考古学的な事象と直接結びつけることは、さらに困難をともなう。そこで、ここでは、「正倉院文書」の「阿弥陀悔過知識交名」[17]と、「神降ろし」のための神名帳奉読の2点から検討しておきたい。

　第1点目は、造東大寺司の史生等が阿弥陀悔過会を行うに際し、78名が参加した内容の史料である。そこでは、悔過料物として、50文から1文までの銭を出し合っているが、10文以下が73名を数え、参加者のほとんどが、ほぼ均等の割合で布施を行った実態が、名前を列挙して記されている。ここで注意すべきことは、悔過料物として布施があてられたことである。このことは、『続日本紀』天平宝字3年（759）に「（前略）而今或曾不入寺、計官供於七日、或貪規兼得、着空名於両処。由斯謾及三宝、無益施主。伏願、自今以後、停官布施、令彼貪僧無所希望。」と見え[18]、この時期には、次第に悔過法会が堕落し、僧侶が私利私欲を貪るようになっていたこと、悔過への参加が実態をともなわず、布施を渡すだけであったことがわかる。この場合は公的な悔過なので、布施料は官から支給されているが、私的に行われた悔過会では、参加した個人から悔過料として布施が行われている。僧侶の供養料や運営費にあてられていたのであろう。しかし、「正倉院文書」の「吉祥悔過所銭用帳」[19]や「阿弥陀悔過料資材帳」[20]にみられるように、正式な悔過会に必要な法具・資材類や食料などは、そう半端な量ではないのである。

　神護景雲年間のものとされる「阿弥陀悔過知識交名」の史料から知られることは、造東大寺司の史生等が私的に知識を結び、悔過会に参加した個人から悔過料物を徴収する方法がとられたのであるが、このことは、村落寺院で悔過会が行われたことを想定するうえできわめて示唆的である。そのことを考えるうえで参考となる資料として、千葉県芝山町庄作遺跡出土の坏に「仏酒」〔山武考古学研究所編1980〕、同袖ケ浦市西寺原遺跡出土の甕に書かれた「酒弐升半　浄浄　稲五千」〔君津郡市文化財センター 1985〕などをあげることができる。庄作遺跡では「仏酒」、西寺原遺跡では「浄浄」と書かれているので、いずれも、仏・菩薩に対して布施されたものであろう。通常、在俗者が仏に対して祈願を行う場合は、仏・菩薩と在俗者との間に僧侶が介在し、僧侶の導きに従い、仏に対して儀礼を行うのが一般的である。その場合、儀礼を行う場や施設が必要となるが、私は、その場所が村落寺院であったと考えている。しかし、前述したように、村落寺院には、通常僧侶は常駐せず、儀礼を行う時のみ止住したと考えるので、庄作遺跡、西寺原遺跡の墨書土器は、そこで行われた特別な儀礼の際に書かれたものと考えるのが妥当であり、儀礼に際し、墨書した人物は、仏・菩薩と在俗者との間に介在した僧侶であった可能性が高い。問題は、その儀礼が何であったのかである。前述したように、村落寺院を代表する双堂建築が東大寺二月堂・法華堂、西大寺十一面院・四王院、さらに、教王護国寺の灌頂院などと共通した建築構造をもつことや、墨書土器にみられる儀礼が、仏・神・道教的信仰などの複数の宗教を包括していることなどから想定し、そこで行われた儀礼を悔過法会と考える。

　中央で行われた悔過会で、その内容や形式が定まってくるのは、8世紀中ごろのことである

が、その期間は、「一七日」「二七日」「三七日」など、悔過の内容や事柄によって異なっている。東大寺二月堂での修二会は二七日であるが、村落社会での期間は明らかではない。参考となる資料をあげるとしたら、千葉県佐原市磯花遺跡から出土した「寺七日」の墨書土器であろう〔佐原市発掘調査会磯花遺跡調査団編 1984〕。この数字が悔過会の日数を示すものとしたら、村落社会での悔過法会の目安を「一七日」と想定することもできよう。造東大寺司の史生等が阿弥陀悔過を行うにさいし、知識として布施を行ったように、東国の村落社会においても、村落あるいは集落の構成員によって知識結が結成され、構成員からの悔過料物を徴収することで運営されていたのであろう。まだ貨幣の流通が一般的ではなかった村落社会での悔過料物の内容は、庄作遺跡や西寺原遺跡でみられるように、租税と同じ物納が中心であったと思われる。

「阿弥陀悔過知識交名」でいまひとつ重要なことは、悔過会の参加者のほとんどが10文以下の布施料であるのに対し、稲10斤と銭50文、銭50文、銭30文とかなり高額な布施者がいることである。本来、悔過法要は、本尊の前で自らの罪悪を懺悔し、心身を清浄にして、改めて仏・菩薩の加護を祈願する内容の法会なので、願いごとが強ければ強いほど、高額の布施を行うこともありうるだろう。しかし、その場合は、造東大寺司における史生の地位や収入の多寡と無関係であったとは思われない。一方、村落社会で行われた悔過法会を考えるうえでは、『令義解』「儀制令」春時祭田条の「一云」が参考となる。そこでは「（前略）或毎家量状、取斂稲、出挙取預造設酒（後略）」とあり、「一云」が当時の在地祭祀の実態を反映したものと考えると、収穫時に神々に献上する稲は、各家の収穫量の多寡に応じて行われていたことになる。墨書土器でみられるように、村落寺院での悔過料物の内容は、必ずしも稲に限定されたものではなかったと考えられるが、悔過法会を行う施設は、悔過会に際してのみならず、それを維持していくための日常的な管理が必要となる。このため、村落寺院を組織的に運営するにあたっては、家々の収穫量の多寡に応じた布施を行うような、長年にわたり村落祭祀で経験的に培った方法をとることが、最も理解しやすい方法であったと思われる。集落遺跡からしばしば出土する、奈良三彩小壺や灰釉水瓶・浄瓶などの高級陶器の仏具類は、一般農民層からの布施と考えるよりは、豪族や富農層によって仏・菩薩に喜捨された可能性が高い。そこには、村落寺院での仏教信仰を通じ、一般農民と在地富農層とが一体となって、寺の経営にあたった姿が浮かび上がってくる。その運営に際しては、出挙が行われたことも視野に入れて考えるべきであろう〔須田 1985〕。

「阿弥陀悔過知識交名」をもとに、村落寺院での悔過料物について検討してきたが、墨書土器からその内容を知ることができる資料は少なく、むしろ、悔過会を通じ、彼らが祈願した内容が何であったのかを記した墨書土器が圧倒的に多い。そのことを端的に示すのが、福島県猪苗代町観音屋敷跡から出土した、文殊菩薩をあらわす梵字「マン」とともに、「万福」「上万」と記した坏であろう〔猪苗代町教育委員会編 1990〕。この場合は、本尊が文殊菩薩なので文殊悔過が行われたことが想定され、祈願の内容が「万福」と記されているので、多くの福がおとずれることを願ったのであろう。しかし、その際に布施された悔過料物の内容については明らかでない。同様の内容を記した墨書土器は各地で多数出土し、平川南によって概念化された吉祥語とよばれる墨書土

器がそれである〔平川 2000〕。例えば、「冨」「福」「吉」「得」「豊」「利」「益」「加」「来」「集」などである。これらは、1字のみの省略形で記したものが多いが、「冨得」「冨集（集冨）」「冨来」「冨加」「福得」「利得」「福吉」「万吉」「万福」「万得（得万）」「千万（万千）」「万加」「吉加」「吉加」など、吉祥語同士を組み合わせたものや、他字と組み合わせた「大冨」「大福」「大吉」「財冨加」「天冨」「上益」「上万」「億万」などがみられる。これらは、現世での富の獲得を願望した「財冨加」「財備」「冨得」「冨来」「冨加」「冨集」「万得」などと、一般的な幸福を祈願した「福得」「福吉」「大福」「大吉」「吉加」「吉来」などにわけることができる。しかし、「冨」と「福」とは表裏一体の関係にあり、悔過法会を通じ彼らが願ったことの多くは、私的な富の蓄財や至福にあったことを、墨書土器は具体的に語ってくれるのである〔須田 1999〕。彼らが悔過会を通じて祈願した富の蓄財は、『千手経』の説く「所有財宝無他却奪」（巻11）、『十一面経』の「財宝衣食令無所乏」（第3）、『不空羂索経』の「当得財宝」（第5）などの密部観音経典に説かれるところであり、吉田靖雄は、現世での富の蓄積に対する願望は、仏教論理のうえで否定されるべき事柄ではないことを説く〔吉田 1989〕。むしろ、そうした仏教論理を肯定的に説くことによって、村落農耕民を支配する側と支配される農耕民との間に共通の認識が生まれ、そのことが、動揺した村落社会を再構築する新たな思想的基盤になったと思われる。

　次に、村落寺院が悔過会を主要な目的とする建築であったことを考える2点目として、「神降ろし」の問題について検討する。

　7世紀の初期の段階における各種の悔過法会は、祈雨・止雨や天皇の平癒祈願など、さまざまな現実に対処するための臨時的な法会であった。それが、天下諸寺・天下諸国において、天下安穏・五穀豊穣・万民快楽などを目的とした、その年の平安を祈願する恒例的な行事として定着するのは、奈良時代中期のころからである。特に、農耕民にとって、風雨順時・五穀豊穣などの問題は最大の関心事であり、神々の来臨を仰いで春迎えをする習俗は、古来から行われてきたのであるが、それが仏教的な悔過法会と習合して、独特な悔過法会として定着する。8世紀中ごろ以降、そうした法会が国家的あるいは私的な要請によって、公私を問わず全国的な規模で行われるようになったのである。

　現在に至るまで勤修し続けている悔過法会の事例を50ヵ所近く調査した佐藤道子は、「修正会」「修二会」という祈年を目的とした法会は、例外なく悔過法会であることを明らかにした〔佐藤 2002〕。そうした悔過法会の場において、春迎えのための神の降臨は絶対的な条件であり、次第に神降ろしが儀式として定着し、全国の神々を勧請する神名帳の奉読に発展したと考えられている。悔過法会を勤修する場は、密部経典に説くことを中心に据え、神仏習合のみならず、道教的信仰なども含めた、あらゆる民間習俗を包摂していたといえよう。

　8世紀中ごろ以降における悔過会の全国的な流布と佐藤道子の調査結果からすると、村落寺院での悔過法会に際しても、神降ろしの儀式が行われたと想定できる可能性は高いと思われる。その際に、前提となるのは、祈年を目的とした仏教的行法の開催である。それは、村落農耕民にとって、あるいは彼らを支配する側にとっても、「財備」「冨得」「福吉」などの願望を達成する

ことと、風雨順時・五穀豊穣を祈年することとは不離の関係にあり、それを実現する行法として悔過会が存在するのであろう。修正会や修二会の祈年を目的とした法会は、例外なく悔過会であるとする佐藤の指摘を支持すると、仏教的行法にもとづく新たな祈年祭が生みだされたことになる。それは神仏習合の宗教構造をもつものであり、春迎えのための神々の来臨を仰ぐ神降ろしの儀礼は、農耕民にとって欠くことのできない条件なのである。そう考えると、仏教的な悔過法会による祈年祭の執行は、村落寺院における最も主要な行事であったと思われる。村落寺院に付属する僧坊・倉を始めとするさまざまな施設は、そうした法会の執行に際して準備された施設であり、通常は、仏・菩薩に対する礼拝空間として機能したと考えられる。儀礼・礼拝空間である正堂の構造や付属施設の構成は、村落社会や地域によって、さまざまな形態があったと考えられるが、前述した島根県青木遺跡でみられるように、建物ごとに独立した神社と寺院を併設した構成をとることも、神仏習合の宗教構造を具現化した地域的形態であると思われる。そうした点からすると、東国の村落社会に展開した村落寺院の建築構造にみられる特徴は、畿内社会からの影響を強く受けたものであったと考えることができよう。

　村落寺院の儀礼を考える資料として、坏に書かれた「国玉神」「歳神」「竈神」「毛神」などの神名が記された墨書土器がある。この種の墨書土器の多くは、祈願した個人名が記されるので、個人的な願望を達成することを目的とした儀礼にともなう遺物であろう。しかし、五穀豊穣や風雨順時の祈年を目的とする悔過会に際しては、全国の神々を勧請するための神名帳の奉読を行うのが一般的とされる〔佐藤 2002〕。仮に、村落寺院で行われた悔過法会において、全国の神々を勧請する儀礼が行われたとすると、それは、共同体構成員全体における祈年を目的とした公的性格をもち、一方、坏を使用した墨書土器祭祀は、個人的な願望を祈念した私的な性格が強かったといえよう。そう考えると、「財冨加」「財備」「億万」「冨得」などの内容の文字を記した墨書土器は、現世での富の獲得を願った個人的願望が書かれているのであり、村落寺院で行われた悔過法会には、村落内での公的儀礼と、個人的願望を祈願した儀礼の二者を包摂していたといえよう。「国玉神」「歳神」などの諸神は後者の場合に属し、祈願内容により個人によって選ばれた神なのであろう。しかしこの二者は、それぞれが別個に存在するものではない。個人における富の財蓄を願うことと、共同体において五穀豊穣の祈年を行うことは密接に関連することであり、両者は、むしろ不離の関係にあったと考える必要がある。

　8・9世紀を中心とした在地社会のなかで、一農民から豪族層にいたるまでのさまざまな階層が、仏・菩薩の前で自らが犯した罪過を悔い改める儀礼を行うことで、それぞれの階層が願望することが実現できるという共通の世界が、新たに形成されたところに大きな歴史的意義がある。それは、8世紀前半の「儀制令」春時祭田条の「一云」にみられるような、在地神を中心とした共同体の結合から、現世での富の蓄財を肯定的に説く密部経典にもとづく仏教論理への転換であったといえよう。そうした転換を主導したのは、在地社会での有力農民や豪族層であり、それを実現する装置として、悔過専用の施設を必要としたと考えることができよう。

　そうした神に関わる墨書土器の中に、千葉県八千代市権現後遺跡出土の「村上郷丈部国依甘魚」

〔千葉県文化財センター編 1994〕や同多古町南借当遺跡の「奉玉泉　神奉」〔千葉県文化財センター編 1991〕のように、祈願に際し国玉神に奉進された献饌物の内容が書かれている例がある。この祭祀にあたっては、仏・菩薩に対して行った時と同様に、日常的に使用される坏が使用されていることから、仏教での布施料に相当すると考えられる。だとすると、坏はさまざまな布施料物を収納する容器として使用するには小さすぎるので、本来、布施料物や献饌物を収める目的で使用されたものではなかったのであろう。その場合、布施料物や献饌物は、仏・菩薩や神の前に、坏とは別に奉納され、坏自体は空であった可能性が高い。しかし、だからといって、神が坏を依代として降臨するのではない。神降ろしは、正堂内の全体におよぶのであって、坏はむしろ、祈願した事柄に対し、仏・菩薩や神の霊力が宿る場なのである。この段階で、坏は日常の土器から浄器に転化する。悔過法会を終えたのち、仏・菩薩や神の霊力で満ち満ちた坏を持ち帰り、自宅や宅地内で祭るのであろう。それゆえ、そうした宗教儀礼に使われた墨書土器の多くは、竪穴建物や宅地内から出土するのである。

おわりに

　これまで述べてきたように、東国の村落社会に展開した村落寺院は、悔過法会を主要な勤修とする施設であった。そこでの宗教は、仏・神・道教的信仰が渾然一体となって展開したが、その主流をなしたのは、何といっても富の蓄財を肯定的に説く密部経典の教えを中心にすえた仏教であったろう。そのことは、さまざまな宗教に関連することを書き記した墨書土器の中で、仏教に関係したものが圧倒的に多く出土することからも知ることができる。そこで、仏・菩薩や神に祈願したことは、きわめて現実的で個人的な利益の追求であった。しかし、それが現実だったのである。これまで富を築く機会も手段も与えられなかった一般農民にとっては、仏・菩薩や経の説くところに従って、自ら犯した罪悪を悔い改め、勤労を積むことで富の蓄財が可能となる世界が開かれてきたのである。それは一方で、国家に抑圧されてきた豪族や富裕層にとっても、私的所有のための農業開発やその他の生産活動を主体的に進めようとする活動とか、内面において結合できるイディオロギーとなったのである。従って、村落寺院は、富の蓄財を目指す豪族と農民との、新たな精神的結合の装置として機能したと考えられ、そこでの宗教は、社会的立場の相違はあれ、豪族層のそれと同質であったと思われる。今後は、そうした宗教が広範に広がった背景を当該期の社会全体の中に位置づける必要があるが、そのことは稿を改めたい。

註
　1）「村落内寺院」の名称については、1985年に提唱して以来、識者からの批判が多い。しかし、一方で「村落内寺院」と呼ぶと、どのような寺を指すのか、といった一定の概念も定着しつつあるのが現状のようにも思われる。私自身は、この分野の研究が一段と進んだ今日においても、名称を変更する必要はないと考えている。しかし、ここ数年、特に「内」の文字を付する必要もないと考え、「村落寺院」の名称を使用している。本稿でもこの名称を使用するが、この問題については、改めて私の考えを明らかにしたいと考えている。

2) これまで発表された古代村落寺院に関する代表的な論文をいくつかあげておく。
   a 今泉　潔　1990「建物と瓦の相克」『千葉県文化財センター研究紀要』12
   b 笹生　衛　1993「「村落内寺院」における堂宇建物と仏教信仰」『野中徹先生還暦記念論集』野中徹先生還暦祝賀会
   c 笹生　衛　1994「古代仏教信仰の一側面―房総における8・9世紀の事例を中心に―」『古代文化』第46巻第12号、古代学協会
   d 冨永樹之　1994「「村落内寺院」の展開（上）」『神奈川考古』第30号、神奈川県考古同人会
   e 冨永樹之　1995「「村落内寺院」の展開（中）」『神奈川考古』第31号、神奈川県考古同人会
   f 冨永樹之　1996「「村落内寺院」の展開（下）」『神奈川考古』第33号、神奈川県考古同人会
   g 平野　修　1996「古代仏教と土地開発」『帝京大学山梨文化財研究所報告』第7集
   h 千葉県文化財センター編　1996「古代仏教遺跡の諸問題」『千葉県文化財センター研究紀要』18
   i 阪田正一　1996「古代房総の民衆と仏教文化」『考古学の諸相』坂詰秀一先生還暦記念会
   j 笹生　衛　1998「古代集落と仏教信仰―千葉県内の事例を中心に―」『仏のすまう空間』上高津貝塚ふるさと歴史の広場
   k 木村　衡　1999「地方における古代の仏堂」『都市近郊の信仰と遊山・観光』雄山閣出版
   l 大坪宜雄　2000「民間における仏教の受容―神奈川県の村落内寺院と火葬墓―」『かながわの古代寺院』神奈川県考古学会
   m 笹生　衛　2002「古代仏教の民間における広がりと受容」『古代』第111号、早稲田大学考古学会
　　笹生論文のc・mは『神仏と村落景観の考古学―地域環境の変化と信仰の視点から―』弘文堂、2005、に所収。
3) 村落寺院における中心建物での儀礼は、従来の金堂とは性格を異にすると考えるので、東大寺法華堂・二月堂の例に倣い「正堂」の名称を使用する（『東大寺要録』巻第4、諸院章第4）。
4) ここでは、旧稿の分類を改め、Ⅰ類Aを新たに設け、旧稿のⅠ類AをⅠ類Bに、Ⅰ類BをⅠ類Aに、Ⅱ類AをⅡ類Bとした（須田勉「村落寺院の構造とその信仰」『古代の信仰を考える』第71回日本考古学協会総会国士舘大学実行委員会、2005）。
5) 飛鳥寺の講堂は桁行8間の偶数間であり、講堂建築については偶数間もみられる。また、奈良県新薬師寺金堂の身舎梁行の柱間数は、例外的に3間である。
6) 建物の規模や構造は、そこで執り行われる法会の形式や内容の要請によって変化すると思われるので、規模の一貫性は、法会の内容と密接に関連すると考えられる〔山岸常人 2000〕。
7) 『寧楽遺文』中巻、宗教編。
8) 2004年に國學院大學で開催されたCOEの研究集会において、SB06建物の性格を寺と発言したことがある。
9) 内田律雄も官衙に付属する施設であることを否定する。
10) 『東大寺要録』巻第4、諸院章第4
11) この地獄絵図については、すでに平川南の指摘がある〔平川　南 2000〕。
12) 『続日本紀』天平17年9月癸酉条
13) 『日本書紀』皇極天皇元年秋7月戊寅条
14) 『大日本古文書』巻4、92頁
15) 『大日本古文書』巻5、463頁
16) 『続日本紀』神護景雲元年正月己未条
17) 『大日本古文書』巻17、111頁
18) 『続日本紀』天平宝字3年6月丙辰条

19)『大日本古文書』巻16、495頁
20)『大日本古文書』巻19、486頁

参考文献
浅野　清 1969『奈良時代建築の研究』中央公論美術出版
猪苗代町教育委員会編 1990『観音屋敷跡・田辺館跡』
茨城県教育財団編 2001『九重東岡廃寺確認調査報告書』1
今泉　潔 1990「「瓦と建物の相剋」試論―大塚前遺跡出土瓦の分析―」『千葉県文化財センター研究紀要』12
いわき市教育委員会編 2000『根岸遺跡』
いわき市教育委員会編 2002『荒田目条里制遺構・砂畑遺跡』
岩手県文化振興事業団編 1992『上鬼柳Ⅱ・Ⅲ遺跡発掘調査報告書』
印旛郡市文化財センター編 1990『野毛平木戸下遺跡・野毛平向山遺跡・野毛平植出遺跡・野毛平千田ヶ入遺跡・長田舟久保遺跡・長田土上台遺跡』
印旛郡市文化財センター編 1994『公津東遺跡群』Ⅰ
内田律雄 2004「竈神と竈の祭祀」『季刊考古学』第87号、雄山閣出版
内田律雄 2005「出雲の神社遺構と神祇制度」『古代の信仰を考える』第71回日本考古学協会総会　国士舘大学実行委員会
大坪宣雄 2000「民間における仏教の受容―神奈川県内の村落内寺院と火葬墓―」『かながわの古代寺院』神奈川県考古学
岡山県古代吉備文化センター編 1998『大田茶屋遺跡2・大田障子遺跡・大田松山久保遺跡・大田大正開遺跡・大田西奥田遺跡』岡山県文化財保護協会
上高津貝塚ふるさと歴史の広場編 1998『仏のすまう空間―古代霞ヶ浦の仏教信仰―』
君津郡市文化財センター編 1985『永吉台遺跡群』
君津郡市文化財センター編 1986『東郷台遺跡（川原井廃寺）』
君津郡市文化財センター編 1994『大城遺跡発掘調査報告書』
京都府編 1969『重要文化財教王護国寺灌頂院並東門北門修理報告書』
坂本　彰 2000「立野牧と石川牧」『古代の牧と考古学』山梨県考古学会
作畑遺跡調査会編 1986『作畑遺跡』
佐倉市教育委員会編 1983『岩富漆谷津・太田宿』
笹生　衛 2004「古代村落における祭祀の場と仏教施設―東国の事例から―」『季刊考古学』第87号、雄山閣出版
佐藤道子 2002『悔過会と芸能』法蔵館
佐原市発掘調査会磯花遺跡調査団編 1984『佐原市磯花遺跡―縄文時代中期および歴史時代集落址の調査報告―』3
山武郡市文化財センター編 1994『砂田中台遺跡』
山武郡市文化財センター編 1996『大綱山田台遺跡群』Ⅲ
山武郡市文化財センター編 1999『鷺山入遺跡』
山武郡市文化財センター編 2000『小野山田遺跡群』Ⅰ
山武考古学研究所編 1980『小原子遺跡群』芝山町教育委員会
須田　勉 1985「平安初期における村落内寺院の存在形態」『古代探叢』Ⅱ、早稲田大学出版部
須田　勉 1999「東国における古代民間仏教の展開」『国士舘大学文学部人文学会研究紀要』第32号、国士

舘大学人文学会
須田　勉 2001「東国における双堂建築の出現―村落内寺院の理解のために―」『国士舘史学』第 9 号、国士舘大学史学会
須田　勉 2002「国分寺と山林寺院・村落寺院」『国士舘史学』第10号、国士舘大学史学会
薗田香融 1957「古代における山林修業とその意義―特に自然智宗をめぐって―」『南都仏教』第 4 号、南都仏教研究会
高島英之 2000「墨書土器村落祭祀論序説」『日本考古学』第 9 号、日本考古学協会
高橋一夫 2003『古代東国の考古学的研究』六一書房
田中広明 2003『地方豪族と古代の官人』柏書房
千葉県編 1996『千葉県の歴史』資料編、古代
千葉県都市公社編 1974「大塚前遺跡」『千葉ニュータウン埋蔵文化財調査報告書』Ⅱ、本文編、千葉県開発庁
千葉県文化財センター編 1981『公津原』Ⅱ
千葉県文化財センター編 1986『千葉市小食土廃寺跡確認調査報告書』
千葉県文化財センター編 1987『大井東山遺跡・大井大畑遺跡』
千葉県文化財センター編 1991『八千代市白幡前遺跡』
千葉県文化財センター編 1991『多古市南借当遺跡』
千葉県文化財センター編 1994『佐倉市六十部遺跡』
千葉県文化財センター編 1994『八千代市権現後遺跡』
千葉県文化財センター編 1997『千葉県文化財センター研究紀要』18
千葉県文化財センター編 1999『矢那川ダム埋蔵文化財調査報告書 2 ―木更津市久野遺跡―』千葉県土木部
千葉県文化財センター編 2001『鳴神山遺跡』
千葉市文化財調査協会編 1992『土気南遺跡群』Ⅰ
千葉市文化財調査協会編 1994『土気南遺跡群』Ⅵ
千葉市文化財調査協会編 1996『土気南遺跡群』Ⅶ
土浦市教育委員会編 1997『長峯遺跡』
栃木県文化振興事業団編 1992『辻の内遺跡・柿の内遺跡』
中里英三ほか 1969『東大寺二月堂修二会の研究』中央公論美術出版
奈良県教育委員会編 1995『平城京左京二条二坊・三条二坊発掘調査報告書―長屋王邸・藤原麻呂邸の調査―』
奈良国立博物館・仏教美術協会編 2001『お水取り』仏教美術協会
日本文化財研究所編 1977『千葉県萩ノ原遺跡の調査』
林　享 2002「山城国山崎院と人名瓦」『行基の考古学』塙書房
速水　侑 1983『観音信仰』雄山閣出版
盤古堂編 2004『古代の祈り―人面墨書土器からみた東国の祭祀―』
日野一郎・境　雅仁 1999『愛名宕地遺跡　県営厚木愛名宕団地に伴う発掘調査報告』愛名宕地遺跡調査団
平川　南 2000『墨書土器の研究』吉川弘文館
福島県教育委員会編 1983『母畑地区発掘調査報告』12
藤井恵介 1983「真言密教における修法灌頂空間の成立」『仏教藝術』第150号
藤井恵介 1998『密教建築空間論』中央公論美術出版

松尾充晶 2004「奈良・平安初期の神社遺構―島根県青木遺跡―」『季刊考古学』第87号、雄山閣出版
宮崎町教育委員会編 2003『壇の越遺跡』Ⅳ
山岸常人 2000『中世寺院社会と仏堂』塙書房
吉田靖雄 1989『日本古代の菩薩と民衆』吉川弘文館

境界と官道の祭祀
——古代能登における検討事例——

小嶋芳孝

【報告要旨】

　古代の能登道は、石川県津幡町地内で越中に抜ける北陸道から分岐し、能登国府が置かれた七尾市内に至ったと推測されている。この経路の周辺では、7ヵ所の宗教遺跡が見つかっている。これらの遺跡は、道路の分岐点、国境、港などに接して立地している。

　文献史料に登場する古代の能登は、7～8世紀は北方日本海世界や対岸地域へヒトとモノを供給する土地だった。9世紀にも、能登は日本海を経由して移動するヒトやモノの重要な中継地となっていたが、この頃から、異世界の軍船や災いをもたらす蕃神の侵入を、軍備や諸神の力

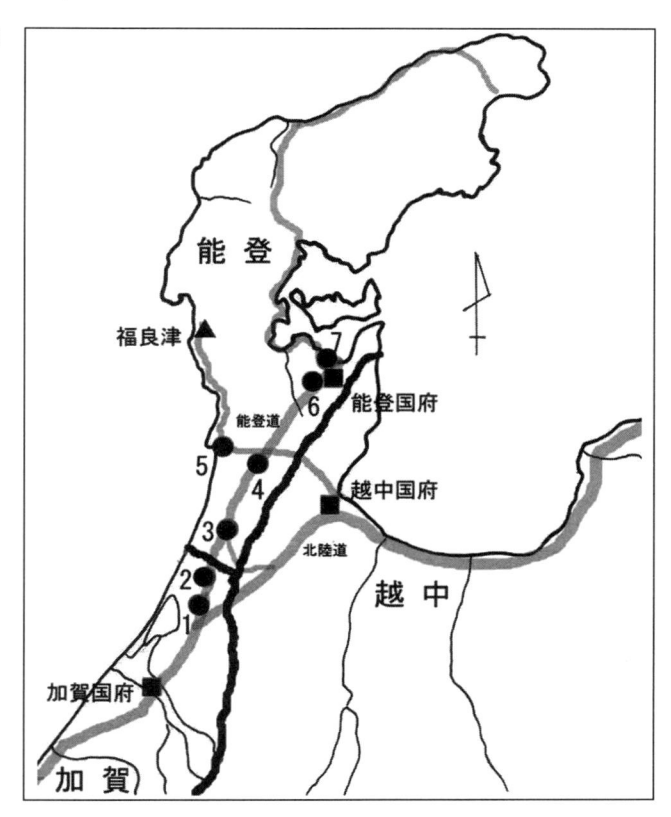

図1　古代の能登道と宗教遺跡
1　加茂遺跡
2　指江B遺跡
3　森本C遺跡
4　杉野屋専光寺遺跡
5　寺家遺跡
6　国分廃寺（能登国分寺）
7　小島西遺跡

で防ぐ場所という性格も併せ持つようになっていた。

　今回の報告では、能登道に沿って置かれた宗教遺跡の様相を整理し、あわせて文献史料から見た能登の位置づけの変化を検討することにより、古代能登における宗教遺跡の変容とその歴史的な背景を検討したい。

1　各遺跡の概要

①加茂遺跡
所在地：津幡町舟橋、加茂
内　　容：古代道（能登道？）と、その周囲に多数の掘立柱建物を検出。舟橋川を挟んで、官衙地区と寺院地区にわかれる可能性がある。官衙地区では、側榜示札が出土。寺院地区では、大溝で区画された礎石建物を検出。瓦、鴟尾、鬼瓦をはじめ、「鴨寺」と墨書した土器が多数出土。舟橋川から、人面墨書土器が出土している。遺跡のピークは9世紀で、10世紀には衰退している。
性　　格：北陸道と能登道の分岐点の付近に位置し、駅家郷や深見駅家に関係した遺跡。
文　　献：石川県埋蔵文化財センター編『発見古代のお触れ書き』（平川南監修）、大修館、2001

②指江B遺跡
所在地：かほく市指江（旧宇ノ気町）
内　　容：隣接する二つの谷間から、古墳時代・古代の祭祀遺物や土器、掘立柱建物を検出。G区では、谷奥から流れ出した川跡に土器が多量に埋積。木簡も出土している。滑石製紡錘車、臼玉などが多量に出土。8～9世紀には、掘立柱建物が造営されていた。H区では8～9世紀の遺物が多量に出土し、大型掘立柱建物が検出されている。

　古墳時代後期には両方の谷で祭祀活動が行われ、多量の土器と共に滑石製臼玉や紡錘車が出土。奈良～平安前期には大型掘立柱建物が造営され、10点の木簡と多量の墨書土器が出土。木簡や墨書土器に江沼と羽咋に関係する人名や地名があり、この遺跡が加賀と能登の両地域と接触のある場所だったことを示唆している。また、「大国別」「大宮」などの墨書は、この遺跡が加賀もしくは能登の有力神社と関係があったことを示唆している。「羽咋郡」の墨書があることから、「大宮」が気多神社を指す可能性があると推測している。指江B遺跡から約2km北に上がると、加賀・能登の境界となっていた丘陵地帯がある。また、遺跡の東に延びる谷は越中への経路にもなっている。指江B遺跡は、加賀と能登・越中の3国の境界に立地している。
性　　格：国境に接した祭祀遺跡。遺跡の前面には、能登道が通る。
木　　簡：1号木簡「大国別社□［　］略（以下省略）」
　　　　　2号木簡「江沼臣□木麻呂事依而□」
　　　　　　　　　「□一石止母［　　］［　　］□」
　　　　　4四号木簡「磯島原」

図2　指江B遺跡全景(石川県教育委員会提供)

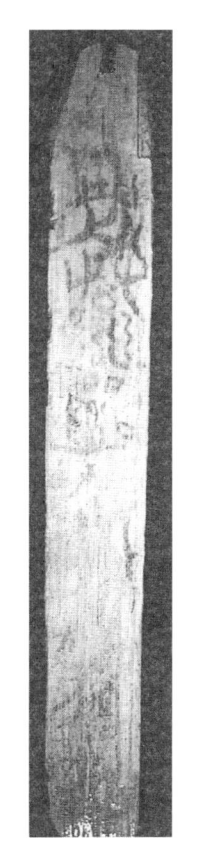

図3　森本C遺跡出土木簡
(石川県教育委員会提供)
(左) 1号木簡表
(中) 1号木簡裏
(右) 2号木簡

「申□欲請四月　〔丈ヵ〕□部大」

〔船ヵ〕
〔合□□□欲請　品治部□　〔書ヵ〕

境界と官道の祭祀(小嶋)　81

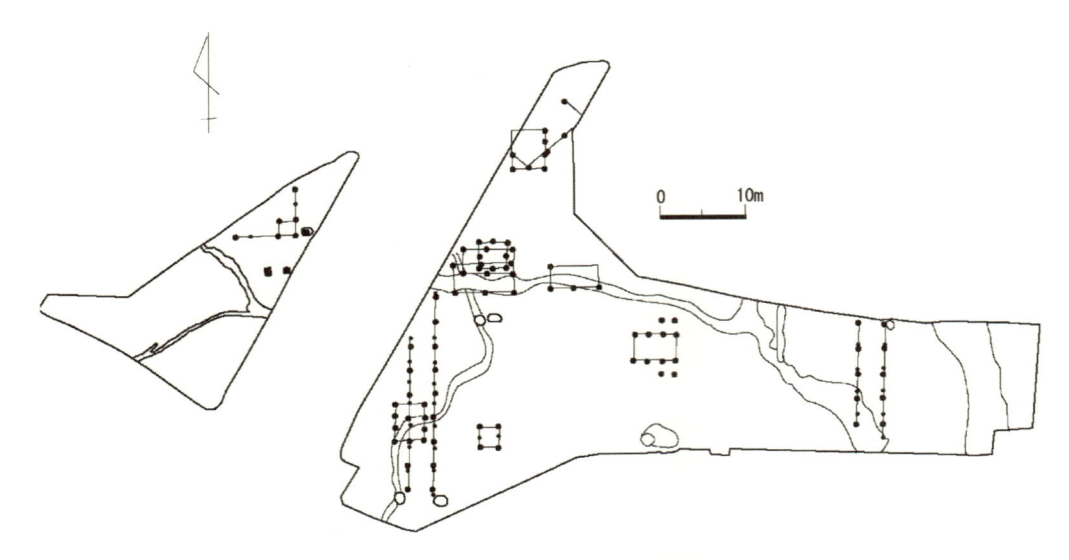

図4　杉野屋専光寺遺跡の2001年度調査区の遺構配置略図

墨書土器：「大宮」「小神」「罪」「羽咋郡」「多真利」「太真利」「冨貴得」「冨貴徳」「美奴九」など
文　　献：石川県教育委員会・石川県埋蔵文化財センター編『指江遺跡・指江Ｂ遺跡』2002

③森本Ｃ遺跡
所在地：宝達志水町森本
内　　容：この遺跡は、能登と越中・加賀の国境に接して立地している。押水丘陵から流れ出す小河川が形成した扇状地の頂部に立地。この扇状地の前面は、大海川右岸の低湿地に臨んでいる。扇状地上の川跡から8世紀の土器と共に、木簡（1号木簡）、呪符木簡（2号木簡）、人面墨書土器が出土している。1号木簡は、大海川を利用した舟運との関係を示唆する資料である。墨書土器に「中山寺」「川相」など。丘陵上に山林寺院が所在か。江戸時代に大海川は加賀と能登の国境河川とされており、左岸には加賀との境界になっていた低丘陵が広がる。また、大海川の谷筋は河合谷と呼ばれ、指江Ｂ遺跡の東にのびる谷筋と途中で合流して、富山県小矢部市に通じている。
性　　格：国境に接した宗教遺跡。加賀側にある指江Ｂ遺跡と立地・性格が共通。
文　　献：石川県埋蔵文化財センター編『石川県埋蔵文化財情報』第13号、2005

④杉野屋専光寺遺跡
所在地：宝達志水町杉野屋、羽咋市中川地内
内　　容：志雄丘陵の谷間が羽咋平野に接する小扇状地に立地。1995年に志雄町教委が谷間を調査している。この時の調査では、井戸から「東院寺」と墨書した土器が出土している。また周囲から、軒丸瓦や平瓦なども出土している。2001年に石川県埋蔵文化財センターが扇状地を調査

している。梁間約3mで南北方向に並ぶ柱列が、調査区の東側と西側で検出されている。東西の柱列は約50mの間隔があり、西側柱列は延長24m、東側柱列は延長12m検出されている。二つの南北柱列を結ぶ東西方向の柱列は確認されていないが、回廊状遺構の東西廊を検出した可能性がある。回廊だとすると、内部の大きさは一辺が約50mの方形敷地に復元できる。

　杉野屋専光寺遺跡の北側に続く微高地でほ場整備事業が行われるため、2004年に水路敷設部分の発掘調査を石川県埋蔵文化財センターが実施している。調査の結果、8～9世紀の大型掘立柱建物が複数棟建っていたことが確認されている。加茂遺跡と同じように、寺院地区と官衙地区で構成される遺跡の可能性がある。

　この遺跡の約1km北に、羽咋平野から越中に抜ける道路がある。天平20年（748）に大伴家持が越中国府から「之乎路」を越えて能登に入ったのも、この道と思われる。「之乎路」は能登道と交差し、邑知潟（羽咋海）を越えて気多神社に到り、さらに渤海への渡航地だった福良津に達していたと思われる。

性　格：能登道と之乎路が交差する地に立地した寺院跡
文　献：志雄町教育委員会編『杉野屋専光寺遺跡』1998、石川県埋蔵文化財センター編『石川県埋蔵文化財情報』第8号、2002

⑤寺家遺跡
所在地：羽咋市寺家町
内　容：海岸砂丘の内陸側に立地している。昭和52年（1977）に能登有料道路関連工事で発見され、石川県教育委員会が昭和55年まで発掘調査を実施した。奈良時代（8世紀）から平安時代（9世紀）の祭祀跡（祭祀地区）や、竪穴住居群、大型建物群（砂田地区）などを検出している。

　砂丘窪地に立地している祭祀地区では、神饌調理に使用したと推定している石組炉や儀式の痕跡を示す火処跡、多量の土器と鏡・直刀・紡錘車などの祭具を集積した遺構などを検出している。2004年には羽咋市教育委員会が祭祀地区を発掘し、約5m四方の大型火処を検出している。

　祭祀地区に隣接する砂丘尾根上を砂田地区と呼んでいる。この地区では、7世紀前半から竪穴住居が営まれ、8世紀前半に2ないし3棟の竪穴住居が規則的に配置された計画村落の様相を呈する。8世紀後半になると、竪穴住居は掘立柱建物に建て替わるが、計画村落の様相は維持している。竪穴住居や掘立柱建物の周辺から、奈良三彩小壺や海獣葡萄鏡などの祭具が多数出土している。9世紀に入ると、竪穴住居群は移転して大型掘立柱建物群が造営され、周囲から「宮厨」「司館」「神」などの墨書土器が出土している。大型建物群は9世紀前半と後半の二群があり、両方から馬歯が出土している。また、9世紀後半の大型建物群では、チョウセンハマグリやアサリなどの二枚貝や、サザエ、ウニなどを小穴に埋納した遺構を多数検出している。8世紀の住居群には古代気多神社に付与された神戸集団が居住し、9世紀の大型建物群は墨書土器などから神社経営の中枢施設だったと考えている。

　砂田地区の南端では、貝の埋納小穴や小貝塚があり、周囲から馬歯や鉄鐸、銅鈴、瓔珞などが

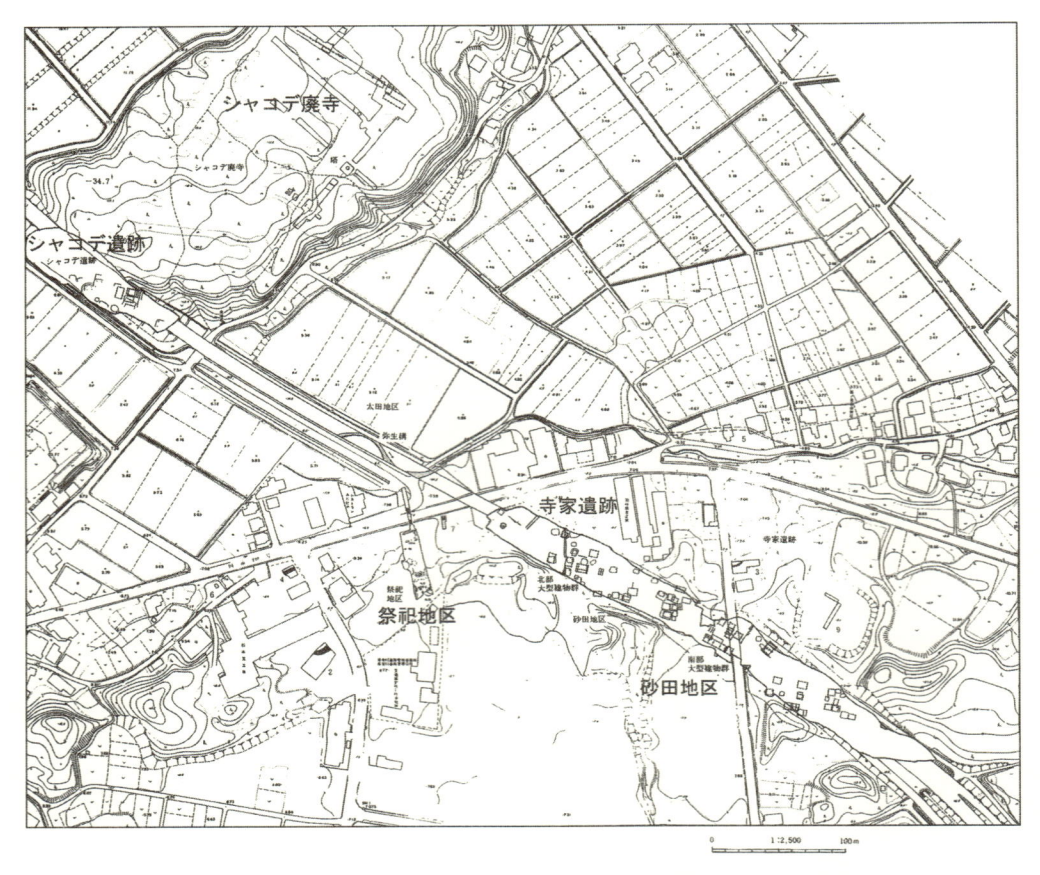

図5　寺家遺跡とシャコデ廃寺遺構配置図（数字は分布調査の調査番号を示す）

図6　気多神社

84　考古編

出土し、祭祀が行われたことを示している。ここから南では、古代の遺構遺物を全く検出していない。ここでは境界の祭祀が行われ、二枚貝と馬歯が重要な役割を果たしている。

　11世紀頃から一辺50mの土塁で囲まれた郭が連接して造営され、内側に建物や井戸が置かれていた。15世紀に砂丘の移動が起こり、これらの施設は全て砂に覆われて廃絶している。

性　格：古代から中世の気多神社に関係した遺跡。気多神社は、神階が延暦3年（784）に正三位、天安3年（859）には従一位に昇叙され、承和元年（834）には気多神社の禰宜・祝に把笏が許されるなど、律令政府から重視されて官社化が進んでいた。寺家遺跡（気多神社）は福良津に至る道路に面しており、渤海航路など、能登半島西海岸から大陸や朝鮮半島などの日本海対岸世界に向かう船の安全守護や蕃神の祓いが祭祀の重要な目的だったと思われる。

文　献：石川県立埋蔵文化財センター編『寺家遺跡発掘調査報告』Ⅰ、1986
　　　　石川県立埋蔵文化財センター編『寺家遺跡発掘調査報告』Ⅱ、1988
　　　　石川県立埋蔵文化財センター編『寺家遺跡』1997

⑥国分廃寺（能登国分寺）

所在地：七尾市国分、古府

内　容：城山山麓の丘陵と国分丘陵に挟まれた平野の中央に位置し、南北160.5m、東西192m以上の寺域をもつ。南門は桁行1間×梁間2間で、寺域は一本柱で支えられた土塀で囲まれている。南門から21.6m北に中門が置かれ、左右に回廊が延びている。回廊で囲まれた内側には、

表1　国分廃寺の変遷

画期	時期	回　廊	金　堂	塔	講　堂
古段階	8世紀	不明	乱石積基壇	掘立柱建物	?
中段階	9世紀	41.8m	乱石積基壇拡大 東西22.35×南北15.6m 5×4間建物	3間×3間・心礎石	南北18.5×東西25m 7間×4間礎石建物
新段階	10世紀	35.45m規模縮小		3間×3間礎石建物	

表2　国分廃寺と周辺遺跡の変遷

地区	城山山麓			古府平野			国分丘陵	七尾湾臨海部
時期	千野遺跡	古府タブノキダ遺跡	小池川原遺跡	国分廃寺	国分廃寺南方建物群	栄町遺跡	八幡昔谷遺跡	小島西遺跡
7世紀後半		建物群		?	建物群?			
8世紀前半	瓦葺建物	大型建物		瓦葺建物	礎石建物群			
8世紀後半			建物群・瓦葺建物?	伽藍整備		板塀・大型建物	建物群・堀	木製祭祀具
9世紀		瓦葺建物?		回廊・伽藍整備		建物群	?	木製祭祀具
10世紀				縮小整備				木製祭祀具

図7 国分廃寺（能登国分寺）全景

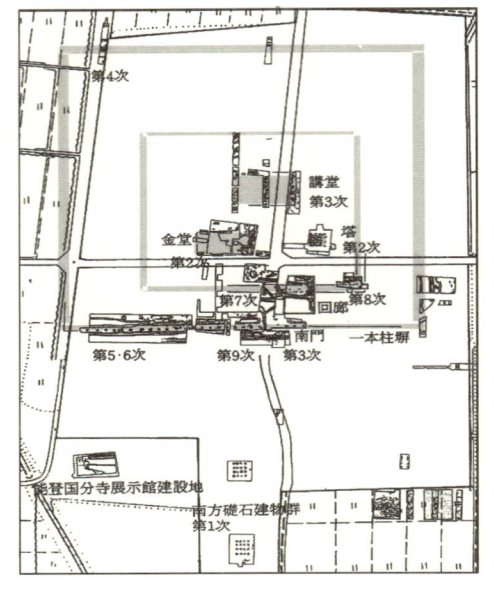

図8 国分廃寺（能登国分寺）伽藍配置図

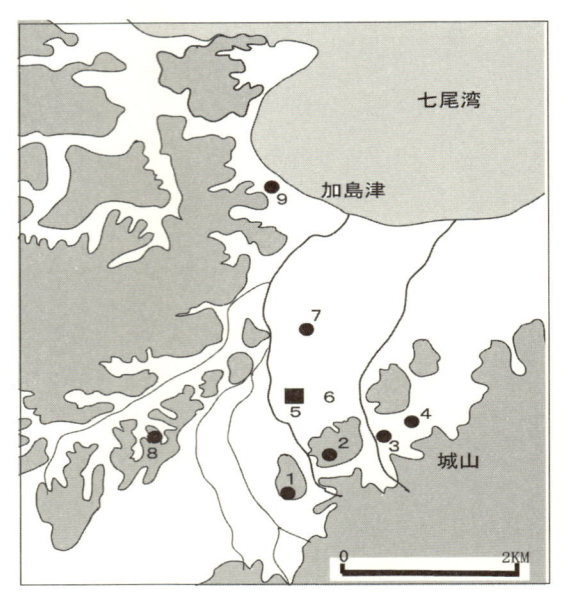

図9 七尾市周辺の古代遺跡分布図
1 千野遺跡、2 古府タブノキダ遺跡、3 小池川原遺跡、4 七尾城下町遺跡、5 国分廃寺（能登国分寺）、6 能登国府推定地、7 栄町遺跡、8 八幡昔谷遺跡、9 小島西遺跡

西に金堂と東に塔が置かれ、その奥に講堂が配されている。回廊・金堂・塔は、古段階（奈良時代？）・中段階（平安前期）・新段階（平安中期）の3時期に建替えが確認されている。

　古段階は、夏見廃寺と同范の塼仏が出土していることなどから、7世紀後半にまで遡る可能性がある。中段階は、回廊と金堂が拡大された時期で、承和10年（843）の定額寺から国分寺への昇格時期に対応している可能性がある。新段階は10～11世紀頃と推定されており、回廊の規模が縮小され、塔が廃されて礎石建物に瓦塔が置かれていたようである。

性　格：能登国府に隣接して造営された寺院で、承和10年に能登国分寺になっている。

文　献：七尾市役所編『新修七尾市史』Ⅰ、考古編（2002）が、既往の調査を総括的にまとめている。

図10　空から見た小島西遺跡(石川県教育委員会提供)

⑦小島西遺跡

所在地：七尾市小島町

内　容：国分廃寺の西北約1500mにある。遺跡の背後は標高約20mの低丘陵がある。現在は埋め立てが進んで海岸線から約600m隔たっているが、江戸時代以前は調査地点の周辺に海岸線があったものと思われる。遺跡は、七尾湾に面する浜堤状の地形に立地している。約50m四方の範囲に、2万点に達する膨大な数の斎串や人形・馬形などの木製祭祀具が東北方向に長辺を向けて出土している。木製祭祀具はほとんどが数十cmの大きさで、通常と比べて極めて大きいことが特徴である。

　祭祀の継続時期は、8世紀後半から12世紀頃までと考えられている。一般的に、木製祭祀具は溝や川に流したものが淀みにたまって出土する事例が多い。小島西遺跡では、海岸に向かって緩く傾斜する斜面に木製品が堆積しており、川や溝に流された状態とは考えられない。どこかから流されて堆積した可能性を完全には否定しきれないが、私は原位置に近い状態で出土している可能性が高いと考えている。詳細は報告書の刊行に待ちたいが、木製祭祀具の堆積範囲に多量の杭が打ち込まれており、祭祀の様子を考える上で重要な遺構ではないかと考えている。また、イノシシの雌雄頭骨が1個体ずつと、イヌの頭骨、シカの骨などが出土しており、動物犠牲の祭祀も同時に行われていたことが判明している。

性　格：加島津に関係した祭祀遺跡。七尾湾から北方日本海域への往来を守護し、蕃神を祓った

図11　小島西遺跡木製祭祀具出土状況(石川県教育委員会提供)

ものと思われる。
文　献：石川県埋蔵文化財センター編『石川県埋蔵文化財情報』第10号、2003

2　検　討

(1) 官道・境界祭祀の変遷
　　8世紀前半（国境や国府・津湊の周辺に配置）
　加賀・能登国境の丘陵南部に置かれた指江B遺跡は、古墳時代後期に祭祀が行われていたが7世紀頃は一時途絶えており、8世紀に入って再び祭祀が行われている。日本海に臨む寺家遺跡では祭祀場が設けられ、付近の台地にはシャコデ廃寺が創建されている。七尾湾に臨む国分廃寺では、伽藍の整備が開始されている。
　　8世紀後半（能登道の分岐点など交通の要衝に配置）
　北陸道と能登道の分岐点に近い加茂遺跡では、8世紀後半頃から官衙区域と寺院区域の整備が始まった可能性がある。加賀・能登国境の能登側に置かれ、能登と越中を結ぶ河合谷に臨む森本C遺跡では、人面墨書や呪符木簡を用いた祭祀が行われている。氷見から丘陵を越えて能登に入る之乎路と能登道が交差する場所に近い杉野屋専光寺遺跡は、この頃から回廊を伴う瓦葺の施設が整備されている。加島津に置かれた小島西遺跡では、木製祭祀具を多量に使用する祭祀が

表3　能登における宗教遺跡の変容

時　期	加茂遺跡	指江B遺跡	森本C遺跡	専光寺遺跡	寺家遺跡	シャコデ廃寺	国分廃寺	小島西遺跡
7世紀前半		祭祀			祭祀・住居	居館？		
7世紀後半		不明			不明	不明	建物群	
8世紀前半	道路と建物群	祭祀床張り建物			祭祀・住居	塔・建物群	瓦葺建物	木製祭祀具
8世紀後半	寺院併設		呪符木簡人面墨書	瓦葺建物回廊			伽藍整備	
9世紀前半		土器減少			祭祀・宮厨		回廊伽藍整備	
9世紀後半		祭祀復活			祭祀・司館	廃絶		
10世紀	道路廃絶	不明			祭祀・館		縮小	木製祭祀具
背　景	官道分岐	国境・分岐道	国境・分岐道	官道分岐	海上交通	海上交通	国府	海上交通

行われている。

9世紀（遺跡の規模が拡大）

　寺家遺跡や国分廃寺では、規模が拡大整備されている。寺家遺跡は古代気多神社に関係した施設跡と考えているが、気多神社はこの時期に神階が昇叙され、律令政府が能登の気多神を重視していたことを推測できる。また、承和10年（843）に定額大興寺が国分寺に昇格しており、国分廃寺の回廊整備はこの時に行われた可能性が高い。

10世紀（宗教遺跡が廃絶または変容）

　加茂遺跡では、寺院や官衙施設が廃絶している。また、遺跡内を通る道路遺構もこの頃に機能を失っている。指江B遺跡や森本C遺跡・杉野屋専光寺遺跡なども、この頃に廃絶している。寺家遺跡では砂丘が遺跡の過半を覆ったこともあり、主要な宗教施設が現在気多神社の鎮座する台地に移動を開始し、土器や金属祭祀具を使用した古代的な祭祀は終焉している。国分廃寺では伽藍が廃絶し、小規模な堂舎が建っている。小島西遺跡では、木製祭祀具を用いる宗教行為が引き続き行われているが、祭祀具の形状が変化している。

　変容の背景　宗教遺跡が変容した背景には、古代の能登道が果たした役割の変化がある。道路の廃絶と共に施設が廃絶している加茂遺跡は、能登道と宗教遺跡の関係を象徴している。以下の節では、古代社会における能登の役割を通して能登の宗教遺跡を考えてみたい。

（2）能登と北方世界

　ヒト・モノの供給地　能登が文献史料に登場するのは、『日本書紀』斉明天皇6年（660）条の能登臣馬身竜が越国守阿倍臣に従って渡嶋へ行き、粛慎と戦って亡くなった記事が最初である。『日本書紀』には、越国守の阿倍比羅夫が日本列島北部に航海した記事が斉明天皇4年（658）・同5年・同6年の3回にわたって記されている。同一の出来事が重複して記された可能性はあるが、大和王権にとって能登が北方日本海世界への出発地として重要な場所だったことを推測できる。

表4　古代能登と北方世界の年表

西暦	年　号	内　　容	出　典
658		越国守阿倍比羅夫が180隻の船団を率いて東北視察、熊の皮などを得る	日本書紀
659		阿倍比羅夫が飽田、淳代、津軽の蝦夷と戦う	日本書紀
660		阿倍臣が渡嶋で粛慎と接触。戦いとなり、能登臣馬身竜が戦死	日本書紀
709	和銅2年	陸奥・越後両国の蝦夷を討つため越前・越中等7ヵ国の民を徴発	続日本紀
709	和銅2年	諸国に命じて蝦夷を討つため、兵器を出羽柵に運送させる	続日本紀
709	和銅2年	越前・越中・佐渡・越後に船100艘を征狄所へ送らせる	続日本紀
716	霊亀2年	信濃、上野、越前、越後の百姓各100戸を出羽国に移す	続日本紀
717	霊亀3年	信濃、上野、越前、越後の百姓各100戸を出羽国に移す	続日本紀
718	養老2年	能登立国	続日本紀
719	養老3年	東海、東山、北陸三道の民200戸を出羽柵に配置	続日本紀
720	養老4年	これより先、陸奥の蝦夷が叛乱。越前等6ヵ国の征卒・廝馬・従等の調布と房戸租を免ずる	類聚国史
741	天平13年	能登を越中に併合	続日本紀
757	天平勝宝9年	能登再立国	続日本紀
759	天平宝字3年	坂東8ヵ国と越前、能登、越後等4ヵ国の浮浪人2000人を出羽雄勝の柵戸とする	続日本紀
780	宝亀11	これより先、陸奥の蝦夷が叛乱。坂東諸国および能登、越中、越後に命じて、糒3万斛を備えさせる	続日本紀
788	延暦7	東海・東山・北陸三道の諸国に命じて、明年の蝦夷征討に備え、糒2万3000斛と塩を陸奥国に運ばせる	続日本紀
877	元慶元	佐渡、能登に検非違使を置く	三代実録
881	元慶5	この秋から冬にかけ、東北辺境に兵火が起こるとの卜兆があるため、北陸道に命じて防備させる	日本三代実録
894	寛平6	能登国の請により、史生1員を停め弩師を置く	類聚三代格

　和銅2年（709）に「陸奥・越後両国の蝦夷を討つため、越前・越中等7ヵ国の民を徴発」し、天平宝字3年（759）に「坂東8ヵ国と越前、能登、越後等4ヵ国の浮浪人2000人を出羽雄勝の柵戸とする」措置などがとられている。これらの記事は、7世紀から8世紀前半の能登や北陸道諸国が日本列島北部へヒトとモノを供給する基地になっていたことを物語っている。

　モノの供給地　8世紀後半に入ると、北陸道諸国から出羽に向かう人の移動に関する記事は見られなくなる。宝亀11年（780）に陸奥蝦夷の叛乱に対応するため「坂東諸国および能登、越中、越後に命じて糒三万斛を備えさせる」措置がとられ、延暦7年（788）には「東海・東山・北陸三道の諸国に命じて、明年の蝦夷征討に備え、糒2万3000斛と塩を陸奥国に運ばせる」措置がとられるなど、北陸道諸国が陸奥などの北日本に対して米や塩などの物資供給地としての性格を強めていたことが窺われる。

　兵火・災いを防ぐ土地　9世紀に入ると、北陸道諸国と北日本の間でヒトやモノが移動したことを伝える記事は見られなくなり、元慶5年（881）に「この秋から冬にかけ、東北辺境に兵火が起こるとの卜兆があるため、北陸道に命じて防備させる」との軍役の命令が出されている。北日本に対するヒトやモノの供給地だった北陸道諸国が、逆に「東北辺境」の兵火や災いが波及する

表5　古代能登と対岸世界の年表

西暦	年　号	内　　　容	出　典
570	欽明31	高句麗使節が越に渡来	日本書紀
573	敏達2	高句麗使節が越に渡来	日本書紀
574	敏達3	高句麗使節が越に渡来	日本書紀
668	天智7	高句麗使節が越に渡来	日本書紀
718	養老2	第1次能登立国	続日本紀
727	神亀4	第1次渤海使節が出羽に蝦夷地に渡来	続日本紀
728	神亀5	第1次遣渤海使を派遣	続日本紀
741	天平13	能登を越中に併合	続日本紀
757	天平勝宝9	第2次能登立国	続日本紀
767	天平宝字7	渤海使船の能登に従五位下を授ける	続日本紀
772	宝亀3	渤海使壱万福らが遭難し福良津で冬を過ごす	続日本紀
780	宝亀11	賊船の来着に備え、北陸道に命じて、大宰府に準じた警備態勢をとらせる	続日本紀
804	延暦23	能登客院を修造	日本後紀
805	延暦24	能登国、珠洲郡に船一艘が漂着したことを言上	日本後紀
824	天長元	能登国、漂着した新羅琴、手韓鋤・坐碓を進上	日本紀略
867	貞観8	新羅の来襲に備え能登等7ヵ国及び大宰府に命じ、邑境諸神に国家鎮護を祈らせ、また健児等を強化させる	日本三代実録
885	仁和元	兵賊の卜兆があるため、北陸道諸国及び長門・大宰府等に命じて警固を厳重にさせる	日本紀略
894	寛平6	これより先、新羅の賊が対馬に来襲。この日、北陸等三道諸国に命じて警固を厳重にさせる	類聚三代格

のを防ぐ土地へと変容している。

(3) 古代能登と対岸世界

高句麗との往来　欽明31年 (570) に、越の加賀に高句麗の使節を乗せた船が来着したことを『日本書紀』は伝えている。この時は加賀の豪族だった道氏が使節に対し大王と称して応対し、そのことを越の江沼にいた豪族の江渟裙代が大王に知らせて露見している。この出来事がきっかけとなり、倭王権と高句麗の正式国交が開始されている。高句麗人が倭に渡来した記録は、天智天皇7年 (668) に高句麗が滅亡するまで99年間に18回記録されており、6回については来着地が記されている。そのうちの4回は越に渡来しており、筑紫と共に越の加賀が高句麗から渡来する船の主要な目的地となっていたようである。

　加賀に渡来した高句麗使節が帰国のため再び日本海へ出航するには、船を修理したり新たに建造する必要が生じたと思われる。9世紀に下るが、加賀へ渡来した渤海使節のために能登の羽

表6　古代能登と宗教政策の年表

西暦	年　号	気多神社関係	能登国分寺関係	加賀国分寺関係	出　典
748	天平20	大伴家持が参拝			万葉集
757	天平勝宝9		第2次能登立国		続日本紀
765	天平神護元	気多神に神封10戸奉充			気比宮社伝旧記
768	神護景雲2	神封20戸、田2町奉充			続日本紀
770	宝亀元	称徳天皇の病気平癒祈願			続日本紀
784	延暦3	神階が正三位に昇叙			続日本紀
804	延暦23	宮司等を神祇官の擬補とする			日本後紀
812	弘仁3		越中国の講師が能登の諸寺を検校		日本後紀
820	弘仁11		能登国分寺料2万束		弘仁式
823	弘仁14			加賀立国	日本紀略
834	承和元	禰宜・祝に把笏を許す			続日本後紀
841	承和8			定額寺・勝興寺を加賀国分寺とする	続日本後紀
843	承和10		定額大興寺を能登国分寺とする		続日本後紀
850	嘉祥3	神階が従二位に昇叙			文徳実録
853	仁寿3	封戸10烟、位田2町を加える			文徳実録
855	斉衡2	神宮寺に僧3人を配置			文徳実録
859	貞観元	神階が従一位に昇叙			三代実録
868	貞観10	清和天皇の不予により大般若経を読ませる			三代実録

咋郡福良津（富来町）で船を建造した事例を参考にすると、加賀に渡来した高句麗使節も能登で船を修理、または建造して出航していた可能性がある。

渤海との往来　文武天皇2年（698）に中国東北地方から朝鮮半島北東部、ロシア沿海地方南部を領域とする渤海が成立した。神亀4年（727）に渤海は最初の使節を日本に派遣し、その船が蝦夷の領域に来着している。渤海の使節を受け入れた日本は神亀5年（728）に第1回の遣渤海使を派遣し、天平2年（730）に越前国加賀郡（現在の金沢市周辺）へ帰還している。滅亡する926年までの間に渤海は日本へ34回の使節を派遣し、日本は13回の遣渤海使を派遣している。渤海使節の来着地が記録されている事例は29回あり、そのうちの4回は加賀に渡来している。渤海使節の来着地は8世紀は加賀から出羽、9世紀は加賀から山陰地方へと変遷しており、加賀だけが全期間を通して渤海使節の主要な渡来地になっていた。

　日本に渡来した渤海使節が渤海へ帰還するときの出港地は、入京を許可した場合と拒否した場合で扱いが異なっていた。入京拒否の場合は来着地から帰還し、許可された場合は能登から帰還

していたようである。天長2年（825）に隠岐へ渡来した渤海使節は、帰国に当たって都から加賀に向かって出立しており、加賀で帰国準備をして能登から出航したと思われる。延暦23年（804）には、能登の客院を修築して増加する渤海人の滞在に備えている。また、元慶7年（883）には渤海へ渡る船用材を確保するために人々が福良泊（石川県富来町福浦）の山木をかってに伐採することが禁じられており、福良に造船施設が置かれていたことを示している。ちなみに、天平宝字7（767）年に渤海から嵐を乗り切って無事帰還した船に従五位下の位が授けられているが、その船の名前は「能登」だった。

対新羅防衛と能登 宝亀11年（780）に、北陸道諸国に対して賊船の来着に備えて大宰府に準じた警備態勢をとるよう命令が出されている。貞観8年（867）には「新羅の来襲に備え能登等7ヵ国及び大宰府に命じ、邑境諸神に国家鎮護を祈らせ、また健児等を強化させる」措置がとられ、新羅の侵入に対抗するため軍事と宗教が一体となった対策がとられていたことを示している。その後、仁和元年（885）と寛平6年（894）の2回にわたって、新羅の侵攻に備えて防備を固めるよう命令が出され、能登に弩師1員が配属されている。

これらの措置は新羅との緊張状態を反映したものであるが、対岸世界とのゲートウェーだった能登を始めとする北陸道諸国が、9世紀頃から異世界の侵入者を防ぐ場所へと役割が変容しつつあった事を示している。

（4）能登と宗教政策

能登が、日本列島北部や日本海の対岸世界との交流拠点となっており、その性格が9世紀に入って変容しつつある姿を述べてきた。本節では、能登の代表的な神社である気多神社が、同じ時期にどのような変遷を辿っているのか整理し、変容する能登と宗教施設の関わりを検証してみたい。

気多神社が最初に登場する史料は、天平20年（748）に越中国司の大伴家持が参拝したことを伝える『万葉集』である。表6に示したように、気多神社に天平神護元年（765）に神封10戸が、神護景雲2年（768）には神封20戸と田2町が奉充され、延暦3年（784）には神階が正三位に昇叙されるなど、気多神に対して律令政府の優遇政策が続いている。能登客院が修築された延暦23年（804）には、鹿島神宮などと共に気多神社の宮司等を神祇官の擬補とする措置がとられ、承和元年（834）には禰宜・祝に把笏が許されるなど、9世紀に入って気多神社の官社化が急速に進んでいる。その後も神階の昇叙が続き、貞観元年（859）には従一位となっている。このような気多神社優遇政策の背景として、渤海との交流拠点となっていた能登の地理的な性格が考えられてきた。

9世紀に入って、寺家遺跡では神戸集落を移転させた跡地に「宮厨」や「司館」と呼ばれた大型建物群が造営され、祭祀地区に隣接して神社経営の中枢が置かれたと推定している。また、この時期には大型建物群の周囲に製塩や鍛冶などの工房と菜園が整備されており、発掘調査区の周辺に移転したと推定している神戸集落と共に、祭祀・管理・生産・居住の区画が大規模に再編

整備されたようである。9世紀の寺家遺跡は規模が最大化しており、その範囲は20haに達すると推定している。

　寺家遺跡で検出した9世紀の変容は、神階が昇叙されて官社化が進んだ気多神社の実体を伝えている。寺家遺跡の構造が大きく変容し、気多神社の官社化が進んだ9世紀前半は、能登に対して軍事的・宗教的な防備令が出された時期に対応しており、律令政府の能登に対する認識の変化が宗教政策に大きな影響を及ぼしていたことを如実に示している。

　承和8年（841）に加賀の定額寺・勝興寺が国分寺に昇格し、承和10年（843）年に能登の定額寺・大興寺が国分寺に昇格するなど、加賀能登の定額寺が相次いで国分寺に昇格した背景も能登や加賀が対岸世界からの疫神や災い、軍船などの侵入を防御する境界領域と認識されていたことと無関係ではない。従来は加賀・能登の国分寺設置に関して、平安新制のもとで中央に遅れて国分寺が置かれたと解釈されてきたが、9世紀に入って北陸道諸国が対岸世界からの侵攻に備える土地として認識され、実際に軍備と関連して宗教が重視された状況を考慮すると、加賀国分寺や能登国分寺の設置も気多神社の官社化と共通の背景を持った宗教政策の一環として位置づけるべきではないだろうか。

3　まとめ

能登の東海岸　越国守阿倍比羅夫の航跡が示すように、能登半島の東海岸は大和王権の船が北方日本海世界へ出航する場所だった。能登へ帰還した船には熊の毛皮など北方世界の物資が積まれ、時には蝦夷や粛慎と呼ばれた北方世界の人々が乗っていたこともあったと思われる。能登の東海岸は北方日本海世界への出航地だけでなく、王権支配下の人々が北方日本海世界のモノや情報・人々と出会う場所でもあった。能登半島東海岸の七尾湾南部は奈良時代に加島津と呼ばれ、隣接して能登国府や国分寺が置かれている。加島津の海岸に木製祭祀具を樹立した小島西遺跡は、北方日本海世界の蕃神が王権支配下の地域に侵入するのを防ぐ宗教装置だった。

能登の西海岸　能登半島西海岸は、日本海の対岸世界への渡航地だった。加賀に渡来した高句麗使節が帰国する際は、能登の西海岸で船を修理または建造して出航したと推定している。8世紀に渤海との往来が始まると、能登の西海岸にある福良津が渤海への主要な出航地として整備された。渤海への出航地となっていた頃の能登には渤海人が多く滞在しており、日本列島の中で対岸世界の人々と接触できる数少ない土地となっていた。その様相は、延暦23年（804）に出された能登客院造営の命令文から知ることができる。

　この年、渤海国使来着、多く能登国に在り。停宿する処、疎陋ある可らず、宜しく早かに客院を造るべし。（『日本後紀』）

　渤海人が多く滞在する能登半島西海岸に鎮座する気多神社は、家持が参詣した8世紀中頃までは能登の国神としての性格が強かったが、8世紀後半頃から律令政府から重要視されて神封奉充や神階昇叙などの措置が繰り返し行われ、官社的な様相を強めていた。その背景には、渤海

表7　古代能登関係の年表

西暦	年号	月日	内容	出典
709	和銅2年	3月5日	陸奥・越後両国の蝦夷を討つため越前・越中等7ヵ国の民を徴発	続日本紀
		7月1日	蝦夷を討つため、諸国に兵器を出羽柵に運送させる	続日本紀
		7月13日	越前・越中・佐渡・越後に船100艘を征狄所へ送らす	続日本紀
716	霊亀2年	9月23日	信濃、上野、越前、越後の百姓各100戸を出羽国に移す	続日本紀
717	霊亀3年	2月26日	信濃、上野、越前、越後の百姓各100戸を出羽国に移す	続日本紀
718	養老2年	5月2日	能登立国	続日本紀
719	養老3年	7月13日	東海、東山、北陸三道の民200戸を出羽柵に配置	続日本紀
720	養老4年	11月26日	これより先、陸奥の蝦夷が叛乱。越前等6ヵ国の征卒・廝馬・従等の調布と房戸租を免ずる	類聚国史
741	天平13年	12月10日	能登を越中に併合	続日本紀
757	天平勝宝9年	5月8日	能登再立国	続日本紀
759	天平宝字3年	9月19日	新羅出兵準備のため諸国に500艘の造船を命じ、北陸道諸国には89艘を造らせる	続日本紀
		9月27日	坂東8ヵ国と越前、能登、越後等4ヵ国の浮浪人2000人を出羽雄勝の柵戸とする	続日本紀
780	宝亀11年	5月14日	これより先、陸奥の蝦夷が叛乱。坂東諸国および能登、越中、越後に命じて、糒3万斛を備えさせる	続日本紀
		7月26日	賊船の来着に備え、北陸道に命じて、大宰府に準じた警備態勢をとらせる	続日本紀
785	延暦4年	11月8日	能登守三国真人広見、佐渡国に配流される	続日本紀
788	延暦7年	3月2日	東海・東山・北陸三道の諸国に命じて、明年の蝦夷征討に備え、糒2万3000斛と塩を陸奥国に運ばせる	続日本紀
802	延暦21年	1月13日	越後国の米1万6000斛、佐渡国の塩120斛を出羽国雄勝城に運ぶ	日本後紀
803	延暦22年	2月12日	越後国から志波城に米30斛・塩30斛を送る	日本後紀
805	延暦24年	7月22日	能登国、珠洲郡に船1艘が漂着したことを言上	日本後紀
808	大同3年	10月19日	能登国能登郡越蘇・穴水、鳳至郡三井・大市、珠洲郡待野・珠洲の6ヵ駅を廃する	日本後紀
812	弘仁3年	5月28日	越中国の講師に命じて能登国の諸寺を検校させる	日本後紀
820	弘仁11年		能登国国分寺料2万束	弘仁式
824	天長元年	4月7日	能登国、漂着した新羅琴、手韓鋤・坐碓を進上	日本紀略
843	承和10年	12月1日	能登国の定額大興寺を始めて国分寺とする	続日本後紀
867	貞観8年	11月17日	新羅の来襲に備え能登等7ヵ国及び大宰府に命じ、邑境諸神に国家鎮護を祈らせ、また健児等を強化させる	日本三代実録
877	元慶元年		佐渡、能登に検非違使を置く	三代実録
881	元慶5年	6月	この秋から冬にかけ、東北辺境に兵火が起こるとの卜兆があるため、北陸道に命じて防備させる	日本三代実録
885	仁和元年	8月1日	兵賊の卜兆があるため、北陸道諸国及び長門・大宰府等に命じて警固を厳重にさせる	日本紀略
894	寛平6年	4月17日	これより先、新羅の賊が対馬に来襲。この日、北陸等三道諸国に命じて警固を厳重にさせる	日本紀略
		8月21日	能登国の請により、史生1員を停め弩師を置く	類聚三代格

人が多く滞在する能登の西海岸が渤海との境界領域と認識され、気多神社の祭祀に航海安全祈願だけでなく渤海人に伴う蕃神が都へ侵入するのを防ぐことも期待されたという状況があった。

境界と官道の祭祀　能登の東海岸には小島西遺跡や国分廃寺などの宗教施設が置かれ、西海岸には気多神社とシャコデ廃寺が置かれている。能登半島の東西両岸は、北方日本海世界と日本海対岸世界への渡航地であり、都からは海を越えた異世界との接触領域と認識されていた。海岸に置かれた宗教施設は、異世界との境界祭祀の場だった。能登の東海岸に木製祭祀具を樹立した小島西遺跡と西海岸に置かれた寺家遺跡・気多神社は、北方日本海世界と日本海対岸世界という二つの境界領域が複合した能登の性格を象徴する遺跡である。

異世界との境界領域に置かれた津と都を結ぶ経路が能登道だった。福良津から気多神社を経た道路が能登道に接する場所は、能登道と之乎路が交差する場所である。見方を変えれば、能登道から分岐して福良津に向かう道は之乎路の延長でもあった。之乎路と能登道が交差する地点は、能登半島の東海岸と西海岸に置かれた津と都を結ぶ道路が合流しており能登道の中で最も重要な場所である。杉野屋専光寺遺跡と中川Ａ遺跡は、こうした環境の中で設置された施設として評価すべきであろう。北陸道が能登道と分岐する場所付近に置かれた加茂遺跡も、杉野屋専光寺遺跡と同様の性格を持っていたと思われる。

八世紀末頃から能登を始めとする北陸道諸国は、異世界への中継地という性格に加えて新羅や蝦夷などの軍船が侵入するのを防ぐために健児を強化して弩師を置くなど軍備を整え、邑境諸神に国家鎮護を祈る場という性格を併せ持つようになった。９世紀代に行われた能登国分寺の設置や気多神社官社化などの施策は、律令政権中枢の人々が異世界に対して持った恐怖心を背景にしており、境界祭祀が蕃神を防ぐ装置として重視されたことを示している。

能登道に沿って置かれた宗教施設群は、８世紀までは異世界への往来に伴う蕃神の祓いや航海安全祈願の場だったが、９世紀には異世界の神々だけでなく軍船の侵入を防ぐ祈りの場へと変容していた。この祈りの場を整備するために、能登や加賀に国分寺を置き気多神社を官社化するなど莫大な経費を投入している。この背景には、活発化する新羅船の活動が象徴するように唐を中心とする東アジア世界の秩序が９世紀に入って揺らぎ始めたことや、頑強化する蝦夷の抵抗など、対岸世界や北方日本世界の変容が自らの体制崩壊に連動すると予感した日本の律令官人の恐怖心があったのではないだろうか。

出雲の神社遺構と神祇制度

内田律雄

はじめに

　2000年に出雲大社境内遺跡が発掘調査され、中世の杵築大社（出雲大社）の遺構の一部が発見された。それは平安期に成立したと思われる『金輪御造営差図』のとおりの2×2間の総柱構造で、柱は径1m近い杉を3本束ね、棟持柱（宇豆柱）、南東側柱、中心の心御柱が確認された。にわかに『口遊』の「雲太・和二・京三」の一文や記紀神話の中の杵築大社が注目されることとなった。同時に杵築大社以外の古代の神社遺構についても関心が払われるようになった。以下、出雲で近年調査された遺跡の中で、神社遺構の候補である、青木遺跡、三井・杉沢遺跡、三田谷遺跡、鹿蔵山遺跡、蛇喰遺跡について紹介し、若干の考察をおこなうこととする。

1　青木遺跡

　青木遺跡は出雲市東林木町にあり（図2）、平成14・15年に島根県教育委員会によって発掘調査され、建物遺構や文字資料が検出された。『出雲国風土記』の方位里程では出雲郡伊努郷か美談郷に関係する位置にある。遺構は、Ⅳ区では貼石基壇の上に2×2間の総柱構造のSB02・03・04、2×3間の掘立柱建物跡SB01・05と幅5mで南北方向の石敷遺構が、Ⅰ区では2×3間の礎石建物跡SB04・05、総柱構造の掘立柱建物跡SB06・16と木製井戸枠を持った敷石井戸が検出されている（図3）。このうちⅣ区の総柱構造SB03は柱根が残っており、中央の心御柱に相当する柱は側柱より太いものであった。いずれの総柱構造建物も通常倉庫と考えられるものよりも小規模のものである。

　注目されるのは、既にそのいくつかが報告されているように木簡や墨書土器等の多くの文字資料が出土したことである（図4）。ここでは文字資料のいくつかの特徴をあげておく。木簡では図4-1～3に示したように、郷名の頭文字の下に人名を記したものが目に付く。1の伊は伊努郷、2の美は美談郷、3の神は神戸郷で、いずれも『出雲国風土記』出雲郡にみえる郷名である。また、後述する買田券木簡もある。4は土師器の刻書土器で、「伊　卜部馬手」と読める。これは木簡の書式と同じである。この土師器の年代観は8世紀第4四半期以降であり、木簡の年代を示唆する。木簡の人名には、丈部、和文部、日置、若和部、鳥取部、稲置部、吉備部、海

図1 古代出雲郡・神門郡関係図

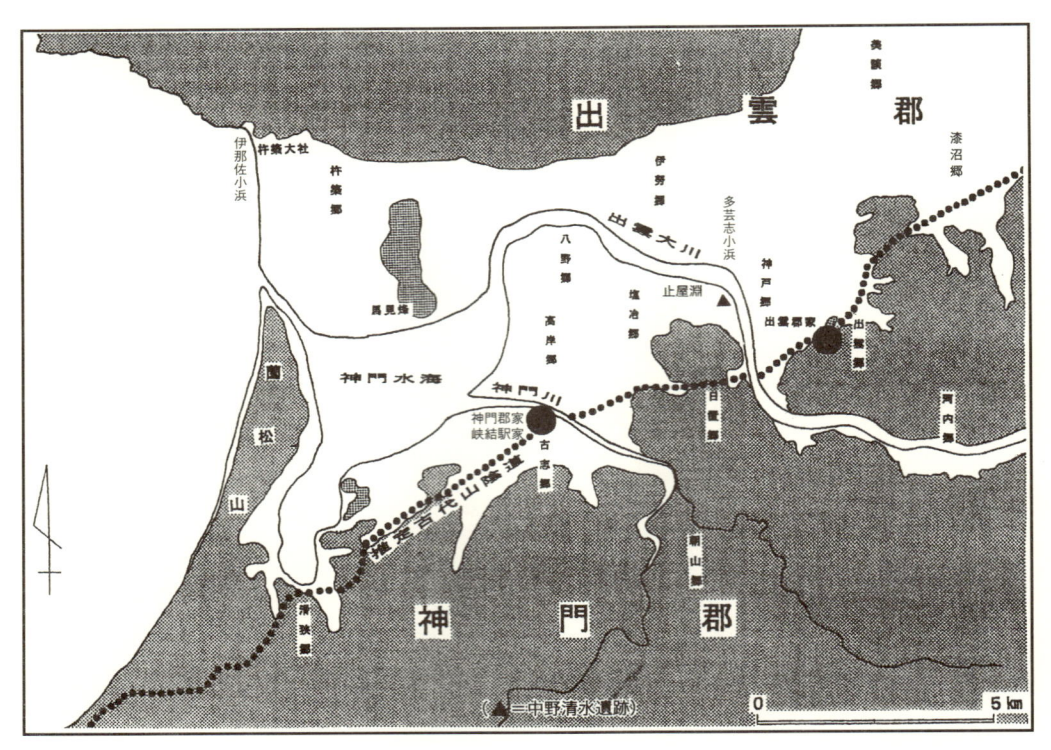

表1 古代出雲郡・神門郡の郷里名

郡	郷	出雲国風土記			出雲国賑給歴名帳			和名抄
		里・駅・神戸			郷	里		郷
出雲郡	健部郷	+	+	+	健部郷	波如里		健部郷
	漆沼郷	+	+	+	漆沼郷	深江里	工田里 犬上里	漆沼郷
	河内郷	+	+	+	河内郷	伊美里	大麻里	河内郷
	出雲郷	+	+	+	出雲郷	朝妻里	伊知里 多級里	出雲郷
	杵築郷	+	+	+	杵築郷	因佐里		杵築郷
	伊努郷	+	+	+				伊努郷
	美談郷	+	+	+				美談郷
	宇賀郷	+	+					宇賀郷
	神戸郷	+	+					
神門郡	朝山郷	+	+		朝山郷	加夜里	稗原里	朝山郷
	日置郷	+	+	+	日置郷	荏原里	桑市里 細田里	日置郷
	塩冶郷	+	+	+				塩冶郷
	八野郷	+	+	+				八野郷
	高岸郷	+	+	+				高岸郷
	古志郷	+	+	+	古志郷	足幡里	小田里 城村里	古志郷
	滑狭郷	+	+		滑狭郷	池井里	阿禰里	滑狭郷
	多伎郷	+	+	+	多伎郷	国村里	山田里	多伎郷
		餘戸里			伊秩郷	坂本里	坂奈里	伊秩郷
		狭結駅						狭結郷
		多伎駅						
		神戸里						

98 考古編

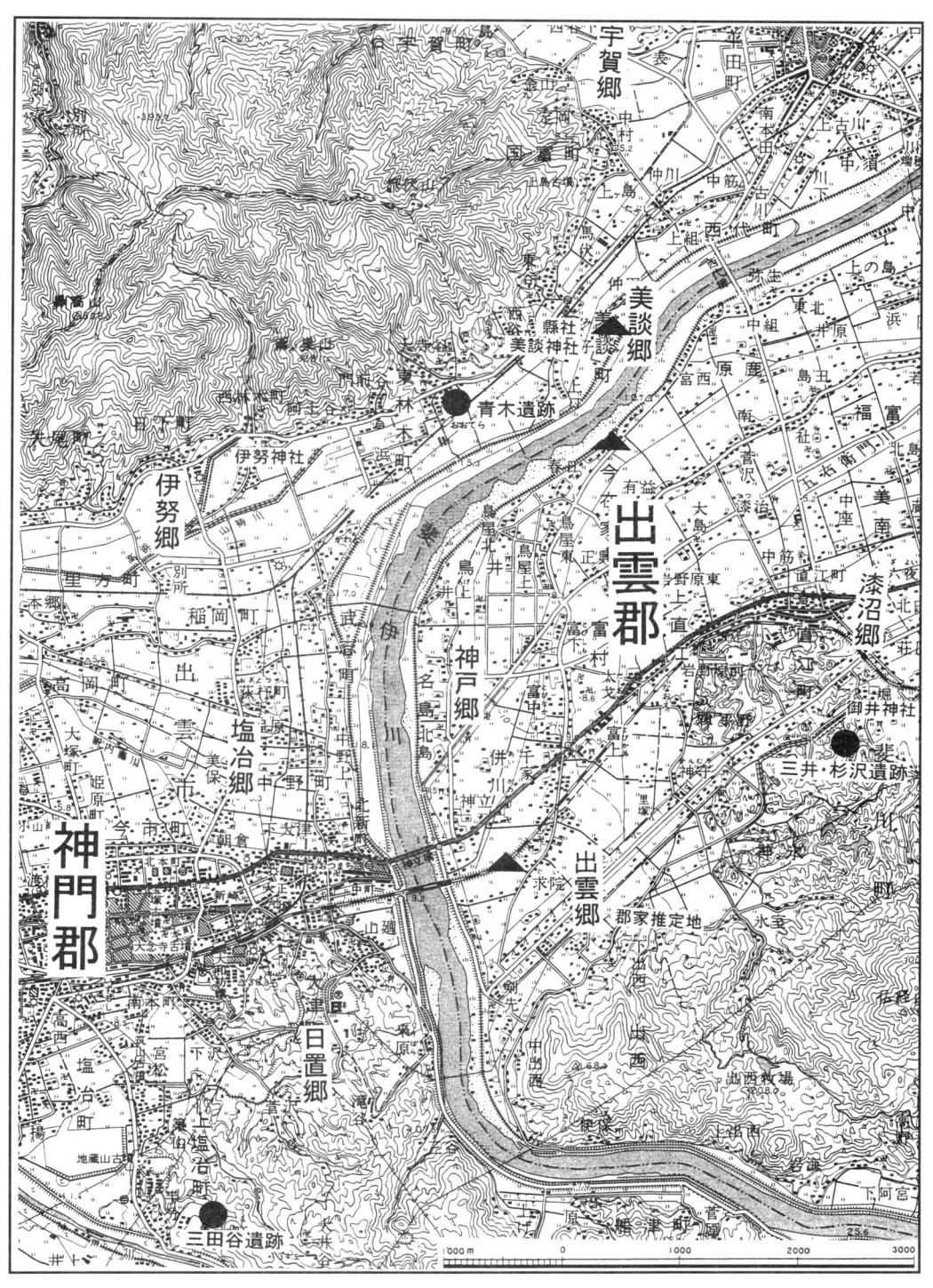

図2　青木遺跡、三井・杉沢遺跡、三田谷遺跡位置図

部、三上部、舎人、肘部等があり、多くは天平11年『出雲国大税賑給歴名帳』の出雲郡・神門郡にみえる氏族名である。木簡に関係したものには題籖軸や封緘もある。

　図4-5～図5-26は須恵器（断面黒塗）・土師器（断面白抜）の墨書土器である。このうち、7は「伊努」と読める。12の「伊本」のほか「伊酒坏」「伊酒」「伊北」等もあるが、文字資料の中で最も多くを占める1字だけ「伊」と墨書したものを含め「伊」は「伊努」の略と考えられる。『出雲国風土記』出雲郡条伊努郷には、

　　伊努郷　郡家の正北八里七十二里歩なり。国引きましし意美豆努命の御子、赤衾伊努意保須美比古佐倭氣能命の社、即ち郷の中に坐す。故、伊農といふ。神亀三年、字を伊努と改む。

とあり、神社には、在神祇官として伊努社（伊努神社）、伊農社（伊努神社）、同社（同〈伊努〉社神魂伊豆乃賣神社）、同社（同〈伊努〉社神魂神社）、伊努社（意布伎神社）、同社（都我利神社）、同社（伊佐波神社）があり（括弧内は延喜式内社名）、不在神祇官として、伊努社、同伊努社、同社と合計10社があって、同名社が多い。特に、伊努社の同社である式内社の伊佐波神社は近世まではこの青木遺跡の位置にあり〔関 1998〕、上層ではその遺構が検出されている〔平石・松尾 2004、伊藤 2004〕。

　この伊努郷は秋鹿郡条にも、

　　伊農郷　郡家の正西一十四里二百歩なり。出雲の郡、伊農の郷に坐す赤衾伊農意保須美比古佐倭氣能命の后、天䐨津日女命、国巡り行でましし時、此処に至りまして、詔りたまひしく、「伊農はや」と詔りたまひき。故、伊努といふ。神亀三年、字を伊農と改む。

とあるように関連する郷があり、また、伊努社（不在神祇官）もあり、両郷は共通する祭神を通して神亀3年（726）以前から深い関係にあったことが窺える。

　図5-14は「美談社」と書いた上から向きを変えて「門」を墨書している。15もその可能性があり、16の「美社」は美談社の略であろう。『出雲国風土記』には在神祇官として、彌太彌社（美談神社）、彌陀彌社（同〈美談〉社比賣遅神社）、不在神祇官として、彌陀彌社、同彌陀彌社、同社が9社記載されている。これらの社は美談郷に関係するものである。美談郷は、

　　美談郷　郡家の正北九里二百卌歩なり。天の下造らしし大神の御子、和加布都努志命、天地の初めて判れし後、天の御領田の長仕へ奉りましき。即ち、彼の神、郷の中に坐す。故、三太三といふ。神亀三年、字を美談と改む。即ち正倉あり。

とあって、大穴持命の御子の和加布都努志命が屯倉の管理をするという伝承となっている。17は須恵器の見込みと底部外面に「門」と書いている。「門」は単独の場合もあるが他の字とともに同じ土器に墨書される例はなく、「美談社」と「門」は何らかの関係にあったことが知られる。

　以上のことから、墨書土器の「伊」は、郷名、祭神名、神社名のいずれかを略したものと考えられる。この他、神社に関係するものとしては、図5-20の「縣」があるが、これは縣社を示すのだろう。『出雲国風土記』には、在神祇官として、「縣社〈同（縣）社和加布都努志神社〉」、不在神祇官に「縣社」がある。『出雲国風土記』美談郷の伝承に関連する社名であろう。19は「祇」を「○」で囲んでおり、「くにつかみ」の意であろう。

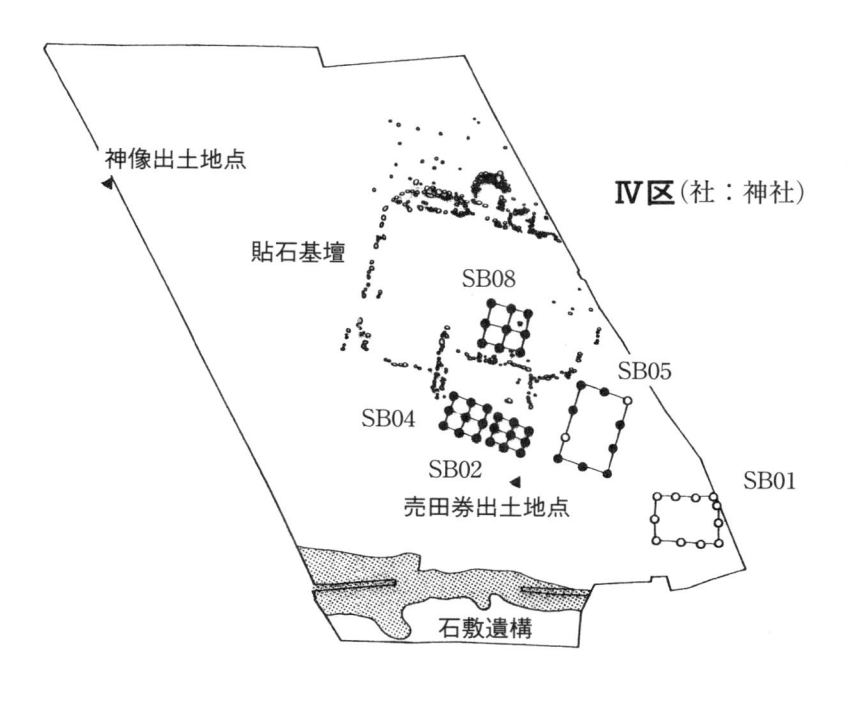

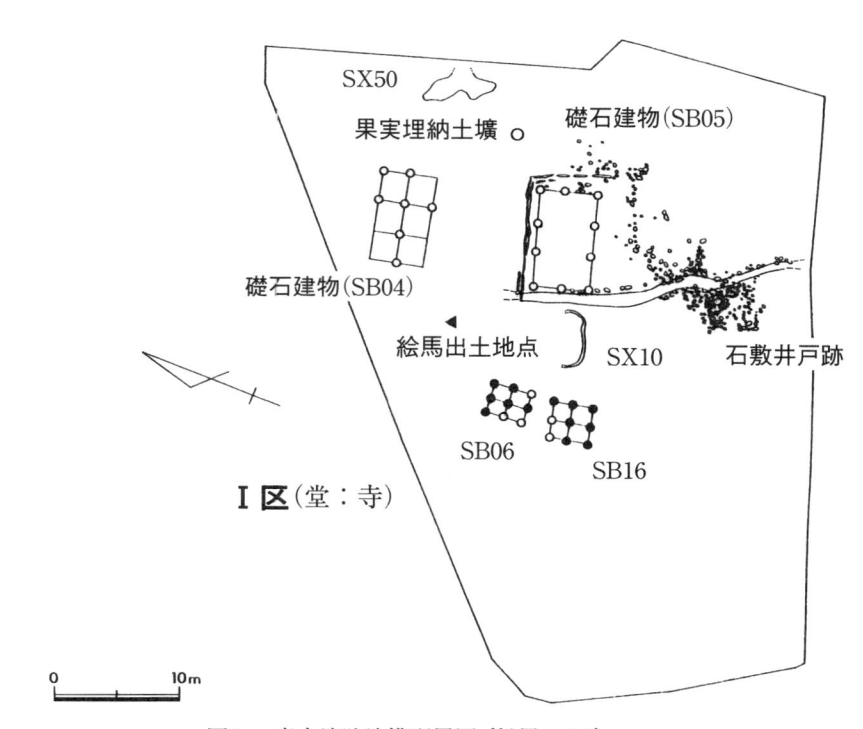

図3　青木遺跡遺構配置図〔松尾 2003〕

刻書　伊 トア馬手　4

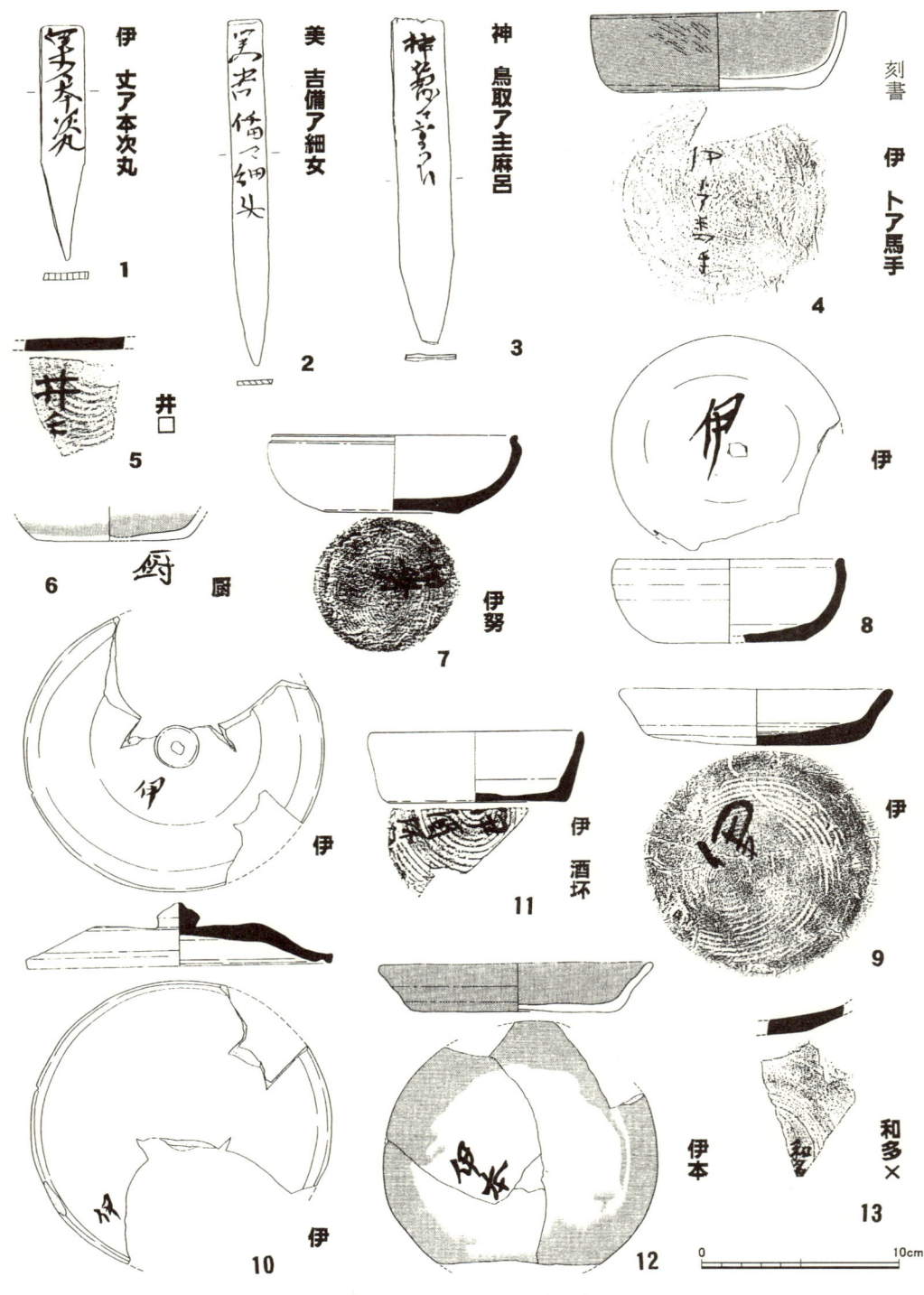

伊 丈ア本次丸　1

美 吉備ア細女　2

神 鳥取ア主麻呂　3

井口　5

厨　6

伊努　7

伊　8

伊　9

伊　10

伊 酒坏　11

伊本　12

和多×　13

図4　青木遺跡出土文字資料（1）

102　考古編

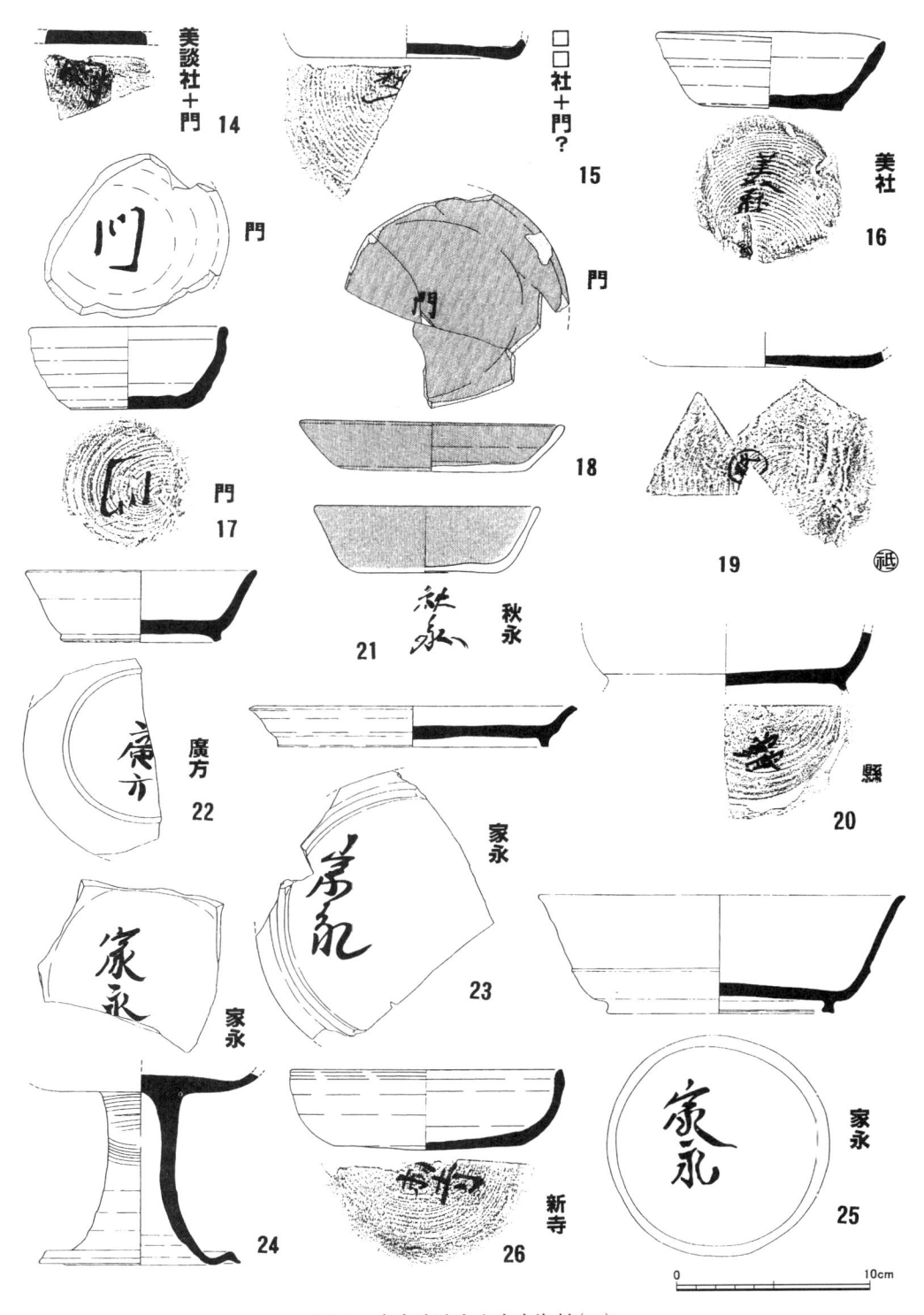

図5　青木遺跡出土文字資料（2）

寺に関係するものには図5-26の「新寺」があり、その他に漆塗の鉄鉢形須恵器がある。図4-5の「井□」はⅠ区の井戸に関係するものか。人名と考えられるものには、「家永」（図5-23・24・25）、「秋永」（21）、「廣方」（22）、「庭足」等があり、「家永」と「廣方」が多い。このうち25は金属器写しの須恵器である。

　祭祀関係の遺物には、須恵質や土師質の土馬、木製刀子、火鑽臼、帯金具、手捏土器、絵馬、木製神像等がある。

　この他、文字関係の資料としては円面硯や転用硯があり、墨書土器のほとんどは日常的に使用されたものである。同じ文字が須恵器と土師器の両方にみられる。したがって、祭祀のために周辺集落から持ち寄り、この場所で墨書し廃棄したものと考えられる。文字の内容は、社と寺の両方に関係したものがあり、それはⅠ区とⅣ区の建物の構造や配置に対応しているかのようである。

　こうした青木遺跡の文字関係資料から、この遺跡の性格を、「土地売買の記録を含む文書管理、物資の集積や労働力の徴発といった公的な機能をはたしていた」〔今岡・平石2004〕、「伊努郷・美談郷にわたる貢進物を集める機能をもつ地方官衙」、「伊努郷・美談郷など宍道湖北岸の出雲郡を担当する郡家の出先機関か」〔佐藤2003〕等、官衙とする見方がある。しかし、青木遺跡の遺構状況は「規模、構造、配置からみて（官衙）遺跡が一般に具備する要素を満たさ」ず、「個性の強い建物が散立する状況であり官衙的配置とはいえない」とする調査担当者の意見は尊重されるべきであろう〔松尾2004〕。このことは井上尚明が指摘する古代神社遺構の基本的属性〔井上2001〕に符合する。図4-3の木簡の「神」は神戸郷を示すであろうから、地理的にみて宍道湖北岸を担当する出雲郡家の出先機関にはなりえない（図2）。松尾充晶は、Ⅳ区の建物跡は「神社建物」、Ⅰ区のそれは版築＋礎石建物という手の込んだ建設施工による重厚な建物であることを指摘し、役割はよくわからないとしながらも、「この建物の正面に石敷きの井戸が配置されている点を積極的に評価すれば、儀礼もしくは饗宴の舞台となる儀式殿のような機能ができる」とし、「この建物の鬼門となる北東側近には桃などの果実を充填した土師器甕5個が埋められていたが、周囲が観念的な空間としてあったことを示唆する」として末端官衙的な見解に否定的である〔松尾2004〕。その一方で、『条里制・古代都市研究会』第20号では、青木遺跡が出雲平野をはさんで出雲郡家推定地と対峙しているという立地から発掘調査では確認されていない「島根半島側を対象とする、郡レベルの出先機関」の存在を想定する〔平石・松尾2004〕。このように、現時点での青木遺跡に対する評価は、律令国家の権力志向に沿うかたちで理解しようとするものばかりである。

　しかし、青木遺跡の遺構・遺物は圧倒的に宗教・祭祀関係が多く「官衙」には程遠い。ここでは、Ⅳ区は神社遺構、Ⅰ区は寺院（堂）遺構と理解したい。また、Ⅳ区で互いに接近して検出されたSB02・04の極小規模な構造の建物をSB01に伴う倉庫群に復元する案もあるが〔松尾2004〕、SB03と同様に貼石基壇の上にあるので、これらも境内社の遺構として捉えておきたい。

　なお、買田券木簡は、
　・買田券　船岡里戸吉備部忍手佐位宮税六束不堪進上

・□□□船越田一段進上　　……□若倭部□……

とあり、およそ船岡里の吉備部忍手が佐位宮税6束を進上出来なかったので、船越田の1段を進上するという内容である。吉備部や若倭部は『出雲国大税賑給歴名帳』の出雲郡・神門郡にもみえ、この地域に関係するものであることは間違いないが、「船岡里」「船越田」「佐伊宮」はいまのところ周辺に見出せず、関連する文献もない。

2　三井・杉沢遺跡

　1999・2000年に、斐川町教育委員会によって、斐川町直江の杉沢遺跡と隣接する三井遺跡が調査された（図2）。『出雲国風土記』の方位里程では出雲郡漆沼郷に属する。杉沢遺跡はL字状に塀で区画された中に2×2間の総柱構造建物跡SB01と、これに西接する2×3間の側柱構造建物跡SB02が標高約29ｍの尾根の最頂部に検出されている（図6・7）。これらの建物の北側には広い空間があり、周辺からは8～9世紀の須恵器が出土している。SB01の南側には火葬骨を入れた須恵器があった（図7の9-1・9-2）。三井遺跡は杉沢遺跡の尾根の南側斜面とその下の谷底の遺跡である。斜面からは掘立柱建物群が検出され、谷底からは「三井」「総」「南」等の墨書土器が出土している（図8）。この谷の小字名は「三井」であり、谷奥には湧水を利用した用水池がある。「三井」は「御井」であり、三井・杉沢遺跡はこの谷奥の湧水＝御井を中心に形成された古代集落であったと推定される。谷の入口には『出雲国風土記』の御井社に比定される御井神社（式内社）がある。「三井」＝御井と考えられるので、杉沢遺跡の建物跡SB01は古代の御井社である可能性がある〔内田 2004〕。青木遺跡ほど多くの遺構は検出されておらず、SB01とSB02以外に丘陵上に建物跡はないようであるので、前者は神社遺構、後者は堂の遺構を想定しておきたい。

3　三田谷遺跡

　出雲市上塩冶町半分にある原始～中世の遺跡で、1994～1998年に島根県教育委員会が調査した（図2）。『出雲国風土記』の方位里程では神門郡日置郷に属する位置にある。古代の遺構は、丘陵地にはさまれた狭隘な谷部に、旧河川のSD06とその左岸の掘立柱建物群が検出されている（図10）。主な遺物には、須恵器・土師器の墨書土器、木簡等がある（図11～13）。

　旧小河川の淵のSB01は、2×2間の小規模な総柱構造の建物で周囲を溝で区画されている。区画溝の周っていない西側が正面であろう。このSB01の周囲を避けるようにして遺構の空白地帯がある。また、SB01の東方向にある建物群の中には、調査区外に続く2条の柱穴列があり、報文で「内側を身舎柱列、外側を縁束柱列」とするSB16のひとまわり大きな建物がある。また、旧小河川（SD06）には湧水があり、簡易な木製井戸枠施設があった。

　古代の木簡には、「八野郷神門米□　　□×」「高岸神門×」「×□出雲積豊□×」等、神門

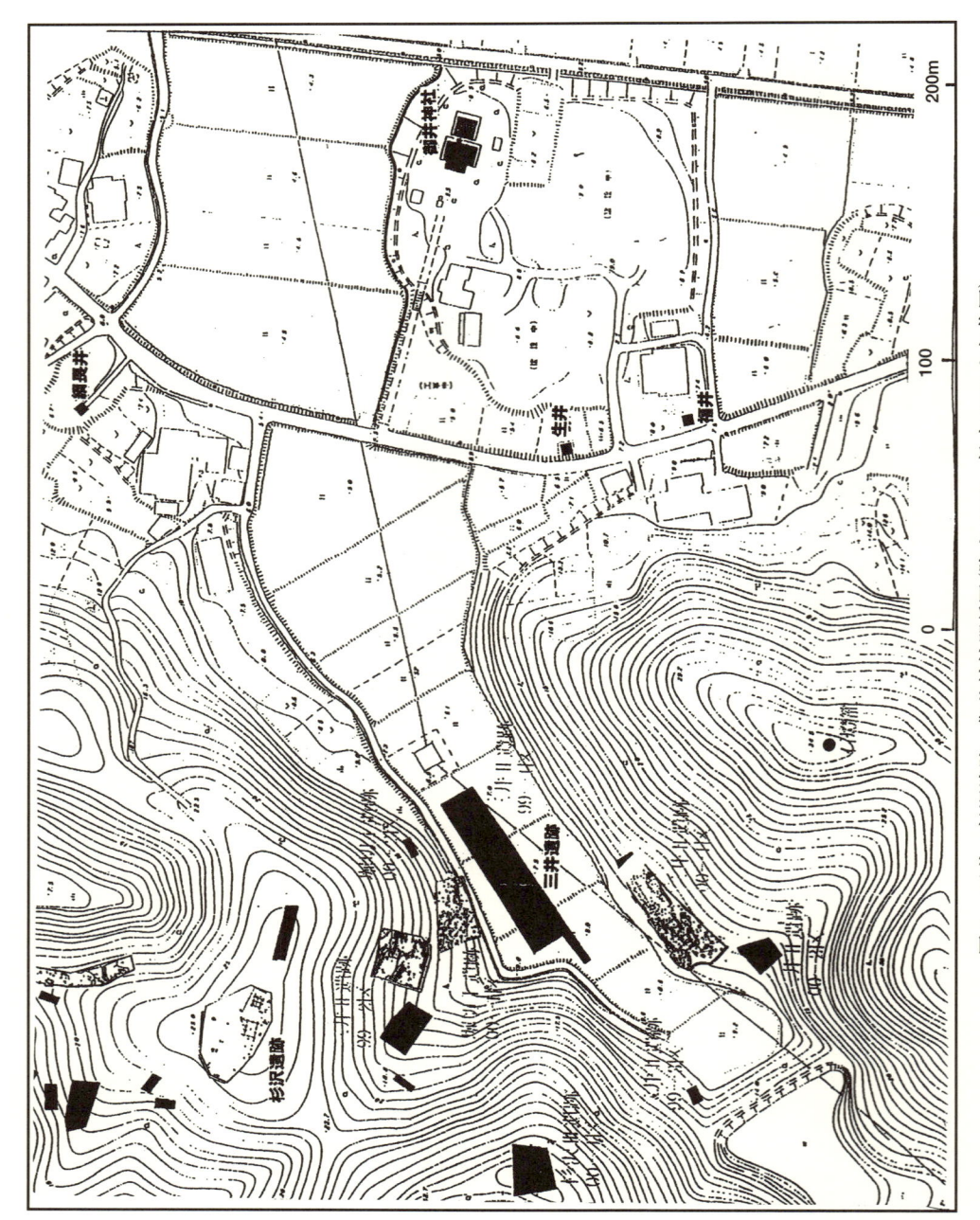

図 6 三井・杉沢遺跡、御井神社関係図 (陰山 2001、松本 2001 より作図)

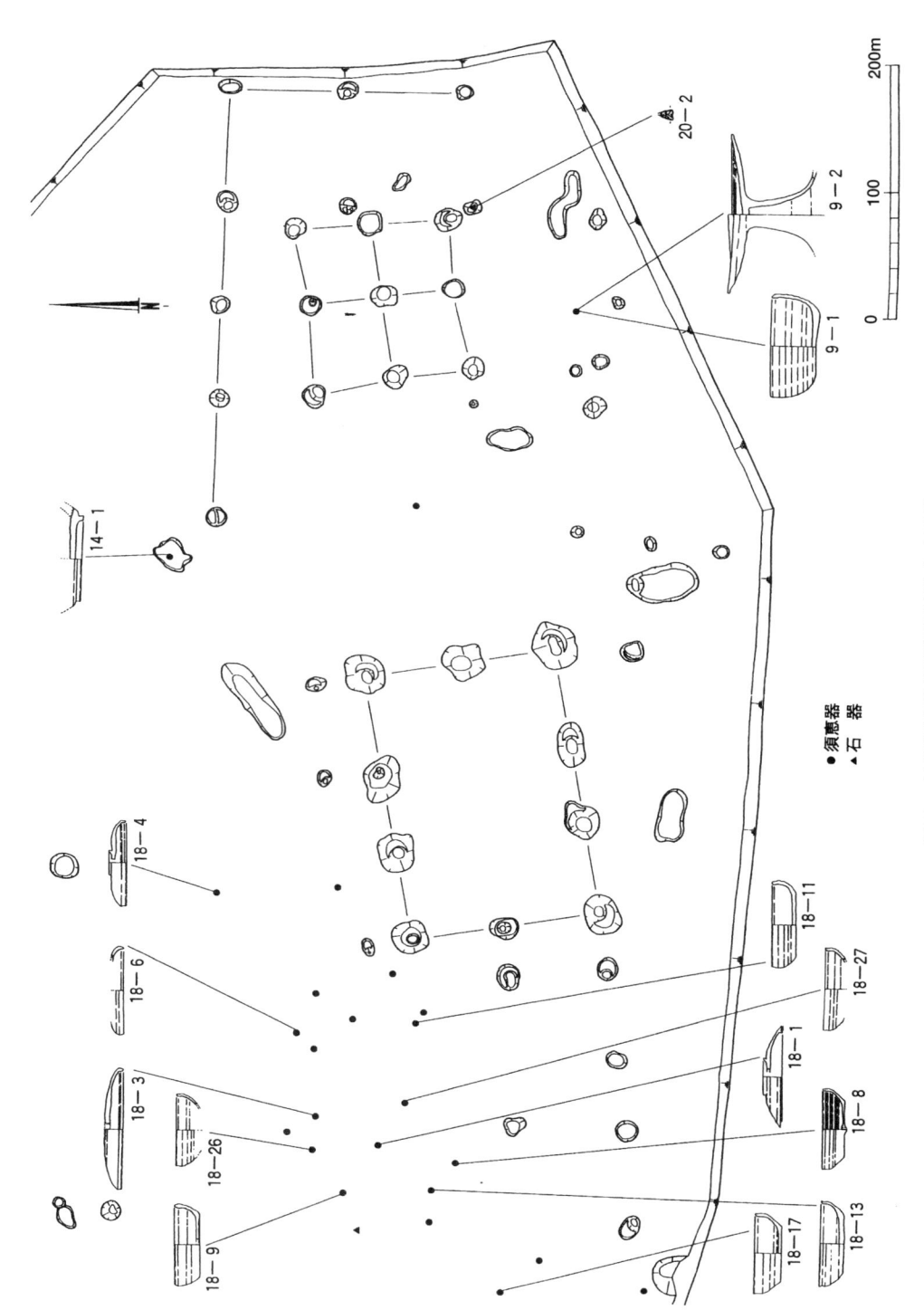

図7 杉沢遺跡遺構配置図〔陰山 2001〕

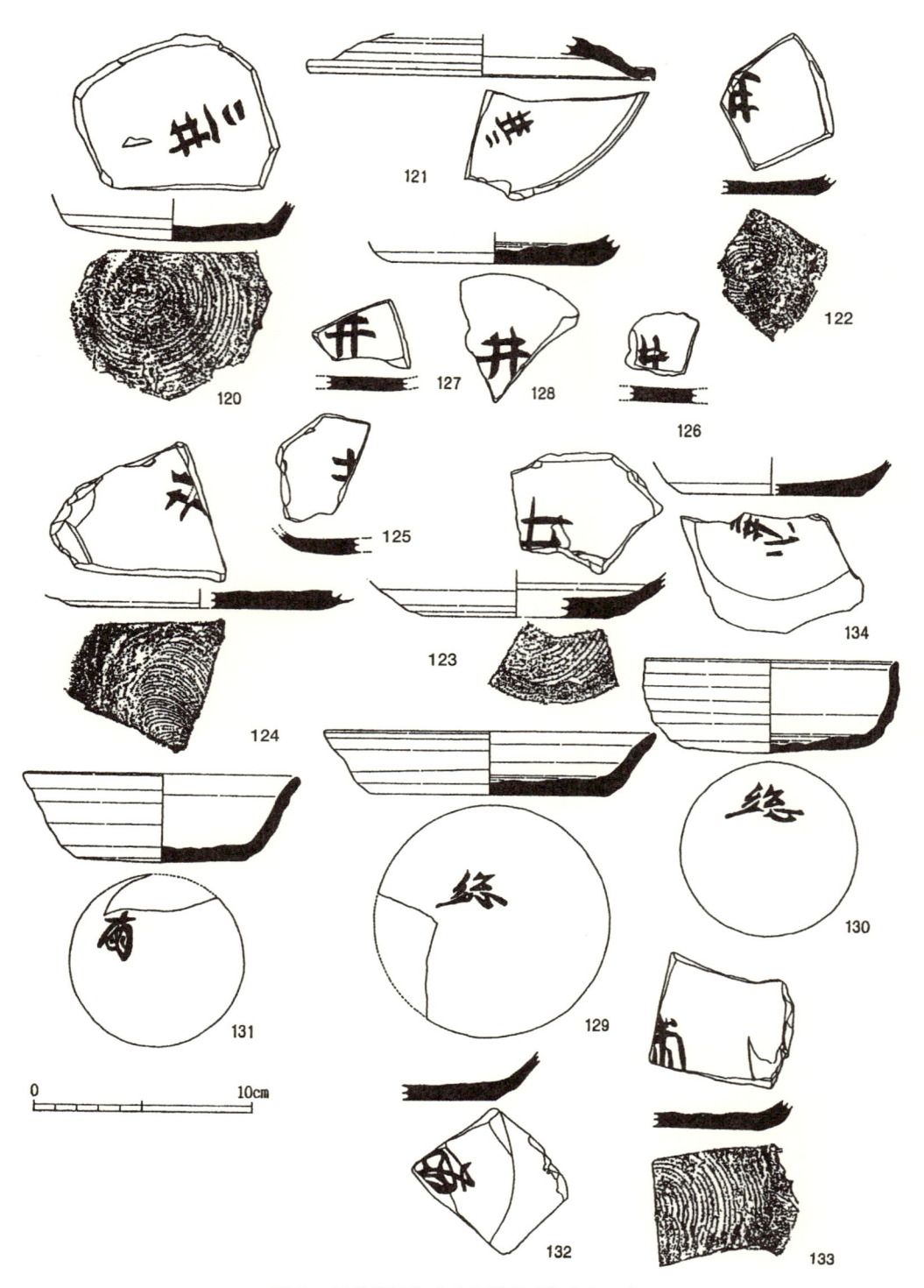

図8　三井遺跡出土文字資料〔松本 2001〕

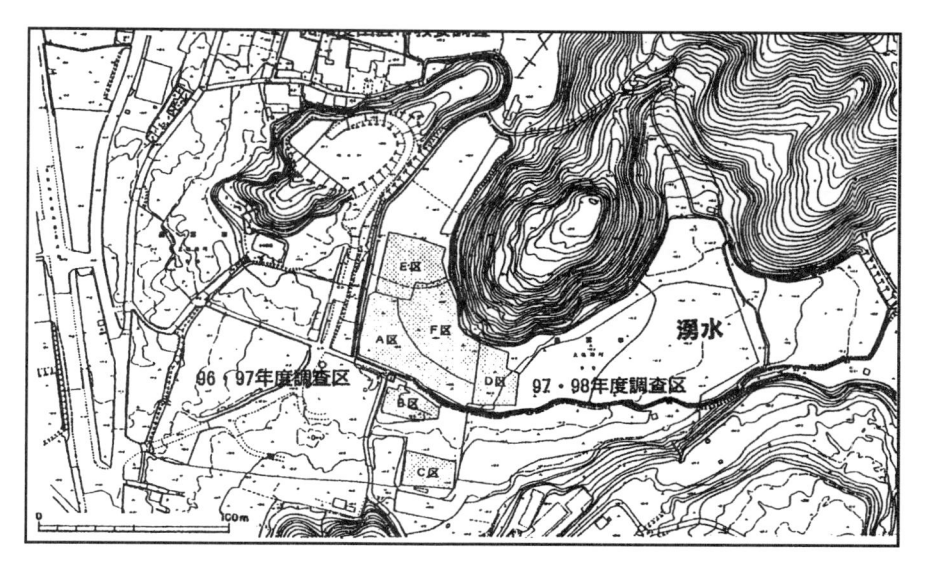

図9 三田谷遺跡位置図

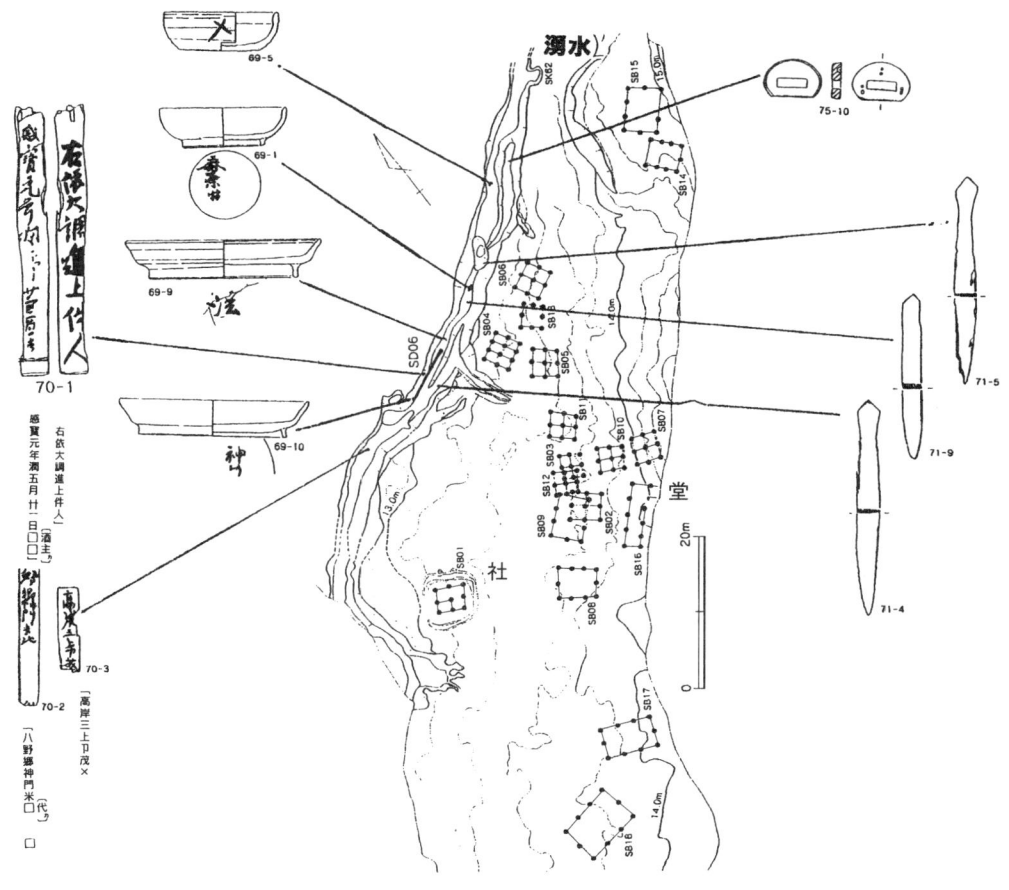

図10 三田谷遺跡遺構配置図（熱田・平石 2000 より作図）

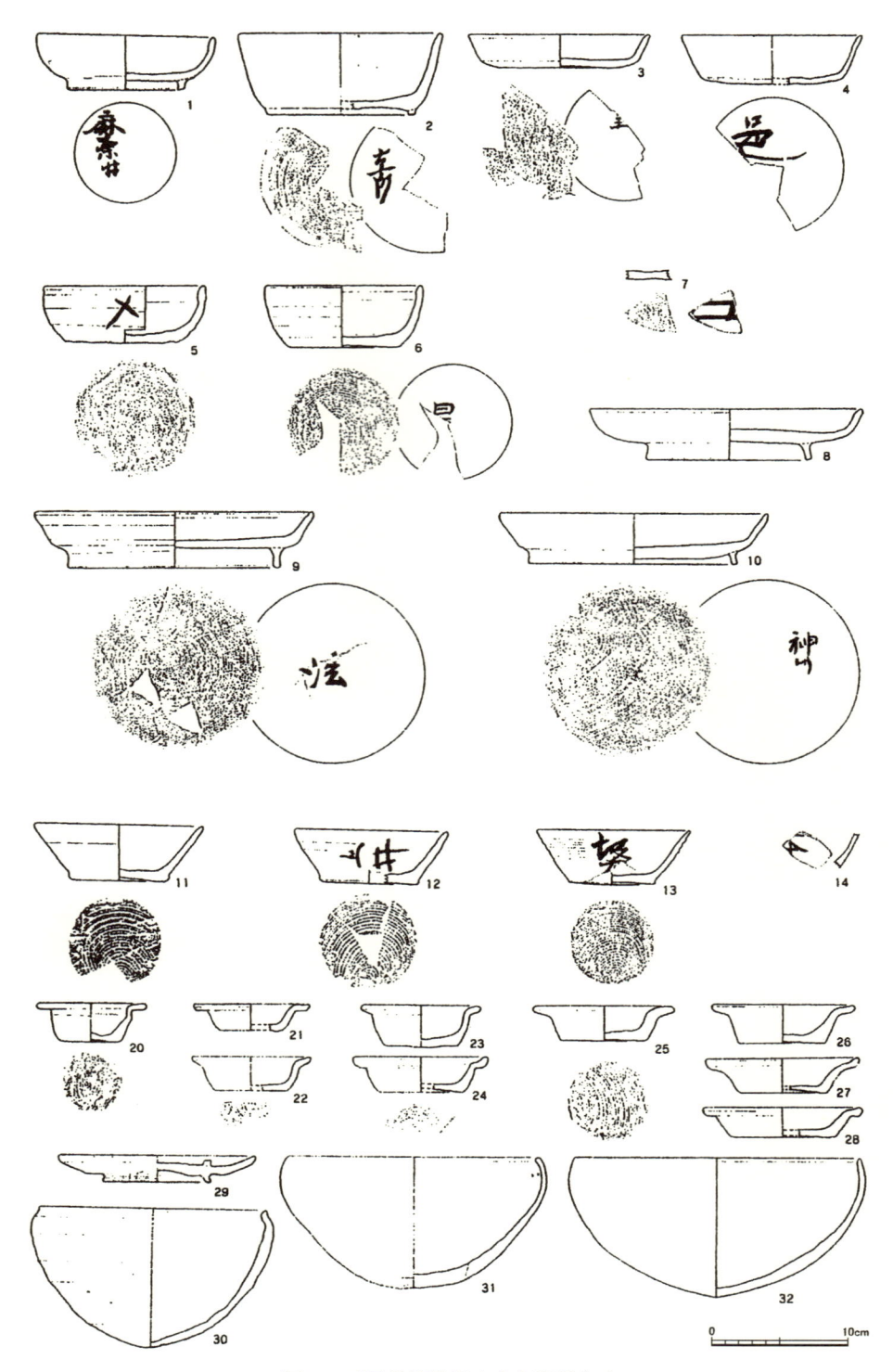

図11　三田谷遺跡出土文字資料（1）

110　考古編

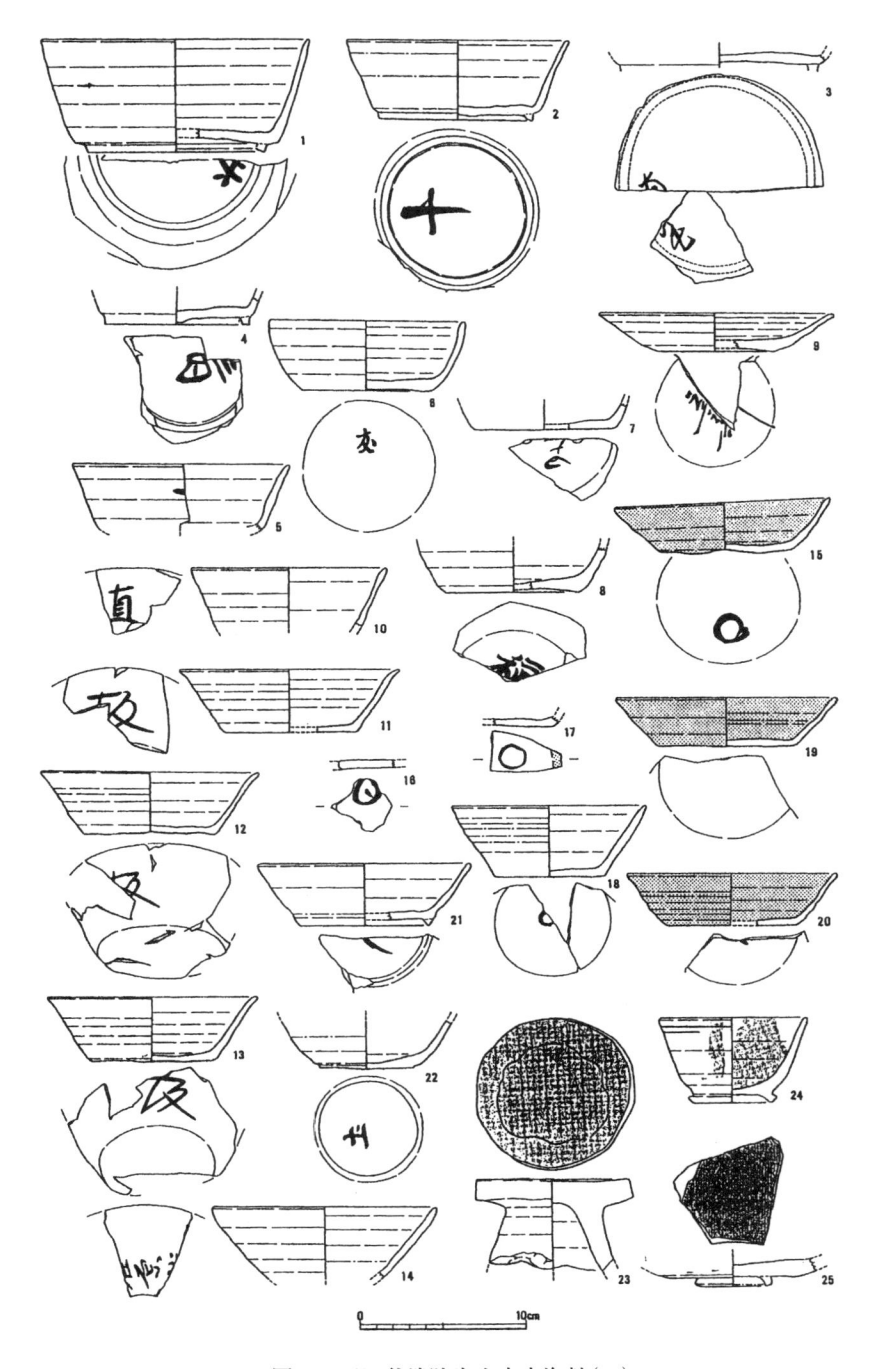

図12　三田谷遺跡出土文字資料（2）

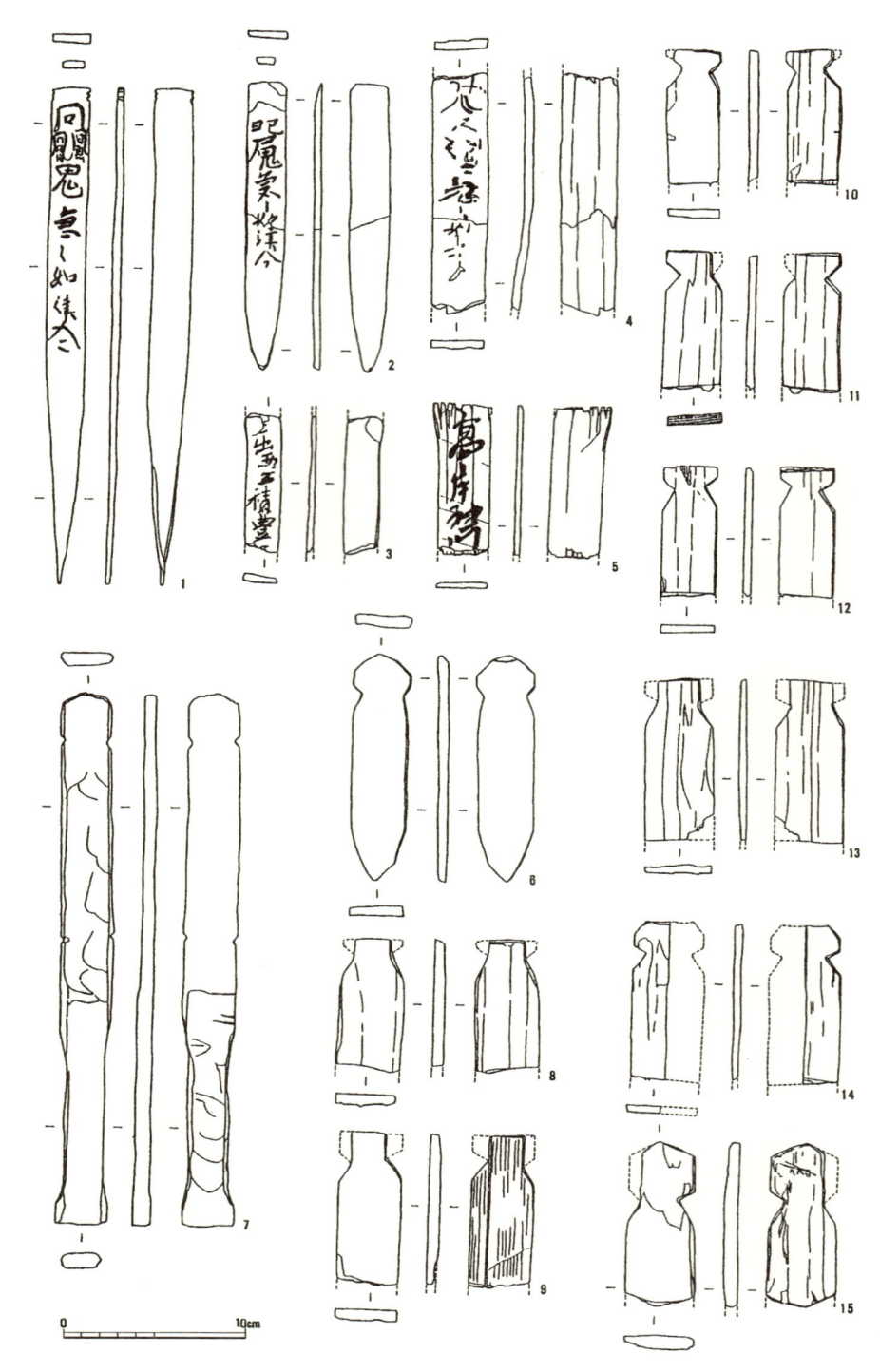

図13　三田谷遺跡出土文字資料（3）

112　考古編

郡の郷名と人名を書いたものや、015型式の「・×右依大調進上件人　・×感宝元年潤五月廿一日□□」の天平感宝元年（749）の年号を持つ「大調」の進上に関わるものの他、封緘木簡等がある。

墨書土器は「神門」「坂本」「任原□」「三田」「□宅」「直」といった地名や人名、「麻奈井」「上井」の井水に関係するもの、「邑」「法」「福」「土」「大」「×」「〇」の吉祥句や記号と考えられるもの等がある。このうち「任原」は天平11年『出雲国大税賑給歴名帳』神門郡日置郷の「里」名に「荏原」が、「坂本」は同じく伊秩郷にみえる。注目されるのは「麻奈井」が湧水のあるSD06内から出土していることである。SD06からは多くの文字資料や斎串等の祭祀関係遺物が出土しており、遺跡の性格を表している。青木遺跡や三井・杉沢遺跡の湧水と同様に集落の形成や祭祀に神聖な水が深く関わっていることを示唆する。

この他、出土遺物の中には鉄鉢形須恵器や灯明皿タイプの須恵器、托等の仏教的色彩の遺物があり、文字関連資料には硯、和同開珎、帯金具類がある。遺跡は中世になっても祭祀の場であったようで呪符木簡が出土している。

報文では特に木簡や墨書土器などの分析を通じて、この遺跡の性格を「神門郡家の機能の一部を担った施設が存在した蓋然性が高い」としている〔熱田・平石 2000〕。しかし、そのような施設を想定するのであるならば近隣に適した場所はあるのであって、狭隘な谷底地形で郡家の機能が担えるのか疑問である。ここでも、SB01は神社遺構、SB16は寺（堂）の遺構と考えておく。

4　鹿蔵山遺跡

簸川郡大社町杵築南、現在の出雲大社の南約800mの位置にある砂丘上の遺跡で（図14）、2002～2003年に大社町教育委員会によって調査され、井戸遺構を中心に多量の文字資料や祭祀遺物が検出された〔石原・露梨 2005〕。『出雲国風土記』の方位里程では出雲郡杵築郷にあたる。

遺構は漆塗りの櫃を井戸内枠に転用した井戸である。墨書・刻書土器は193点で（図15～18）、そのほとんどは丹塗土師器で須恵器は8点に過ぎない。文字は地名と考えられる「林原」「大成」「古志」があり、「林原」が最も多い。いずれも遺跡の付近には見出せない地名であるが、珍しくはない。人名には「三家」があり、「堂」「宮」「社」の施設を表すものの他、「土木」「爪」「飯口」「方」「砦」「部」「壬」「禾」等がある。祭祀関係遺物には、鉄製模造品（図19）、帯金具（図20）、製塩土器、手捏土器、土製支脚等の他、奈良三彩の多口瓶（図21）、緑釉陶器がある。

発掘面積が狭いため調査区内においては遺構は井戸しか検出されていないが、文字資料や祭祀関係遺物は、青木遺跡、三田谷遺跡、三井・杉沢遺跡等の例からして、極近くに社や堂の施設が存在したことをうかがわせる。

鹿蔵山遺跡から最短距離の神社はほかならぬ杵築大社（出雲大社）である。『出雲国風土記』には在神祇官として杵築大社の他、企豆伎社（同〈杵築大〉社坐伊能知比賣神社）、同社（同〈杵築大〉社神魂伊能知奴志神社）、同社（同〈杵築大〉社神大穴持御子神社）、同社（同〈杵築大〉社伊那西波伎神

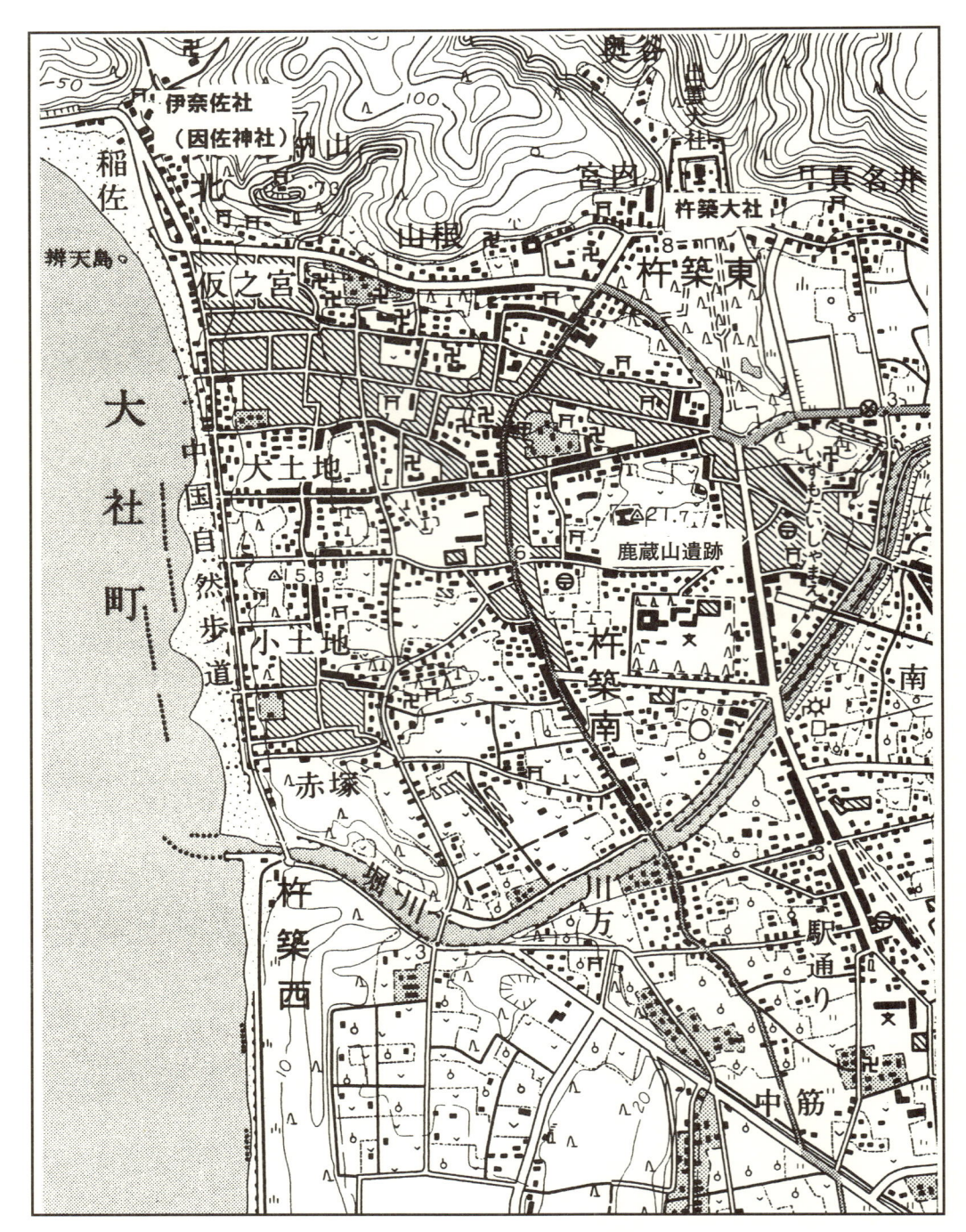

図14　杵築大社・鹿蔵山遺跡位置図

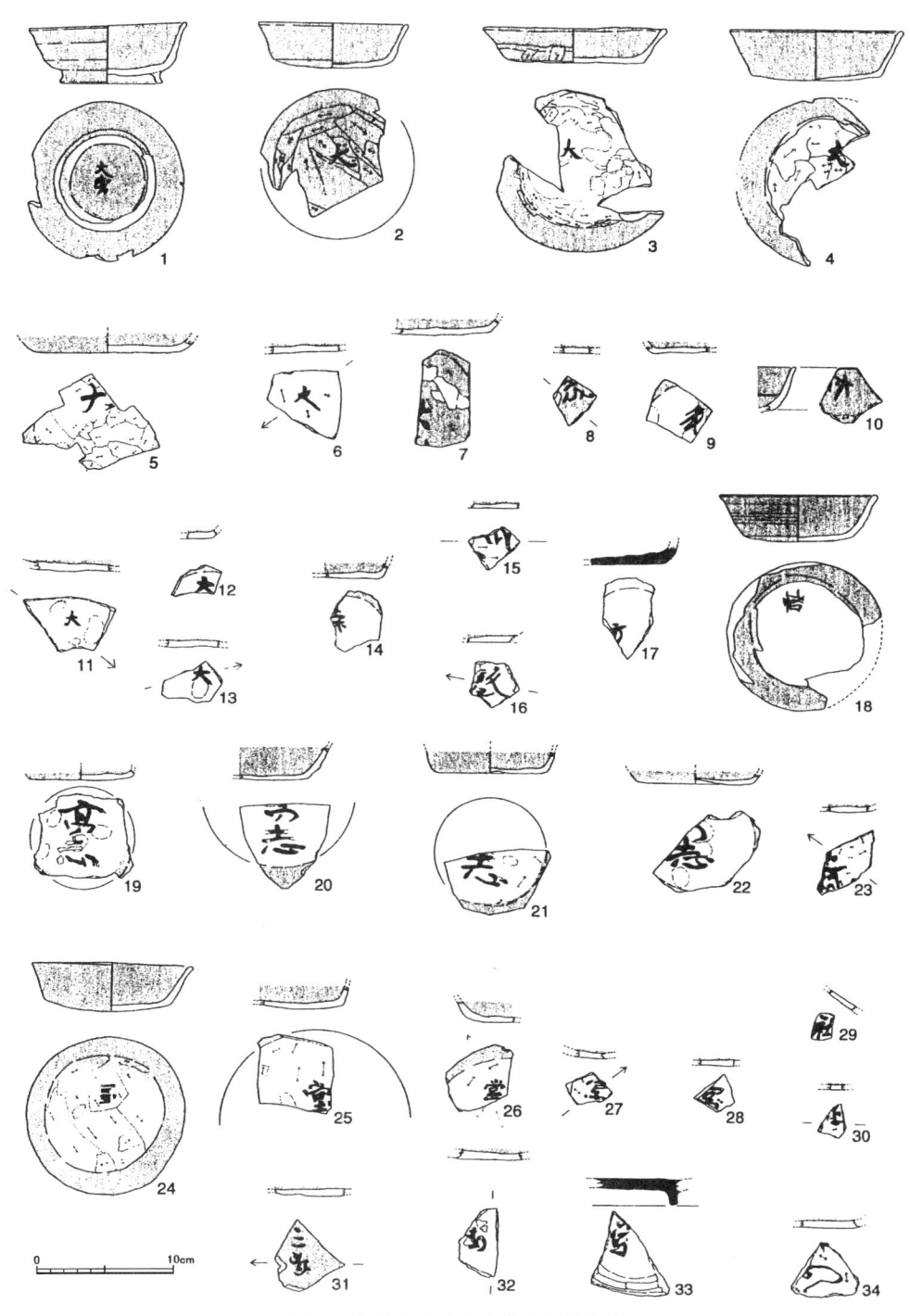

図15 鹿蔵山遺跡出土文字資料（1）

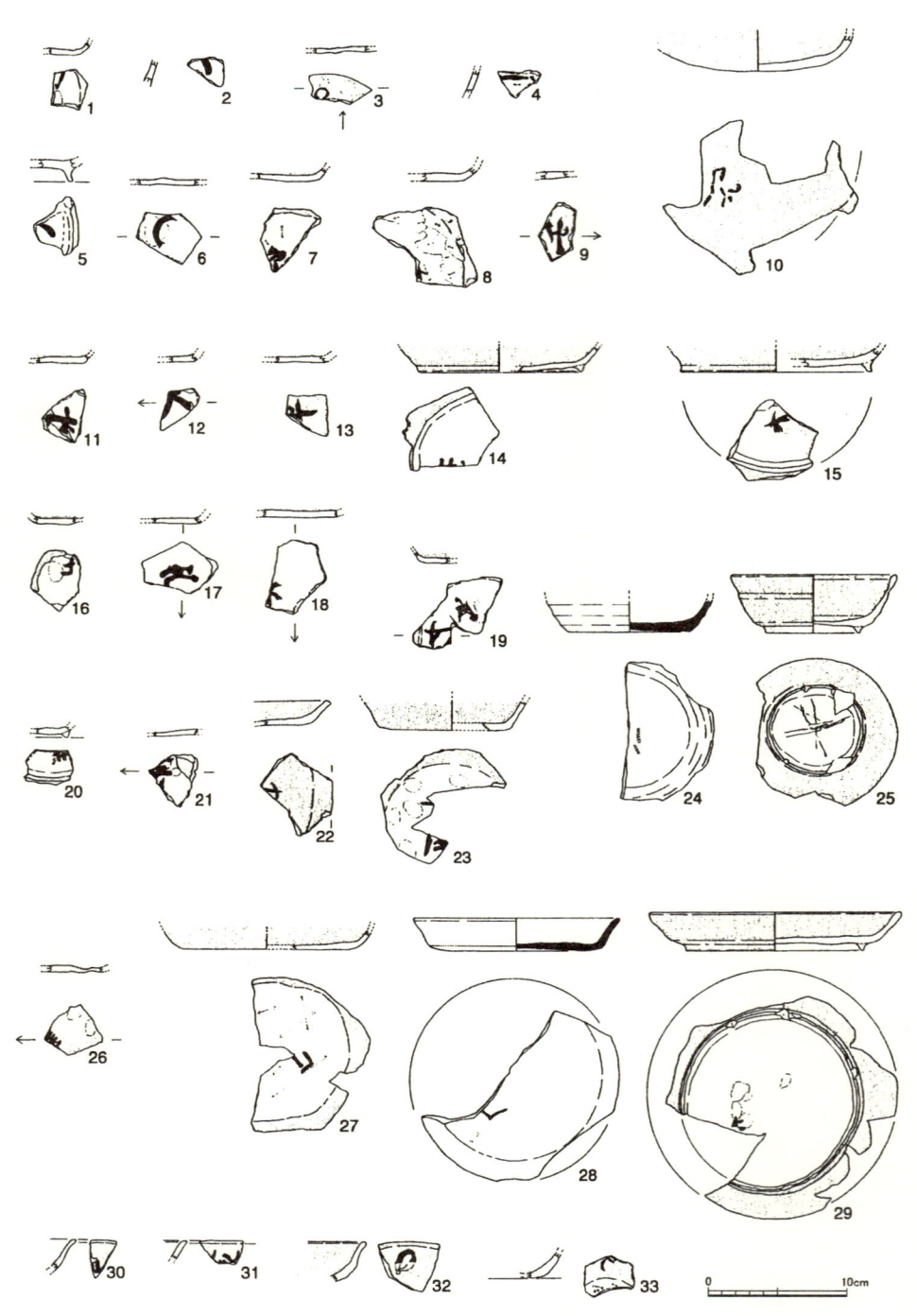

図16　鹿蔵山遺跡出土文字資料（2）

116　考古編

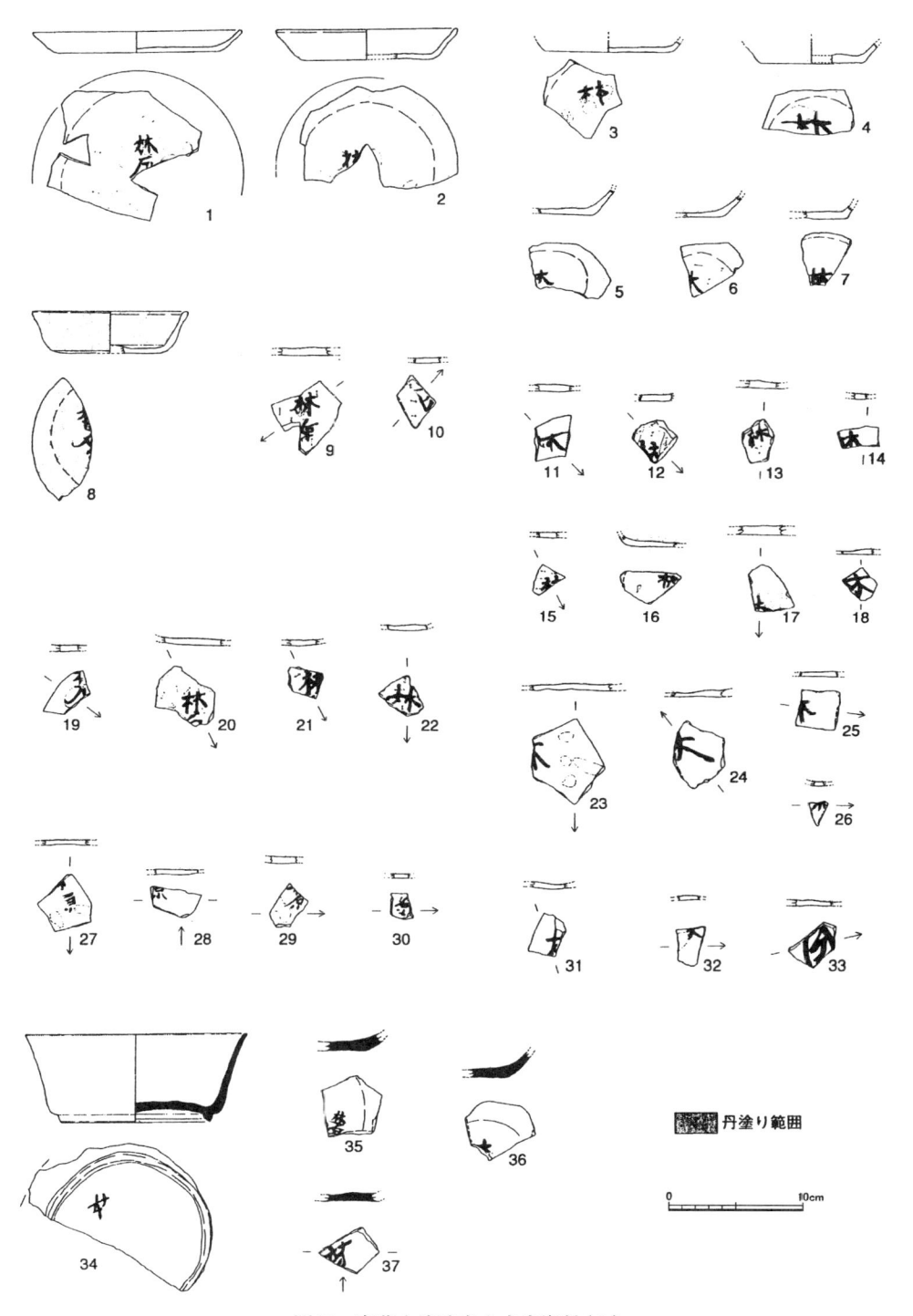

図17　鹿蔵山遺跡出土文字資料（3）

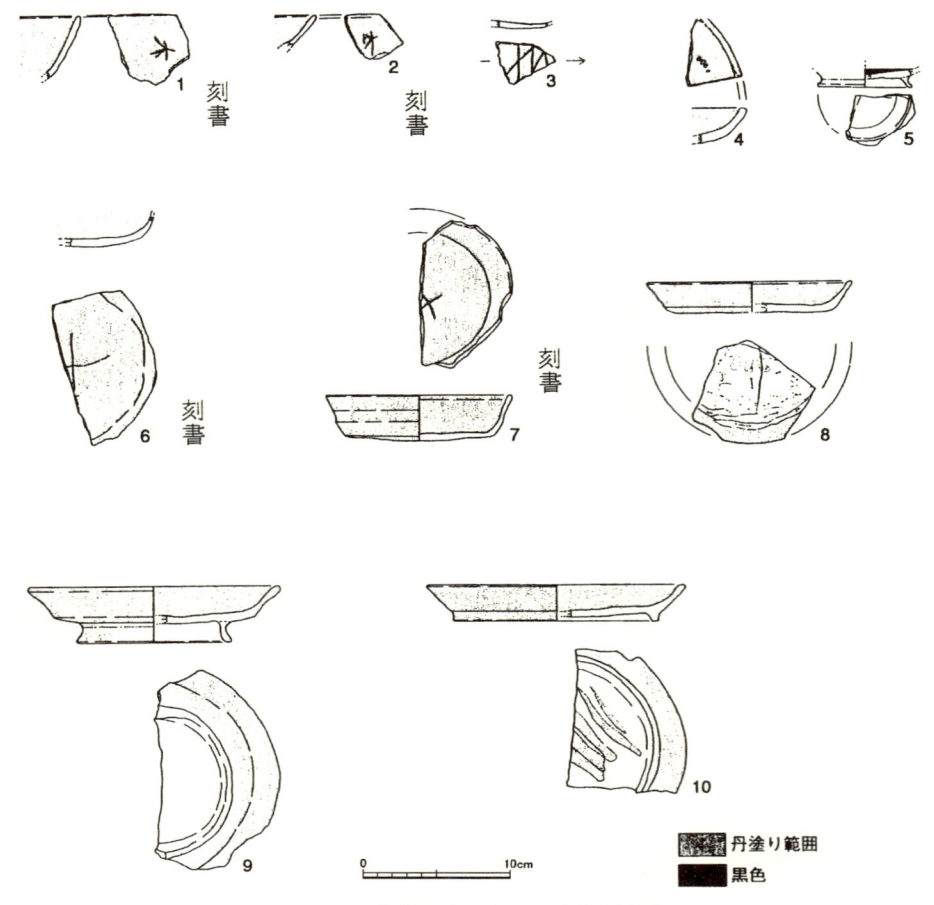

図18　鹿蔵山遺跡出土文字資料（4）

社）、同社（同〈杵築大〉社大穴持御子玉江神社）が、不在神祇官として企豆伎社が同名社として記されている。報文によれば出土遺物の中で帯金具のうち蛇尾については金銅製であったことが判明した〔今西 2005〕。奈良三彩の多口瓶等を考え合わせると、この場所での祭祀に郡司や国造が関わっていたことを推定させる。とすれば井戸遺構の付近に存在していたであろう施設は企豆伎社の一つ（同社）であった可能性がある。また、井戸遺構を重視すれば、現在の出雲大社（杵築大社）で12月に行われている出雲国造による御饌井祭のような祭祀が考えられる。

5　蛇喰遺跡

　八束郡玉湯町の蛇喰遺跡は1993～1997年に玉湯町教育委員会により調査が行われた。神社遺構に関係するのはA地区で、掘立柱建物跡や溝が検出され、文字資料や玉作関係遺物が出土した〔片岡 1999〕。『出雲国風土記』では意宇郡忌部神戸内にあたる（図23）。
　掘立柱建物跡は、調査区が狭いため全容を知ることは出来ないが、小規模な総柱構造である

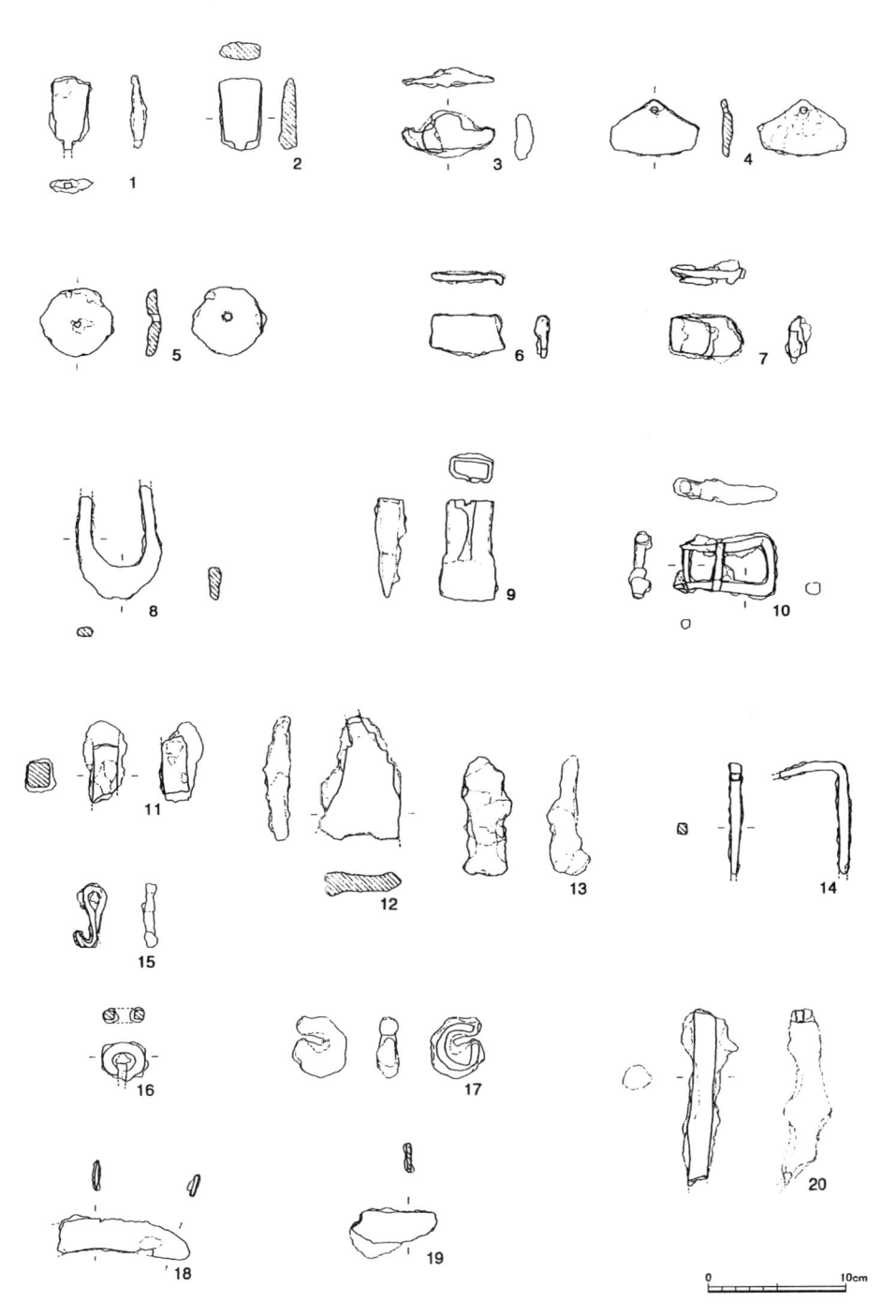

図19 鹿蔵山遺跡出土祭祀遺物(鉄製品)

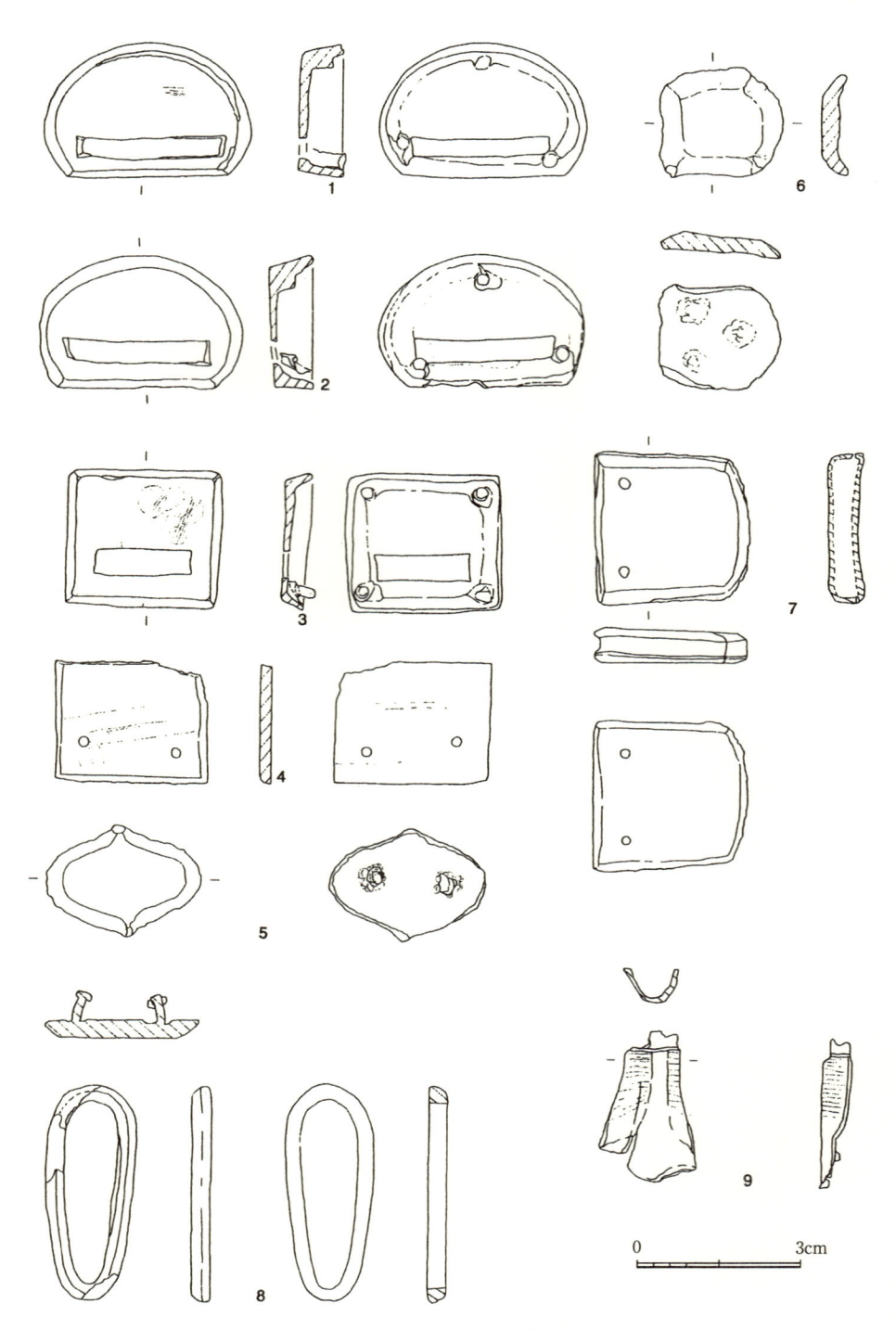

図20　鹿蔵山遺跡出土帯金具他

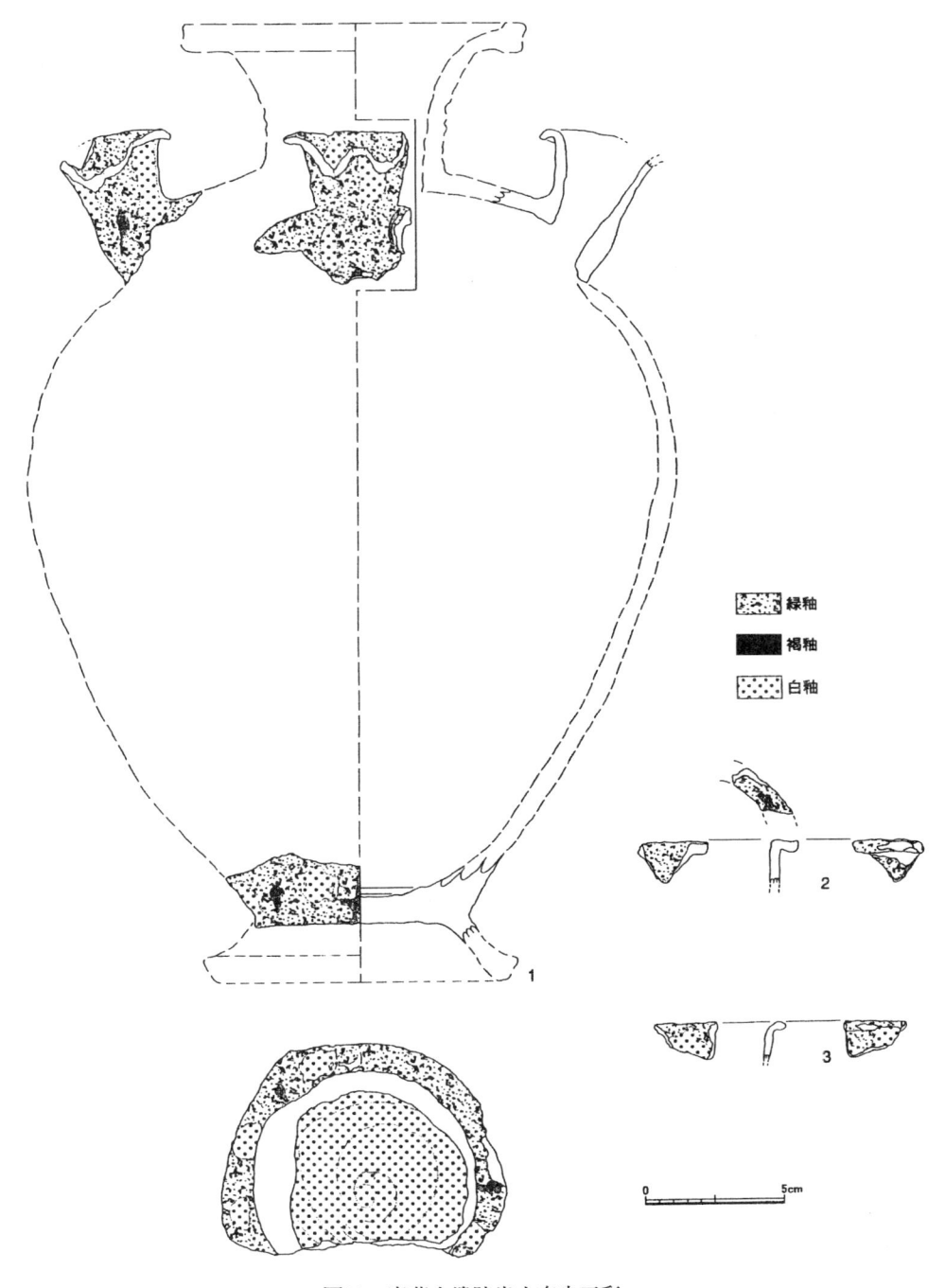

図21 鹿蔵山遺跡出土奈良三彩

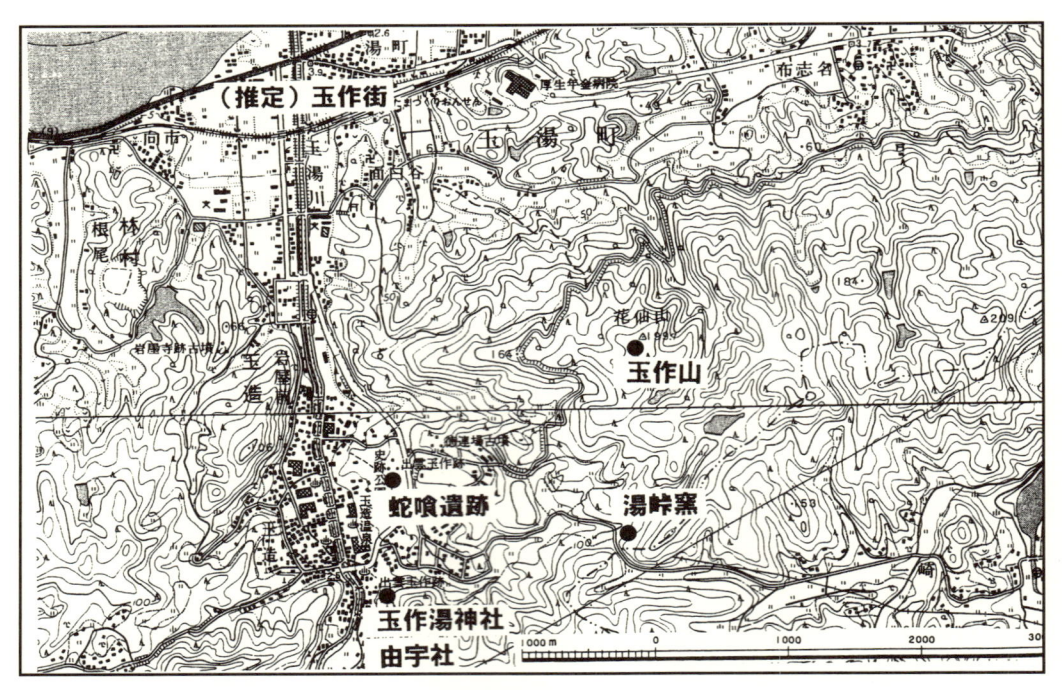

図22 蛇喰遺跡位置図

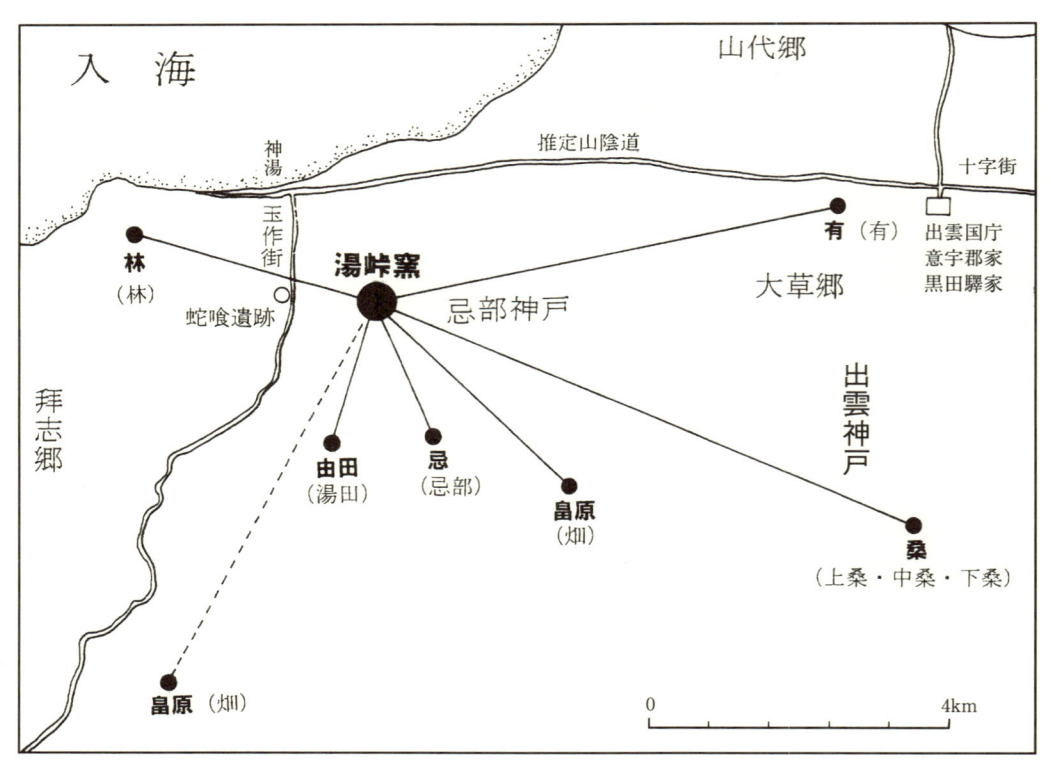

図23 蛇喰遺跡出土ヘラ書文字に見える地名の比定

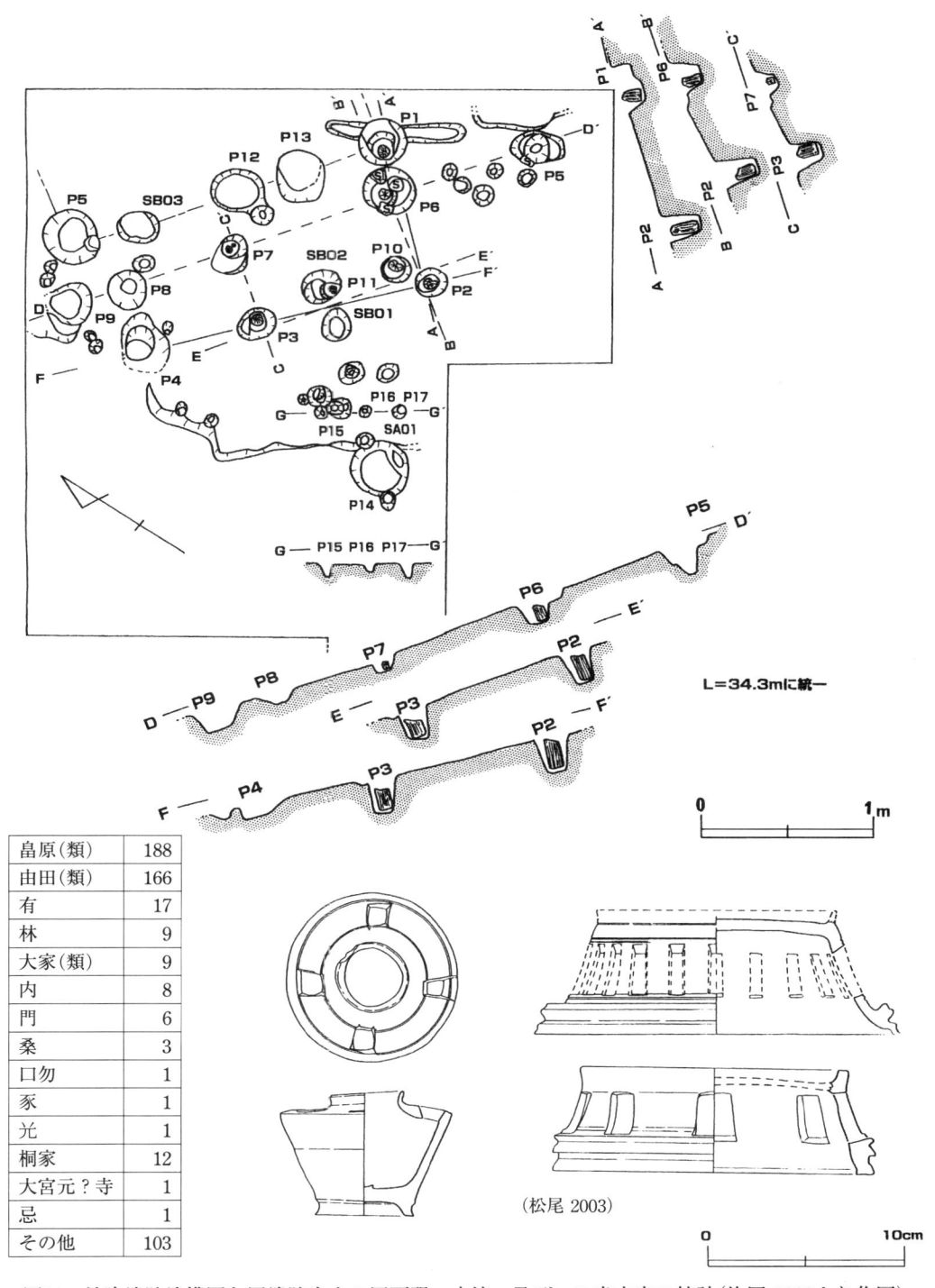

畠原（類）	188
由田（類）	166
有	17
林	9
大家（類）	9
内	8
門	6
桑	3
口勿	1
冢	1
光	1
桐家	12
大宮元？寺	1
忌	1
その他	103

(松尾 2003)

図24 蛇喰遺跡遺構図と同遺跡出土の円面硯・水滴、及びヘラ書文字の統計（片岡 1999 より作図）

出雲の神社遺構と神祇制度（内田） 123

図25 蛇喰遺跡出土文字資料（1）

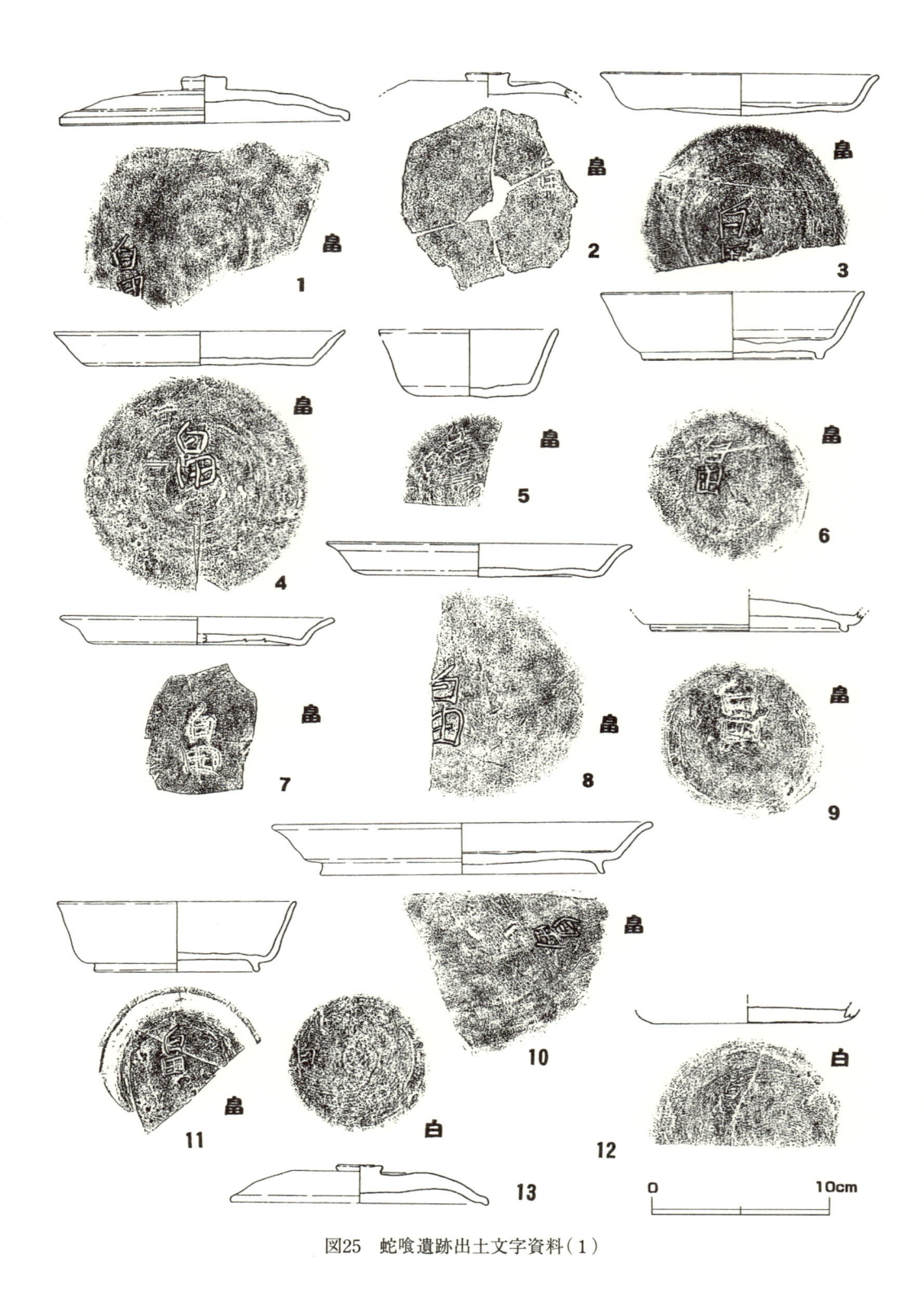

124　考古編

図26 蛇喰遺跡出土文字資料（2）

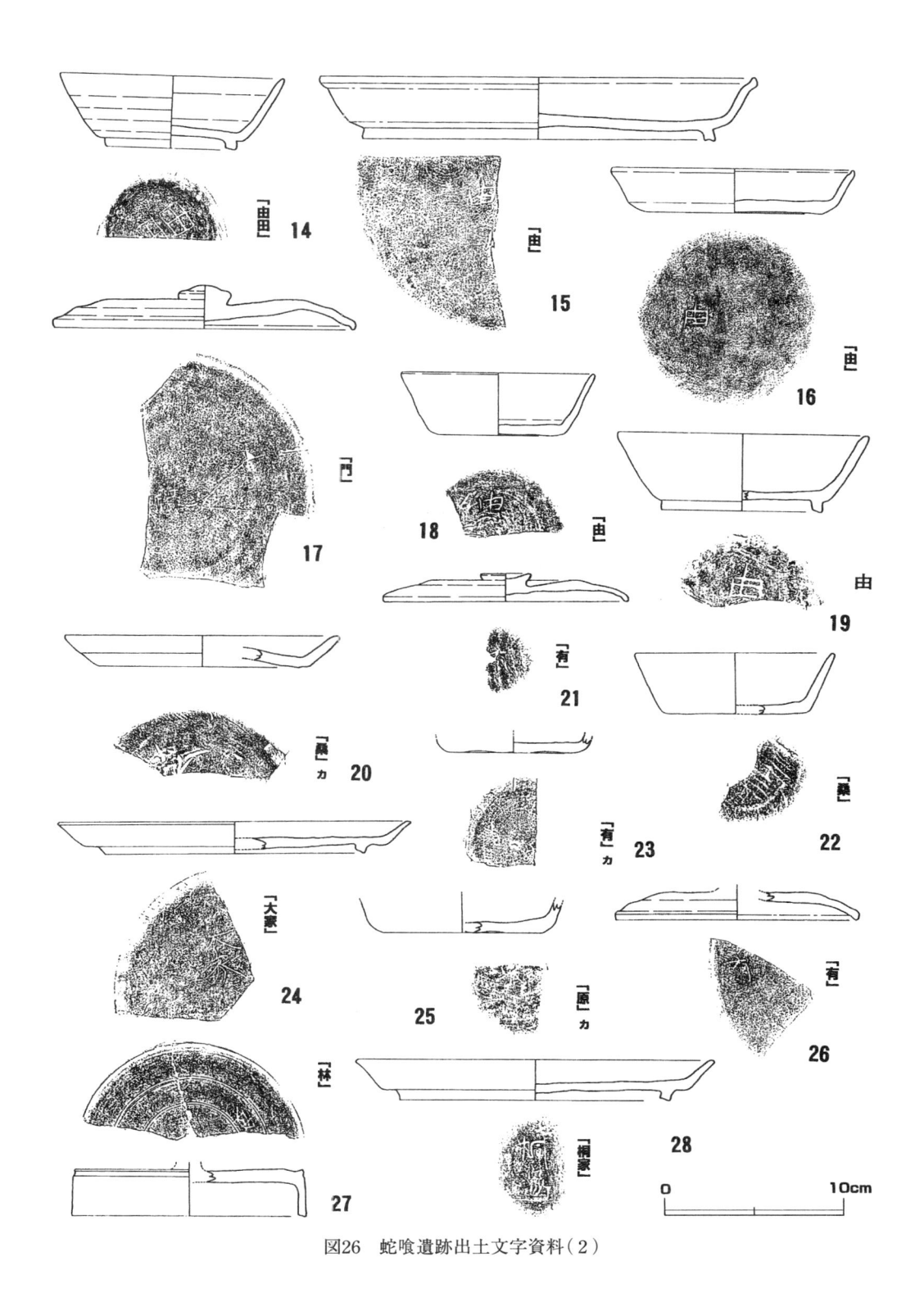

（図24）。文字資料は全てヘラ書き須恵器である。発掘調査では合計503点出土し、ヘラ書き須恵器を出土した遺跡としては最多である。図24に報文にある文字資料を整理して掲げた。これによると遺跡周辺地域の地名が主である。特に「畠原」類と「由田」類が多く全体の7割以上を占める。これらのヘラ書き須恵器を含め蛇喰遺跡から出土するほとんどの須恵器は付近の湯峠窯（図23）で焼成されたと考えられる。この湯峠窯の製品は窯の周辺地域から出土するけれども、ヘラ書き須恵器の多くは蛇喰遺跡に供給されたことが知られる。文字関係遺物には円面硯や水滴がある（図24）。

蛇喰遺跡のヘラ書き須恵器の地名を現在の地名に比定したものを図23の括弧内に示した。ヘラ書き須恵器の地名は、古代の意宇郡の忌部神戸、拝志郷、大草郷、出雲神戸等の複数の郷の中に見出すことができる。これらの地名のうち、「林」や「忌」は郷名にもあるが、いずれも郷を構成していた村落名であろう。ヘラ書き須恵器は蛇喰遺跡で使用されるために湯峠窯で専属的に生産されたと考えられ、須恵器生産に周辺の郷が村単位で関わっていたことを示している。それは蛇喰遺跡の遺構の性格を示すものであろう。文字資料の中には「大宮元？」＋「寺」と線刻された鉄鉢形須恵器もあり、掘立柱建物跡は社や寺（堂）といった宗教施設であると推定される。

須恵器の坏・皿類は底部外面がヘラ切り痕のものと回転糸切り痕のものがある。湯峠窯の須恵器生産において前者から後者へ技法が変遷したと考えられるが、それはヘラ書き文字においても対応している。すなわち、「畠原」・「畠」・「由田」（ヘラ切り痕）→「白」・「由」（回転糸切り痕）へと表記が変わっている。報文では「畠」を白田と読んで黒田に対応する地名とするが〔平川1999〕、ここでは「白」は「畠」の略字〔木村1996〕と考えた。

6　神社遺構の性格

以上、4遺跡について紹介した。このうち、青木遺跡、三井・杉沢遺跡、三田谷遺跡では、2×2間の総柱構造建物と、礎石、あるいは掘立柱建物がセット関係で検出されている。前者は社、後者は寺（堂）の性格をもつものと考えられる。青木遺跡、三井・杉沢遺跡、三田谷遺跡でも出土した文字資料から両者の存在が推定された。遺物からみるといずれの遺跡も8世紀の後半には何らかの施設が存在していると思われるが、墨書土器が増加するのは平安期になってからである。既に述べたように図4－4に示した青木遺跡出土の刻書土師器は8世紀末～9世紀初頭ごろと考えられるので図4－1～3の木簡もほぼそのころと看做される。そこに記された人名は所属する郷名を明らかにし、通常古代の戸籍にみえるものに共通しているが、墨書土器のそれのように人名のみを記す「家永」「秋永」等とはやや趣を異にする。この違いは遺構の違いに関係しているのだろう。

こうしたことから、ここで取り上げた4遺跡については、初めに社があったところに寺（堂）が併設されたと考えられる。木簡や墨書土器といった多くの文字資料は社と寺（堂）の祭祀に関係するものであろう。『出雲国風土記』によれば出雲には郡司層によって建立された教昊寺や新

造院があるが、それらの比定地からは瓦を使用した塔や金堂跡が発見されている。林健亮によればそのような寺院に対し瓦を使用せず伽藍の明確でない村はずれの寺（仏教関係施設）が8世紀後半以降には増加していくという〔林 2000〕。村落レベルにも仏教がより浸透していったことを示している。そのような寺にはほとんど文字資料の出土がないので、社に併設されたそれとは少なからず性格を異にするのかもしれない。

7　出雲国造と祈年祭

　表2は出雲国造と神賀詞奏上、及び祈年祭の関係を示している。『延喜式』によれば神賀詞は出雲国造に補任されるにあたり奏上し、帰国して1年間潔斎の後再度上京して奏上することになっていた。しかし、神賀詞奏上の記事は国造補任時以外にもみえる。それは天皇即位に伴うようにもみえるが〔大浦 1992〕、そうでない奏上もある。国造補任時以外で理由を明確にしているのは延暦14年の人長の長岡京遷都時の奏上のみである。『続日本紀』の天皇の徳をたたえるような編纂方針を考慮すると、神賀詞は国造補任時以外にも様々な慶賀の時に奏上されたことが考えられる。

　注意したいのは奈良時代までの奏上は2月が多いことである。これは偶然ではなく正史に漏れたものも考え合わせれば2月は特別な月であったと看做される。このことは『続日本紀』大宝2年（702）2月13日条の「是の日、大幣を班たむ為に、馳駅して諸国の国造等を追して京に入らしむ」、及び、同4月13日条の律令国造を定めた「詔して、諸国の国造の氏を定めたまふ。其の名、国造記に具なり」という祈年祭の頒幣に関係する記事に関わるのであろう。出雲臣が出雲国造となったのもこの年で、これ以後毎年祈年祭が執り行われ、神祇官社も次第に整備されていったのだろう。霊亀2年（716）2月に果安が神賀詞を奏状して『続日本紀』の記事に取り上げられたのは、元正天皇が即位して最初の祈年祭だったからであると考えられよう。『続日本紀』は「果安より祝部に至るまで一百一十余人に、位を進め禄賜ふこと各差有り」としている。神亀3年（726）2月の廣島の奏上では祝部の人数は194人となっている。この194人は『出雲国風土記』に在神祇官として記されている社の184に近いので、この時には祝部のほぼ全員が上京したと思われる。おそらく果安のころには100社前後が神祇官社に列されており、天平までの間に90～100社ほど増加したと推定される。杵築大社（出雲大社）のある出雲郡や、隣接する神門郡に「同社」が多いのはこの間の事情を示唆するものであろう。国造の上京と神祇官の祈年祭による神社の掌握は不可分の関係にあったと考えられよう〔早川 1995〕。律令国造の役目は毎年2月に、それぞれ管轄する国の官社の祝部を引き連れて上京し、祈年祭において神祇官から幣帛を受けることであった。しかし、神護景雲2年（768）2月の益方の奏上では祝部は男女合わせて159人と少し減少している。これはやがて宝亀6年（775）の格で不参の祝部を処罰しなければならなくなったように神祇官での祈年祭衰退の兆しとして受け取れよう。その後、天安元年（857）までの間に能義郡に1社、神門郡に2社の合計3社しか式内社は増加していなく〔石塚 1986〕、これ

表2　出雲国造による神賀詞奏上と祈念祭

年	天皇	年月	出雲国造	備考
659	斉明	5年	出雲国造（名闕・神宮修厳）	
670	天智	9年3月		山御井の傍に諸神の座を敷きて幣帛を班つ。中臣金連祝詞を宣る。
681	天武	10年正月		諸神を諸の神祇に頒す。畿内諸国に詔して天社地社の神宮を修理
702	文武	大宝2年2月		大幣を班たむ為に馳駅して諸国国造等を追て京に入らしむ
		4月		諸国国造の氏を定めたまふ（国造記）
706		慶雲3年2月		甲斐・品の・越中・但馬・土佐等国の19社、始めて祈念の幣帛の例に入る。その神名は神祇官記に具なり
708	元明	和銅元年	果安・任国造（系図）	
712		和銅5年		『古事記』成る
716	元正	霊亀2年2月	果安・奏上、果安より祝部に至るまで110余人に位を進め禄を賜ふこと各差有り	
720		養老4年		『日本書紀』成る
724	聖武	神亀元年正月	廣島・奏上、廣島と祝・神部らに授位賜禄	
726		神亀3年2月	廣島、斎事畢へて神社剣・鏡・白馬・鵠を献上。廣島・祝二階進む。廣島・祝部194人に賜禄	
733		天平5年2月	在神祇官184・不在神祇官215（『出雲国風土記』）	
739		天平9年8月		その諸国に在りて能く風雨を起し国家の為に験有る神の幣帛に未だ預らぬは悉く供幣の例に入れよ。（中略）諸神の祝部等に爵を給ふ
738		天平10年2月	廣島・外従五位	
746		天平18年3月	弟山・任国造	
750	孝謙	天平勝宝2年2月	弟山・奏上・外従五位下、祝部叙位・絁綿賜	
751		天平勝宝3年2月	弟山・奏上・進位賜物	
764	称徳	天平宝字8年正月	益方・任国造	
767		神護景雲元年2月	益方・奏上・外従五位下、祝部叙位・賜物	
768		神護景雲2年2月	益方・奏上・外従五位上、祝部男女159人に賜爵一級・禄	
773	光仁	宝亀4年9月	国上・任国造	
775		宝亀6年6月		頒幣之日、祝部不参、不論有位無位、一切還本
785	桓武	延暦4年2月	国成・奏上・外従五位下、祝進階	
786		延暦5年2月	国成・奏上、国成・祝部賜物	
790		延暦9年4月	人長・任国造	
795		延暦14年2月	人長・遷都により奏上、特に外従五位下を授位	
798		延暦17年	国造郡領分職	諸国祝等毎年入京、各受幣帛、道路僻遠往還多難、今便用当国物
801		延暦20年正月	（門起）奏上	
805		延暦24年9月	門起・外従五位下	
811	嵯峨	弘仁2年3月	旅人・外従五位下	
812		弘仁3年3月	旅人・奏上・献物・賜禄	
826	淳和	天長3年3月	豊持・任国造	
830		天長7年4月	豊持・献五種神宝・従六位下	
833	仁明	天長10年4月	豊持・奏上、献白馬・鵠・高机・倉代物、外従五位下	
914	醍醐	延喜14年		祈念祭の衰退（『本朝分粋』）
967	冷泉	康保4年		延喜式187社

128　考古編

以後は『延喜式』施工時にいたっても社数は変わらなかった。延暦17年（798）からは畿外では国司の手にゆだねられ、国府において頒幣するようになって、祝部は上京する必要はなくなった。一方、出雲国造も郡司の兼任は出来なくなり、このころから神賀詞奏上の記事も２月は見えなくなるのである。律令制下での出雲国造による神賀詞奏上は、『延喜式』の臨時祭に規定されているように、国造の補任、天皇の代替わり、遷都などの、あくまでも臨時の慶賀儀礼であった。

おわりに

以上、いくつかの出雲の神社遺構の候補遺跡について検討した。その結果、社には寺（堂）が併設され、奈良末〜平安初期以降には文字資料が普通の集落遺跡、あるいは村落内の寺（堂）より多く伴うことを指摘した。こうした現象の背景には祈年祭の衰退や仏教の村落へのいっそうの浸透があり、社と寺の併存は出雲での神仏習合の姿であったと思われる。

参考文献

熱田貴保・平石充 2000『三田谷Ⅰ遺跡』（「斐伊川放水路建設予定地内埋蔵文化財発掘調査報告書」Ⅷ）、島根県教育委員会

石塚尊俊 1986「神産魂命子牛日命神社」『式内社調査報告』武内社研究会

石原 聡・露梨靖子 2005『鹿蔵山遺跡』大社町教育委員会

伊藤 智 2004『青木遺跡』中近世編（「国道431号道路改築事業（東林木バイパス）に伴う埋蔵文化財発掘調査報告書」1）、島根県教育委員会

井上尚明 2001「古代神社遺構の再検討」『研究紀要』第16号、埼玉県埋蔵文化財調査事業団

今岡一三・平石充 2004「島根・青木遺跡」『木簡研究』第26号、木簡学会

今西寿光 2005「鹿蔵山遺跡出土青銅製品 蛇尾の材質について」『鹿蔵山遺跡』大社町教育委員会

内田律雄 2004「『出雲国風土記』の社について」『出雲古代史研究』第14号、出雲古代史研究会

大浦元彦 1992「出雲国造神賀詞奏上儀礼をめぐる国司と国造」『出雲古代史研究』第2号、出雲古代史研究会

陰山真樹 2001『杉沢Ⅲ遺跡』斐川町教育委員会

片岡詩子 1999『蛇喰遺跡』玉湯町教育委員会

木村茂光 1996『ハタケと日本人』中央公論社

佐藤 信 2004「出土文字資料が語るあたらしい古代史像」『出土文字資料が語る古代の出雲平野―近年の発掘調査成果で明らかになった新事実　PART1―』（平成15年度　島根県埋蔵文化財調査センター講演会）、島根県埋蔵文化財調査センター

宍道年弘 1996『後谷Ⅴ遺跡』斐川町教育委員会

関 和彦 1998「『出雲国風土記』註論（その三）　出雲郡条」『古代文化研究』第6号、島根県古代文化センター

早川万年 1995「律令制祭祀における官幣と国幣」『律令国家の政務と儀礼』吉川弘文館

林 健亮 2000「灯明皿型土器から見た仏教関係遺跡」『出雲古代史研究』第10号、出雲古代史研究会

平石 充 2003「出雲平野の木簡と墨書土器」『出土文字資料が語る古代の出雲平野―近年の発掘調査成果で明らかになった新事実　PART1―』（平成15年度　島根県埋蔵文化財調査センター講演会）、島根県埋蔵文化財調査センター

平石充・松尾充晶 2004「出雲・青木遺跡の祭祀遺構と文字資料」『条里制・古代都市研究』第20号、条里制・古代都市研究会
平川　南 1999「島根県玉湯町蛇喰遺跡出土のヘラ書き須恵器」『蛇喰遺跡』玉湯町教育委員会
松尾充晶 2003「文字資料が出土した出雲平野の遺跡」『出土文字資料が語る古代の出雲平野―近年の発掘調査成果で明らかになった新事実　PART１―』（平成15年度　島根県埋蔵文化財調査センター講演会）、島根県埋蔵文化財調査センター
松尾充晶 2004『東林木BP発掘調査概報―山持遺跡・青木遺跡の概要―』島根県教育庁埋蔵文化財調査センター
松本堅吾 2001『平成11・12年度斐川中央工業団地造成に伴う杉沢Ⅲ遺跡・堀切Ⅰ遺跡・三井Ⅱ遺跡発掘調査報告書』斐川町教育委員会

追記
　2006年３月に青木遺跡の報告書が刊行された（松尾充晶『青木遺跡』Ⅱ、弥生～平安時代編、島根県教育委員会）。それによると文字資料は木簡88点、墨書・ヘラ書土器1117点という数量を数える。新しく判読された文字も数多くあり、売田券木簡もあらたに「天平八年」「郷長若倭部・・・」などが追加されている。詳細は報告書にゆずるが、新しい地方の村落社会の実態が浮かび上がろうとしている。

仏面・人面墨書土器からみた古代在地社会における信仰形態の一様相

高島英之

はじめに

　遺跡から出土する古代の人面墨書土器は、描かれている人面が目を引くとともに、祭祀の場で使用されたことが端的にわかる極めて特徴的な遺物であるが、描かれた顔の典拠や人面墨書土器の用途・機能・使用法等については具体的に示す史料は皆無であり、従来より専門的研究が少なくないにもかかわらず未だに定見をみていないというのが実情である。

　辟邪として鬼神のような「胡人」の恐ろしげな顔を描き、中に息を吹き込んで水に流したとする説〔水野 1978・1982・1985〕、描かれた顔は「疫神」であり、身中の邪気罪障を気息とともに封じ込め祓い去ろうとしたものとみる説〔金子 1985・1991・2000〕、この両説はともに人面墨書土器を個人の祓具と解する点では共通している。また一方、宮都への疫病侵入を未然に防止するために疫神を饗応する国家的祭祀に使用されたとみる説〔巽 1993・1996〕や、東国の集落遺跡出土の人面墨書土器に記された「国玉神・国神」「罪司・罪ム」「召代・形代・身代・命替」などの表記に着目して中国の冥道信仰の影響による延命祈願によるものとみる説〔平川 1990・1991a・1991b・1996、三宅 2004〕などがある。

　先述したように、特に、東国の奈良・平安時代集落遺跡出土の人面墨書土器には、人面ばかりでなく、併せて文字が記されているものが多く、都城を中心とする畿内地域の人面墨書土器〔泉 1993、金子 1985・1991、田中 1973、巽 1993・1996、水野 1982・1985、山近（鬼塚）1996・1997・2005〕とは明らかに異なる発展を遂げており、用途・機能・使用法についても異質と考えられる〔明石 2002・2005、荒井 2004、大竹 1985、笹生 1986、平川 1990・1996、藤岡 2004、三上 2005、高島 1998〜2005〕。

　東国出土の人面墨書土器は、人面とともに記載された文字の記載内容からみて、「依代」として神霊に供献されたものであり、土器の供献に際しては、必ずしも土器の内容物としての供物の存在を想定する必要はなく、むしろ空の土器のみが供献されたとみることも可能であり[1]、従来、宮都・官衙遺跡出土の資料で言われてきたような国家的祭祀あるいは祓い、もしくは疫神の饗応という機能のみでは説明できない。東国集落遺跡出土の人面墨書土器に描かれた顔は、依代（招代、召代）として自らの身体を供献する代わりに土器を供献した祭祀の主体者が、神と交感した自らの顔を描いたものと考えられる〔高島 1998〜2005〕。

そのような中、近年では、従来人面墨書土器と言われてきた資料の中に、明らかに仏の面相を描いたと思われるものが顕著に見出されるようになってきている。

　関和彦は、通常、人面墨書土器と称される資料について、土器に描かれた「人面」はいわゆる「人面」ばかりでなく、明らかに「仏面」であるものや、あるいは「神面」と解釈できるものも存在することを重視し、一般的に「面形墨書土器」と称すべきであると提唱している〔関 2004〕。関の論旨はまさに正論であり、卓見と言うべきであろう。しかしながら、明らかに「仏面」が描かれたと判断できる資料が存在する反面、古代の土器に描かれた大方の「面形」については、「神面」なのか、あるいは「人面」なのか、さらには「神と人とが交感した際の面相」であるのか、個々の解釈には異論が多いのが実情である。本来、姿形に実体がないはずの神仏、地獄の使いである鬼ですら、いずれも人間の姿形を基本にその「発展形態」として表現されていることから考えれば、神面・仏面を含んだ上でなおかつ包括的に「人面」墨書土器と称することには根本的な誤りが存在するわけではないと考える。ゆえに小稿では、関が提唱する「面形墨書土器」という用語の妥当性を充分に認識した上で、あえて従来より広く一般的に用いられてきた「人面墨書土器」という用語を使用することにしたい。

　先に私は、これまで明らかになっている仏面墨書土器の概要と、そこから導かれる人面墨書土器解釈の可能性について簡単に整理したことがあるが〔高島 2004c〕、口頭報告を前提にしたもので、分量的・時間的な制約もあり充分に意を尽くしたものとは言い難かった。そこで小考では、改めて仏面・人面を墨書・刻書した各種出土資料を検討した上で、東国の集落遺跡において器物に仏面・仏像・人面が描かれた意味について考え、そこから窺うことができる古代東国の村落社会における信仰形態の様相とその背景について考えてみたい。

1　東国における人面墨書土器・墨書土器の機能

　東国出土の古代の人面墨書土器については、先に私も何度か機会を得て論じたところであるが〔高島 1998〜2005〕、仏面墨書土器を論ずる上で基礎となる部分であるので、改めて私見を簡単に整理しておきたい。

　東国出土の古代人面墨書土器は、茨城県・群馬県・千葉県・東京都・神奈川県などから、現在までのところ44例が知られている〔神奈川地域史研究会編 2004・2005〕。都城や官衙遺跡出土の人面墨書土器と同じく甕形の土器を使用する例も見られるものの、杯・皿形のものが約半数を占めている点や、人面墨書専用土器を使用している例は皆無であること、また、いずれも日常食器に人面を描いている点や、早くも8世紀のものがみられる反面、圧倒的に9世紀のものが多い等の諸点は、都城や官衙遺跡を中心とする人面墨書土器の状況とは全く異なる傾向である〔高島 1998〜2005〕。

　平川南は、特に下総国武射郡・印旛郡の古代集落遺跡である千葉県芝山町小原子庄作遺跡25号竪穴建物跡出土の土師器杯形人面墨書土器（9世紀前半）に「丈部真次召代国神奉」、土師器杯

形人面墨書土器（9世紀前半）に「国玉神奉」〔山武考古学研究所編 1990〕、八千代市萱田権現後遺跡189号竪穴建物跡出土土師器杯形人面墨書土器（9世紀前半）に「村上郷丈部国依甘魚」〔千葉県文化財センター編 1984〕、八千代市萱田白幡前遺跡258竪穴建物跡出土土師器杯形人面墨書土器（8世紀後半）に「丈部人足召代」〔千葉県文化財センター編 1991〕、八千代市保品上谷遺跡15-6竪穴建物跡出土土師器杯形人面墨書土器（9世紀前半）に「廣友進召代　弘仁十二年十二月」〔八千代市教育委員会編 1998〕などと見えることから、それらの人面墨書土器が国神に対して「招代＝依り代（神霊の依り憑く物）」として奉献されたもので、人面墨書土器を招代として国神を招き、そこに供物を盛って、神を饗応したものと考えた〔平川 1990〕。

　その後、平川は、これらの人面墨書土器とほぼ同時代の仏教説話集である『日本霊異記』に、冥界に召された人々が生前に積んだ功徳や善行、あるいは冥府の使いに賄いしたり饗応することによって寿命を延ばしたり、地獄へ連行されることを免れたりするという説話が頻出すること、千葉県富里町久野高野遺跡出土の墨書土器に「罪司」という人の罪を裁きその死期を決める冥界の裁判官を意味する文言が記されていることなどと関連付けて、これらの土器に記された「召代」という文言を「招代」と解釈する考えを改めた。すなわち、土器に記されている「召代」という文言を「召さるる代わりに」と読み、冥界に召されるのを免れんがために冥府の神霊に土器に盛った供物で饗応、賄いしたものとし、これらの文言が記された墨書土器・人面墨書土器は、古代の民衆たちによる冥道信仰に基づいた延命祭祀に際して使用されたものと考えている〔平川 1996、神奈川地域史研究会編 2005〕。最近では、墨書土器の機能や用途、記された文字の意味に関して精力的に発言を続けている三上喜孝も、この平川の見解に積極的に賛意を示している〔三上 2005〕。

　しかしながら平川が論じるように、墨書土器に記された「召代」という文言を「召さるる代わり」と読むには、本来「被召代」と記されなければならないはずであり、また、平川が強調する延命祭祀・冥道信仰に関して言えば、古代の墨書土器に記された文言にそれらに関わる語はこれまでのところ一切認めることはできないのである〔高島 2001〕。

　このような「某人召（形・方・身）代（替）奉（進）上」と記された墨書は、下総国における上記の事例以外にも、近年では陸奥国府多賀城周辺都市遺跡の山王遺跡（宮城県多賀城市市川）SD2000河川跡出土土師器杯（9世紀前半）に「室子女代千相収」、須恵器杯（9世紀前半）に「丈部弟虫女代千収相」〔宮城県教育委員会編 1996〕、福島県いわき市平菅波荒田目条里遺跡3号溝跡出土土師器杯（8世紀後半）に「磐城郡磐城郷丈部手子麻呂召代」〔いわき市教育委員会編 2001〕、静岡県三島市安久箱根田遺跡河川跡出土土師器甕（9世紀前半）に「刀自女□代」「新刀自女身代」〔三島市教育委員会編 2003、鈴木 2004〕、静岡県浜松市東伊場伊場遺跡大溝跡出土土師器杯（9世紀前半）に「海マ尿子女形□」〔静岡県史編纂室編 1993〕などとあるように、各地域からの出土例が相次いで報じられ、地域的な広がりをみせてきている。

　また人面墨書土器に限らず、福島県いわき市平菅波荒田目条里遺跡出土の「多臣永野麻呂身代」〔いわき市教育委員会編 2001〕、千葉県八千代市萱田北海道遺跡出土の「丈部乙刀自女形代」〔千葉

県文化財センター編 1985〕、千葉県印西市戸神鳴神山遺跡出土の「丈部山城方代奉」「同□□丈部刀自女召代進上」〔千葉県文化財センター編 1999〕、千葉県八千代市保品上谷遺跡出土の「丈部真里刀女身召代　二月十五日」「丈部稲依身召代　二月十五日」「丈部□□身召代　二月　西」「承和二年十八日進　野家立馬子　召代進」〔八千代市教育委員会編 1998・2001・2003〕などのように、それらの文言だけが記された事例も少なからず存在している。いずれにしても疫神や祟り神・冥界の使いの鬼までも含めた意味における「神仏」を祀る際に、神霊の代わりに据えた「形（方）代・召（招）代・身代＝依代」である土器を「自分自身の身体や命を依代として捧げる代（替）わりに」捧げたものと解釈できるのであり、冥道信仰・延命祭祀に伴うものであるとする平川の考えには俄には従い難いところである〔高島 2000・2001〕。

　つまりこれら（地名）＋人名＋「形（方・召・身）代」＋「奉（進）上」と記された墨書土器は、人面墨書土器であるなしにかかわらず、祭祀の主体者が、神霊の依代として土器を供献し、そこに神霊を降ろして祭祀を行ったことを示しているものと言うことができる。

　さらに参考となるのが、山形県飽海郡平田町山谷山海窯跡出土SK110土坑跡出土の須恵器杯形人面墨書土器で、土器の体部外面に倒位で人面が２箇所に、また同じく体部外面に「器」という文字が２箇所、底部外面に「代」という文字が２箇所ずつ記された資料である〔山形県埋蔵文化財センター編 1992〕。人面および各文字はそれぞれが離れて記されてはいるものの、人面と「器」「代」という文字がそれぞれ２箇所ずつ記されており、人面と文字とはそれぞれ対応していると考えられなくもない。文字の読み方は「器代」あるいは「代器」、いずれにしても「形代である（としての）器」であることを意味する文字と考えることができよう。土器が形代であることを如実に示す記載内容とみることができる。

　器自体に神が依りますことが文献史料にみえる例としては、『日本書紀』崇神10年条に、三輪山のオオモノヌシノカミが小蛇に姿を変えて妻のヤマトトトヒメノミコトの箸箱の中に姿を隠していたという伝承や[2]、『常陸国風土記』那賀郡茨城里条に、神の子の「小蛇」を土器に入れて安置するという伝承などが顕著である[3]。

　なおこの説話で、依代として供献した器がまず杯であり、次いで瓶であったという点も注目に値する。集落遺跡から出土する祭祀関連墨書土器の９割以上が杯形の土器であり、甕形のものがそれに次ぐという出土状況は、こうしたほぼ同時代の説話に見える祭祀の具体像と合致している。特に一般的な墨書土器は、その大多数が杯形土器であることや、東国の集落遺跡出土の人面墨書土器には杯形のものが多く見られるという点も、依代という機能から説明できる。東国の集落遺跡出土の人面墨書土器に杯形のものが多く見られるのは、東国の集落遺跡に特に顕著な、文字のみ記された墨書土器の影響によるとも考えられる〔高島 2000〕。

　それらが墨書土器であるかどうかは史料の上からは明確ではないが、土器を含む容器が神の依代として使用されたことを端的に示す史料は他にもいくつか存在している。

　そのうちの顕著な事例を紹介すると、まず、岡田精司が紹介しているように〔岡田 1992〕、中世の『類聚神祇本源』（元応２年〈1320〉）には、伊勢神宮の外宮別宮の土宮の神体に関して、

> 土宮　在៤神宮与៤高宮᠋中ニ。東面座。(中略)
> 倭姫命世記曰ク、宇賀之御魂神、上乃御祖神ト形鏡坐、宝瓶坐。
> 二所大神宮御鎮座本紀曰ク、(中略)
> 注曰ク、大土祖ハ霊鏡坐。太田命ハ霊銘石坐。宇賀魂ハ霊瑠璃壺坐也。
> 豊受皇大神鎮座次第麗気曰ク、
> 摂社大土祖神　亦名五道大神。双五所大明神᠋座也。山田原地主神也。亦号៤鎮饌神。
> 大年神子大国玉神子宇賀神一座。
> 大土御祖一座。御体瑠璃壺一口、霊鏡一面、(後略)

とあり、神体が「宝瓶」あるいは「瑠璃壺一口」であるという記述が存在するが、これは、土器ではないものの、おそらく依代として供献された「瑠璃壺」に神が宿ったことによって、依代から神体そのものに転化したと言えるだろう。壺そのものが神体として祀られているケースと言える。

なお、この史料の中で、神が依ります鏡を「鏡坐」、石を「石坐」と称するのと同じニュアンスで、神が依ります器のことを「瓶坐」・「壺坐」と称しているところも注目できよう。それらが磐座＝「石坐」と同様じく「坐」と称されていること自体、依代であることを端的に示している。

土師器甕形人面墨書土器と共伴して斎串・人形・馬形・刀形などの木製形代類が祭祀遺構からまとまって出土し、律令祭祀に関わる一括資料として名高い山形県飽海郡八幡町岡島の俵田遺跡は、出羽国府城輪柵に関わる祭祀遺跡と考えられているが、ここから出土した土師器甕形人面墨書土器には、体部外面に「磯鬼坐」という文言が記されている〔山形県埋蔵文化財センター 1984、荒井 2003b〕。「磯鬼」の実態については明確にしがたい部分があるが、祭祀・呪術に際して鬼神を神降ろししたときの「坐」すなわち依代と解釈することが可能であり、土器である甕が形代であることを示す資料の一つと位置づけることができる。

また、同書に引用する『丹後国風土記』逸文に関わる記事として、

> (前略) 丹後国与謝郡比治山の頂に井あり。其の名を麻那井と号す。此所に居る神、すなはち竹野郡奈具神是なり。(中略) 酒造天之瓶一口は大神の霊器なり。以て敬拝して祭る也。

とあり、ここにみえる「酒造天之瓶」は、大神愛用の醸造の「霊器」であるのか、あるいは大神が籠もる「霊器」であるのか〔関 2004〕、この文章を読む限りにおいては定かではないが、もし後者の解釈が成り立つとすれば、ここに見える「酒造天之瓶」は大神の依代と解釈できることになる。また、いずれにしても「霊器」として「瓶」が「敬拝して祭る」対象となっているわけであり、この史料も、器が祭祀・信仰の対象とされたことを明白に物語る例の一つとして、墨書土器あるいは祭祀関連土器の機能を考える上で重要な示唆を与えるものと言えよう。

さらにはいわゆる『神道五部書』（建保2〈1214〉～永仁3年〈1295〉成立）の一つである『豊受皇太神御鎮座本紀』には、

> (前略) 天平瓮を造り、諸神を敬ひ祭るは、宮別に八十口。柱の下、並びに諸木の本に置く。
> (中略) 諸神を納め受ける宝器なり。

と「天平瓮」が「諸神を納め受ける宝器」であることが明白に述べられている〔関 2004〕。「天平瓮」に関しては、『古事記』、『日本書紀』神武即位前紀、『住吉大社神代記』の中の「天平瓮を奉る本記」などにみえるところであるが[4]、この史料では「諸神を納め受ける宝器」と明確に規定されていることに注目したい。「諸神を納め受ける」とは、まさしく天平瓮を依代として神を降ろすことに他ならない。

『播磨国風土記』託賀郡条には、

　昔、丹波と播磨と国を堺ひし時、大甕を此の上に堀り埋めて、国の境となしき、故に甕坂といふ。

と、境界祭祀として甕が埋納されていることが見て取れる。また『万葉集』には、ひもろぎを立て斎瓶（いわいべ）を掘り据えて神に祈るという記述がしばしばみられる。これらの史料に見える記述は、神の依代としての土器の使用法を明確に物語るものと言えるだろう。

先にも紹介したように平川は、杯形の土器が多いということを神霊への饗応という点から説明した〔平川 1996〕。確かに、千葉県芝山町小原子庄作遺跡出土人面墨書土器に「丈部国依甘魚」とあるが、「甘魚」とは「甘菜」すなわち「御馳走」の意であるから、土器に供物を盛って国神を饗応したという使用法も一面として考えるべきあろうが、饗応という目的のみにとどまらず、杯形土器自体が依代と考えられるわけだから、供献されたのが空のまま土器であった可能性も成り立ち得よう〔高島 2000〕。

このように、土器は供物を盛って神霊に供え、神霊を饗応するという意味を有するにとどまらず、食物供献という目的から発展し、祭具として、ある時は依代として、さらには神体としての機能まで付加されることさえあったのである。

荒井秀規は、中空度の高い甕・壺類であれば依代としての機能も考えられるが、杯形土器は本質的に食物を盛る器であり、依代という機能よりむしろ供献機能を重視すべきであるとの見解を示しているが〔荒井 2004〕、上述した『常陸国風土記』那賀郡茨城里条の神の子の小蛇を杯に安置したとする説話にもある通り、杯形の土器にも依代としての機能は存在するケースはあったものと考える。

また須田勉は、杯形墨書土器の使用法について、悔過法会に際して行われた神降ろしの儀式の際に神仏の前に奉納されるものであり、杯は容量が少ないことから、供物などとは別に空のままで供えられた可能性が高いとする〔須田 2005〕。しかしながらそれらの機能については、「だからといって、神が杯を依代として降臨するのではない。神降ろしは正堂全体におよぶのであって、杯はむしろ、祈願した事柄に対し、仏・菩薩の加護や神霊が宿る場なのである。この段階で、杯は浄器に転化する。悔過法会を終えたのち、仏・菩薩や神の霊力で満ち満ちた杯を持ち帰って、自宅や宅地内に祭るのであろう」と具体的に想定している。

「神降ろしが正堂全体におよぶ」としている点は、まさに神々の住居建造物である「屋」の「形代」すなわち「屋代（やしろ）」＝「社」の有する機能とも解することができるが、「社」の建物はあくまでも神本体の分身としての神霊を宿す神体を納める場、神々が住まう「屋形代」なのであり、神

霊が宿るのは本来は鏡などの神体であって「社」の建物そのものに神が宿るわけではない。仮に須田が言うように、杯形土器そのものが神を降ろす場ではないとすれば、神木や神鏡・磐坐などのような神を降ろす依代が別に存在しなければならないはずであり、降ろされた神の分霊は、祭儀・法会の終了後はふたたび帰されなければならない。

　須田は法会に供えられた杯に辟邪・護符的な霊力が宿ることを想定しているわけであるが、須田が言うように仮に直接神を降ろすものではないとしても、神仏の霊威によって霊力が宿るものもまた依代に他ならないと言えるのではないだろうか。須田の説、ことに、法会によって神仏の霊力が分かち備えられた杯を共同体の成員がそれぞれに持ち帰って自宅に祀ると想定する点は、確かに非常に魅力的な仮説ではあるが、典拠および傍証できる史・資料が不明な点にやや疑問が残らないでもない。

　このように、土器、とくに杯形土器に関してはそれを依代と解釈する考え方には異論も少なくないこともまた事実であるが、私に上記で検証してきたように、集落遺跡から出土する人面墨書土器・墨書土器の多くは、村落における祭祀・儀礼の行為に際して神（仏）の依代として、あるいは供物を捧げる器として供献されたものとみてよいと考える。以下ではこの点を前提にしてさらに論を進めていくことにする。

2　関東地方集落遺跡出土人面墨書土器に描かれた「人面」の意味

　人面墨書土器に描かれた「人面」については、先にもみたように「胡人」とみる説〔水野1978・1985〕や、「疫神」とみる説〔金子 1985・1991・2000〕などの他、「飢鬼」〔田中 1973〕、「土器に安置された神の顔」〔関 2001・2004〕、「鬼神に対して見せるもの」〔鐘江 2002〕などの解釈がこれまで出されてきた。

　東国の集落遺跡出土の人面墨書土器に描かれている「人面」の意味するところについてはじめて積極的に発言したのは先述したように平川南であった。描かれた「人面」が多種多様であり、異様な「人面」もあることからすれば、胡人や疫病神を描き出したものとはみなしがたく、「人面」の実体は、描く側に様々な形を描きうる実像のないものと考えられ、「国玉神奉」などの文字が伴うところからみて、「国神」自身の顔と考えられると結論づけた〔平川 1990・1991a・1991b・1996〕。しかしながら、わが国古代の神観念として、神の姿形を描くという思想は存在しなかったのではなかろうか。

　先に掲げた『日本書紀』崇神10年条や『常陸国風土記』那賀郡茨城里条にとどまらず、記紀神話などに多く見られるように、神はそのものの姿を現すことはなく、実在の人物や動物の姿に仮託して顕現したり、あるいは人や、磐座や神木などの物を依代として降りてくるものであり、元来がオリジナルな姿形を持たないものである。そのように考えるならば、関東地方の集落遺跡出土の人面墨書土器に描かれた人面を、国神の姿そのものを描いたとする平川の仮説には従い難いのである。

これらの土器は、先にも示したように、某人が「形代」「召代」として人面墨書土器を神霊に供献したものである。あくまでも土器自体は依代なのである。
　人面墨書土器に描かれた顔を解釈するのに参考となるのは、静岡県浜松市伊場遺跡大溝跡出土の9世紀の人面墨書土器である〔静岡県史編纂室編 1993〕(図3-4)。ここには人物の上半身像とともに「海マ尿子女形□」と記され、この土器が「海マ尿子女」なる女性の形代であったことが如実に判明する。人面墨書土器の圧倒的大多数が、都城・官衙遺跡出土のものであると集落遺跡出土のものであるとを問わず、髭面で険しい顔つきをしており、描かれた人面は多種多様であるとする平川の指摘が一方にあるものの〔平川 1990・1991b〕、全般的に見てやや画一的とも取れるのに対し、これは髭もなく、顔つきが優しげである。この土器は、水野正好も指摘しているように女性の顔であり〔水野 1982〕、おそらくは「海マ尿子女」自身の顔と考えられる。
　なお、この点に関して、一般的な人面墨書土器に特徴的な濃い髭や険しい表情が無く優しげな面相を祭祀の当事者である女性本人の人面とするのはあまりにも印象論的な非学問的態度であり、髭面で険しい表情の例を「荒魂」を表現したもの、この資料のように優しげな表情の例を「和魂」を表現したものと解釈すべきであるとする関和彦の批判がある〔関 2004〕。しかしながら関のように考えるとすると、突き詰めれば土器に描かれた面相は結局「神」の顔を描いたということになるわけであるが、私が繰り返し述べるように、わが国固有の神祇はオリジナルな姿形を持たず、人や、動物の姿に仮託してはじめて顕現するものであるから、関が言うようにそれらの面相が仮に「荒魂」「和魂」を表現したものであるにせよ、その基になっているのは、あくまでも神々固有の面相ではなく、それが依り憑いた人物の顔とみるべきではないだろうか。
　この資料一つからみても、関東地方集落遺跡出土の人面墨書土器に描かれた顔を「胡人」とも「疫神」とも「国神」とも結論づけることはできない。少なくとも「召代」と記された資料については、この伊場遺跡出土人面墨書土器同様に、祭祀の主体者が自らの顔を描いたものと考えられる〔高島 1998～2005)。
　さらに有力な傍証資料として、奈良県橿原市藤原京右京九条四坊西四坊坊間路東側溝から出土した下記のような呪符木簡もある〔露口・橋本 1994〕(図3-1)。
・四方三十□大神龍王　七里□□内外送々打々急々如律令
・東方木神王　　　　　　　婢麻佐女生年廿九黒色
　南方火神王　（人物像）　　　　　　　婢□□女生年□□□色
　中央土神王　　　　　　　（人物像）
　北方水神王
　西方金神王　　　　　　　　　　　　　　　　　　467×83×7　　032
　この呪符木簡の裏面に記された五方の神王の下には、2人の人物像が描かれ、その右下には、それぞれの名前や生年、婢であることなどが注記されている。これは実際の人物を水防を祈る際の呪物（人柱）とする代わりに、ここにその人柱となるべき婢2人の画像を描いて代用したものである[5]。ここに記された婢が、実在の婢であるのか否かは問題ではあるまい。仮に人柱の代わ

りに呪符木簡上で差し出されるのが架空の婢であったとしても、要は人間の形代として差し出される画像や人形が存在することに意義があったものと考えられる。また、ここで差し出される画像＝形代が「婢」であることは、神への生贄という意味もさることながら、さらには供献される「財物」としての意味合いが高かった可能性もあろう。

　いずれにせよ、この資料によって、わが国の古代には、実際に人間そのものを神への生贄とする代わりに、生贄となるべき人の画像を描いたものを神に供献するという祭祀行為が行われていたことが知られるのである。

　これらの点から考えるならば、すでに私が度々述べてきたように、東国の集落遺跡出土の人面墨書土器に描かれた顔は、「形（方・召・身）代」として神を招き入れる器に、本来、形代（召代）となるべき自分自身の身代わりとして、自らの姿を描いて代用したものと解釈するべきであろう〔高島 1998〜2005〕。

　なお、そこに描かれた顔は、単なる自らの顔ではなく、依代として神と交感した自分自身の顔、すなわち自分の身体に神が降りてきて、神と自分とが一体になった際の自分の顔なのであり、それは神でもあり、また人でもある姿を描いたものと解釈することができるだろう。

　一見、画一的な描写とも見えなくもない、濃く長い髭、大きく見開いた目、太い眉、特徴的な大きな口や耳、恐ろしげな表情など、各個体に概して共通してみられる強烈な表情描写に、「神」と交感・合体し、人を超えた姿が表されていると解釈することが可能なのである。

　陸奥国府多賀城郭外の都市遺跡である宮城県多賀城市市川市川橋遺跡のSD5021河川跡から出土した須恵器杯形人面墨書土器（8世紀後半）には「丈部□益女」という女性名が記されているが〔宮城県教育委員会編 2001〕（図3-5）、そこに描かれている人面は大きく見開いた目で怒りの表情を湛えてはいるものの、髭は表現されておらず、名を記された人物である女性の面相の表現とみることができ、上記の静岡県浜松市伊場遺跡出土の「海マ屎子女形□」と記された人面墨書土器と同様、祭祀に関わった本人の顔を基に神と交感・合体した姿を表現したものと解釈することが可能である。しかしながら同じく多賀城郭外都市遺跡である宮城県多賀城市山王遺跡SD2000河川跡から出土した須恵器杯形人面墨書土器（9世紀前半）では、それぞれ記されているのは「室子女」「丈マ弟虫女」という女性名であるにもかかわらず、描かれた人面は明らかに髭面に描かれており〔宮城県教育委員会編 1996〕（図3-6）、それぞれ全文は「室子女代千相収」「丈マ弟虫女代千収相」、人面は体部外面正位、文字は体部外面横位、一見すると上記の例のように祭祀の主体者である人物の顔が基になっているとは考えにくいように思われるであろう。

　しかしながら先述したように、表現されているのはあくまでも「神でもあり、また人でもある姿」と解釈するならば、「髭面」はまさに「神と交感・合体し、人を超えた姿」の象徴とみることができ、仮に女性の顔が基になっていたとしても髭面で表現される場合が存在することもあり得るのである[6]。

3 東国出土の仏面・仏像墨書・刻書資料

　近年、千葉県佐倉市八木八木山ノ田遺跡竪穴状遺構出土の資料のように、明らかに仏像の顔を描いたとみられる土器も出土している〔印旛郡市文化財センター編 2000〕。静岡県三島市安久箱根田遺跡の河川跡から出土した一連の人面墨書土器の中にも、明らかに仏面と考えられるものが含まれている〔三島市教育委員会編 2003〕。関東地方出土の資料では埼玉県本庄市栗崎大久保山遺跡123号竪穴建物跡出土紡錘車〔早稲田大学本庄考古資料館編 2000〕や、同じく埼玉県北本市石戸宿5丁目下宿遺跡189号竪穴建物跡出土紡錘車〔吉見 1999〕のように、集落遺跡出土の紡錘車に仏面を刻書したものもいくつか出土している。また、東京都府中市日吉町東京競馬場内武蔵国府関連遺跡旧河川 N91-SX10 から出土した土師器甕体部外面に人面が描かれた人面墨書土器は頭頂部が一部突出した描画表現がなされている。冠か烏帽子のようなものを被った表現ともみられなくもないが、見方によっては如来の肉髻を表現したものとみることもできる〔府中市教育委員会編 2002〕。

　東北地方で出土した資料としては、陸奥国府多賀城郭外都市遺跡である宮城県多賀城市市川市川橋遺跡旧河川 SX1812 から須恵器杯体部外面に正位で光背を有する如来様の仏の姿が墨画されたものが出土している〔多賀城市教育委員会編 2004〕。また、同じく市川橋遺跡 SD5055 河川跡から出土した人面墨書土器の中には眉間に白毫様の表現が描かれたものもあり〔宮城県教育委員会編 2001〕、この資料などは描かれた面相のみから見れば通有の人面墨書土器と何ら変わらないような表現であり、明らかに仏面と判断できるものではないが、白毫様のものが描かれていることから見れば仏面である可能性も否定できない。

　さらにこの市川橋遺跡旧河川 SX1600C からは、須恵器甕の体部外面に中国風の甲冑様のようなものを纏った4体の人物像が描かれた資料が出土しているが〔多賀城市教育委員会編 2003〕、想像を逞しくすれば四天王のような神将系の仏神を表現したものと考えられなくはない。さらにもう1点、同じ遺構から土師器甕体部外面に中国風甲冑様のものを纏わない4体の人物像が描かれたものが出土しているが、両手両腕を拡げた動きのある姿で描かれた人物像と考えられる。仏像・仏画類のなかでも静謐な姿で表現される仏菩薩に比して、守護神、特に武神系の天王・神将像はそれらの性格上、当然のことながら動きのある表現をされるケースが多いから、この資料に描かれた4体の人物像もあるいは同様に考えることができるかもしれない。

　東北地方ではさらに宮城県栗原郡金成町沢辺遺跡旧河道から土師器甕の体部外面に仏面らしき面相が描かれた資料が1点出土している〔加藤 1967、福岡市歴史資料館編 1982〕。

　北陸地方では富山県射水郡大島町北高木北高木遺跡遺構外から出土した2点の土師器甕形人面墨書土器には体部外面の2箇所に人面が描かれている。いずれの面にも濃い口髭が表現されているが、眉間に白毫が描かれており、天部を含めて仏像を表現したものと考えられる〔大島町教育委員会編 1995〕。

　さらに2003年度の文化庁主催「新発見考古速報展」で展示された大阪府寝屋川市の讃良郡条

里遺跡から出土した人面墨書土器の中にも、描かれた人面の眉間や額付近に白毫様の表現が描かれた類例がいくつか存在している（報告書未刊、展示会場にて実見、〔文化庁編 2003〕）。このような資料も仏面を描いたものと判断できれば、仏面墨書土器は、東国に限らず畿内地方の村落にも存在していたことになる。

　以上のような類例から見れば、器物に仏像・仏面を描く行為が極めて特異な行為ではなかったことが想定できるようである。今後、東国出土の人面墨書土器に描かれた「人面」を考える上で、仏面という要素も検討事項の一つとして取り上げる必要があろう。

　元来が実体を現すことのないわが国固有の神々と異なり、仏の姿は、わが国への渡来当初から仏像として伝来しており、言わば、当初から具体的な姿形を持って表現されているわけである。姿形を具体的に表現するならば、明らかにわが国固有の神々よりも仏の方が描きやすい筈であり、その点から考えるならば、仏像・仏面墨書土器の存在をより広汎に想定することは比較的容易であろう。

　千葉県佐倉市八木山ノ田遺跡出土の資料〔印旛郡市文化財センター編 2000〕や、静岡県三島市箱根田遺跡出土の資料のように〔三島市教育委員会編 2003、鈴木 2004〕、明らかに仏菩薩の姿を描いたと考えられる資料であれば、仏の顔を描いたと判定することは容易である。しかしながら、これまで典形的な人面墨書土器と言われてきた、濃く長い髭、大きく見開いた目、太い眉、特徴的な大きな耳などの特徴を有するものについても、先に、私は、それを「神と交感し、合体した姿」の現れと解釈したが、一方で、憤怒形をとる仏法守護神である明王部や四天王・十二神将に代表される武神系の天部の顔を描いたものとの解釈も成立する余地があるのではないだろうか。そのように想定することが可能であるならば、従来、疫神や胡人の顔を描いたとされてきた典型的な人面墨書土器の例の中にも、明王部や天王・神将などの天部など、仏法守護神系の、広義における「仏」の顔が描かれたものが存在する可能性も出てこよう。

　特に、人面墨書土器に描かれた大きく見開いた目、切れ長の大きな目、長く大きい耳などの特徴的な面相表現は、仏像の面相にも共通する特徴でもあり、それらを根拠とすればいかようにも解釈可能な資料が存在していることもまた事実である。

　それぞれの人面墨書土器に描かれた「人面」が、わが国固有の神と交感した際の祭祀の主体者自身の顔であるのか、あるいは仏面であるのかという点を具体的に確定していくことは、描かれた顔の実態を示す文言でも併せて記されていない限り困難であろうが、個々の資料の出土状況や伴出遺物、出土した遺跡の総体的な解釈と併せて検討していく中で、手がかりが得られる可能性もあろう。いたずらに解釈を急ぐことを慎むことが肝要であり、現時点においては「人面」解釈の可能性を広範囲に想定しておくことの重要性を指摘しておきたい。

　関和彦が指摘したように、『播磨国風土記』揖保郡条には、
　　神嶋　伊刀嶋の東なり。神嶋と称ふ所以は、此の嶋の西の辺に石神在す。形、仏の像に似たり。
と記載されており〔関 2004〕、また、言うまでもなく９世紀初頭頃から盛んに造られはじめる神像彫刻も仏像の影響を得て作成されるようになったわけであるから、仏面・神面・人面を描画表

表1 仏面・仏像墨書土器(図1参照)

	遺跡名	所在地	器形	描画部位方向	土器年代
1	沢辺遺跡	宮城県栗原郡金成町	土師器甕	胴部外面正位	古代
2	市川橋遺跡	宮城県多賀城市市川	須恵器杯	体部外面正位	古代
3	同上	宮城県多賀城市高崎	同上	同上	同上
4	八木山ノ田遺跡	千葉県佐倉市八木	土師器甕	胴部外面正位	8世紀後半
5	箱根田遺跡	静岡県三島市安久	土師器小型甕	胴部外面正位5面	9世紀中頃
6	北高木遺跡	富山県射水郡大島町北高木	土師器小型甕	胴部外面正位2面	8世紀末〜9世紀初頭
7	同上	同上	同上	同上	同上
8	市川橋遺跡	宮城県多賀城市高崎	須恵器甕	胴部外面正位4体	古代
9	同上	同上	土師器甕	同上	同上
10	武蔵国府関連遺跡	東京都府中市日吉町	土師器小型甕	胴部外面正位	8世紀後半

表2 仏教的信仰に関わる文言・絵画のある古代の刻書・刻画紡錘車(図2参照)

	遺跡名	所在地	出土遺構	材質	形状	上径(cm)	下径(cm)
1	戸神諏訪Ⅱ遺跡	群馬県沼田市	A−47号竪穴建物跡	石	薄台形	4.9	2.8
2	芳賀東部団地Ⅱ遺跡	群馬県前橋市	H−140号竪穴建物	石	薄台形	4.7	3.1
3	福島曲戸遺跡	群馬県佐波郡玉村町	23J−6A区グリッド	蛇紋岩	薄台形	4.8	3.4
4	稲荷宮遺跡	群馬県太田市	1号竪穴建物跡	土製	薄台形	5.7	4.1
5	吉井町神保字北高原	群馬県多野郡吉井町	表面採集	滑石	厚台形	4.85	2.35
6	多功南原遺跡	栃木県河内郡上三川町	SI70竪穴建物跡	蛇紋岩	薄台形	4.2	1.0
7	幸田台遺跡	茨城県稲敷市	竪穴建物跡	蛇紋岩	厚台形	4.6	2.9
8	大久保山遺跡	埼玉県本庄市	123号竪穴建物跡	蛇紋岩	厚台形	4.1	2.5
9	北島遺跡	埼玉県熊谷市	3号竪穴建物跡	滑石	薄台形	4.3	3.2
10	下宿遺跡	埼玉県北本市	189号竪穴建物跡	蛇紋岩	薄台形	4.51	3.14
11	西吉見条里遺跡	埼玉県比企郡吉見町	遺構外	石	薄台形	4.6	−
12	八木崎遺跡	埼玉県春日部市	6号竪穴建物跡	石	厚台形	4.85	3.45

出土遺構	備　　考
河川跡	如来形？
SD5055河川跡	白毫様表現あり
SX1812河川跡	如来形？　結跏趺坐、光背付
竪穴状遺構床面直上	如来形？
河川跡	如来形？　菩薩形？
遺構外	白毫様表現あり、顎髭
同上	同上
SX1600Ｃ河川跡	中国風甲冑様着装、天王？
SX1600Ｃ河川跡	両手両腕を広げるアクション
N91－SX10河川跡	肉髻様の表現、如来形？

＊1～7：ほぼ確実に仏面・仏像を描いていると考えられる資料。8～10：明確に仏面・仏像が描かれているとまでは断定できないが、その可能性が高い面相が描かれている資料。

文献
1　加藤 1967、福岡市歴史資料館編 1982
2　宮城県教育委員会編 2001
3　多賀城市教育委員会編 2004
4　印旛郡市文化財センター編 2000
5　三島市教育委員会編 2003
6・7　大島町教育委員会編 1995
8・9　多賀城市教育委員会編 2003
10　府中市教育委員会編 2002

厚み(cm)	孔径(cm)	重量(g)	年代	記入部位	釈　文
1.7	0.9	61.0	9世紀前	側面・正位	（仏堂建築画線刻）「有馬酒麻呂」
1.6	0.7	－	8世紀前	側面・正位	「卍」
0.9	0.8	16.0	9世紀	下面	「虫尼」
1.4	0.9	－	9世紀中	上面	「法師尼」
2.0	0.9	－	古代	上面	「□知」「真佛（蓮弁画線刻）」
1.3	0.7	－	9世紀後	上面・側面	（上）「多心」「善」「経」「菩」（側）「中」「不耳」「厳」「麻」「吉」「口」「依」
2.4	0.7	－	9世紀後	上面・側面・横位	（蓮華紋絵画線刻）
1.8	0.7	42.2	8世紀前	側面・正位	（菩薩形仏面、供花2箇所、須弥山様絵画線刻）
1.2	0.7	37.1	9世紀中	上面 側面・横位	（蓮華紋絵画線刻）
1.49	0.7	47.6	9世紀中	上面／側面 横位／下面	「牛甘」「百」（如来形仏像面相、施無畏印相、絵画線刻）
－	－	－	9世紀	上面／下面	（上面）「大仏　□□□□」（下面）「卍卍卍卍」
1.8	0.7	63.8	9世紀前	上面	「奉念随佛道足」

文献
1　沼田市教育委員会編 1992
2　前橋市教育委員会編 1988
3　群馬県埋蔵文化財調査事業団編 2002
4　群馬県教育委員会編 1985
5　高島 2004
6　山口 2001
7　東町教育委員会編 1995
8　早稲田大学本庄考古資料館編 2000
9　埼玉県埋蔵文化財調査事業団編 1998
10　吉見 1990
11　吉見町教育委員会編 2005
12　埼玉県埋蔵文化財調査事業団編 2002

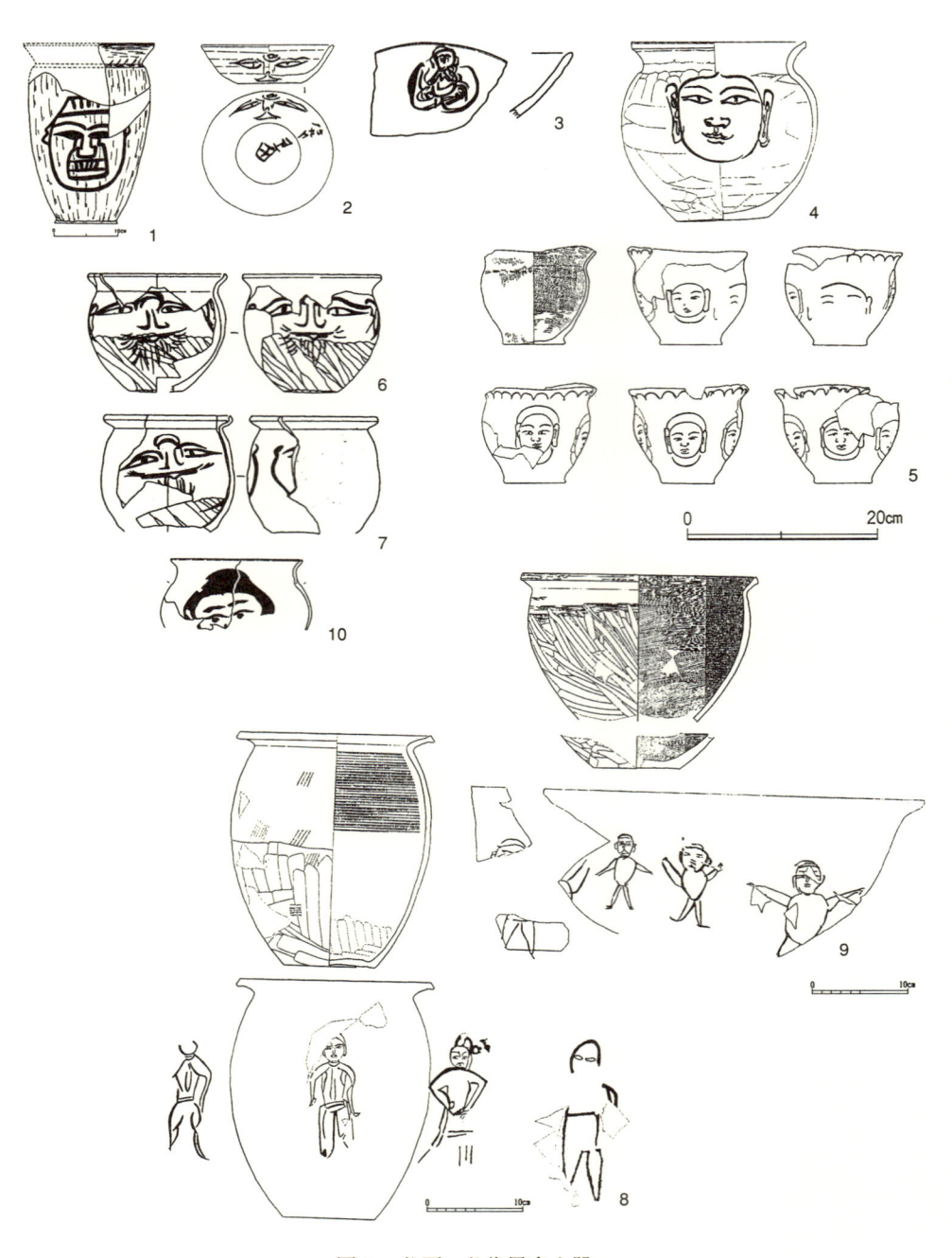

図1　仏面・仏像墨書土器

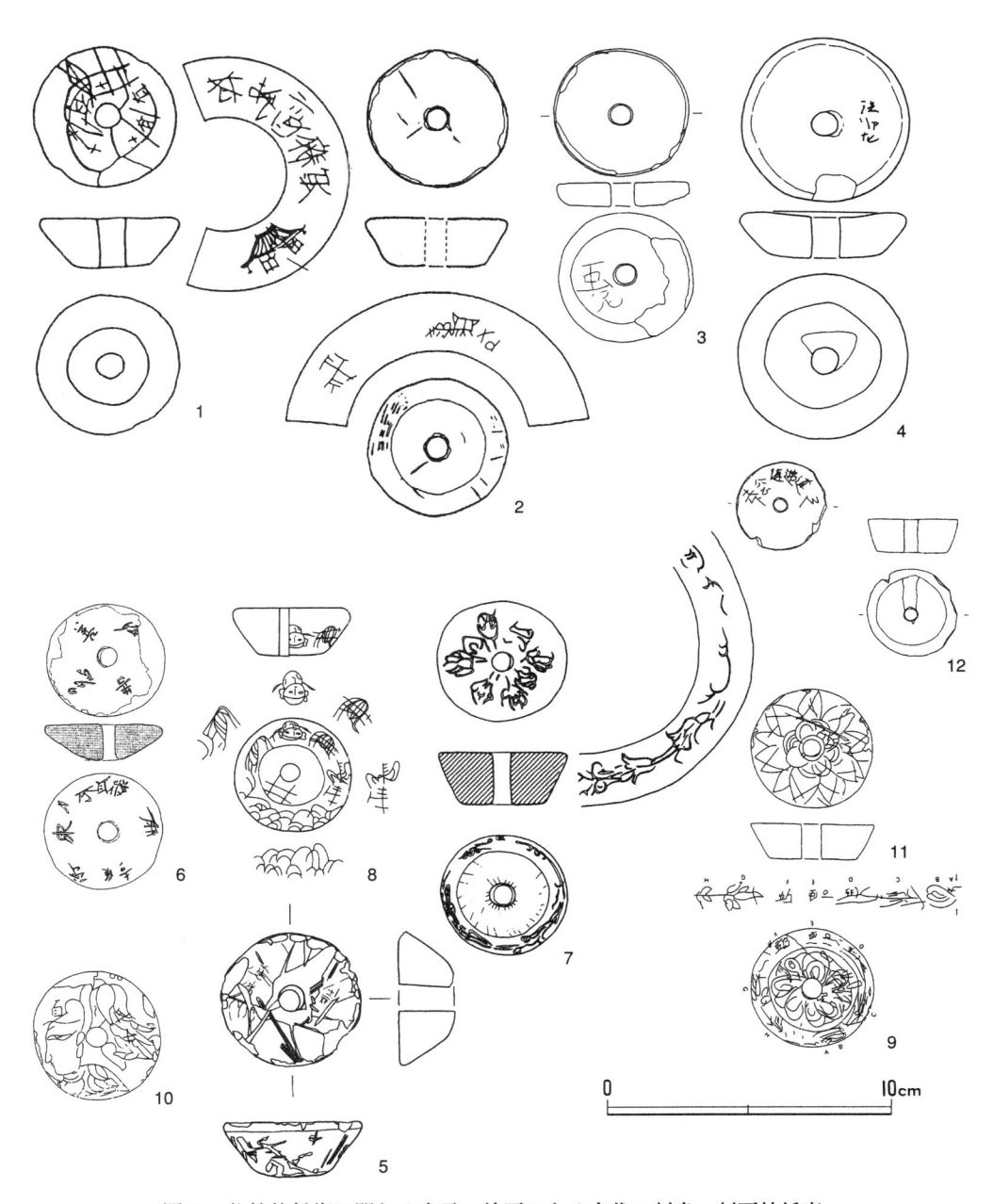

図2　仏教的信仰に関わる文言・絵画のある古代の刻書・刻画紡錘車

現の印象のみから区別することにも慎重であらねばならないことは言うまでもない。

しかしながら仏像であることを特徴的に印象づける白毫や、首筋の三道の表現、肉髻、手の印相の表現、蓮弁、供花などの表現は描かれた像や面相を解釈する上で重要な根拠となりうるものと考える。

そのような意味においては、現在のところ、厳密に仏面・仏像墨書土器と断定できる資料は、膨大な人面墨書土器資料の中では極めて僅少であり、特異な部類に入る。それら、現在までに出土している仏面・仏像墨書土器には、先に挙げた人面墨書土器のように「地名＋人名＋形（方・召・身）代＋奉（進）上」などと、それらの用途を示すような文言も一切記されていないので、用途や機能・使用法についてはいずれにしても推測の域を出ない。

ただ、関が引用した『播磨国風土記』揖保郡条神嶋項の記載にもみえるように、神の像も仏の姿に似せられているわけであるから、それら仏像・仏面墨書土器が使用される祭祀・信仰・儀礼の場において、それらが純然たる仏教法具として使用されたとは限らないであろう。あるいは仏面・仏像以外の、通有の人面墨書土器と同様に、神霊の形代・依代として使用された可能性すらも否定できないのではないか。古代の在地社会における神祇的祭祀と道教的呪術・祭祀と仏教的信仰との交錯・融合については、さまざまな祭祀・呪術・信仰に関わる墨書土器が組み合わさって複数出土していることや『日本霊異記』など説話集の記載をあげるまでもなく、多くの指摘が存在するところである〔笹生 1994・1998・2002ab・2003・2004、帝京大学山梨文化財研究所編 2003・2004、須田 2005、平野 2002・2003a・2003b〕。

また、近年では群馬県や埼玉県などを中心に、古代の在地民衆社会における仏教信仰に関わるような線刻画や文言を有するような刻書・刻画紡錘車の出土例も増えつつある。先に挙げた埼玉県本庄市大久保山遺跡出土及び同じく埼玉県北本市下宿遺跡出土の資料のような仏像の顔・印相をストレートに刻画した資料の他には、例えば、群馬県多野郡吉井町大字神保字北高原から出土した、紡錘車上面に「真佛」の語と蓮弁の絵画的表現が線刻されたような資料もある[7]〔高島 2004b〕。

群馬県沼田市戸神諏訪Ⅱ遺跡出土の紡錘車には、側面に「有馬酒麻呂」の人名と、仏堂と考えられる建築物の絵画が刻画されている〔沼田市教育委員会編 1992〕。稚拙な表現ながら、寄棟造風の屋根に瓦葺きの様子が線刻で表現され、棟の両端には鴟尾、軒先には風鐸、柱の上部には斗栱もそれぞれ表現されており、本格的な瓦葺建築の仏堂を描いたものと考えられる。もちろん単なる戯画ではなく、仏教的信仰の対象としての仏堂を意識して描いたものであり、この紡錘車が仏教的信仰に伴って使用されたものであることは間違いないであろう。出土した遺跡に隣接して平安時代の寺院跡が検出されており、村落内の寺院を中心とした仏教信仰の村落への浸透との関連が想定できる。

群馬県前橋市芳賀東部団地Ⅱ遺跡出土の資料には、側面に「卍」が刻書されている。「卍」は「万」「萬」の異体字としても使用されることがあるので、一概に仏教信仰に関わるものと決めつけることは出来ないが、その可能性を有するものの一つとして挙げておきたい〔前橋市教育委員会

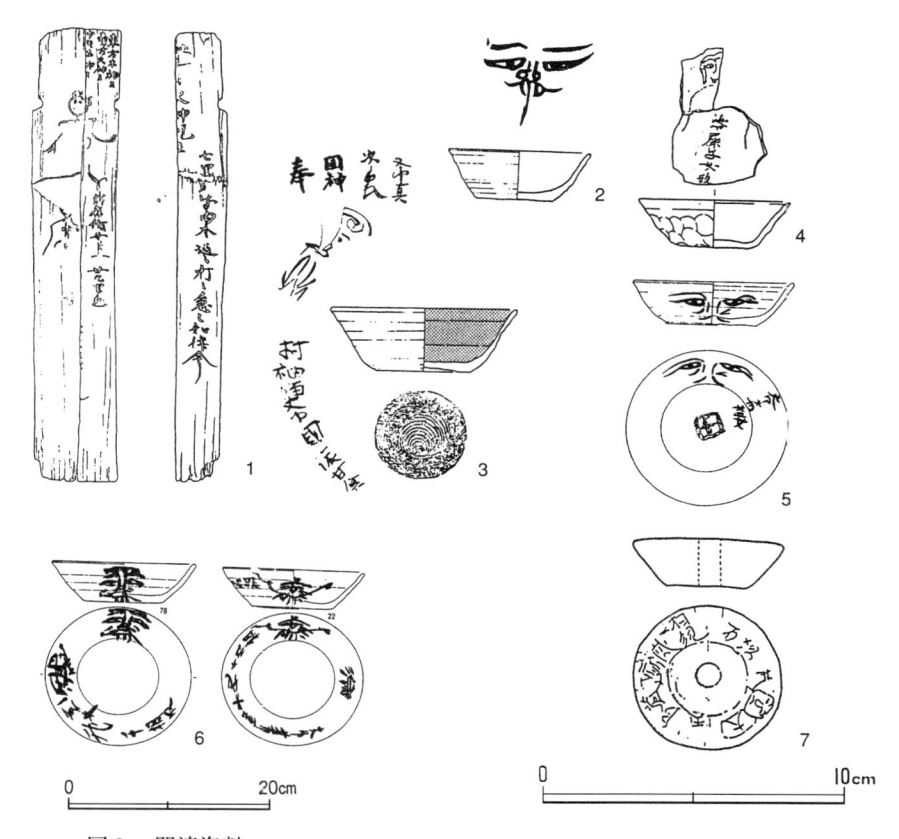

図3　関連資料
1　奈良県藤原京右京九条四坊西四坊坊間路東側溝出土呪符木簡
2・3　千葉県芝山町庄作遺跡出土人面墨書土器
4　静岡県浜松市伊場遺跡出土人面墨書土器
5　宮城県多賀城市市川橋遺跡出土人面墨書土器
6　宮城県多賀城市山王遺跡出土人面刻書紡錘車
7　埼玉県児玉町枇杷橋遺跡出土人面刻書紡錘車

編 1988〕。

　また同じく群馬県の佐波郡玉村町福島曲戸遺跡の古代遺物包含層から出土した蛇紋岩製紡錘車の下面には「虫尼」という女性出家者の名前が刻書され、さらに、同じく群馬県の太田市稲荷宮遺跡の9世紀の竪穴建物跡出土の土製紡錘車の上面には「法師尼」と刻書されており、これも意味を直接的に解釈することは難しいが、いずれにしても僧と尼僧の存在を示唆する文言であることには間違いない〔群馬県埋蔵文化財調査事業団編 2002〕。

　栃木県河内郡上三川町多功南原遺跡の9世紀第3四半期の竪穴建物跡 SI70からは「多心」「善」「菩」「経」など、仏教的な文言が記された紡錘車が出土している〔山口 2001〕。

　茨城県稲敷市幸田台遺跡から出土した石製紡錘車や、埼玉県熊谷市北島遺跡出土の石製紡錘車（図2-9）などのように蓮華文が刻画された資料もある〔東町教育委員会編 1995〕。

これらの資料を、仏教的な信仰に関わる供養・儀礼など行事の中でどのように使用したのかという点について具体的に解明することは、関連資料の検討あるいはそれらの共伴遺物などの検討からも難しいところであり、また、このような刻書紡錘車の用途や機能・使用方法を解明する手助けを得られるような文献史料も皆無である。なお、都城や官衙そのものの遺跡からは、これまでのところ明らかに仏菩薩の顔を描いたとみられる資料は出土していない。仏面墨書土器は、仏面刻書紡錘車とともに、現在のところ集落遺跡出土の資料に限定されているようである。この点も、都城や官衙遺跡で本来的に行われていた人面墨書土器祭祀から派生した、在地の村落社会における祭祀形態の展開・変質の具体相の一例として位置づけることが可能である。

おわりに

　以上、見てきたように、関東地方の集落遺跡出土の人面墨書土器は、都城・官衙遺跡出土の人面墨書土器祭祀とは明らかに異なる展開と変質を遂げており、用途・機能・使用法についても都城や官衙遺跡出土のそれらとはある程度異質であると考えられる。

　私見によれば、東国の集落遺跡出土の人面墨書土器は依代として神霊に供献されたものである。供献に際しては、必ずしも器の中身として供物が伴うことを想定する必要はなく、むしろ空の土器のみが供献された場合も考えられるので、従来、一般的な人面墨書土器の用途・機能の解釈として言われてきたような「祓い」、あるいは「疫神への饗応」という機能のみでは一律には理解しがたい。また、人面墨書土器に描かれた顔は、依代として自らの身体を供献する代わりに土器を供献した祭祀の主体者が、神と交感した自らの顔を描いたものと解釈することができる。

　しかしながらその一方で、従来、人面墨書土器として解釈されてきた資料の中には、「仏面」が描かれたものが存在している可能性も考慮して、今後資料を検討していくべきであろう。

　ただ、それら仏面・仏像墨書土器の用途や機能、使用法については、殊更に仏教信仰儀礼や法会との関わりを想定するのみにとどまらず、神祇的祭祀、道教的祭祀・呪術、仏教的信仰などがさまざまに影響し合って交錯し融合した古代在地社会における多様な祭祀・信仰の実態を踏まえて、仏面・仏像以外の人面墨書土器や、さらにはそれ以外の祭祀・信仰関係墨書土器使用の場や方法と同様に、呪術・祭祀・信仰に関わる様々な儀礼の中での重層的かつ多様な使用法を想定しておくべきであると考える。

　『日本霊異記』下巻第29「村童の戯れに木の仏像を剋み、愚かなる夫研き破りて、以て現に悪死の報を得し縁」は、本文自体は、光仁朝すなわち8世紀末のこととして、子どもが戯れに造った仏像を悪意をもって壊した男が、その後罰に当たって命を失うことになったというストーリーであるが、文末に法華経中の文を引用して、

　　法花経に説きたまへるが如し。「若し、童子戯れに木と筆と、或いは指の爪甲を以て、仏の像
　　を画き作さむときは、皆仏道を成ぜむ」。

と述べられている。

　すなわち、この説話中に上記の法華経の文言が引用されているのは、たとえ子どもが戯れに造

ったり描いたりしたような仏像であってさえ、仏の形を表現したものには仏の魂は宿るものであり、仏の姿を描いたり造ったりすることも即ち仏道に帰依する縁になるのだという意識が古代の人々の間に存在していたことを示している。仏面・仏像墨書土器の作成・使用の背景には、一方でまた、当時の民衆層のこうした心情や観念が存在していたことを想定しておく必要がある。

なお、杯形と皿形、あるいは甕形など、「人面」が描かれる土器の器形の相違の有する意味については、依代としての機能を前提にする限り、甕形でも杯形でも皿形でも本質的な差異は存在しないと考えられる。先に引用した『常陸国風土記』那賀郡茨城里条の説話に見られるように、杯形土器も甕形土器も共に同一レベルにて依代として使用されている。

また、一般的な通有の墨書土器との関係については、人面墨書土器の絶対量の僅少さから見るならば、卓越した用途・機能が付加されていたであろうことは容易に看取できるが、具体的なところについてはまだ不明な点が多い。

さらに、近年、千葉県酒々井町飯積山遺跡の9世紀竪穴建物跡の竈前から出土した人面刻書土製竈支脚〔大野 2003、内田 2004、荒井 2004〕や、あるいは埼玉県児玉町枇杷橋遺跡の8世紀後半の15号竪穴建物跡出土人面刻書紡錘車〔埼玉県遺跡調査会編 1973〕（図3-7）など、同時代における土器以外の人面墨書・刻書資料との関連の検討もなされなければならない。

特に、埼玉県児玉町枇杷橋遺跡出土の人面刻書紡錘車を実見調査した際に、人面が刻書された部分を上から傷を付けて抹消しようとした痕跡が確認できた。紡錘車に刻画された人面の上から傷を付けて抹消する行為は、人面墨書土器の粉砕破壊行為に共通する目的・意味を示唆させる。関東地方集落遺跡出土の人面墨書土器は、ほとんどの資料が竪穴建物跡の埋土中からの出土であるので、出土状態から確実にそれと指摘できる資料はほとんど無いが、一個体の破片数から類推して、明らかに祭祀の終了後に粉砕されたであろうと想定できるような資料も存在している。また、使用後の粉砕破壊が行われた資料は、人面を伴わない通有の墨書土器の事例でも決して少なくはない。祭祀終了後の人面墨書土器の取り扱いという点についても、資料の増加をまって、今後の課題としていきたい。

註
1） 東国集落遺跡出土の人面墨書土器の「饗応」機能に関してはまず笹生衛が想定し〔笹生 1986〕、その後、平川南もその点を継承した上で独自の論を展開しており〔平川 1990・1996〕、最近では荒井秀規も東国集落遺跡出土の人面墨書土器には杯形の土器が多いという点から、杯という土器の機能を重視した上で、供献された土器が空であるということは考えにくく、内容物が伴っていたことを想定している〔荒井 2003a・2004・2005b〕。

私は、あくまでも「饗応」という側面を完全に否定しているのではなく、疫神・祟り神・地獄の使いの鬼などを含めた意味での神仏への「饗応」を目的として土器に内容物（供物）が伴う場合も存在したであろうし、また、一方で、後述するように、『常陸国風土記』那賀郡茨城里条の説話に、神の子の小蛇を杯に安置したという伝承がみられるように、神の依代として空の土器が供えられるケースも存在したと考えている。

2）　倭迹迹姫命、心の裏に密に異ぶ。明くるを待ちて櫛箱を見れば、遂に美麗しき小蛇有り。其の長さ大さ衣紐の如し。則ち驚きて叫び啼ぶ。時に大神恥ぢて、忽に人の形に化りたまふ。（後略）

3）　茨城の里。（中略）時に、妹、室にありしに、人あり、姓名を知らず、常に就て求婚ひ、夜来たりて昼去りぬ。遂に夫婦と成りて、一夕に懐妊めり。終に小さき蛇を生めり。（中略）是に、母と伯と、驚き奇しみ、心に神の子ならむとおもひ、即ち、浄き杯に盛りて、壇を設けて安置けり。一夜の間に、已に杯の中に満ちぬ。更、ひらかに易へて置けば、亦、ひらかの内に満ちぬ。此かること三四して、器を用るあへず。（後略）

　なお、本史料については早くから関和彦が検討を加えており、私も大いに示唆を受けた〔関1989・1996〕。

4）　『日本書紀』神武即位前紀戊午前9月条
　　夢に天神有りて訓へて曰はく、「天香山の社の中の土を取りて、天平瓮八十枚を造り、并せて厳瓮を造りて、天神地祇を敬ひ祭り、亦厳呪詛をせよ。如此せば虜自づからに平き伏ひなむ」とのたまふ。天皇、祇みて夢の訓を承り、依りて行ひたまはむとす。時に弟猾、又奏して曰さく、「（中略）今し当に天香山の埴を取りて、天平瓮に造りて、天社国社の神を祭りたまふべし。然して後に虜を撃ちたまはば、除ひ易けむ」とまをす。天皇、（中略）勅して曰はく、「汝二人、天香山に到り、潜に其の嶺の土を取りて来旋るべし。（中略）」とのたまふ。（中略）二人其の山に至ること得て、土を取り来帰れり。是に天皇甚く悦びたまひ、乃ち此の埴を以ちて、八十平瓮・天手抉八十枚・厳瓮を造作りて、丹生の川上に陟り、用て天神地祇を祭りたまふ。

『住吉大社神代記』
　一、天平瓮を奉る本記
　右、大神、昔皇后に誨へ奉りて詔り賜はく、「我をば、天香个山の社の中の埴土を取り、天平瓮八十瓮を造作りて奉斎祀れ。又覬覦る謀あらむ時にも、此の如く斎祀らば、必ず服へむ。」と詔り賜ふ。古海人老父（中略）遣わして土を取り、斯を以て大神を奉斎祀る。（中略）斯に天平瓮を造る。

5）　この呪符木簡の例にみられるような水防や何らかの土木事業の際に人柱をたてるのみならず、祓えの際に神に人間そのものが捧げられるケースには、

『日本書紀』天武10年（681）7月丁酉条
　「大解除（中略）。国造等各出祓柱奴婢一口而解除焉」

『類聚国史』87、大同4年（809）7月甲子条
　「因幡国人大伴吉成浮宕京下、相替御贖官奴大風麻呂」

『延喜式』神祇・臨時祭式
　「羅城御贖（中略）奴婢八人」

『政事要略』26　所引「多米氏系図」
　「志賀高穴太宮御宇若帯天皇御世、（中略）天皇御命、贖乃人ヲ四方国造等献支」

などがある〔三宅2004〕。

6）　なお、この点を関和彦が言うように「荒魂」の表現とみても、祭祀の主体者が女性であり、その顔を基にした表現であったとしても髭面で表されるということは論理的にはあり得ることと言えよう。ただ、私はあくまでも面相表現の基になったのは祭祀の主体者本人の顔であると考えており、「荒魂」「和魂」ともに神の顔の表現とみる関とは意見を異にするところである。

7）　この資料と同様に蓮弁の絵画と「佛」の文字が記された墨書土器が千葉県印西市多々羅田南西ヶ作遺跡036竪穴建物跡から出土している〔糸川2003〕。文字が記された土器は8世紀第3四半期頃のものと考えられる土師器杯で、「佛」の文字が体部外面に正位で墨書され、上面から見た蓮弁が底部外面に描かれている。

群馬県多野郡吉井町神保北高原出土の紡錘車は、側面からみた蓮弁と、まさにその上に載るかのように「真佛」の2文字が線刻されているのであるが、千葉県印西市西ヶ作遺跡出土の墨書土器では「佛」の文字と蓮弁画とは体部と底部に分けて記され、蓮弁は上からみた言わば正面観で描かれているという違いがあるものの、同様のモチーフが、全く異なる地域から出土した墨書土器と刻書紡錘車双方に存在している。

　土器に文字や絵画を墨書・刻書する行為と紡錘車にそれらを刻書する行為とが、祭祀・信仰・儀礼等に関わるある種共通した認識の下に行われていたことを示唆するものとして大変興味深い。

参考文献

明石　新 2002「人面墨書土器考―神奈川県出土の人面墨書・刻書土器について―」、村田文夫先生還暦記念論文集刊行会編『地域考古学の展開―村田文夫先生還暦記念論文集―』村田文夫先生還暦記念論文集刊行会

明石　新 2005「神奈川県出土の人面墨書土器について」『神奈川地域史研究』第23号、神奈川地域史研究会

荒井秀規 2003a「東国墨書土器研究の新視点」『駿台史学』第117号、駿台史学会

荒井秀規 2003b「鬼の墨書土器」『帝京大学山梨文化財研究所報』第47号　帝京大学山梨文化財研究所

荒井秀規 2004「人面墨書土器の使用方法をめぐって」、神奈川地域史研究会編『シンポジウム古代の祈り―人面墨書土器からみた東国の祭祀―』盤古堂付属考古学研究所

荒井秀規 2005a「相模国・武蔵国の人面墨書土器」『神奈川地域史研究』第23号、神奈川地域史研究会

荒井秀規 2005b「神に捧げられた土器」、栄原永遠男編『神仏と文字』(「文字と古代日本」4)吉川弘文館

泉　武 1993「律令制祭祀論の一視点」、福永光司編『道教と東アジア』人文書院

糸川道行 2003「「仏」墨書土器の出土状況―印西市南西ヶ作遺跡出土遺物の紹介を兼ねて―」、千葉県文化財センター編『研究連絡誌』第64号

いわき市教育委員会編 2001『荒田目条里遺跡』

印旛郡市文化財センター編 2000『佐倉市八木山ノ田遺跡（第2次）』

内田律雄 2004「竈神と竈の祭祀」『季刊考古学』第87号、雄山閣出版

大島町教育委員会編 1995『北高木遺跡発掘調査報告書』

大竹憲治 1985「関東地方出土の人面墨書土器小考」『史館』第18号、史館同人

大竹憲治 1986「墨書人面土器雑考―古代東北地方の資料を中心に―」『福島考古』第27号、福島県考古学会

大野康男 2003「人面ヘラ描き土製支脚」、文化庁編『発掘された日本列島　2003　新発見考古速報』朝日新聞社

岡田精司 1992「神と神まつり」、石野博信編『古墳の造られた時代』（「古墳時代の研究」12)、雄山閣出版

加藤　孝 1967「東北地方出土の人面墨画土師器」『山形史学研究』第5・6号合併号、山形史学研究会

神奈川地域史研究会編 2004『シンポジウム古代の祈り―人面墨書土器からみた東国の祭祀―』盤古堂付属考古学研究所

神奈川地域史研究会編 2005「「シンポジウム古代の祈り―人面墨書土器からみた東国の祭祀―」討論要旨」『神奈川地域史研究』第23号、神奈川地域史研究会

鐘江宏之 2002「木簡・呪符・人形」『陰陽道の講義』嵯峨野書院

金子裕之 1985「平城京と祭場」『国立歴史民俗博物館研究報告』第7集、国立歴史民俗博物館
金子裕之 1991「律令期祭祀遺物集成」、菊池康明編『律令制祭祀論考』塙書房
金子裕之 2000「考古学からみた律令的都城祭祀の成立」『考古学研究』第47巻第2号　考古学研究会
群馬県教育委員会編 1985『渡良瀬川流域遺跡群発掘調査概報』
群馬県埋蔵文化財調査事業団編 2002『福島曲戸遺跡　上福島遺跡』
郷堀英司 2003「東国集落と墨書土器」、奈良文化財研究所編『古代官衙・集落と墨書土器』
埼玉県遺跡調査会編 1973『枇杷橋遺跡発掘調査報告書』
埼玉県埋蔵文化財調査事業団編 1998『北島遺跡』Ⅳ
埼玉県埋蔵文化財調査事業団編 2002『八木崎遺跡』
笹生　衛 1986「奈良・平安時代における疫神観の諸相―杯（皿）形人面墨書土器とその祭祀―」、二十二社研究会編『平安時代の神社と祭祀』国書刊行会
笹生　衛 1994「古代仏教信仰の一側面―房総における8・9世紀の事例を中心に―」『古代文化』第46巻第12号、古代學協会
笹生　衛 1998「古代集落と仏教信仰―千葉県内の事例を中心に―」土浦市上高津貝塚ふるさと歴史の広場考古資料館編『仏のすまう空間―古代霞ヶ浦の仏教信仰―』
笹生　衛 2002a「古代仏教の民間における広がりと受容」『古代』第111号、早稲田大学考古学会
笹生　衛 2002b「東国古代集落内の仏教信仰と神祇信仰」『祭祀考古学』3、祭祀考古学会
笹生　衛 2003「考古学から見た古代の神仏関係」『帝京大学山梨文化財研究所報』第47号、帝京大学山梨文化財研究所
笹生　衛 2004「古代村落における祭祀の場と仏教施設―東国の事例から―」『季刊考古学』第87号、雄山閣出版
山武考古学研究所編 1990『小原子遺跡群』小原子遺跡調査会
静岡県史編纂室編 1993『静岡県史』資料編4、古代
鈴木孝之・若松良一 2001「信仰資料としての紡錘車―呪文や絵画を刻んだ石製紡錘車―」『財団法人埼玉県埋蔵文化財調査事業団研究紀要』16、埼玉県埋蔵文化財調査事業団
鈴木敏中 2004「遠江・駿河・伊豆の人面墨書土器―箱根田遺跡を中心として―」、神奈川地域史研究会編『シンポジウム古代の祈り―人面墨書土器からみた東国の祭祀―』盤古堂付属考古学研究所
須田　勉 2005「村落寺院の構造と信仰」『古代の信仰を考える』第71回日本考古学協会総会国士舘大学実行委員会
関　和彦 1989「『風土記』社会の諸様相　その三」『風土記研究』第8号、風土記研究会
関　和彦 1996『出雲国風土記とその世界』日本放送出版協会
関　和彦 2001『新・出雲古代史』藤原書店
関　和彦 2004「神と「面形」墨書土器」、神奈川地域史研究会編『シンポジウム古代の祈り―人面墨書土器からみた東国の祭祀―』盤古堂付属考古学研究所
高島英之 1998a「東国集落遺跡出土の人面墨書土器についての一考察」『神奈川地域史研究』第16号、神奈川地域史研究会（『古代出土文字資料の研究』東京堂出版、2000、所収）
高島英之 1998b「人面墨書土器にみる恐れと祈り」、かみつけの里博物館編『顔・かお・KAO―異様な形相は魔除けの願い―』
高島英之 2000「墨書土器村落祭祀論序説」『日本考古学』第9号、日本考古学協会
高島英之 2001「書評：平川南著「墨書土器の研究」」『日本史研究』第472号、日本史研究会
高島英之 2004a「関東地方集落遺跡出土人面墨書土器再考」、神奈川地域史研究会編『シンポジウム古代の祈り―人面墨書土器からみた東国の祭祀―』盤古堂付属考古学研究所

高島英之 2004b「群馬県多野郡吉井町大字神保字北高原出土の刻書紡錘車について」『財団法人群馬県埋蔵文化財調査事業団研究紀要』22

高島英之 2004c「古代の人面墨書・刻書資料と仏面墨書・刻書資料」、帝京大学山梨文化財研究所編『古代考古学フォーラム2004　古代の社会と環境　開発と神仏とのかかわり』帝京大学山梨文化財研究所

高島英之 2005「関東地方集落遺跡出土人面墨書土器の再検討」、吉村武彦編『律令制国家と古代社会』塙書房

高島英之・宮瀧交二 2002「群馬県出土の刻書紡錘車についての基礎的研究」『群馬県立歴史博物館紀要』23

多賀城市教育委員会編 2003『市川橋遺跡―城南土地区画整理事業に係る発掘調査報告書』Ⅱ

多賀城市教育委員会編 2004『市川橋遺跡―城南土地区画整理事業に係る発掘調査報告書』Ⅲ

巽淳一郎 1993「都城における墨書人面土器祭祀」『月刊文化財』第363号、第一法規出版

巽淳一郎 1996『まじないの世界』2、歴史時代（「日本の美術」361）、至文堂

田中勝弘 1973「墨書人面土器について」『考古学雑誌』第58巻第4号、日本考古学会

千葉県文化財センター編 1984『八千代市権現後遺跡』

千葉県文化財センター編 1985『八千代市北海道遺跡』

千葉県文化財センター編 1991『八千代市白幡前遺跡』

千葉県文化財センター編 1999『印西市鳴神山遺跡・白井谷奥遺跡』

露口真広・橋本義則 1994「1993年出土の木簡―奈良・藤原京跡右京九条四坊―」『木簡研究』16、木簡学会

帝京大学山梨文化財研究所編 2003『古代考古学フォーラム2003　古代の社会と環境　遺跡の中のカミ・ホトケ』

帝京大学山梨文化財研究所編 2004『古代考古学フォーラム 2004　古代の社会と環境　開発と神仏とのかかわり』

冨永樹之 2005「神奈川県における奈良・平安時代の祭祀遺構と遺物」『論叢古代相模―相模の古代を考える会十周年記念論集―』相模の古代を考える会

沼田市教育委員会編 1992『戸神諏訪Ⅱ遺跡』

東町教育委員会編 1995『茨城県東村幸田遺跡　幸田台遺跡』

秀平文忠 2005「「日本霊異記」にみる仏像観―平安初期彫刻の素材に関する一考察―」、笠井昌昭編『文化史学の挑戦』思文閣出版

平川　南 1990「庄作遺跡出土の墨書土器」、山武考古学研究所編『小原子遺跡群』

平川　南 1991a「墨書人面土器と文字」『藤沢市史研究』第24号、藤沢市文書館運営委員会

平川　南 1991b「墨書土器とその字形」『国立歴史民俗博物館研究報告』第35集、国立歴史民俗博物館（『墨書土器の研究』吉川弘文館、2000、所収）

平川　南 1996「古代人の死と墨書土器」『国立歴史民俗博物館研究報告』第68集、国立歴史民俗博物館（『墨書土器の研究』吉川弘文館、2000、所収）

平川　南 2004「中世都市鎌倉以前」『国立歴史民俗博物館研究報告』第118集、国立歴史民俗博物館

平川　南 2005「人面墨書土器と海上の道」『神奈川地域史研究』第23号、神奈川地域史研究会

平野　修 2002「出土文字資料からみる古代甲斐国の仏教信仰」『山梨県考古学協会誌』第13号、山梨県考古学協会

平野　修 2003a「山梨県の奈良・平安時代におけるカミ・ホトケ関連遺構・遺物について」、帝京大学山梨文化財研究所・山梨県考古学協会編『古代考古学フォーラム2003　古代の社会と環境　遺跡の中のカミ・ホトケ』帝京大学山梨文化財研究所

平野　修 2003b「考古学におけるカミ・ホトケ研究を考える―古代集落遺跡を中心に―」『帝京大学山梨文化財研究所報』47
福岡市歴史資料館編 1982『古代の顔』
藤岡孝司 2004「房総地方の人面墨書土器」、神奈川地域史研究会編『シンポジウム古代の祈り―人面墨書土器からみた東国の祭祀―』盤古堂付属考古学研究所
府中市教育委員会編 2002『武蔵国府関連遺跡　東京競馬場発掘調査概報』1、2002
文化庁編 2003『発掘された日本列島 2003　新発見考古速報』朝日新聞社
前橋市教育委員会編 1988『芳賀東部団地』Ⅱ
三上喜孝 2002「墨書土器研究の新視点―文献史学の立場から―」『國文學　解釈と教材の研究』第47巻第4号、學燈社
三上喜孝 2003「文献史学からみた墨書土器の機能と役割」、奈良文化財研究所編『古代官衙・集落と墨書土器』
三上喜孝 2004「墨書土器研究の可能性」『山形大学人文学部年報』創刊号
三上喜孝 2005「古代地域社会における祭祀・儀礼と人名」『古代の信仰を考える』第71回日本考古学協会総会国士舘大学実行委員会
三島市教育委員会編 2003『箱根田遺跡』
水野正好 1978「まじないの考古学・事始」『季刊どるめん』第18号、JICC出版局
水野正好 1982「人面墨書土器―その世界―」、福岡市立歴史資料館編『古代の顔』
水野正好 1985「招福除災―その考古学―」『国立歴史民俗博物館研究報告』第7集、国立歴史民俗博物館
宮城県教育委員会編 1996『山王遺跡』Ⅲ
宮城県教育委員会編 2001『市川橋遺跡の調査』
三宅和朗 1995『古代国家の神祇と祭祀』吉川弘文館
三宅和朗 2004「律令期祭祀遺物の再検討」、三田古代史研究会編『政治と宗教の古代史』慶應義塾大学出版会
宮瀧交二 2000「日本古代の民衆と『村堂』」、野田嶺志編『村のなかの古代史』岩田書院
宮瀧交二 2003a「文献からみた村の中の仏教・神祇信仰」、帝京大学山梨文化財研究所・山梨県考古学協会編『古代考古学フォーラム2003　古代の社会と環境　遺跡の中のカミ・ホトケ』帝京大学山梨文化財研究所
宮瀧交二 2003b「古代東国村落における墨書行為をめぐって」、奈良文化財研究所『古代の陶硯をめぐる諸問題』
宮瀧交二 2004「遺跡出土文字資料」、歴史科学協議会・鵜飼政志・蔵持重裕・杉本史子・宮瀧交二・若尾政希編『歴史をよむ』東京大学出版会
宮瀧交二 2005「刻書紡錘車からみた日本古代の民衆意識」『古代の信仰を考える』第71回日本考古学協会総会国士舘大学実行委員会
望月　芳 2004「南鍛冶山遺跡と人面墨書土器」、神奈川地域史研究会編『シンポジウム古代の祈り―人面墨書土器からみた東国の祭祀―』盤古堂付属考古学研究所
八千代市教育委員会編 1998『上谷遺跡から見つかった二つの人面土器』
八千代市教育委員会編 2001『千葉県八千代市上谷遺跡』第1分冊
八千代市教育委員会編 2003『千葉県八千代市上谷遺跡』第2分冊
山形県埋蔵文化財センター編 1984『俵田遺跡第2次発掘調査報告書』
山形県埋蔵文化財センター編 1992『山海窯跡群第2次　山楯7・8遺跡発掘調査報告書』
山口耕一 2001「多功南原遺跡出土の文字資料について」、とちぎ生涯学習文化財団埋蔵文化財センター編

『研究紀要』9
山近（鬼塚）久美子 1996「人面墨書土器からみた古代における祭祀の場」『歴史地理学』第38巻第5号、歴史地理学会
山近（鬼塚）久美子 1997「古代の人面墨書土器出土地の考察」『奈良女子大学大学院人間文化研究科年報』12
山近（鬼塚）久美子 2005「都城における人面墨書土器──平城京を中心に──」『神奈川地域史研究』第23号、神奈川地域史研究会
吉見　昭 1999「仏像を刻んだ紡錘車─北本市下宿遺跡の調査─」、埼玉県埋蔵文化財調査事業団編『埋文さいたま』第32号
吉見町教育委員会編 2005『西吉見条里遺跡』
早稲田大学本庄考古資料館編 2000『大久保山』8

無頸壺形骨蔵器にみる諸問題

吉澤　悟

はじめに

　古代の火葬墓に関する調査・研究は、この四半世紀の間に膨大な蓄積を生んでおり、昨今はその総括を急ぐ声も聞かれるようになった〔小林 2005〕。古墳から古代墳墓へという古代墓制の一大変革をいかに的確に捉えるか、その歴史的な評価はどのように語られるべきか、この方面に携わる研究者として、あるいはこの領域に与する学界として、一定の見通しを提示する段階に来ているようにも思われる。ことに近年は、畿内の研究者の活躍が目覚ましく[1]、2004年に開催された大阪府立近つ飛鳥博物館の特別展「古墳から奈良時代墳墓へ」や、それに関わる検討会資料は、1979年の太安萬侶墓誌の発見直後に一つの隆盛をみた古代墳墓研究の再盛、現在的な総括を示しているように筆者は受け取っている[2]。

　しかしながら、畿内の事例を中心に論じられた古墳から火葬墓への流れや、被葬者像、そして天皇の喪葬を模倣するといった火葬の展開方式など[3]を、そのまま地方事例、全国的な動向に当てはめるには未だ慎重であらねばならない。諸地方の実態把握と整理を進め、相対化した後に、古代の火葬とは何であったか、を理解し得る総括が生まれようと思っている。

　そうした中、筆者はこれまで一地方の事例について執拗に整理・報告を続け、また、倒位埋納の骨蔵器や穿孔事例など、ある意味で些末とも言える問題に多くの時を費やしてきた[4]。遺骨を拾った者の思念や行動を考えることは、火葬の地方展開を理解する上で有益と思うからであり、こうした愚鈍な作業は、畿内の縮小・希釈版という思考からこぼれ落ちてしまう普遍的論理を拾い上げる唯一の方法と考えたからに他ならない。現時点でも、骨蔵器そのものを手にした感覚から生じる疑問や発想は捨て難く、モノに備わる微かな兆候を拾い集めた蓄積情報は未だに尽きていない。中央・地方の相対化、そして総括を目指す今日的課題に対して非常に悠長ではあるが、今一度、骨蔵器そのものを見据えた検討を試み、これによって窺われる思想性、普遍性を探索してみることにしたい。

1　「専用器」をめぐって

　骨蔵器には様々な材質や形態がある。須恵器の短頸壺や土師器甕は、全国的に最も多用されて

図1　千葉県木更津市内出土無頸壺
（上段）銭賦遺跡004号墓
（下段）大畑台遺跡SZ043
（木更津市教育委員会蔵）

いる容器であるが、同質の長頸壺や鉢、坏類、あるいは奈良三彩や灰釉陶器といった貴重な陶器も用いられている。また、陶器・土器ばかりでなく、木製容器や石櫃、銅製の合子形容器、そしてごく稀ではあるがガラス壺の使用なども知られている。この材質や器種の選択範囲はきわめて広いものであり、どの容器が被葬者の思想や階層を反映しているのか、それだけから判断するのはほぼ不可能と言ってよい。材質の希少性、あるいは作りの良し悪しといった基準により、かろうじて被葬者の財力や社会的地位を推することができる程度であろう。

　一方、これとは別に、火葬した遺骨を収めるために作られた「専用器」、日常用の壺甕を利用した「転用器」という、目的別の分類を用いることがある。おおむね非日常的で特殊な形態の骨蔵器が「専用器」とみなされるが、これは被葬者や遺族の抱いた考えをある程度反映している可能性がある。少なくとも、遺骨の扱いや墓造りに対する積極性がうかがえる点で、材質・器種の違いには見出せない思想性を拾うことが期待される[5]。そこで、以下では明らかに「専用器」とみなされ[6]、その数も一定量が確認される「無頸壺形骨蔵器」に焦点を絞り、可能なかぎりの検討を試みることにしたい。

表1 無頸壺集成表

No.	所在地	遺跡・遺構名	遺構の様子	年代	特記事項
1	岩手県北上市	水押西I遺跡（新山神社境内）	不明	平安時代？	近隣でも土師器骨蔵器が出土
2	秋田県秋田市	潟向I遺跡　5号火葬墓	土坑に正位に埋納。土坑の上半部に木炭を充填	平安時代	計7基の火葬墓群
3	秋田県秋田市	潟向I遺跡　7号火葬墓	隅丸方形土坑に正位に埋納。土坑の上半部に木炭を充填	平安時代	
4	山形県遊佐町	宮山坂墳墓群　3号墳	不明。同墳墓群の事例より、板石を方形に組んで壺を納め、木炭を充填したものと推測される	9世紀後半～10世紀	計11個の骨蔵器が発見されている
5	山形県遊佐町	宮山坂墳墓群　4号墳	不明。同墳墓群の事例より、板石を方形に組んで壺を納め、木炭を充填したものと推測される	9世紀後半～10世紀	
6	群馬県月夜野町	藪田東遺跡　7号土坑 No.2	2段掘り込みの円形土坑に埋納。須恵器甕(No.1骨蔵器)を被せて蓋にしていたか	9世紀前半	円筒状を呈し、底部が厚い
7	群馬県富岡市	芝宮古墳群　95号墳	横穴式石室内に安置。正方形に近い玄室の両袖型横穴式石室で、7世紀の築造と思われる	8世紀中葉～後半	蓋に利用された坏内面には暗文あり。石室内に壮年女性骨、骨蔵器内にも壮年女性骨
8	千葉県千葉市	大金沢町出土骨蔵器	不明	7世紀後半～8世紀初頭か	球形骨蔵器。蓋と一体成形
9	千葉県袖ケ浦市	山王台遺跡　SX001	隅丸方形の土坑に正位に埋納	平安時代	雑なつくり
10	千葉県袖ケ浦市	永吉台遺跡　西寺原地区 1号火葬墓	楕円形土坑に壺を正位に埋納	9世紀前半	雑なつくり。至近に四面庇建物あり。人骨は小児骨(未報告)
11	千葉県袖ケ浦市	大竹遺跡群向神納里遺跡 M-19-23・33区火葬墓	方形土坑に壺を正位に埋納。壺の周囲は粘土で覆われる	奈良時代	本体は斜め方向のヘラ削り。同遺跡内から方形区画墓13基、火葬墓8基を検出
12	千葉県袖ケ浦市	上宮田出土	不明	平安時代	器面に縦横のヘラ削り
13	千葉県木更津市	林遺跡　1号火葬墓	不明	奈良時代末～平安時代初頭	土師器甕の頸部を取り去った形態で、比較的大型
14	千葉県木更津市	苗見作遺跡　1号火葬墓	掘り方は検出されず。2個の土師器壺が並置されていたという	8世紀後半	蓋にした坏の内面に、「母」の墨書。人骨は性別不明の壮年～熟年前半(未報告)
15	千葉県木更津市	苗見作遺跡　2号火葬墓	同上	8世紀後半	口縁部は、蓋を受けるための段が付く。人骨は小児骨(未報告)
16	千葉県木更津市	苗見作遺跡　1号土壙	不整隅丸長方形の土坑の上層より出土	8世紀後半	土坑墓ないし火葬址か
17	千葉県木更津市	大畑台遺跡　1号火葬墓 (H3確認調査)	円形土坑に正位に埋納	不明	
18	千葉県木更津市	大畑台遺跡　90-2トレンチ (H3確認調査)	不明	不明	

19	千葉県木更津市	大畑台遺跡　SZ043（當眞報告）	無頸壺2個を並置。うち1個が紹介される	8世紀末～9世紀前半	付近に「専用骨蔵器」が計5個体存在というが詳細不明。胴部に「万小丸」の墨書あり
20	千葉県木更津市	銭賦遺跡　002号火葬墓	不整円形土坑に正位埋納	8世紀後半か	性別不明の青年骨
21	千葉県木更津市	銭賦遺跡　004号火葬墓	方形区画墓に石櫃2個。うち1個の中に無頸壺	8世紀後半か	無頸壺は青年期(16～18歳)の女性骨、もう一体は老年期の女性骨
22	千葉県君津市	狐山遺跡　火葬墓（7号遺構）	土坑形態不明。正位に埋納	8世紀末？	
23	千葉県君津市	踊ヶ作遺跡　火葬墓	木箱に壺と鉄板を納める	8世紀後半～9世紀前半か	坏の蓋を被せる。無頸壺というよりも甕に近いか
24	千葉県山武町	新坂遺跡　井戸台地区D-070	二重の方形の掘り込みの中に正位に埋納。周囲に木炭	9世紀前半？	須恵質の無頸壺
25	千葉県山武町	蒲野遺跡　D-018	不整方形の掘り方の中に正位に埋納。埋土に若干の炭化粒	9世紀前半？	須恵質の無頸壺を同質・同形の外容器に納める。鉄板を伴う
26	千葉県多古町	林小原子台遺跡　20号跡	円形土坑に正位に埋納。外容器に無頸壺を納める。埋土に木炭を含む	8世紀第四四半期	外容器に「家長」の刻書。鉄板を伴う。人骨は熟年男性骨
27	神奈川県川崎市	菅生潮見台2334番 No.1	耕作中の発見にて不明	8世紀前葉～中葉	傘形の蓋をかぶせる。和同開珎を伴う。人骨は青年ないし女性的な成年
28	神奈川県川崎市	菅生潮見台2334番 No.2	耕作中の発見にて不明	8世紀前葉～中葉	口縁部がわずかに直立する
29	神奈川県川崎市	有馬2510番	土坑中に須恵器椀を正位に置き、その上に無頸壺をのせ、さらに土師器甕を上から被せる。埋土に木炭を含む	9世紀後葉～10世紀前葉	無頸壺は長胴化した大型品
30	神奈川県川崎市	野川3212番	不明	8世紀前葉	人骨は思春期前後の若年ないし青年
31	神奈川県横浜市	山田大塚遺跡	土坑に正位に埋納。坏を2枚重ねて蓋にする	8世紀前葉	骨蔵器は小型の甕形だが、丸底で口縁部が直立する
32	神奈川県横浜市	都筑区南山田町5033番	不明	奈良時代前葉	口縁部が短頸壺状に直立する
33	奈良県天理市	西山火葬墓　4号墓a	土坑に骨蔵器2個を併置し、埋め戻した上に集石を配する	9世紀か	近くに白川火葬墓群や道薬墓がある。遺跡内に火葬墓6基、焼土坑4基を検出
34	奈良県天理市	西山火葬墓　4号墓b	土坑に骨蔵器2個を併置し、埋め戻した上に集石を配する	9世紀か	a、bともに同一の形態
35	奈良県三郷町	高安山墳墓群	不明	不明	報告書未刊
36	大阪府柏原市	高井田横穴群　古墓-15	径50cm前後の円形土坑に埋納。壺の周りに炭・灰を多量に含む黒褐色・灰褐色粘質土を充塡。上層から鉄釘3点出土	9世紀か	総数158基の横穴墓群に隣接して営まれた古墓群内。8世紀中葉から10世紀前葉にかけての火葬墓計29基

37	岡山県津山市	下道山遺跡　火葬墓	53×30cmの石囲いの中に骨蔵器2個を併置	奈良末～平安初頭（8世紀前半～中葉か）	近くに7世紀前半の古墳4基。併置された有蓋短頸壺は8世紀前半～中葉。焼骨は小児骨という
38	岡山県備中西部	間壁集成No.56	不明	奈良～平安時代か	大小2個あるという。焼骨を伴う
39	岡山県加茂町	公郷・下谷	一辺60cmの石囲いの中に骨蔵器2個を併置	奈良時代初	骨蔵器の一つは小型陶棺。無頸壺の蓋は坏蓋だが壺としっくりと合う大きさ。焼骨を伴う
40	岡山県奥津町	久田原遺跡　火葬墓	河原石の囲いの中に正位に置く	奈良時代	須恵質の無頸壺。人骨は女性骨
41	福岡県太宰府市	宮ノ本遺跡　4号墓	不整形土坑に骨蔵器を正位に埋納。買地券を伴う1号墓に切られる	8世紀後半～9世紀中頃	下膨れの形態。蓋は存在せず
42	福岡県甘木市	池の上墳墓群　3号墓	円形土坑内に石組みを作り、その中に正位に埋納。埋土に炭粒を含む	8世紀中頃	下膨れの形態。底部に穿孔
43	福岡県甘木市	池の上墳墓群　27号墓	円形土坑に正位に埋納。埋土に炭粒を含む	8世紀後半	口径に対して器高が低く、鉢に近い形状
44	福岡県甘木市	池の上墳墓群　32号墓	不整円形の土坑底に石を4個置き、骨蔵器を安置し、その上に甕を被せる。脇に坏を添える。埋土に炭粒を含む	8世紀中頃（9世紀初頭頃かと思う）	調整丁寧。底部に穿孔
45	福岡県久留米市	西谷火葬墓群6号火葬墓	土坑中に石組みを作り、鉢を正位に埋納	奈良末～平安前期	片口鉢は内黒

2　無頸壺形骨蔵器

「無頸壺」とは壺の一種であり、字義的には頸部の立ち上がりのないものを指す。ここでは口縁部が胴部から連続しながら窄まるかたちの収骨専用器を指すことにする。頸部や口縁部が直立する短頸壺や、外反する甕類とは明らかに異なった形態をとる一群で、傘状ないし坏形の蓋が付属する。材質は土師質で作りの粗いものが大半を占めている。日常生活に使用するには鈍重すぎたり、あるいは脆すぎたりするものが多く、火葬墓以外ではみかけないことからも、確実に「専用器」と言い得る容器である。

これまで、この無頸壺形の骨蔵器に注目した研究は、神奈川県下の事例を扱った村田文夫の論考〔持田・森本・村田 1994〕と、これを受けた山口耕一の集成〔山口 1995〕がある。村田は川崎市域の骨蔵器にしばしばみられる土師質の円筒形容器を「（収骨）専用に製作されたもの」と考え〔村田 1993〕、これを「専用型骨蔵器」と呼び[7]、これに対して一般的な土師器甕を転用したものを「転用型骨蔵器」として区別すべきことを提示した〔持田・森本・村田 1994〕。村田によれば、「専用型骨蔵器」は「身部容器の胎土が全体的に厚く、しかも整形が粗雑」であり、「胴下半

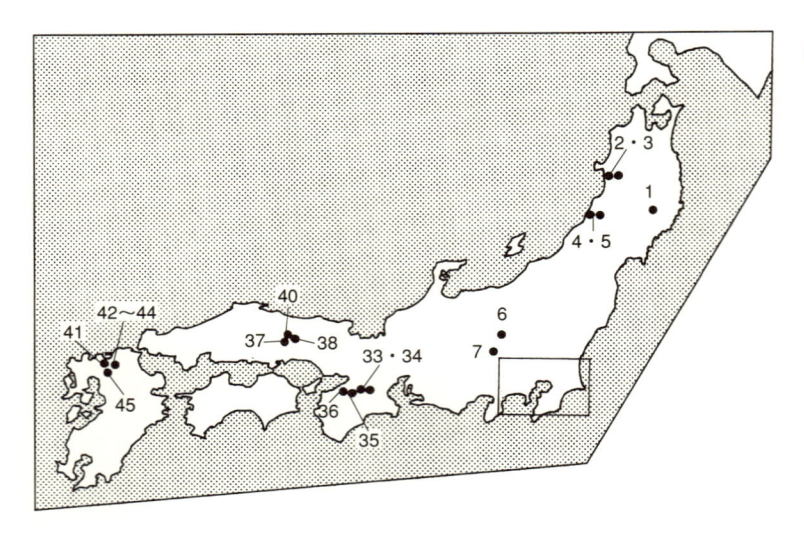

図2　無頸壺の分布
（番号は表1に対応）

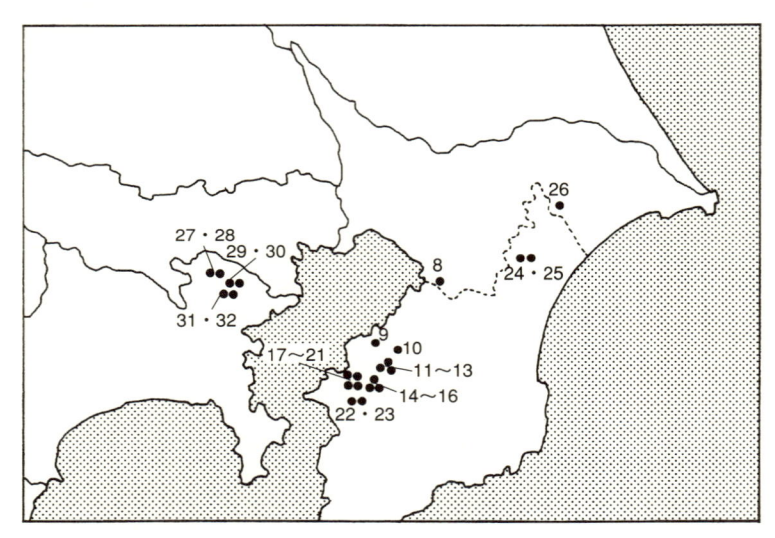

部から底部にいくほど厚みを増し、手で持つとずっしりとした感触がじかにつたわってくる。この身部には、浅鉢形・碗形の蓋がつく。この容器も整形が粗雑で、明らかに身部とセットで製作されていたことを窺わせる。特に底部が丸く整形され不安定であることから、身部とセットになるように逆位にして復元すると、むしろ"笠形土器"と表現したほうが相応しい」と表現した。その年代については、体部に施された縦位のヘラ整形痕や、和同開珎の共伴する事例、暗文を有する土師器坏を蓋にした事例などから、8世紀前半を導き出している。

　一方、これらを受けて山口は、千葉県下にも同種の骨蔵器が存在することを挙げ、「相模型」と「上総型」という分類を設定した〔山口 1995〕。「相模型」の口縁部は弱く外反したり、短頸壺のように直立するものがあるのに対して、「上総型」は内湾するものが多く、さらに最大径は胴部中央より下にあり、粘土の輪積み痕を残すものが多数みられること、蓋には坏の転用が目立つ

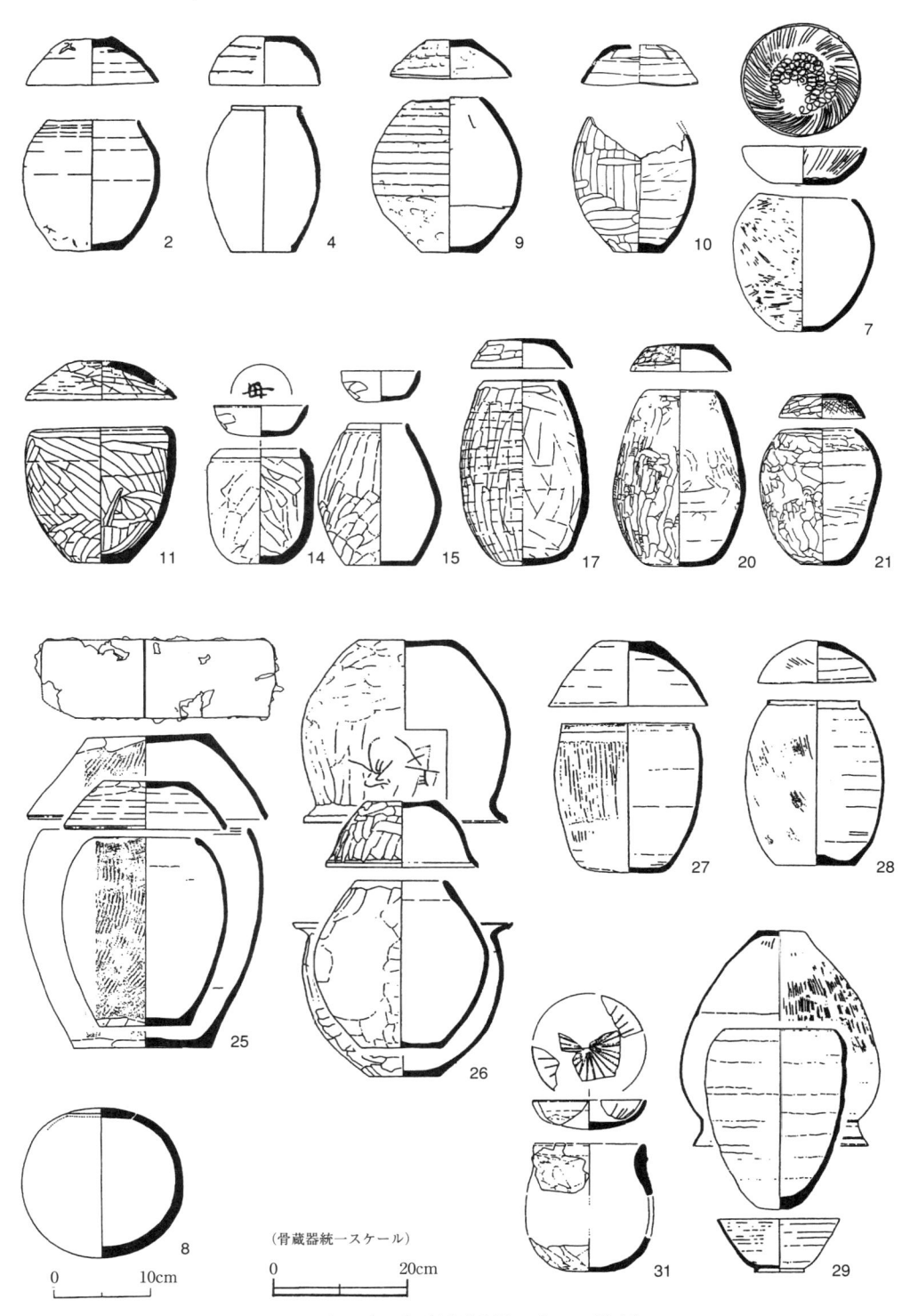

図 3 東日本の無頸壺(番号は表 1 に対応)

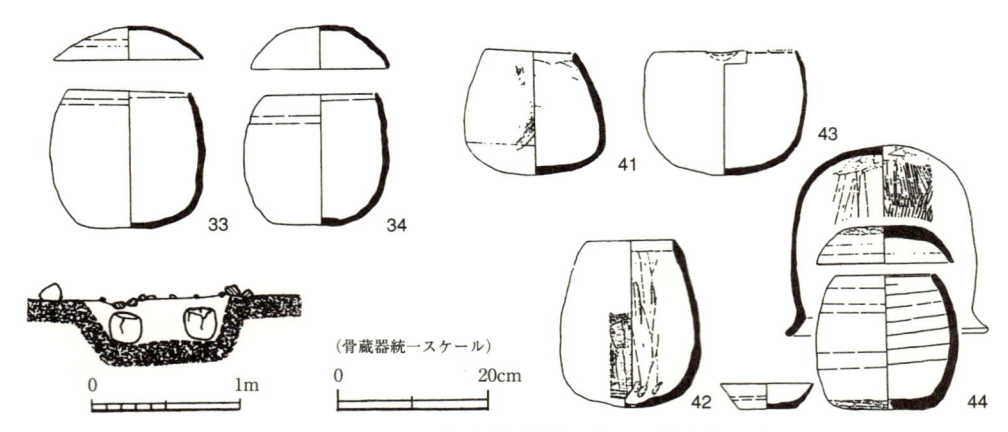

図4 西日本の無頸壺（番号は表1に対応）

こと、などを指摘している（図1）。年代的には各報告例から8世紀後半より末にかけて、あるいは平安時代に入るものもあることを紹介している。

村田・山口の指摘により、無頸壺形骨蔵器の輪郭はほぼ明らかとなったが、その後、同種の骨蔵器の発見・報告は全国的に広がってきている。その包括的な把握から、何故このような骨蔵器が作られたのかを考えてみる余地は残されているであろう。以下、この種の専用骨蔵器を、若干の形態差はあるにせよ、「無頸壺」と統一的に略称することにし、その存在意義を突き詰めてみたい。

3 無頸壺形骨蔵器の分布と年代

現在、管見の限りでは46点の無頸壺があり[8]、その分布は東北地方から九州にまで及ぶ。最も数多く見つかっているのは先学の指摘した千葉県の旧上総地域と神奈川県の川崎市域であるが、大阪府や岡山県、福岡県などでも複数点の出土が確認される（図1）。ほとんどが土師器であり、須恵質のものは群馬県藪田東遺跡出土 No.2 骨蔵器（表1-6）、千葉市大金沢町出土骨蔵器（表1-8）、千葉県山武町新坂遺跡 D-070例（表1-24）、同蒲野遺跡 D-018例（表1-25）の4例のみである。

形態的には、鉄鉢形を呈する短胴のものから長胴甕を思わせるものまで様々であり、地域性とみられるものは看取されない。強いて言えば、西日本の無頸壺は下膨れの深鉢状を呈するものが多く、東日本、特に上総地域のそれは長胴化したものが多いという程度であろうか（図3・4）。作りは粗雑なものが大半を占めるが、西日本の無頸壺は比較的丁寧な作りに見え、粘土紐の積み上げ痕が明瞭なものは東日本に多い。とはいえ、全体の事例数が少なく、東日本に偏っていることを考慮すれば、大きな特徴と言えるほどではない。

年代は、単独出土品では判断が難しいものの、概ね8世紀後半を中心にしている。上限は8世紀前半の土師器坏を蓋としている神奈川県山田大塚遺跡出土（表1-31）の事例であるが、

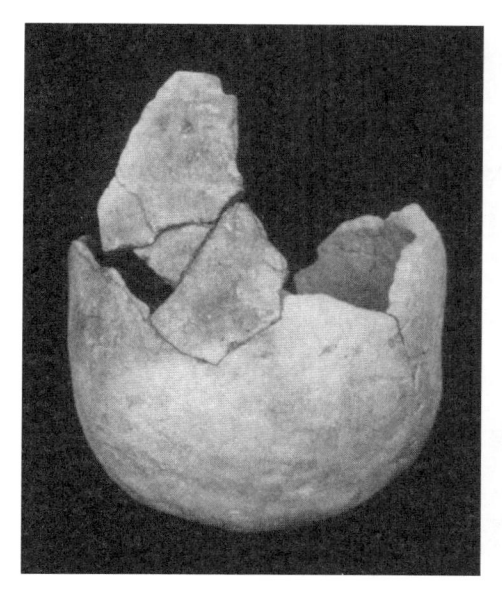

図5　福岡県甘木市池の上墳墓群出土無頸壺　（左）3号墓、（右）32号墓（朝倉市教育委員会蔵）

これは無頸壺というよりも広口の小型甕のような形態であり、後続する典型品の先駆とするには問題があるかもしれない。一方、下限は9世紀後葉ないし10世紀前葉とみられる椀を伴った神奈川県川崎市有馬2510番出土（表1-29）の事例がある。全体からすれば年代的に孤立しており、この頃までに無頸壺はほぼ終焉を迎えていたと考えるべきであろう。

　さて、上記の全体所見と表1にまとめた周辺情報をふまえながら、あらためてこの無頸壺にみられる特徴を列記すると、以下のような諸点が挙げられる。
　①土師器、須恵器を問わず、整形は概して粗雑であること。
　②8世紀後半を中心に全国的に散見されることから、特定地域だけで創意・利用されたものではなく、一定の範型が存在したと推測されること。
　③形態的には「球形」を意識していた可能性が考えられること。
　④銘文、火葬骨の鑑定結果から、被葬者は男性のみならず、女性、子供も少なからず含まれていると思われること。
　⑤寺院跡や仏教関連の遺物と深い関係を有するものがあること。
　以下、この諸点を概観しておこう。

4　形態的特徴

（1）無頸壺は粗悪品か

　まず、①の粗雑という点であるが、太宰府市宮ノ本遺跡例（表1-41）や甘木市池の上墳墓群32号墓例（表1-44）など北部九州の無頸壺は、実見した範囲では比較的丁寧な作りではあった

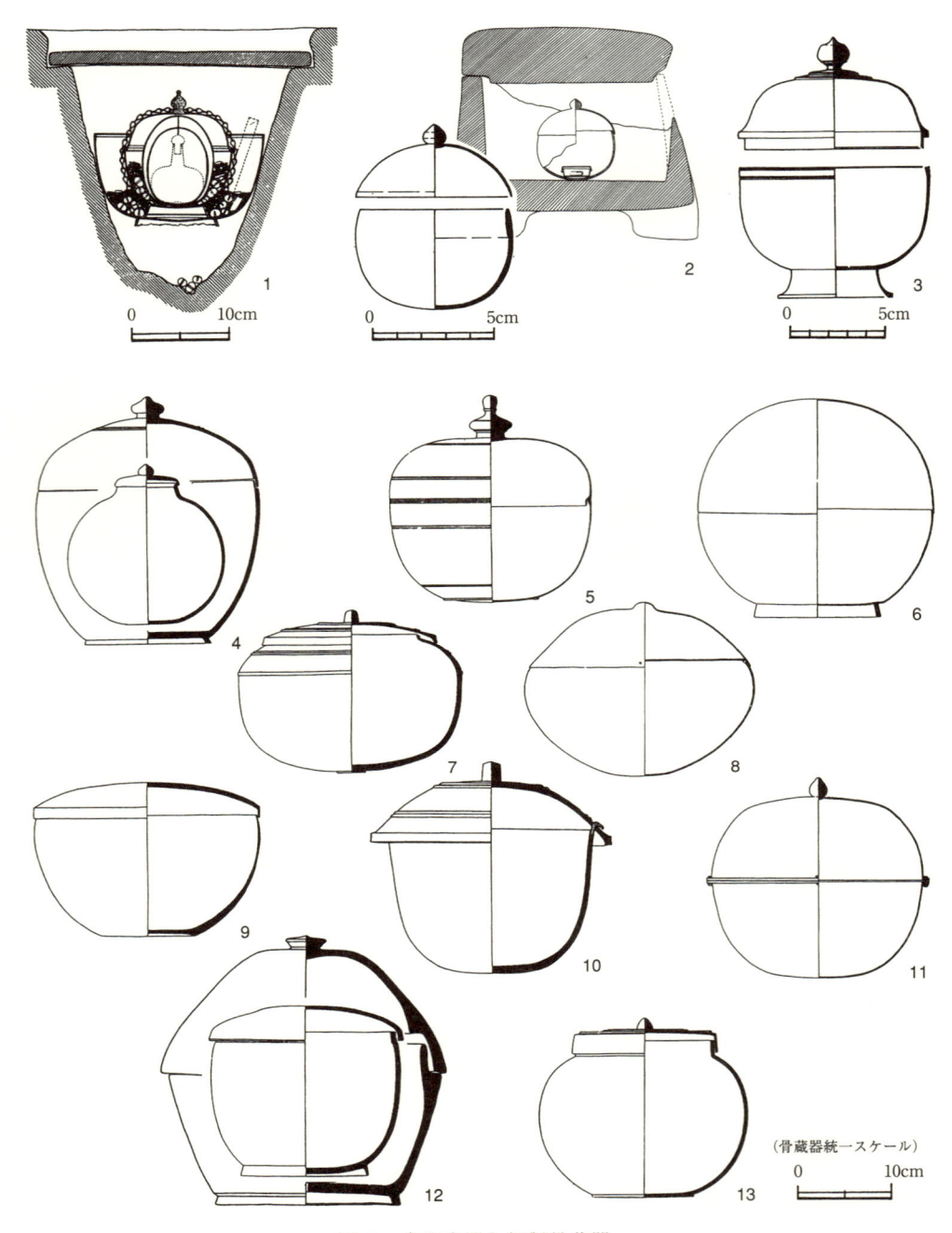

図6　舎利容器と銅製骨蔵器

1　法隆寺五重塔心礎中の舎利容器、2　摂津三島廃寺出土舎利容器、3　美濃山田寺出土舎利容器、4　「文禰麻呂」骨蔵器：慶雲4年(707)、5　奈良県大宇陀町出土骨蔵器、6　「威奈大村」骨蔵器：慶雲4年(707)、7　滋賀県比叡山無動寺谷出土骨蔵器、8　兵庫県宝塚市出土骨蔵器、9　「伊福吉部徳足比売」骨蔵器：和銅3年(710)、10　「下道圀勝圀依母夫人」骨蔵器：和銅元年(708)、11　奈良県新庄町火野谷山古墳群出土骨蔵器、12　香川県高瀬町出土骨蔵器、13　京都市右京区北嵯峨出土骨蔵器（『仏舎利の荘厳』『天平地寶』より一部加筆して引用）

ものの、墓群の中で傑出した出来栄えのものではない（図5）。収骨のためにわざわざ新調させ、かつ石製の外容器まで用意した千葉県木更津市銭賦遺跡004号火葬墓例（表1-21）や、「家長」銘を刻する同多古町林小原子台遺跡20号跡例（表1-26）などもあることを思うと、その粗雑さを単なる「手抜き」や未熟さによるものと軽視すべきではないと思われる。故意に粗雑に作ったのではないにせよ、それで構わないとする意識、いわば「仮器」とみなすことが広範囲に広がっていたことに注意を向けておきたい。骨蔵器が現世の容器ではなく、他界に旅立つ者の持ち物であるという認識があったこと、これは銅製骨蔵器や三彩短頸壺などの良質にこだわる方向と逆ではあるが、被葬者ないし遺族の火葬に対する積極性の別な表れ方と解釈しておきたい。

　一方、現実的な問題として、無頸壺の製作は、被葬者の死から火葬、拾骨までのごく短期間になされねばならなかった可能性も考慮すべきであろう。無頸壺を作り慣れない工人が短期に（おそらく突発的な依頼で）製作したものに高度な出来栄えを期待したとは思えず、それでも日常使用の甕や壺の転用よりははるかに満足し得たのであろう。そのほとんどが土師器であるのは、窯の操業に時間のかかる須恵器よりも、葬儀・埋葬までの限られた時間内に製作できたためと思われる。

（２）範型の問題

　次に、②の無頸壺に範型、すなわち共通した祖型なりモデルが存在していた可能性については、機能的に自然発生する蓋然性が低いことを考えれば、大方が認めるところかと思う。この点に関しては、すでに前掲の村田により、西日本から出土している銅製骨蔵器を模倣した可能性が指摘されている〔持田・森本・村田 1994〕。

　形態的に最も似通った銅製骨蔵器に、和銅3年（710）銘の伊福吉部徳足比売骨蔵器がある（図6-9）。無頸壺と比べてやや浅身であり、蓋の端部もシャープに折られているものの、内湾ぎみに切り揃えられた口縁部はまさに無頸壺のそれである。また、和銅元年（708）銘を刻む下道圀勝圀依母夫人骨蔵器（図6-10）も、口縁部の立ち上がりを設けず、笠状の被せ蓋がのる点で無頸壺に近い。さらに香川県高瀬町出土骨蔵器（図6-12）や宝塚市出土骨蔵器（図6-8）なども近似例として挙げられよう。これらの銅製骨蔵器は、墓誌銘のあるものは8世紀前半、地方出土のものは8世紀半ばから後半にかけてのものとみなされており、無頸壺の時期とは一部に重なっている。とはいえ、無頸壺がその直接的な模倣というにはあまりにも個性的に過ぎる感があり、個々に比べても口径や胴部の長短はまちまちである。手本を眼前に置いた模倣ではなく、間接的なイメージの伝達、おそらくは工人に対する口頭説明や、伝聞を繰り返した末の製作であったと考えられる。

（３）「球形」を意識

　③は、上記②とも深く関連することであるが、無頸壺の形態に、やや大胆ながら「球形」の意識が読み取れるのではと考えるものである。無頸壺の作りをよく観察すると、口縁部を多少なり

とも窄めるものは、胴部の曲線を口縁端部にまで連続させようとする製作意図が共通して認められる。それは、蛸壺のようなイメージであり、あるいは膨らませた「袋物」に丸い孔を切り開けて壺とするような感覚である。また、これに被せる蓋は、坏を転用した例も少なからずみられるが、基本的には頂部を丸く整えた傘状の「被せ蓋」である。つまみの類を一切付けていないことがすべての事例で共通しており、無頸壺に被せると上面観はドーム形を呈する。こうした点から指摘されるのは、曲面に対する偏向性、理想的にはすべてを曲面で構成する「球形」を作り出そうという意識の表れではないかと思われる。間延びした胴部や先細りした底部があるのは、日頃、土師器甕や鉢を作り慣れている者のクセや、範型の伝達上の誤差とみるべきであろう。

先の銅製骨蔵器の模倣という点に関しては、慶雲4年（707）銘を刻む威奈大村骨蔵器（図6-6）がまさに球形そのものであり、類品とされる佐賀県出土の球形骨蔵器〔奈良国立文化財研究所飛鳥資料館編 1979〕、奈良県新庄町火野谷山古墳群出土骨蔵器〔玉井 1979〕（図6-11）なども球形の好例である。無頸壺の一つに含めた千葉市大金沢町出土の須恵器骨蔵器（表1-8）は、蓋を上部に切り開ける方式ではあるが、真球形という点ではこれに倣うものと言えよう。

なお、この球形への指向性は、より遡って舎利容器にも求められるのであるが、これは章をあらためて後述することにしたい。

5 被葬者および仏教との関連

（1）無頸壺の被葬者像

続いて④の被葬者像に関しては、事例数が少ないわりに、他の転用骨蔵器よりも若干有利な資料が得られている。まず、集成中に銘文をもつものが3例知られることが挙げられる。千葉県多古町林小原子台遺跡20号跡例は、外容器に「家長」の刻銘があり、火葬人骨の鑑定結果では「熟年期男性骨」という結果が出ている（表1-26）。木更津市大畑台遺跡SZ043例では、無頸壺の胴部に「万小丸」の墨書銘が確認されている〔當眞 2003〕（表1-19）。また、同市苗見作遺跡例では、二つの無頸壺が並んだ状態で発見されているが、その一方の蓋には「母」と墨書されていたという（同14）。この二つの無頸壺の人骨は、一方が小児骨、もう一方が性別不明の壮年～熟年前半期の骨であったため[9]、後者を「母」とする母子合葬墓であったと推測されている。これらにはいずれも墓誌はないが、男性2名、女性1名の性別が判明し、無頸壺が官人や僧侶だけの骨蔵器ではないことは確実である。

さらに火葬人骨の鑑定では、富岡市芝宮古墳群95号墳出土の無頸壺が壮年女性骨（表1-7）、袖ケ浦市永吉台遺跡1号火葬墓例が小児骨[10]（同10）、木更津市銭賦遺跡004号火葬墓の無頸壺が青年期（16～18歳ほど）の女性骨[11]（同21）、川崎市菅生潮見台2334番出土No.1が「青年ないし女性的な成年骨」（同27）、津山市下道山遺跡火葬墓が小児骨（同37）という結果を得ている。未だ偶然の可能性もあるが、女性や子供という結果が非常に多い[12]。

また、直接的な情報ではないが、天理市西山火葬墓（表1-33・34）は、和銅7年（714）銘の

銀製墓誌を伴った道薬墓や、灰釉陶器短頸壺を用いた白川火葬墓群などと池を挟んで対峙する立地にあり〔宮原ほか 1996〕、楢氏一族との深い関係が推測される（道薬は墓誌によれば楢氏出身である）。西山火葬墓自体も、無頸壺が並ぶ4号墓の他に、陰刻花文をもった緑釉皿を蓋にする2号墓や、須恵器三耳壺に緑釉椀を被せる1号墓などが集まっており、骨蔵器に優品を使うこともできた階層の墓群である〔高野 1997〕。また、甘木市池の上墳墓群は、無頸壺を含む37基もの火葬墓が造られていたが、至近に6世紀後半の鬼の枕古墳があり、かつこの墓域内にも7世紀後半の横穴式石室をもつ9号墳が造られていることから、当地域の首長層の末裔の墓と考えられている〔狭川 1998〕。同様に、木更津市銭賦遺跡を含め上総地域の火葬墓には、古墳的な周溝をもったものが多く、譜代の豪族層をイメージし易い〔吉澤 2004〕。

　このように、無頸壺の使用者を中央氏族や地方豪族の構成員と考えるならば、管掌下には土師器工人をおいている可能性も高く、異例な形の壺を突然に発注することも容易であったと推測される[13]。また、嗣子の夭折、族長の母や妻の死といった、哀惜の念がひときわ強い事態にこの無頸壺の採用があったと想像するのも、もはや難しいことではないように思われる。

（2）仏教との関係
　最後の⑤に挙げた寺院や仏教関連の遺物との親近性については、火葬墓の全般的傾向とも言えるもので、無頸壺だけが特別なわけではない。しかし、無頸壺の出現契機を考える上で、仏教との関連性は無視できず、あえてこの点にも目を注いでおくことにしたい。

　千葉県下では8世紀後半から9世紀にかけて、四面庇付の掘立柱建物を中核とする小規模な寺院が多く現れており、「村落寺院」と呼ばれている〔須田 1985〕。瓦塔を伴う場合や、「千」「寺」「仏」などと墨書された土器、土師器香炉、鉄鉢形土器、三彩小壺などの仏具が出土する場合もあり、本格的な仏教儀礼が実修されていたと指摘される一方、「神」「召代」などの墨書土器からカミ祭祀の併存もうかがわれ、民間信仰の基点的存在であったと考えられている。近年、この「村落寺院」を悔過儀礼の場と考える注目すべき見解も出されている〔須田 2005〕。

　この種の寺院や仏堂と火葬墓が同じ台地上、あるいは一つの景観の中に併存する例は数多い。市原市武士遺跡や佐倉市高岡新山遺跡群（図7）など、ほぼ時期を同じくして両者が出現している様は、現世と他界の両方に関わる信仰が村落社会に広がって行く状況を示すものと言える。少なくとも東日本の村落社会の一部には、仏教的な環境の成熟と火葬の広がりが一連の出来事として起きており、無頸壺の出現する契機もそうした中に求めることが可能である。

　現在のところ「村落寺院」が最も数多く発見されているのは千葉県である[14]。無頸壺の数が多いのも千葉県であるのは偶然ではなく、時期的な傾向にも対応が認められる。袖ヶ浦市永吉台遺跡では、「山寺」の墨書土器を伴う四面庇付掘立柱建物群が数棟発見されているが、同一台地上に無頸壺を用いた火葬墓が1基みつかっている（図7）。また、瓦塔の立つ台地上に骨蔵器が見つかった木更津市小谷遺跡の例も注目される。上部が破砕されているため無頸壺かどうか判断できないが、一般的な土師器甕の作りとは異なっており、専用器であったとみられている（図7）。

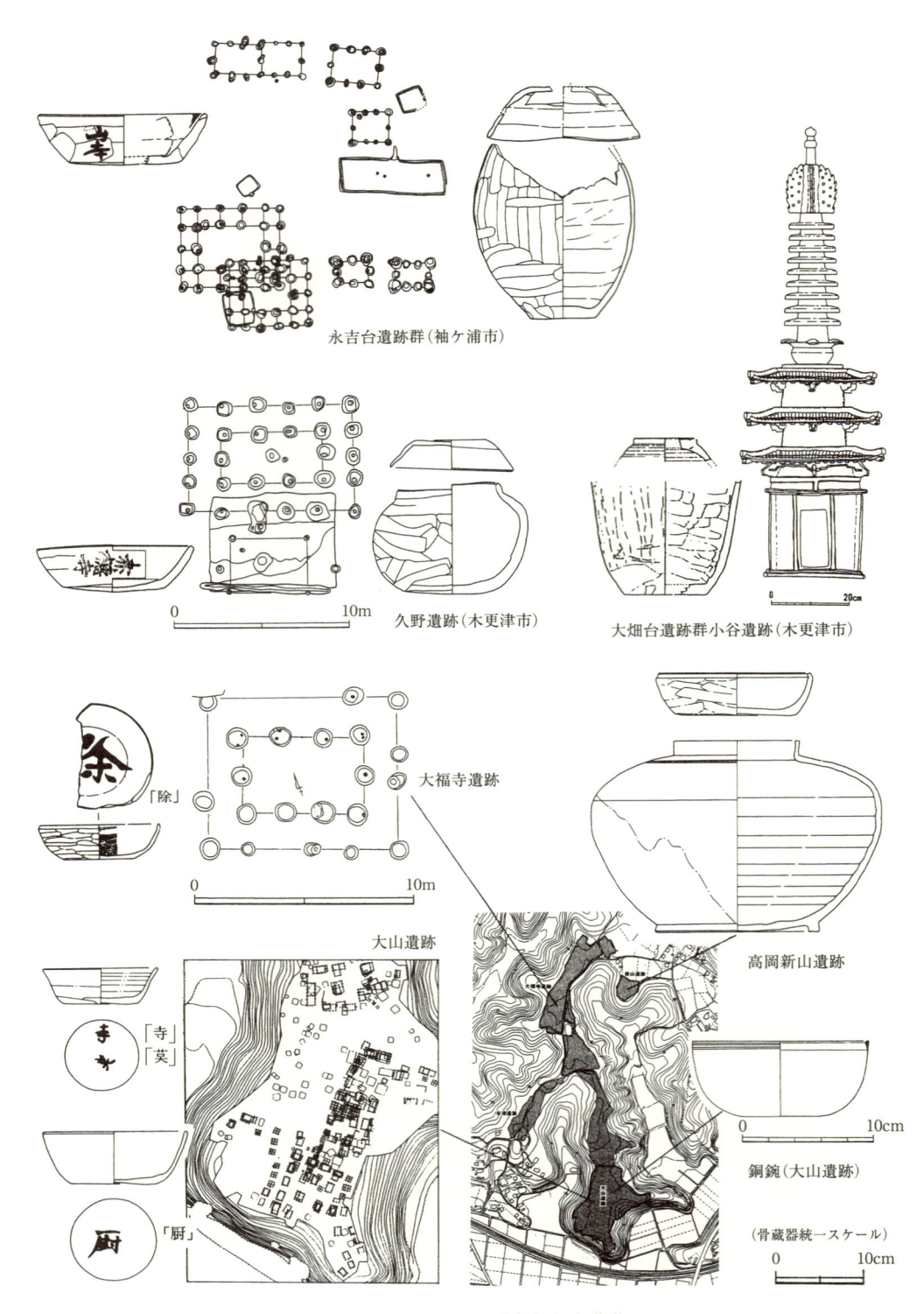

図7 千葉県における「寺」と火葬墓

さらに同市久野遺跡でも無頸壺に近い小型の土師器短頸壺が四面庇の建物と共に見つかっている（図7）。

これらの「村落寺院」は、8世紀に未開の地に突如集落を作り、9世紀にはほぼ終息してしまう傾向が強い。古墳時代以来の有勢な豪族というよりも、新たな開墾によって蓄財・繁栄した新興豪族のものとの指摘がある。先に無頸壺の被葬者を中央氏族や地方の有力豪族の構成員に求めておいたが、こうした仏教的環境の形成に従い、無頸壺はより多くの集団へと広がっていったことになろう。

6 専用骨蔵器の祖型と仏教信仰

これまでは無頸壺の観察およびその周辺情報から導かれることを整理してきたが、今度はさ

図8　銅板法華説相図に描かれた舎利容器(部分)（長谷寺蔵）

らに一歩踏み込んで、「専用器」の形態と仏教の関連性について視野を広げてみたい。

（1）舎利容器との関連

無頸壺の祖型が銅製骨蔵器にあり、「球形」を意識した形態であったことは先述の通りである。では、この「球形」のさらなる淵源はどこに求められるであろうか。すでに多くの先学が暗に示唆してきたように、それは舎利容器とのアナロジーが最も理解し易いと思われる。法隆寺五重塔心礎に埋納されていた舎利容器には、金と銀製の卵形透彫の容器が用いられており、まさに球形の理念に貫かれている（図6-1）。摂津三島廃寺の舎利容器（図6-2）は小柄な球形合子、美濃山田寺出土の舎利容器は深身の銅鋺である（図6-3）。また、舎利容器そのものではないが、長谷寺の銅板法華説相図の多宝塔内には、蓮華座のような装飾を伴う球形ないし宝珠形の舎利容器が浮彫りされている（図8）。より遡れば、インドの石製合子形舎利容器にまで至る形であろう。

一方、火葬墓として最古の紀年銘墓誌を伴う文禰麻呂骨蔵器は、中核容器にガラス製の球形壺を用い、銅製外容器の蓋は甲盛りの強い印籠蓋造であった（図6-4）。福岡県宮地嶽神社出土のガラス製骨蔵器も、吹きガラスの常として球形に近く、これを収める銅製外容器もドーム状の蓋をもつ。短筒形の宇治宿禰骨蔵器のような例外はあるものの、初期の銅製骨蔵器のほとんどは合子なり壺なり、いずれも球形への指向性が色濃くみられる。

ところで、この「球形」指向の系譜を踏まえて振り返るならば、銅製骨蔵器や無頸壺以外の骨蔵器にも、その影響はおぼろげながら読み取れる。例えば、前時代の須恵器を転用した骨蔵器が

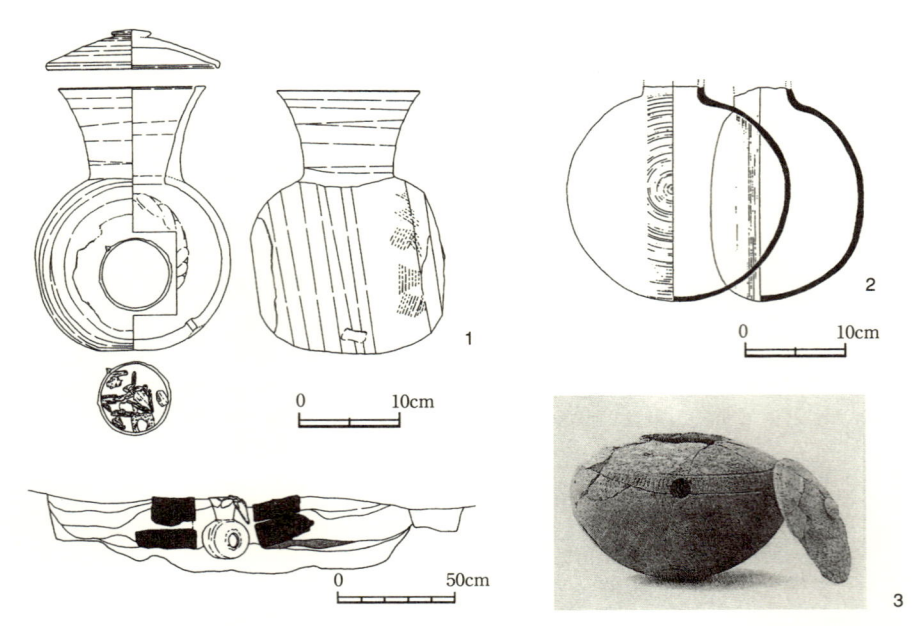

図9　古手の須恵器を転用した骨蔵器　1　岐阜県大垣市砂行遺跡、2　埼玉県行田市小針出土、3　岡山県奥津町夏栗遺跡

しばしばみられるが、それは𤭯（はそう）やフラスコ瓶など球胴をもつものが選ばれている（図9）。また、骨蔵器の典型とも言われる須恵器の短頸壺も、この観点からみれば、全体の器形が理想的であったというよりも、当時の人々には球胴こそが重要であったと解釈できる。各地で定量的に生産されていた最も身近な球形容器であったことが、骨蔵器の典型品にまでなり得た真の理由であろう。

（2）埋納方法の類似

　舎利容器と骨蔵器のアナロジーは形態的類似だけではない。骨を収めた中核容器を幾重にも外容器で包む「多重奉籠」の意識も両者に共通性が認められる。すでにインドにおいて、水晶、金、銀、銅、鉄といった材質の異なる容器を入れ子にした舎利容器が生まれており（図10）、中国、韓国においてもガラスや金の容器を銅や鉄、石の容器に収めるものが存在する。『大般涅槃経』で釈迦の遺体を収めた棺槨が、金・銀・銅・鉄の順であったと説かれているが、この趣向は遠く日本の舎利容器にまで及んでおり〔奈良国立博物館編 1983〕、ひいては奈良・平安時代の骨蔵器にも影響を与えていた。文禰麻呂墓や宮地嶽神社出土骨蔵器をはじめ、三彩短頸壺を石櫃に収めた勿来曾古墓、下っては9・10世紀の東国の火葬墓においても、灰釉短頸壺を須恵器甕に収めた（あるいは被せた）例が少なからず認められ、貴器を中核にしてその外側をより劣った材質の器で包む意識が残存している。無頸壺においても外容器を伴うものは数例あり（表1の6・21・23〜26・29・32）、むしろ全体に占める割合としては多いと言えるであろう。これらは単なる貴器の保護策というよりも、特定の理念に従った意識的な行為と考えた方が理解し易い[15]。舎利と肉

図10 伝パキスタン・ドリシュラ村塔跡出土舎利容器　奈良国立博物館蔵

親の遺骨とでは質的に大きな違いはあれ、愛しい人の骨（舎利は骨とは限らないが）を手にした時の行動心理は共通しており、時代や地域を隔てた場所においても有名な先例、すなわち舎利奉籠の事蹟が伝承・想起され、理想の骨蔵器が求められたのであろう。

　ところで、こうした舎利容器は飛鳥・白鳳時代、ないし奈良時代もかなり早い時期の事例であり、しかもごく限られた人々の目にしか触れることがなかったものである。奈良時代半ば以降、国分寺では塔の地下に仏舎利を奉籠することはなくなり、代わって『金光明最勝王経』を「法舎利」として堂内に安置することが行われるようになる〔中野 1976〕。奈良時代の舎利容器相当の遺品がほとんどみられないのはこのためであるが、従って銅製骨蔵器がこれを直接模倣することは現実的にはほとんど不可能であったと思われる[16]。

　にもかかわらず、「球形」志向や「多重奉籠」の埋納方法が骨蔵器にみられるのは、仏教工芸品の中にその意識と技術が潜在していたからであり、同時に『大般涅槃経』『長阿含経』など釈迦の涅槃を伝える経典の知識を僧侶が有していたからであろう。法隆寺所蔵の香水壺と呼ばれる銅製短頸壺や、奈良県や太宰府で出土した銅製環付壺〔梅原 1963〕、香合の一種とみられている男体山山頂出土の塔鋺形合子〔斎藤ほか 1991〕（図11）などは、いずれも球体を意識した仏具の一種であり、堂内荘厳具として8世紀に作られたものと言われる。『長阿含経』の写経が行われていた事実は「正倉院文書」によっても確認できるし〔石田 1930〕、『日本霊異記』には『涅槃経』（『大般涅槃経』）を能く読んだ恵勝法師が薪を盗んだ罪で牛に転生するという説話をみることができる（上巻第20）。舎利を種々の材質の棺に収めたという話は、飛鳥・白鳳時代の舎利容器を知らぬ僧侶にも知識として備わっていたとみるのが当然である。よって、銅製骨蔵器が、間接的ではあれ、舎利容器をイメージして作られていた可能性は高く、少なくともその蓋然性は備わっていたということができよう。その後に続く無頸壺を含む「専用器」、ひいては多数の「転用器」にもその影響を受けたものがあったと考えてよいと思われる。

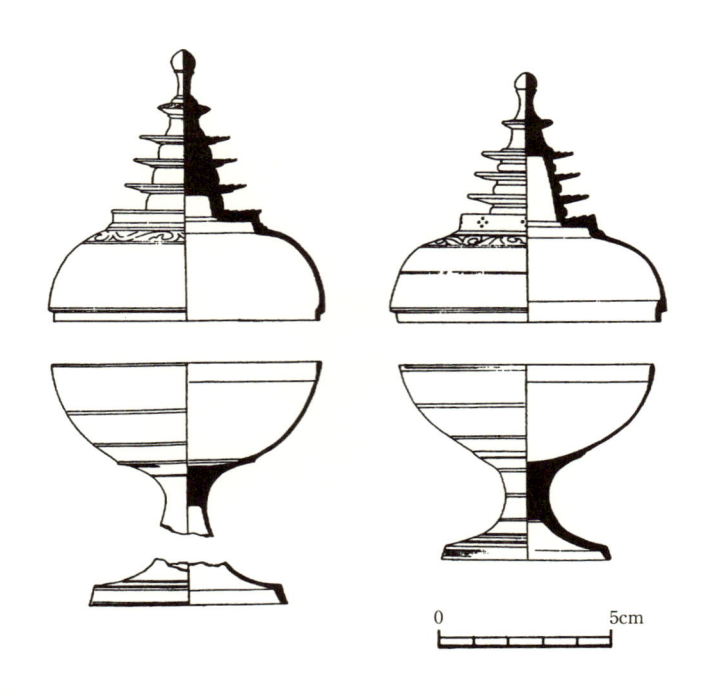

図11　日光男体山頂出土の塔鋺形合子（『日光男体山』より）

7　仏教と火葬

　骨蔵器と舎利容器の類似性は、すなわち火葬墓と仏教のつながりを示すものでもある。最後に、火葬墓が地方に広がる背景に仏教の介在を予察し、本稿の締めくくりとしたい。

（1）作善と他界

　無頸壺に限らず、どのような骨蔵器であれ、火葬墓が寺院の近くで確認される事例は少なくない。奈良時代の寺院で行われる活動は様々であろうが、必ずしも天下の安寧を祈願したり、仏教的な道徳観の移植に努めたりするだけではなく、むしろ寺院を支える氏族の除災吉祥、祖先供養といったあからさまに私的な願望を託した活動が中心であったとみられる。飛鳥・白鳳時代の造像銘に「七世父母の為」と記すものがあるように、仏法の興隆に寄与し、その功徳を故人やそれをとりまく遺族たちに振り向ける発想は、日本のみならず中国でも早い段階から存在したものである。仏教的世界観における魂の安寧を示すものは、聖徳太子の浄土転生を描いたと言われる天寿国繡帳が示すように、初期の頃から存在しているのである。魂の所在を説く一方で、それに先立つ火葬を薦め、骨蔵器や墓のあるべき姿を示したのも、やはり大方は僧侶たちであったろうと筆者は考えている。

　とはいえ、奈良仏教のどの宗派であれ、平安時代後期の浄土宗や鎌倉時代の真言律宗のように、在家信者に対する特定の供養方策や、天国や地獄といった他界観を前面に出しての布教を行っていたかといえば、それは明確ではない。今日にいう「葬式仏教」的な側面は、少なくとも組織立

って行われていた形跡はなく、寺院や僧侶との接触が必ずしも火葬の進展を必然的にするものではなかったと言える。もし、教学的に火葬の普及を導くものがあるとすれば、直接的には『大般涅槃経』や『長阿含経』の釈迦の入滅に関する記述以外になく、仏弟子たる者の理想として道昭以下の僧侶の火葬が励行されていたという既成事実があるのみである[17]。

（2）陀羅尼・悔過

ただし、奈良時代の仏教が、現世と他界の連鎖、魂の安寧や死者供養の方途について全く無関心であったわけではない。『日本霊異記』に地獄で責苦を受けている父親を、息子が造像や写経の功徳で救う話などがあるように（上巻第30）、民間レベルではむしろ積極的に喧伝されていた感がある。また、より直截的な方法として、陀羅尼の読誦により罪過を消滅させるという密教的な手法があるが、これは現世のみならず死者にも振り向けられる方法であり、奈良時代には悔過儀礼として相当に広く行われていたとみられる[18]。例えば、天平17年（745）には聖武天皇の病気平癒を目的に「京師・畿内の諸寺と諸名山・浄処」で薬師悔過が行われ（『続日本紀』）、光明皇后に直属する紫微中台でも天平勝宝5年（753）に同様に病気平癒を祈願した十一面悔過が行われている。また、神護景雲元年（767）には、全国の国分寺において天下太平、五穀豊穣、兆民快楽などのために吉祥天悔過が行われ、同2年（768）からは国分寺において陀羅尼の呪力を説く『最勝王経』奉読と吉祥天悔過が毎年正月の恒例行事に定められている。こうした全国規模の陀羅尼や悔過の普及と併行して、山林修行者や在家修行者である優婆塞たちも「十一面陀羅尼」や「千手陀羅尼」を読持していたことが「正倉院文書」の「優婆塞貢進文」によって知られ、彼らは民間に分け入り、より身近な問題や要求に応えていたのである。陀羅尼を読持する功徳は現世の幸福を主としながらも、浄土への往生をも射程に入れており、そこには当然、死後の世界についての明確なビジョンが存在していたはずである。山林修行者、優婆塞らとの接触により、村落社会はその他界観を強く認識したであろうことが想像される。

（3）天国と地獄

東大寺二月堂の修二会は、奈良時代以来の悔過儀礼を今に伝える行事として有名であるが、その上七日の本尊とされる大観音の銅光背には、千手観音の奇瑞と仏教的世界観を示す線刻画が描かれている[19]。8世紀半ばの製作と推定されており、表裏面に『千手経』（『千手千眼観世音菩薩広大円満無礙大悲心陀羅尼経』）に説く陀羅尼の力が描写されている〔稲本 2004〕。裏面の一角には、雲にのって昇天する死者が裸体の童子姿で描かれており、その行く先には諸天が迎える光景が見られる（図12）。一方、下方には七大地獄を表す火焔が描かれ、傍に立つ獄卒（?）や炎に焼かれて骨と化した死者の姿が認められる。その光景は後の浄土教的地獄図ほどにおどろおどろしいものではなく、ある種他者的な視点で描かれ、現実感のないものであるが、8世紀半ばにはこうした世界観が悔過の場面に登場していることの意義を軽視することはできない。

菩薩に迎えられる化生童子

地獄の炎に焼かれた罪人及び獄卒（？）

図12　東大寺二月堂本尊光背裏面に描かれた死者の行方（鷲塚ほか 2003 より転載）

（４）村落社会への浸透
　翻って、千葉県下の「村落寺院」と呼ばれる小規模な寺院や堂宇では、悔過が行われていたという指摘がある（須田 2005）。悔過は仏前に臨む基本姿勢であり、この建物内で実修されるのがその儀礼だけであったとは言い得ないが、ここから出土する土器に記された「神」の墨書は神仏への懺悔、「千手」の墨書は千手観音ないし『千手経』への帰依と見立てることも不可能ではない。陀羅尼を唱え、功徳を諸方に向ける儀礼が全国的に広がりつつある趨勢において、その実修の場に上記のような他界が説かれ、村落レベルでは魂の行方や死者供養の方途がより鮮明化していったのではないかと推測されるのである。
　以上、未だ火葬を導く直接的な論理は引き出せないものの、舎利容器に因む銅製骨蔵器には仏具の造形技術や僧侶の知識が関与しているであろうこと、そして無頸壺をはじめとする8世紀

後半以降の骨蔵器にも希薄化した同種の関連性がうかがえ、その背景には仏教的他界観の鮮明化とそこに至る方途への関心が高まったであろうことを想定しておきたい。

おわりに

　火葬の広がりは持統太上天皇にはじまる天皇の喪葬に倣ったもの、そして聖武天皇の葬送を契機に8世紀半ばには再び土葬に「回帰」したという指摘がある〔黒崎 1980〕。しかし、初期の火葬墓の出現は、あるいはそれで説明され得るであろうが、地方、特に東国において8世紀後半から9世紀にかけては火葬墓の隆盛期である。中央ですでに下火となった火葬が東国で発展しているという落差は、模倣の継続・残存ではなく、地方における新たな支配論理に役だったとかつて指摘したことがある〔吉澤 1995b〕。すなわち、火葬を行うことは中央文化の体現者という立場を示すのに効果的であったと推測したのである。現在もこの見解は変えていないが、今回述べてきた経緯から、これに加えて、8世紀後半以降の地方における仏教的環境の成熟、ことに悔過儀礼などの実修に伴い他界観の鮮明化が進み、すでに関心の高まっていた火葬がより一層の期待をもって迎えられたのではないか、と補足することにしたい。

　本稿は、無頸壺の実態を示すことを目的に起草したものであったが、仏教との関連性に固執するあまり、後半は検証不能で曖昧な部分にまで立ち入ってしまった。火葬の地方展開を考える上では避けて通れぬ問題ではあるが、まだ準備不足であったことは反省せねばならない。多くのご批正を乞う次第である。

　なお、この機会を与えて下さった須田勉先生ならびに国士舘大学考古学研究室の諸氏に、末筆ながら心より感謝申し上げたい。数々のご教示を下さった先輩諸氏にも、ご期待に応えられなかったことをお詫び申し上げつつ、感謝の意を表しておきたい。

註
1)　近年の火葬墓をめぐる研究は、1999年の『古代文化』(11・12号) 誌掲載の諸論考や、渡邊邦雄の一連の論考〔渡邊 2001a・2001b・2004〕、近つ飛鳥博物館の特別展図録〔大阪府立近つ飛鳥博物館編 2004〕、大阪府文化財センターほかの共同研究成果報告書〔大阪府文化財センター編 2005〕などを参照されたい。
2)　太安萬侶墓誌の発見は1979年、調査報告書の刊行は1981年である。この発見後、奈良国立文化財研究所飛鳥資料館から『日本古代の墓誌』が刊行され、墓誌を伴う火葬墓の遺品やそれに関する詳細情報が明らかになった。また、それに先立ち、「新版仏教考古学講座」(雄山閣出版) の刊行が始まっており、第7巻『墳墓』は1975年が初版である。70年代半ばから80年代にかけては火葬墓の基礎資料が出揃った時期であり、研究史上、戦後の第一隆盛期として特筆されると、筆者は考えている。
3)　註1参照。特に黒崎直の見解の影響が強く〔黒崎 1980〕、大阪府文化財センターほかの共同研究報告書、近つ飛鳥博物館の特別展図録は、畿内の事例を扱うのが主眼であるため当然であるが、こうした考え方が強い。
4)　参考文献掲出の拙稿参照。
5)　筆者はこれまで様々な骨蔵器を通覧してきたが、被葬者なり遺族なりの思想らしきものがうかがえ

るのは骨蔵器の材質や器種ではなく、その使われ方、すなわち、倒位埋納や二重の蓋の使用、底部穿孔などであろうと考えてきた〔吉澤 1998・2001c〕。事実、「いかに埋納しているか」という問題は、材質・器種の分類や、「専用器」「転用器」の区別を補完する第三の分類基準であろうと考えるが、その煩瑣な様相を追いかけるあまり、率直に「専用器」について深く考えることを怠ってきた。本稿はその反省の上に立ち、専用・転用の区分の先にある、骨蔵器の理想形態は何か、という問題に取り組んだつもりである。

6) 「専用器」と「転用器」の概念は、研究者によって異なる可能性がある。民具学的な観点では、製作時に予定されていた用途とは異なる使い方をしていても、特定の使い道に特化している道具は「専用器」と考えるであろう。例えば、短頸壺は正倉院宝物では「薬壺」とされているように、貴重な物資の保管を目的として生産されたものと思われ、骨蔵器として作られたものではない。しかし、短頸壺が火葬墓から出土する例は非常に多く、当時の人々も意識的に収骨用に保持していた可能性が想定できる。また、煮炊きに用いる土師器甕を、実際にはカマドにかけることなく、新品のまま骨蔵器に利用する場合もあろう。いずれも途中で使い道を切り替えたわけではないので「転用」ではない。理屈の上では「専用器」とみなすべきところであろう。しかし、当時の人々の意図を推し量ることや、甕に使用痕の有無を確認することは、厳密には不可能である。個々の遺跡や火葬墓にあたる場合には十分考慮されるべき問題ではあるが、全体把握を目的とする上では、製作の段階から遺骨を収める目的をもっていた容器だけを「専用器」とするのが良いと思われる。他はすべて「転用器」ということになるが、ガラス壺や三彩・緑釉・灰釉の短頸壺といった特殊な貴器に関しては別立ての配慮が必要であろう。なお、筆者は、須恵器の短頸壺や獣脚付短頸壺を、日常使用の土師器甕などと区別するために「準専用器」として分別したことがある〔吉澤 2001b〕。無頸壺に焦点をあてた本稿では、この分類は無用であり、あえて使用はしていない。

7) 村田の言う「専用型骨蔵器」は、あくまでも本稿が対象にしている無頸壺形の骨蔵器のみを指している。川崎市域の骨蔵器は土師器甕の転用が多く、それに対立させる言葉として「専用型骨蔵器」を用いたのであろう。しかし、「専用型骨蔵器」という言葉が、収骨専用に作られた骨蔵器という意味であるならば、そこには銅製骨蔵器や木製容器、石櫃なども含まれねばならず、必ずしも用語として成熟したものとはなっていない。研究史的に重要な言葉ではあるが、筆者の考える「専用器」とは異なるため、本稿ではこれを使用せず、「無頸壺形骨蔵器」ないしはその略称として「無頸壺」を用いることにした。

8) 表1に掲載したのは45件であるが、No.19の大畑台遺跡SZ043からは二つの無頸壺が一緒に出土している。さらに三つの無頸壺が近接して発見されたとのことであるが、報告書が未刊で詳細不明のため、表1では一件として扱っている。また、奈良県當麻町の三ツ塚古墳の火葬墓1には、土師器に内面黒色処理を施した球形の骨蔵器が出土している。わずかに口縁部の立ち上がりが存在するが、本稿でいう無頸壺の一例に含められる事例である。不覚にも本稿作成中に見落としていたものである〔宮原ほか 2002〕。

9) 鑑定成果は未報告。筆者が火葬骨を借用し、松村博文（当時、札幌医科大）に鑑定を依頼したもので、その成果の一部は発表しているものの〔吉澤 2003b〕、いずれ資料をまとめて公表する予定である。

10) 註9に同じ。

11) 註9に同じ。

12) 火葬人骨の鑑定成果については、焼かれていない人骨に比べて精度が低く、特に性別判定について疑問をもつ声も聞かれる。ここで扱う報告も、絶対に確実なものとは当然ながら言い得るものではない。ただし、最も問題とすべきは、鑑定結果のみを鵜呑みにしたり、その結果を全く信用しないといった、考古学側の情報の扱い方や認識不足にあるのではないかと思う。判定の根拠が適切に明示されており、その結果はある程度の可能性を示しているとの認識に立ち、かつ考古学的な情報と突き合わせた上で活

用するならば、必ずしも忌避すべきものではないと考える。例えば、二つの骨蔵器が並んで埋納されている事例を、山背忌寸墓誌や天武・持統合葬陵、ひいては百済武寧王陵の合葬例を挙げて「夫婦墓」とみなすのは、あくまでも推測ないし可能性の範囲内のことである。一方、二つ並んだ骨蔵器の人骨鑑定から、成人と子供、あるいは同性者 2 名の結果が出されている例があり、この場合は親子や兄弟など血筋を埋葬した墓の可能性が指摘できる。「夫婦墓」と血縁者の墓、どちらも決定的でない点は等価であり、両者の方法論の突き合わせや、さらなる事例の積み重ねが求められてしかるべきである。この点は別稿を用意する所存である。

13) 池の上墳墓群では、前時代の陶質土器のあり方から、初期須恵器製作集団との密接な関係が指摘されている〔中間 1987〕。奈良時代の火葬墓を営む段階においてもその関係は継続していた可能性があり、無頸壺の突発的な製作依頼にも容易に応えられたであろうと推測される。

14) 「村落寺院」に類似したもの、規模や立地、共伴遺物の種類などの違った仏教施設は、おそらく全国的に存在していたと推測される。例えば、福井県高瀬遺跡は東大寺領の荘園遺跡として知られるが、鉄鉢形土器や瓦塔片などの出土もみられ、小規模な寺院の存在がうかがわれる。

15) 舎利容器（あるいは仏塔）と骨蔵器を結びつけるアナロジーに相当な普遍性を見込むべきことは、例えば韓国、新羅時代（7 世紀）の骨蔵器に相輪形を付けた塔鋺形合子が存在するのをみても理解されよう。同様に、千葉県木更津市大畑台遺跡から出土した土師器外容器の蓋は、塔の屋根をイメージした被蓋式のものであった（相輪は欠失）〔吉澤 2004〕。

16) 先学が、舎利容器と骨蔵器の関連性を意識しながらも、直接・間接的な模倣と言い切ってこなかった大きな原因は、この時間差にあったかと推測している。舎利容器の材質や形態が多様であること、同じく骨蔵器にも様々な様相があることから、一概に類似を強調するのを避けていたとも受け取れる（例えば〔坂詰 1984〕）。逆に自明のこととして、あえて指摘してこなかったのかもしれない。筆者もあえてここで舎利容器と骨蔵器のアナロジーを強調する必要があろうかと自問したが、火葬と仏教の親縁性をあらためて確認しておきたいという思いがあり、また、銅製骨蔵器は仏教工芸品以外に同時代の類品を探すのは困難であるという事実を明示するため、冗長にも紙幅を割いた次第である。

17) 日本の火葬墓から出土した墓誌銘に仏教的な文言がみられないのは、中国文化の模倣の面が強く、葬送儀礼に仏教が介入しない彼の国の有り様を率直に表すものであって、これをもって火葬が仏教色を帯びていないとは言えない。

18) 現存する最古の写経とされる『金剛場陀羅尼経』（文化庁蔵）は、丙戌年（686年）の年号をもち、願文には「籍此善因往生浄土終成正覚」、すなわち陀羅尼写経の作善を浄土への往生に向けていることが知られる。当陀羅尼経は、「煩悩即菩提、生死即涅槃」を説く一節もあり、天平年間の官立写経所でも書写されていたことが「正倉院文書」から知られる。また、『千手千眼陀羅尼経』は、観音の大悲心陀羅尼呪により一切の病や悪業重罪が除かれることを説くもので、聖武天皇、光明皇后らの健勝や、地獄・餓鬼・畜生道に堕ちた衆生の救済のために玄昉が天平13年（741）に一千巻書写を発願している。玄昉は願文に「我若向地獄、地獄自枯竭、我若向餓鬼、餓鬼自飽満」と記しており、この陀羅尼の効力に絶大な期待を寄せている。奈良時代の陀羅尼に関しては〔奈良国立博物館編 2005〕を参照。

19) 二月堂本尊の大観音は絶対秘仏として見ることが許されていないが、寛永年間の火災によって破片となった光背は、残片を組み合わせたものが重要文化財として今日見ることができる。図12はこれをトレースして作成した図を部分引用したものである〔鷲塚ほか 2003〕。

表 1 文献
1) 菊池啓治郎ほか 1968『北上市史』第 1 巻、原始・古代（1）、北上市史刊行会
2) 庄内昭男 1984「秋田県における古代・中世の火葬墓」『秋田県立博物館研究報告』第 9 号、秋田県

立博物館、29〜44頁
3) 庄内昭男 1984「秋田県における古代・中世の火葬墓」『秋田県立博物館研究報告』第9号、秋田県立博物館、29〜44頁
4) 酒井忠一・川崎利夫 1963「山形県飽海郡遊佐町宮山坂火葬墳墓群について」『考古学雑誌』第49巻第3号、日本考古学会、56〜63頁
5) 酒井忠一・川崎利夫 1963「山形県飽海郡遊佐町宮山坂火葬墳墓群について」『考古学雑誌』第49巻第3号、日本考古学会、56〜63頁
6) 原雅信ほか 1982『藪田東遺跡』群馬県埋蔵文化財調査事業団
7) 篠原幹夫 1992『芝宮古墳群』(「富岡市埋蔵文化財発掘調査報告」第12集)、富岡市教育委員会
8) 内藤政恒 1959「須恵質球状蔵骨器」『歴史考古』第3号、歴史考古学研究会、31〜32頁
9) 君津郡市文化財センター編 1991『君津郡市文化財センター年報』第9号
  稲葉昭智ほか 1996『大竹遺跡群発掘調査報告書』Ⅳ、君津郡市文化財センター
10) 豊巻幸正・笹生衛 1985『永吉台遺跡群』君津郡市文化財センター
  稲葉昭智ほか 1996『大竹遺跡群発掘調査報告書』Ⅳ、君津郡市文化財センター
11) 稲葉昭智ほか 1996『大竹遺跡群発掘調査報告書』Ⅳ、君津郡市文化財センター
12) 稲葉昭智ほか 1996『大竹遺跡群発掘調査報告書』Ⅳ、君津郡市文化財センター
13) 能城秀喜 1994『林遺跡』Ⅱ、君津郡市文化財センター
14) 石田広美 1980『君津広域水道供給事業に伴う埋蔵文化財発掘調査報告書—角山遺跡・深城遺跡・飯富遺跡・苗見作遺跡—』君津広域水道企業局
15) 石田広美 1980『君津広域水道供給事業に伴う埋蔵文化財発掘調査報告書—角山遺跡・深城遺跡・飯富遺跡・苗見作遺跡—』君津広域水道企業局
16) 石田広美 1980『君津広域水道供給事業に伴う埋蔵文化財発掘調査報告書—角山遺跡・深城遺跡・飯富遺跡・苗見作遺跡—』君津広域水道企業局
17) 浜崎雅仁 1991『大畑台遺跡群確認調査報告書』木更津市教育委員会
18) 浜崎雅仁 1991『大畑台遺跡群確認調査報告書』木更津市教育委員会
19) 當眞嗣史 2003「君津地域における人名墨書土器について」『史館』第32号、市川ジャーナル
20) 井上賢 2002『銭賦遺跡』(「大畑台遺跡群発掘調査報告書」Ⅵ)、木更津市教育委員会
21) 井上賢 2002『銭賦遺跡』(「大畑台遺跡群発掘調査報告書」Ⅵ)、木更津市教育委員会
22) 甲斐博幸 1989『君津市内遺跡群発掘調査報告書—大井戸八木遺跡・狐山古墳・狐山砦跡—』君津市教育委員会
23) 千葉県文化財センター編 2001『房総の文化財』第26号
24) 石本俊則ほか 1995『新坂遺跡・東風吹山遺跡・蒲野遺跡・西後藤遺跡』(山武郡市文化財センター編)、山武グリーンカントリー倶楽部
25) 石本俊則ほか 1995『新坂遺跡・東風吹山遺跡・蒲野遺跡・西後藤遺跡』(山武郡市文化財センター編)、山武グリーンカントリー倶楽部
26) 三浦和信ほか 1986『多古工業団地内遺跡群発掘調査報告書』千葉県文化財センター
27) 村田文夫・増子章二 1990「南武蔵における古代火葬骨蔵器の基礎的研究(上)」『川崎市民ミュージアム紀要』第2集、市民ミュージアム
28) 村田文夫・増子章二 1990「南武蔵における古代火葬骨蔵器の基礎的研究(上)」『川崎市民ミュージアム紀要』第2集、川崎市民ミュージアム
29) 村田文夫・増子章二 1990「南武蔵における古代火葬骨蔵器の基礎的研究(上)」『川崎市民ミュージアム紀要』第2集、川崎市民ミュージアム

30) 村田文夫・増子章二 1990「南武蔵における古代火葬骨蔵器の基礎的研究（上）」『川崎市民ミュージアム紀要』第2集　川崎市民ミュージアム
31) 鈴木重信 1990「山田大塚遺跡」『港北ニュータウン地域内埋蔵文化財調査報告書』Ⅵ、横浜市埋蔵文化財センター
32) 和島誠一・岡田清子 1958『横浜市史』第1巻、第1編　第4章「律令時代」、横浜市史編集委員会、204頁
33) 高野政昭 1997「古代火葬墓の一形態について―天理市西山火葬墓群を中心として―」、金関恕先生の古希をお祝いする会編『宗教と考古学』勉誠社、287～314頁
34) 高野政昭 1997「古代火葬墓の一形態について―天理市西山火葬墓群を中心として―」、金関恕先生の古希をお祝いする会編『宗教と考古学』勉誠社、287～314頁
35) 高橋政昭前掲論文に当事例の存在が指摘されるのみで、詳細は不詳（註21によれば河上邦彦氏教示という）
36) 安村俊史 1987『高井田横穴群』Ⅱ（「柏原市文化財概報」1986‐Ⅶ）、柏原市古文化研究会
37) 栗野克己 1977『下道山遺跡緊急発掘調査概報』（「岡山県埋蔵文化財発掘調査報告」17）、岡山県教育委員会
38) 間壁忠彦・間壁葭子 1981「岡山県下の奈良・平安期墳墓集成」『倉敷考古館研究集報』第16号、倉敷考古館、53～75頁
39) 橋本惣司 1975「加茂谷の古代」『加茂町史』本編、第2章第1節2、加茂町、58～63頁
40) 岡山県古代吉備文化財センター 2004『よみがえる久田の歴史』国土交通省苫田ダム工事事務所
41) 山本信夫ほか 1980『宮ノ本遺跡』（「太宰府町の文化財」第3集）、太宰府町教育委員会
42) 川村博 1979『池の墳墓群』（「甘木市文化財調査報告」第5集）、甘木市教育委員会
43) 川村博 1979『池の墳墓群』（「甘木市文化財調査報告」第5集）、甘木市教育委員会
44) 川村博 1979『池の墳墓群』（「甘木市文化財調査報告」第5集）、甘木市教育委員会
45) 宮小路賀宏ほか　1971『西谷火葬墓群』（「久留米市文化財調査報告書」第3集、久留米市教育委員会

参考文献

石田茂作 1930『写経より見たる奈良朝仏教の研究』東洋文庫
稲本泰生 2004「東大寺二月堂本尊光背図像考―大仏蓮弁線刻図を参照して―」『鹿園雑集』第6号、奈良国立博物館、41～91頁
梅原末治 1963「奈良時代の金銅四耳鑵壺」『大和文化研究』第8巻第10号、大和文化研究会、1～6頁
大阪府文化財センター編 2003『財団法人大阪府文化財センター・日本民家集落博物館・大阪府立弥生文化博物館・大阪府立近つ飛鳥博物館　2003年度共同研究成果報告書』
大阪府立近つ飛鳥博物館編 2004『古墳から奈良時代墳墓へ―古代律令国家の墓制―』
岡山県古代吉備文化財センター編 2004『よみがえる久田の歴史』国土交通省苫田ダム工事事務所
栗原文蔵 1966「須恵器利用の蔵骨器二題―日下部幸太郎氏を偲んで―」『埼玉考古』第4号、埼玉考古学会
黒崎直 1980「近畿における8・9世紀の墳墓」『奈良国立文化財研究所研究論集』Ⅵ、89～126頁
小林義孝 1999「古代墳墓研究の分析視角」『古代文化』第51巻第12号、古代学協会、2～12頁
小林義孝 2005「古代墳墓研究の第一段階」『財団法人大阪府文化財センター・日本民家集落博物館・大阪府立弥生文化博物館・大阪府立近つ飛鳥博物館　2003年度共同研究成果報告書』大阪府文化財センター、89～100頁

斎藤　忠ほか　1991『日光男体山―山頂遺跡発掘調査報告書―』名著出版
坂詰秀一　1984「骨蔵器」『墳墓』(「新版仏教考古学講座」第7巻)、雄山閣出版、273～282頁
狭川真一　1998「古代火葬墓の造営とその背景」『古文化談叢』第41集、九州古文化研究会、113～155頁
須田　勉　1985「平安初期における村落内寺院の存在形態」『古代探叢』Ⅱ、早稲田大学出版部
須田　勉　1990「村落内寺院について」『千葉県立房総風土記の丘年報』14、73～82頁
須田　勉　2005「村落寺院の構造とその信仰」『古代の信仰を考える』第71回日本考古学協会国士舘大学実行委員会
高野政昭　1997「古代火葬墓の一形態について―天理市西山火葬墓群を中心として―」『宗教と考古学』勉誠社、287～314頁
玉井　功　1979「火野谷山出土骨蔵器」『新庄火野谷山古墳群』(「奈良県文化財調査報告書」第31集)、奈良県教育委員会
帝室博物館編　1937『天平地寳』
當眞嗣史　2003「君津地域における人名墨書土器について」『史館』第32号、市川ジャーナル
中野政樹　1976「舎利とその容器」『塔・塔婆』(「新版仏教考古学講座」第3巻)、雄山閣出版、245～252頁
中間研志　1987「竪穴式石室・石棺系竪穴式石室」『九州横断自動車道関係埋蔵文化財調査報告』6、福岡県教育委員会
奈良国立博物館編　1982『仏教工芸の美―堂内荘厳の粋をあつめて―』
奈良国立博物館編　1983『仏舎利の荘厳』同朋社出版
奈良国立博物館編　2005『古密教―日本密教の胎動―』
奈良国立文化財研究所飛鳥資料館編　1979『日本古代の墓誌』同朋社出版
藤森栄一　1941「古代の火葬墓―蔵骨器の形態学的研究―」『古代文化』第12巻第3号、日本古代文化学会、35～60頁
前園実知雄ほか　1981『太安萬侶墓』(「奈良県史跡名勝天然記念物調査報告」第43冊)、奈良県教育委員会
宮原晋一ほか　1996『天理市櫟町　福ヶ谷遺跡・白川火葬墓群発掘調査報告書』(「奈良県文化財調査報告書」第73集)、奈良県教育委員会
宮原晋一ほか　2002『三ツ塚古墳群』奈良県教育委員会
村田文夫　1993『古代の南武蔵―多摩川流域の考古学―』(有隣新書)、有隣堂
村田文夫・増子章二　1989「南武蔵における古代火葬骨蔵器の基礎的研究(上)―川崎市域における事例研究をふまえて―」『川崎市市民ミュージアム紀要』第2集、1～52頁
持田春吉・森本岩太郎・村田文夫　1994「小児の焼人骨を収納した骨蔵器の新例―川崎市宮前区有馬1丁目5番地古墓出土資料―」『神奈川考古』第30号、神奈川考古同人会
山口耕一　1995「専用型骨蔵器と転用型骨蔵器について」『東日本における奈良・平安時代の墓制』第Ⅳ分冊、栃木県考古学会・東日本埋蔵文化財研究会、29～38頁
吉澤　悟　1995a「茨城県における古代火葬墓の地域性」『土浦市立博物館紀要』第6号、1～42頁
吉澤　悟　1995b「煙の末々―日本における火葬の導入と展開過程に寄せる想念―」『東国火葬事始―古代人の生と死―』栃木県立博物館、148～160頁
吉澤　悟　1996「常陸国における古代火葬墓の分布とその背景」『考古学雑渉』西野元先生退官記念会(筑波大学)、213～228頁
吉澤　悟　1997「「国府の海」の骨壺」『玉里村立史料館報』Vol.2、53～72頁
吉澤　悟　1998「古代火葬墓の骨蔵器埋納方法について―関東地方における地域性把握と倒位埋納の意味について―」『日本考古学協会第64回総会　研究発表要旨』日本考古学協会、118～121頁

吉澤　悟 1999「茨城県石岡市北の谷遺跡出土の人面墨書土器の検討」『筑波大学先史学・考古学研究』第10号、筑波大学歴史・人類学系、73～90頁

吉澤　悟 2001a「茨城県出土の灰釉陶器短頸壺について」『筑波大学先史学・考古学研究』第12号、筑波大学歴史・人類学系、103～111頁

吉澤　悟 2001b「茨城県出土の獣脚付短頸壺について」『婆良岐考古』第23号、婆良岐考古同人会、76～85頁

吉澤　悟 2001c「穿孔骨蔵器にみる古代火葬墓の造営理念」『日本考古学』第12号、日本考古学協会、69～92頁

吉澤　悟 2003a「茨城県北浦町出土の灰釉短頸壺について」『MUSEUM』No.586、東京国立博物館、5～28頁

吉澤　悟 2003b「人骨からみた古代火葬墓の被葬者像」『日本考古学協会第69回総会　研究発表要旨』日本考古学協会、95～98頁

吉澤　悟 2004「火葬墓の出現と広がり」『千葉県の歴史　資料編、考古4　遺跡・遺構・遺物』千葉県、896～915頁

鷲塚泰光ほか 2003『日本上代における仏像の荘厳』奈良国立博物館

渡邊邦雄 2001a「律令墓制における土葬と火葬」『考古学研究』第154号、古代学研究会、37～52頁

渡邊邦雄 2001b「畿内における8・9世紀の火葬墓の動態」『実証の地域史―川村行弘先生頌寿記念論集―』川村行弘先生頌寿記念会、425～435頁

渡邊邦雄 2004「畿内における律令墓制の展開と終焉過程―副葬品から見た8・9世紀の墳墓―」『日本考古学』第17号、日本考古学協会、43～65頁

文　献　編

古代における道の祭祀

平川　南

1　百済、陵山里寺跡出土陽物形木簡の発見
2　日本の都城と道の祭祀
　（1）都城の祭祀―道饗祭・障祭・宮城四隅祭
　（2）地方都市における道の祭祀
3　記紀の道に関わる神話
4　岐神・塞の神・久那戸（船戸）神そして道祖神
5　道祖神信仰の流れ
　（1）道祖王
　（2）「道塞」木簡
　（3）道饗祭・岐神
　（4）百済、陵山里寺跡出土陽物形木簡
　（5）まとめ―道祖神信仰の流れ―

1　百済、陵山里寺跡出土陽物形木簡の発見

㈠扶餘、陵山里寺跡

　忠清南道扶餘郡扶餘邑陵山里寺跡は、百済泗沘時代の寺院遺跡であり、扶餘の羅城と陵山里古墳群の間にある渓谷に位置している（図1）。

　陵山里寺跡の発掘調査は、国立扶餘博物館により1992年から2002年まで8次にわたって実施され、その結果、中門、木塔、金堂、講堂が南北一直線に置かれ、周囲に回廊を配置する一塔一金堂の典型的な百済伽藍形式であることが明らかとなった。

　また、東西回廊の外側には、それぞれ南北方向の排水路が配置されているが、西回廊外郭の排水路には木橋ならびに石橋が、東回廊外郭の排水路には石橋が配置されていた。そのほかにも、中門跡の南側からは、東西・南北方向の道路遺構と排水施設が確認された。

　一方、1993年には、工房と推定される建物跡から百済金銅大香炉が出土した。また、木塔跡の心礎石から出土した石造舎利龕に昌王（威徳王）13年（566）に公主が舎利を供養したという銘文が確認されたことによって、この寺が百済王室の祈願寺刹であることが明らかとなった。

　木簡は、西排水路南端の木橋周辺で確認された陵山里寺跡造成以前の排水路から、櫛、匙、器

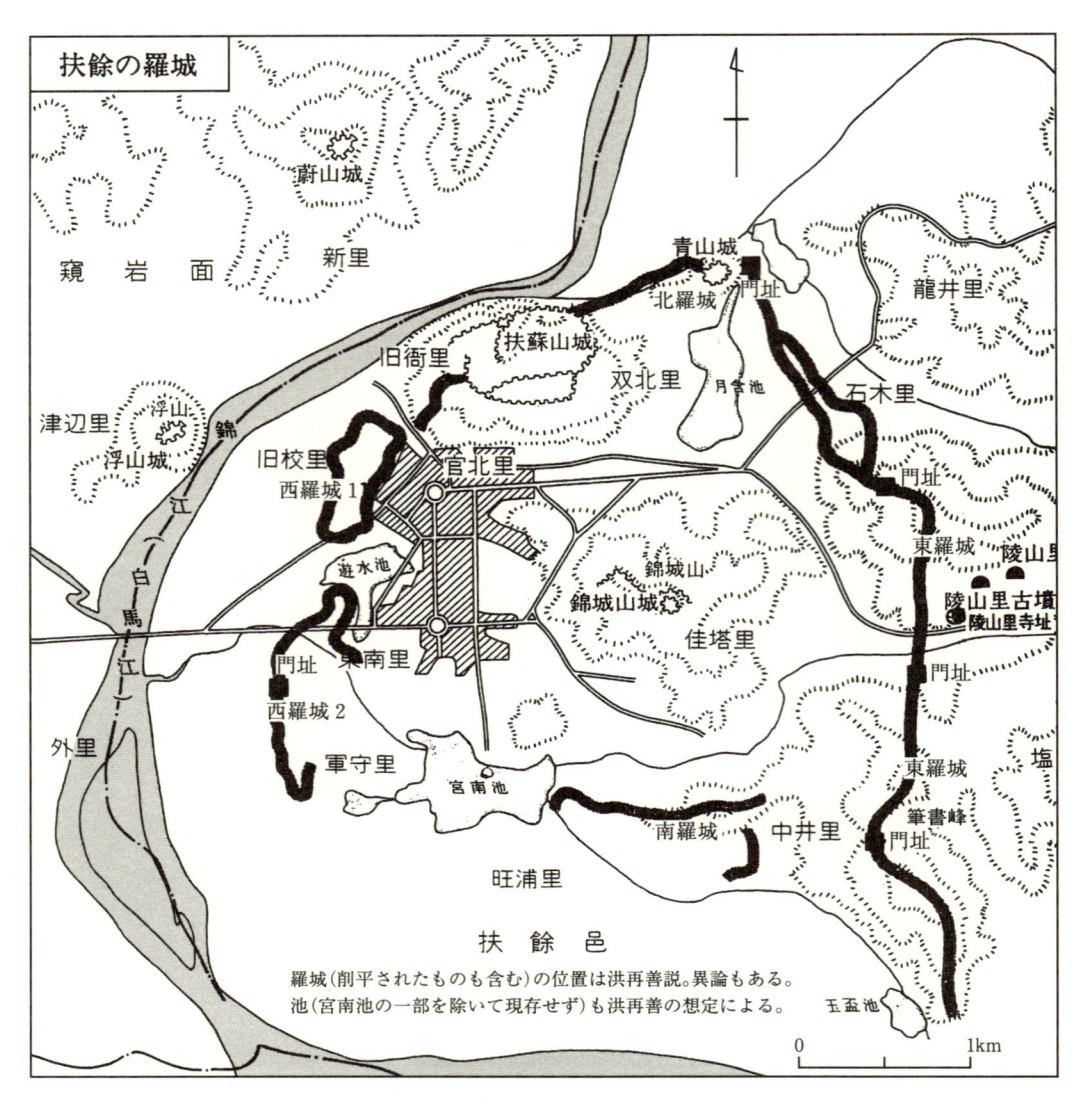

図1　百済・扶餘の王京と陵山里寺址

などの木製品や建築部材とともに241点出土した。したがって、本木簡の年代は、538年の百済泗沘遷都以降、石造舎利龕の紀年銘566年以前のものとみなすことができよう。

国立昌原文化財研究所『韓国の古代木簡』(2004)における第10号木簡の釈文は、次のとおりである（図2）。

㈡釈文
　判読者　国立扶餘博物館および朴仲煥
　　　前面（一面）　无奉儀□　道□立十二□
　　　後面（三面）　无奉　天

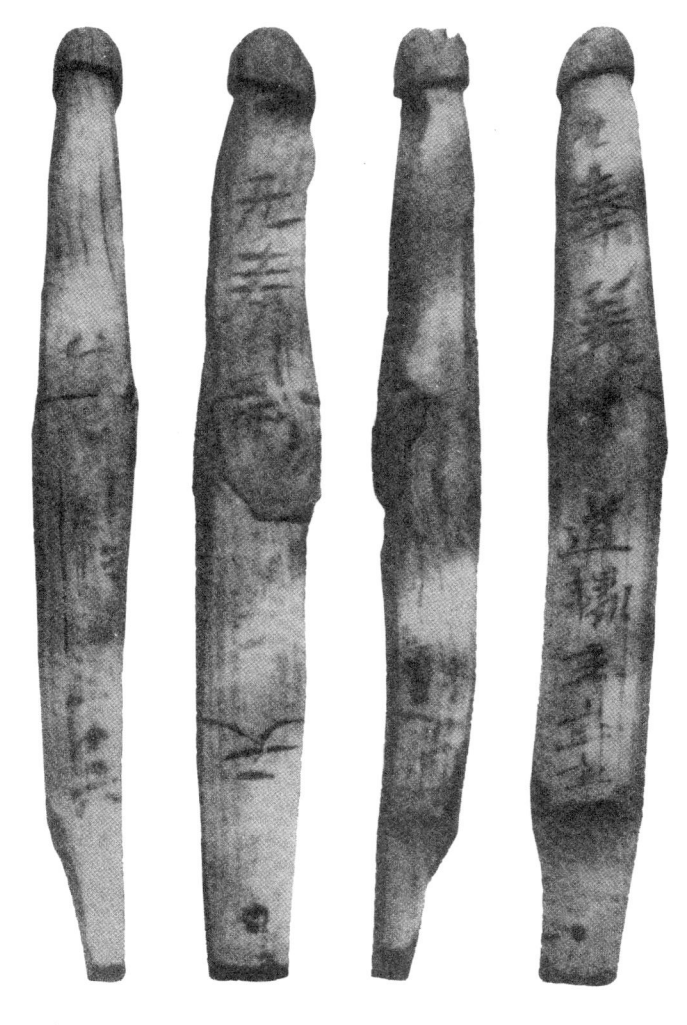

図2　陽物形木簡(四面墨書)
扶餘・陵山里寺址出土
長22.6cm、幅2.5cm、厚2.5cm
(右より)一面、二面、三面、四面

　筆者は、2003年3月13日に国立扶餘博物館において、本木簡を実見する機会を得て、上の判読文に訂正を加えることができた。

　　　第一面「(刻書)　　(墨書)　　立立立　　○」
　　　　　　『无奉義』　「道縁
　　　第二面「　　　　　　　　縁道　　　　」

　　　第三面「(刻書)　　　　　　　　○　」
　　　　　　『无奉　　　　　天』
　　　第四面「　　　　　　□□□[立カ]十六　　」
　　　　　　　　　　　226×25×2.5

㈣形状

　先端部分を加工し陽物形に仕上げ、もう一端は第一面の部分でえぐりを入れて薄く削り込んで穿孔している。第三面の先端部分のみ平滑に削りを入れている。

㈡内容

　文字は、刻書と墨書とで書き分けられていた。刻書は、第一面「无奉義」と第三面「无奉　天」である。「奉義」は「義（人の行うべき徳）を守る」という意味であることから、おそらくは、祭祀に関わる行為の成就を願ったものであろう。「无奉義」は、「奉義」を否定することを意味している。第三面の天地逆の「天」の文字と、第一面の穿孔は密接に関連するものと解され、本木簡は、穿孔部分を上に、柱の釘に架けられたとするならば、「无奉義」を二重否定するものと理解できるのではないだろうか。願い事を逆さに架けることは願望を成就させる行為として多くの民俗事例が存在する。

　中国の『西湖遊覧志』によれば、端午の節に楹(はしら)に「儀方」という呪語を書いて倒貼すると、蛇虺(まむし)を防ぐことができるという。これに類似した作法は日本にも伝えられ、近世の『陰陽師調法記』（元禄14年版）には、「五月五日午の時に朱砂を用て圀という字一ツかきて、門ばしらにさかさまにはりつけておけば、蛇虻（あぶ）家内へきたる事なし」とみえる。

　次に墨書の第一面「道縁立立立」、第二面「道縁」の意味は、文字どおり、道路の縁に本木簡を立てるという掲示方法を表記したといえよう。第四面の文字は現段階では不明とする。

㈤掲示方法

　本木簡は陽物形と称するものとみて間違いない。本木簡は、わずかに長さ22.6cm、幅2.5cmと小型である。この陽物形木簡を道縁に立てる方法は、おそらく常設の柱の釘に架けたものと思われ、道行く人々が目線でみることができたのではないか。その場合、第三面の先端部分が平滑に削られていることから推して、第三面を柱に接触させ、第一面が正面に見えるように掲示していたのであろう。しかも第三面の「天」を掲示法の指示と理解すると、本木簡は陽物形の先端を道路に向け、記された文字が天地逆となるような掲示のしかたであったと考えられる。

　百済の泗沘の王宮は、西から南を錦江（白馬江）の大河が画し、北には扶餘山が位置し、さらに王京を羅城が取り囲んでいる。その羅城のうち、最も直線的に完全に閉鎖しているのは東辺である。これは、平野部へ唯一通ずる道路が東のみであることによる。東辺羅城のほぼ中央の位置に東方に通ずる道が位置している。

　本木簡は、その羅城の東門を出た道の端に立てられていたと考えられる。すなわち、6世紀前半における扶餘（百済王京）を囲む羅城の東門入り口付近に設置された柱に、陽物形木簡が架けられていたのであろう。

　春成秀爾によれば、日本列島では、陽物形の製作・使用は旧石器時代から現代まで続いており、活力の象徴または威嚇の機能をもつ象徴として辟邪の呪具として用いられていたと分析されてい

図3 藁で作った陽物を用いた現在の
道祖神　山梨県牧丘町
（山梨県立博物館・丸尾依子氏撮影）

る（「性象徴の考古学」『国立歴史民俗博物館研究報告』第66集、1996）
　現在各地で行われている民俗行事としての道祖神祭においても、陽物を用いた祭祀形態が広範に見受けられる（図3）。
　したがって、朝鮮半島においても陵山里寺跡出土の陽物形木簡は、王の居住する王京を常に清浄に保ち、邪悪なものが王京に侵入するのを防ぐために羅城の東門入り口付近の「道の縁」に立てられていたと考えられる。

2　日本の都城と道の祭祀

（1）都城の祭祀──道饗祭・障祭・宮城四隅祭
　神祇令に「道饗祭」は季夏・季冬の祭祀とされる。その道饗祭について、『令義解』では、次のように解釈している。道饗祭は、卜部らが京城の四隅の道路上で祭るもので、外から来る鬼魅が京師に入らぬよう、あらかじめ道に迎えて、饗遏するものであるという。この場合、饗遏の語意は、饗がもてなす、遏が阻止する、すなわち、もてなして鬼魅が京師に入るのを阻止するので

ある。

　『季夏条集解』所引の令釈は、次のように説明してる。すなわち、京の四方大路の最極において卜部らが祭るもので、牛皮ならびに鹿猪熊皮を用いる。これは、外から来る鬼魅が宮内に入らぬように祭るもので、左右京職も祭にあずかるとしている。
『延喜式』巻第一、四時祭式に「道饗祭」は、次のように規定されている。
　　道饗の祭〈京城の四隅に於いて祭れ〉
　　五色の薄絁各一丈、倭文四尺、木綿一斤十両、麻七斤、庸布二段、鍬四口、牛皮二張、猪皮・鹿皮・熊皮各四張、酒四斗、稲四束、鰒二斤五両、堅魚五斤、腊八升、海藻五斤、塩二升、水盆・杯各四口、槲八把、瓼四柄、調の薦二枚
　また『延喜式』巻第八、神名式には、道饗祭の祝詞がみえる。その内容は、大八衢にいる八衢比古・八衢比売・久那斗に大量の幣帛を奉って、根国・底国より麁び来る物を防ぐとともに、天皇の寿命長久と御世の平安、さらに、親王以下の人々の守護を祈願したものである。

　四時祭式に道饗祭の供物として見える「牛皮二張、猪皮、鹿皮、熊皮各四張」は、祝詞式では「山野に住む物は、毛の和物・毛の荒物」とあるように、柔毛の動物、粗毛の動物として表記されたと考えられる。
　　障神の祭（『延喜式』巻第三、臨時祭式）
　　五色の薄絁各一丈二尺、倭文一丈二尺、木綿・麻各十二斤、庸布八段、熊皮・牛皮・鹿皮・猪皮各四張、鍬十六口、米・酒各四斗、稲十六束、鰒・堅魚・海藻各八斤、腊・塩各二斗、水盆四口、坏八口、瓼四柄、槲十二把、薦四枚〈五色の薄絁以下を四所に等分せよ〉。
　　右、客ら入京せんときは、前つこと二日、京城の四隅に障神の祭をなせ。
「宮城の四隅の疫神の祭」は京城の四隅において疫神を祭り、「畿内の堺十処の疫神の祭」は、畿内の堺10ヵ所で疫神を祭り、「蕃客を堺に送る神の祭」「障神の祭」の二つの祭は、ともに外国から入京する使節に伴う疫病などの侵入を防ぐために畿内の堺、京城の四隅に祭ったものである。

（２）地方都市（多賀城）における道の祭祀
㈤百恠平安立符（図4・5）
　多賀城のすぐ南側、南門の約250mにある運河の堆積土から１点の木簡が発見された。長さ28.5cmで、表に「□×百恠平安符未申立符」、裏には「□戌□□平□×奉如賽急々如律令」と記されている。木簡の年代は11世紀と考えられている。頭部を山形に削り、下端を尖らせた形状は呪符の典型的な形状である。その内容は百恠を鎮め除くための呪符で、未申いわゆる西南の方角に立てた符であるというものである。この木簡は道饗祭の時、艮（東北）角・巽（東南）角・乾（北西）角とともに坤（西南）角に立てられた符にあたるのではないか。
　この「未申立符」は、多賀城の西南部分にあたり、城内へ侵入しようとする百恠の退散を願って行われた祭の時に、多賀城の四隅にたてられた符の一つかと思われる。

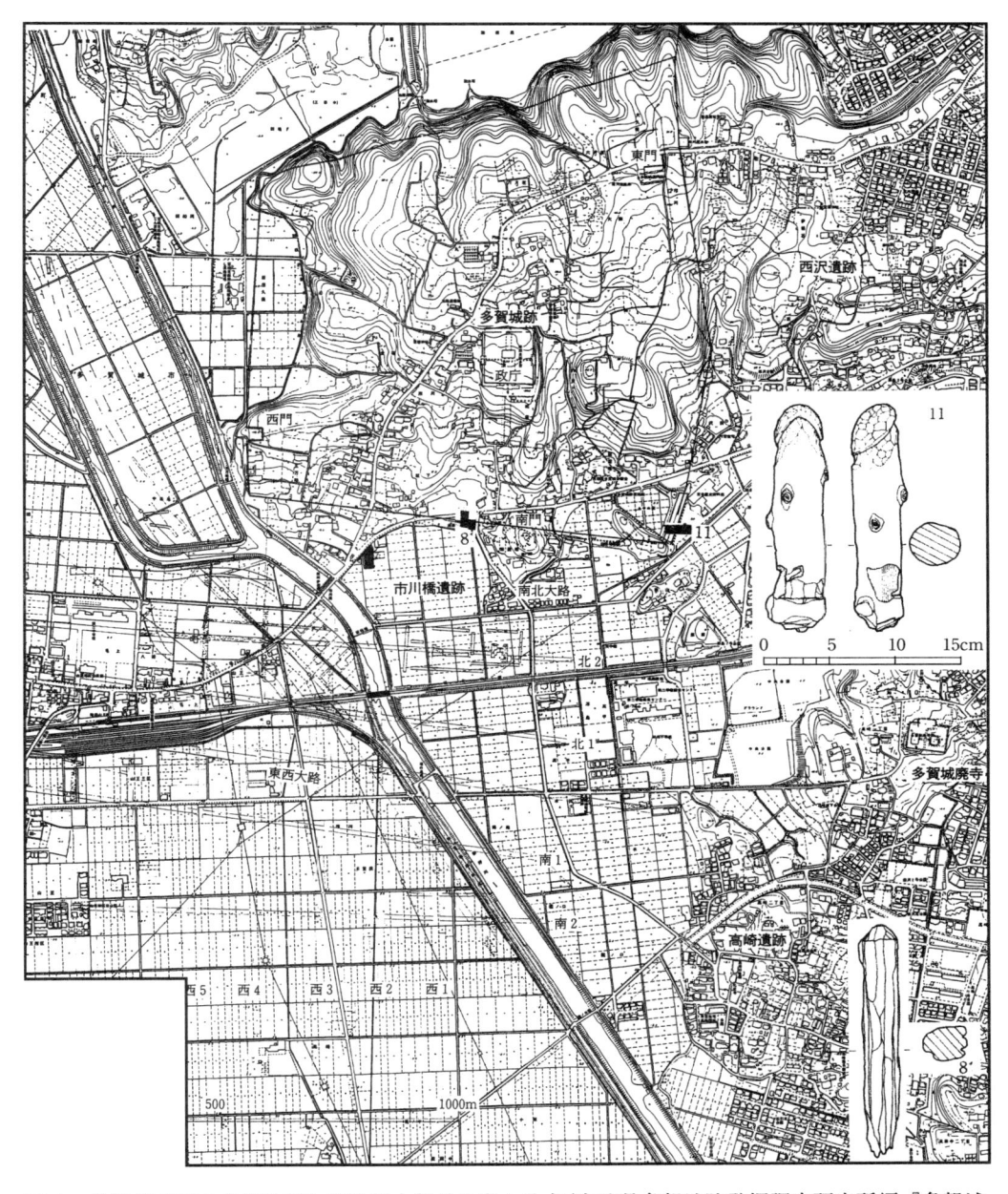

図 4　多賀城南面の方格地割と陽物形木製品の出土地点（宮城県多賀城跡発掘調査研究所編『多賀城跡―昭和45年度発掘調査概報―』1971）

(ロ)土器埋設祭祀（図6）

穴を掘って土器を埋設した遺構が、道路の交差点で13基、他の路上で3基、区画内で9基、方格地割の外で3基の計28基が発見されている。

まず、区画内で検出した土器埋設遺構は、8世紀から10世紀にかけて、その場所に施設を建設する際の地鎮などの祭祀が行われたことを示すものと思われる。

これに対し、道路部分で発見された埋設遺構は次のような特徴がみられる。第一点は、16基中、13基までが交差点にあり、第二点は埋設時期が明確なものはすべて10世紀前半に限定され、しかも5例については道路の造成工事中に埋設されていることが確認できる。以上の二点から、これらは辻（チマタ）を中心とした道路という特定の場所を意識して、限定された時期に計画的に行われた祭祀の遺構と考えられる。第三点として、道路以外の埋設土器は、土師器甕を使う場合、蓋として用いたものを除けばすべて長胴甕で横位に設置されるという特徴がある。道路造成中に埋設されたものがあることを重視すると、これらの埋設土器は道路の建設・改修に関わる祭祀に用いられた可能性が高い。

多賀城の街区の道路交差点に埋設された土器を伴う祭祀は、おそらくチマタ祭祀に深く関わるものと考えてよいのではないか。

（＊イ・ロについては拙稿「古代地方都市論―多賀城とその周辺」『国立歴史民俗博物館研究報告』第78集、1999を参照）

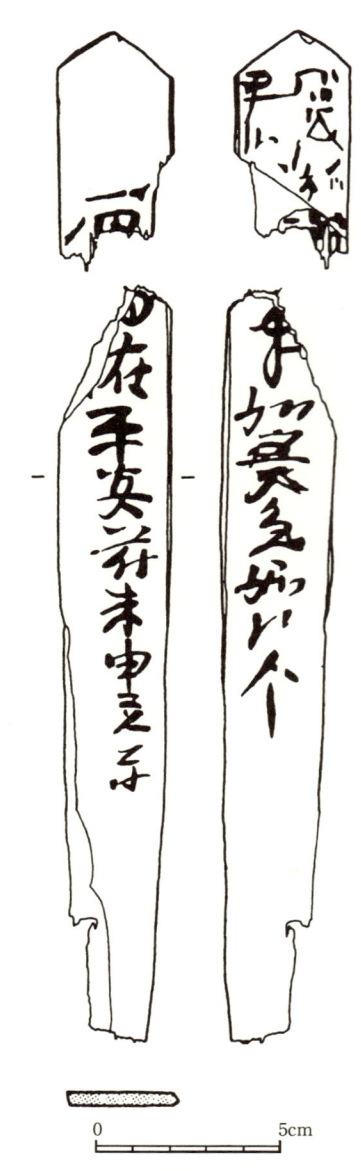

図5　呪符木簡「未申立符」
宮城県市川橋遺跡出土

(ハ)陽物形木製品（2点）

外郭東南隅地区で検出された8世紀末の櫓状建物とされるSB224建物跡土居桁の基礎構造がつくられている青白色粘土層中から陽物形木製品が出土した。

1点は、外郭東南隅櫓状建物付近から出土している。自然木の樹皮を剥ぎ落として細工し、先端部を亀頭状に仕上げた棒状品である。長さ17.4cm、径約4cm、亀頭部3.5cmである（第11次発掘調査地区出土）。もう1点は、外郭南門西地区出土のものがある（第8次発掘調査地区出土）。これは先端を削り出して亀頭形に仕上げているがはっきりしない。あるいは桶状の器の把手の部分かもしれないがすれた部分がないので陽物形製品である可能性が大きい（宮城県多賀城跡調査研究

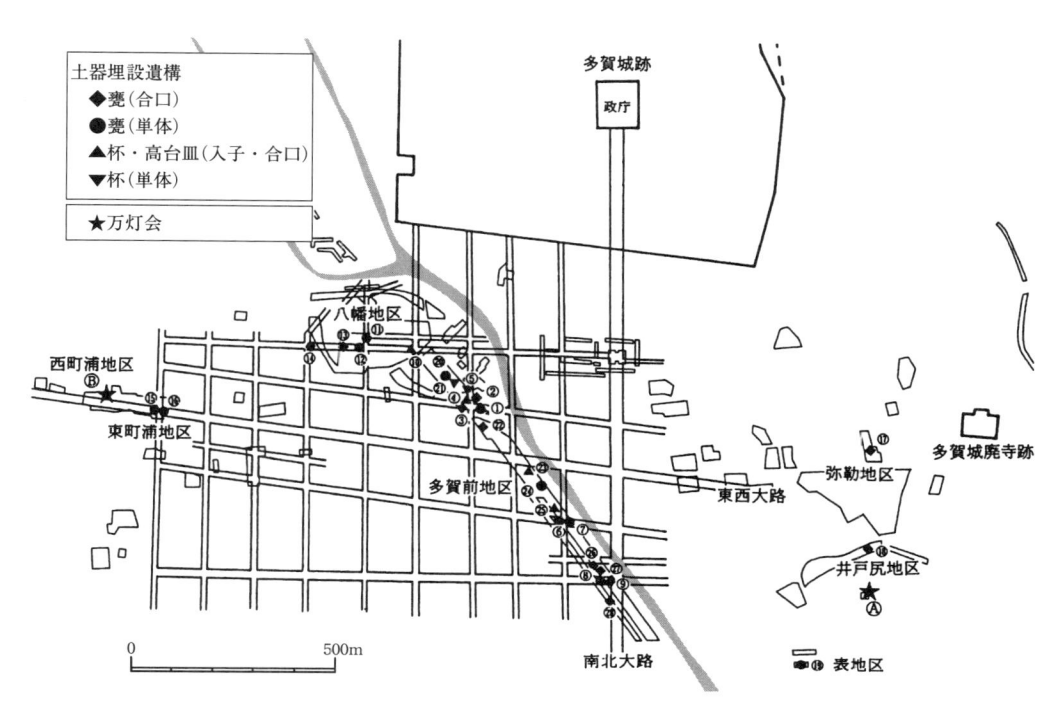

土器埋設の遺構

		埋 設 状 況			地点（図中番号と対応）
交差点	土師器甕2個		合口	横位	②⑭
	土師器甕と杯		合口	横位	③
	土師器甕1個			横位	①⑥⑦⑪⑫⑮⑯
	土師器高台皿2個		合口	正位	⑩
	土師器杯2個		入子	正位	④
	須恵器杯1個			正位	⑤
路上	土師器甕2個		合口	横位	⑧⑨⑬
区画内	土師器甕1個			正位	⑳㉒㉗
	土師器の甕と杯		入子	正位	㉔
	土師器甕と須恵系土器杯		合口	正位	㉖㉘
	土師器杯2個		入子	正位	㉓
	土師器杯と須恵系土器杯		合口	正位	㉕
	土師器杯1個			倒位	㉑
地割外	土師器甕2個		合口	横位	⑰⑱
	土師器甕1個			横位	⑲

図6　多賀城南面の方格地割と土器埋設遺構
（『多賀城史』第1巻より）

古代における道の祭祀（平川）　195

所編『多賀城跡—昭和45年度発掘調査概報—』1971)。

　陽物形木製品2点が、多賀城の一辺約900m四方の外郭線の東南隅および外郭南門跡付近から出土したことは、都城における道饗祭または宮城四角祭と類似した祭祀が実施されていたことを示しているのではないか。

3　記紀の道に関わる神話

『古事記』と『日本書紀』の陸路に関わる神
　「岐神」は「本の号は来名戸の祖神」という。「此より以還、雷敢来じ」の「えこじ」は、「来名戸」（くなと）すなわち「来忽戸」と同義である。さらにいえば、千引石で黄泉ひら坂を塞いで、黄泉からの侵入を防ぐことと、「敢来じ」「来忽戸」は同一の所作と理解することができる。したがって、「岐神」のもとの名は「来名戸の祖神」という。
　『古事記』では投げ捨てた御杖に成った神は衝立船戸神、『日本書紀』では杖を投げた神を岐神とし、船戸神・岐神ともに「フナトノカミ」と呼ばれた。この杖についての一般的理解は、例えば『日本書紀』上巻（岩波日本古典文学大系）の頭注は、「杖はもと、根のついた樹木で、その生成力が豊饒の霊力を示すものとされた。それが陽物の勢能と混同合一されて、部落の入口や岐路に立てられて、邪悪なものの侵入を防ぐ役をした」と解説している。
　『古事記』上巻、忍穂耳命（おしほみみ）と邇々芸命（ににぎ）および『日本書紀』巻第二、神代下第九段（一書第一）によれば、衢神（チマタノカミ）は猿田彦神（サルタヒコノカミ）とも称されている。

4　岐神・塞の神・久那戸（船戸）神そして道祖神

　岐神については、まず、『日本書紀』巻第一、神代上第五段の第七の一書に、「岐神、此をば布那斗能加微と云ふ」とあり、岐神はフナトノカミという。
　同段の第九の一書には、「時に伊奘諾尊、乃ち其の杖を投てて曰はく、「此より以還、雷敢来じ」とのたまふ。是を岐神と謂す。此、本の号は来名戸の祖神と曰す」とあり、岐神は本の号は来名

表1　身に著けたる物を脱ぎしに因りて生める神

	古　事　記		日　本　書　紀
杖	衝立船戸神　つきたてふなとのかみ	杖	岐神　ふなとのかみ
帯	道之長乳歯神　みちのながちはのかみ	帯	長道盤神　ながちはのかみ
囊（ふくろ）	時量師神　ときはからしのかみ	履	道敷神　ちしきのかみ
衣	和豆良比能宇斯能神　わづらひのうしのかみ	衣	煩神　わづらひのかみ
褌	道俣神　ちまたのかみ	褌	開囓神　あきくひのかみ
冠	飽咋之宇斯能神　あきぐひのうしのかみ		

戸（クナト）の祖神という。

『倭名類聚抄』（承平年間〈931～938〉成立）巻第二の鬼神部第五・神霊類第十六には、道祖と道神が明確に区別され、道祖の和名を「佐倍乃加美（サヘノカミ）」、道神の和名を「太無介乃加美（タムケノカミ）」と訓んでいる。

しかし、その解釈は複雑である。すなわち、道祖の項の「風俗通云共工氏之子好遠遊故其死後以為祖」は、共工氏の子脩（一説に、黄帝の子纍祖）遠遊を好み、道路に死す、後世、祖神とし、道路の神として祀ったという。この説明は「道神」のことであり、旅立ちに臨んで道路の神を祭ること、すなわちタムケノカミ（手向け神）のことであり、道祖の和名「佐倍乃加美」の説明にはならない。

以上のように岐神・塞の神・久那戸（船戸）神は、邪悪なものの侵入を防ぐため、道の辻などに祭られる神のことであり、道神・行神とは異なる。道神は行人が道中の安全を祈って幣を手向ける神のこと、行神は道を守る神、すなわち、道神・行神は旅立つ人々の安全を守る神のことである。

なお、現在における道祖神信仰の民俗学の通説的理解によれば、日本の古代にすでに道祖神（塞ノ神）は村や家に悪霊が入ってくるのを塞ぐ神と考えられ、同時に道を守り、旅人の安全を守る神になっていたのである。道祖神に対する信仰は、人々がムラをつくり、社会生活を営むようになった時期から、ムラに侵入してこようとする悪霊や災厄をその入り口や家々の門口などでさえぎり、ムラや家の安泰をはかろうとすることから形成されたものと想像される（神野善治『人形道祖神—境界神の原像』白水社、1996）。

5　道祖神信仰の流れ

（1）道祖王

道祖の初見は、天武天皇の孫、新田部親王の子である「道祖王」であろう。

近年、新川登亀男は、日本における道教のあり方を問うており、古代国家の確立過程のなかで、道教をめぐるはじめての攻防がみられるのは、天武天皇の病から死に至る過程においてであったという（新川登亀男『道教をめぐる攻防』大修館書店、1999）。

天武天皇は、壬申の乱後、ヤマトに凱旋して飛鳥浄御原宮に入った。672年のことである。その後、この宮は、持統天皇（天武天皇の皇后）が694年末に藤原宮へ遷るまで、2代22年間にわたって営まれた。ところが、この宮号は、はじめからそう呼ばれていたわけではなくて、天武天皇の危篤の最中に命名されたものであり、同時に、朱鳥元年という年号もたてられている。朱鳥は「アカミトリ」といわれ、「アカミトリノハジメノトシ」というわけである。この直後、さらに浄行者70人の出家が断行された。

飛鳥浄御原宮の宮号命名と、朱鳥建元と、浄行者出家とはすべて一連のもので、天皇の延命をねがう最後の切り札的な試みであったことは間違いない。とくに、宮号命名は、宮殿が「浄

い」ことを、「浄く」ありつづけることをねがったものである。
　この宮殿を「浄く」保つ思想は、さらに宮殿から本格的な都城を清浄に守る祭祀の確立へと進んだと考えられる。
　和田萃が「都城の成立と祭祀」について次のように指摘している（和田　萃『日本古代の儀礼と祭祀・信仰』中、塙書房、1995）。

　　従来から存在していた古道（中ツ道、下ツ道、横大路、阿部山田道）を利用して、条坊をもった本格的な都城として造営されたのが藤原京である。藤原京の西南隅は、下ツ道と阿部山田道が交差する軽のチマタで、藤原遷都以前から、チマタとして機能していた。この都域の成立と密接に関わりをもつのが、道饗祭である。藤原京造営以前から、古道が互いに交差することにより、非日常的空間として機能していたチマタが、藤原京の四隅として位置づけられた結果、律令的祭祀である道饗祭がこの地で行われるようになったのである。

　この道饗祭は、神祇令の義解によれば、災厄をもたらす悪鬼の京師への侵入を防ぐことを目的とする。この目的からも明らかなように、道祖は『倭名類聚抄』では「佐倍乃加美」（サヘノカミ）と訓み、『伊呂波字類抄』の「姓氏」の項に、「道祖フナト」とみえる。『日本書紀』神代上に「岐神、此をば布那斗能加微（フナトノカミ）と云ふ」、『倭名類聚抄』にも「布奈止乃加美」（フナトノカミ）とあり、さらには『日本書紀』神代上には、「是を岐神と謂す。此、本の号は来名戸の祖神と曰す」とあり、岐神は来名戸（クナト）の祖神と呼ばれている。
　以上のごとく、道祖（神）も岐神も、ともに「サヘノカミ」「フナト（クナト）ノカミ」と称されていたのである。したがって、道祖王は「フナトノオウ」と呼ばれていたとみてよい。本格的な都城の造営と律令祭祀としての道饗祭の実施に密接に関わった天武天皇の孫の王名に「道祖王」はまことにふさわしいといえる。さらにいえば、道祖王は天平宝字元年（757）、藤原仲麻呂殺害の謀議とされた橘奈良麻呂の変が露見すると、黄文王らとともに捕らえられ、名を麻度比と改めさせられ、下獄し、拷問をうけて死亡した。こうした改名のよく知られた例は、和気清麻呂が神護景雲3年（769）、道鏡を皇位にたてるべきとした宇佐八幡宮の神託を偽りと奏したため、別部穢麻呂と改名させられ大隅国へ配流（姉の和気広虫も別部狭虫と改名させられ備後国へ配流）された事件である。「道祖王」から「麻度比」へと改名させられたことは、和気氏の例を参考にすれば、「道祖」と「麻度比」へのが反対語となることを意味しているのであろう。「麻度比」（惑ひ＝まどひ）は「行く先を見定めかねて混乱する・道に迷う」の意味であり、その反対語「道祖」は道しるべのような意味ととらえられていたのではないか。先に述べたように、『倭名類聚抄』の「道祖」「岐神」「道神」の訓みはそれぞれ異なっている。しかし「道祖」は和名「サヘノカミ」でありながら、その意味は「道神」の説明（行人を守る道路の神）となっているように、道祖王の「麻度比」への改名は、当時三者が類似した内容として理解されていたことによるのであろう。

（2）「道塞」木簡（図7）
　福岡市元岡遺跡群出土木簡（福岡市教育委員会編『九州大学統合移転用地内埋蔵文化財発掘調査概報

2─元岡・桑原遺跡群発掘調査─』2003)

　遺跡は福岡市の西端、糸島半島東側の山間部にある。古墳時代前期から集落が営まれ、古墳時代後期、7世紀頃まで継続している。その後、8世紀を前後する時期にそれ以前にあった集落域を整地して池状遺構SX001、倉庫群等が造られる。この地点の倉庫群等の官衙的施設は9世紀には終焉を迎えるのではないかとされている。

　この池状遺構からは、多数の土器・木製品（工具・農具・紡織具など）が出土したが、この中には舟形木製品（約30点）をはじめ、斎串・鳥形・陽物形など祭祀に関連する遺物が多数みられ、この付近で何らかの祭祀が行われていたと考えられている。池状遺構からは木簡も約37点出土し、紀年銘（大宝元年〈701〉、延暦4年〈785〉）木簡と出土土器から、その遺構の存続期間は8世紀前後から約100年間と考えられる。

　木簡のなかでは、次の13号木簡が注目される。
　　　道塞　　　　　　」
　　　　　　　　　　　　(171)×19×4051

　上端を欠くが、2文字「道塞」のみを頭部に記し、下端を尖らせている。薄い加工と下端を尖らせた形状は斎串に類似し、裏面に文字は全くない。調査概報では、「祓に関わるものか」としている。祭祀の際に地面に突きさしたのではないかと推測される。「道塞」の上には文字はないと想定される。したがってこの木簡は、藤原宮木簡「符處々塞職等受」、石神遺跡木簡「道勢岐宮前口」などのような過所に関わる文書木簡ではなく、呪符木簡とみるべきであろう。「道塞」は道の「塞神」「障神」、『倭名類聚抄』にみえる「道祖」を「佐倍乃加美」(サヘノカミ)と訓むことと密接に関連しよう。すなわち、「道塞」＝「道阻」と同じ表記と理解できるのではないか。元岡遺跡群出土木簡「道塞」は、現段階における日本最古の道祖神に関わる直接的資料といえよう。

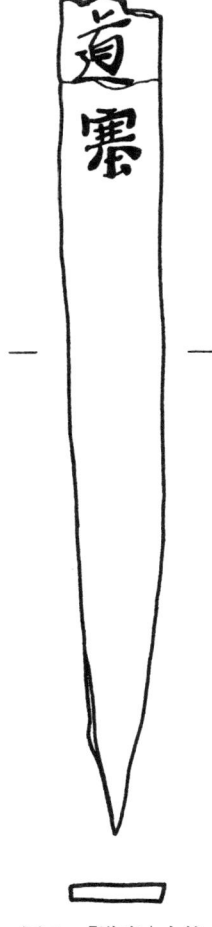

図7　「道塞」木簡
福岡県元岡遺跡出土

(3) 道饗祭・岐神

　10世紀前半の『小野宮年中行事』の六月行事・道饗祭事として、次のように外記記文をあげている。
　　道饗祭事。
　　弘仁神祇式云。於京城四隅祭之。十二月准之。天慶元年九月一日外記記云。近日東西両京大小路龜刻木作神相対安置。凡厥体像髣髴丈夫頭上加冠鬢辺垂纓。以丹塗身成緋衫色。起居不同。逓各異貌。或所又作女形。対丈夫而立之。瞎下腰底刻絵陰陽。構几案於其前。置坏器於其上。児童褻雑。拝礼懇懃。或捧幣帛。或供香

古代における道の祭祀（平川）　　199

> ……花。号曰、岐神。又称、…………。未レ知、何祥。時人奇レ之。
> 鎮火祭事。
> 同式云。於二宮城四隅一祭レ之。十二月准レ之。（下略）
> 　　　　　　　　　　　　　　　　　　（『古事類苑』第六冊　公事諸1　巻第八十四）

　京の衢に男女の神像（八衢比古・八衢比売の2神か）を祀り、岐神（フナトノカミ）と称し、悪霊の侵入を防ぐ道饗祭の行事が実施されていたことがわかる。

（4）百済、陵山里寺跡出土陽物形木簡
　百済の王京の羅城の外、東門外付近から出土した陵山里寺跡木簡は次の3点の特徴を有している。
　・扶余城の東門跡付近から出土していること
　・木簡が陽物形であること
　・「道の縁に立つ」と記されていること

　本木簡は6世紀における扶余（百済王京）を囲む羅城の東門入り口付近に、常設の柱状のものに架けられていたと推測される。
　原始信仰では、陽物は、一般的に活力と威赫の象徴とされ、すなわち邪悪なものを鎮めるという機能を持っているという。王の居住する王京は、常に清浄に保たれる必要があることから、邪悪なものが王京に入ることを防ぐために陽物形木製品を掲げられていたであろう。
　6世紀の百済の王京で行われていた、いわゆる都城祭祀が、やがて日本列島において都城制が本格的に開始された7世紀後半の藤原京以降、こうした都城祭祀が導入されたのではないか。都城祭祀として明確に律令に規定されている道饗祭は、天皇の居る都城に邪悪なものが入らないように行われている。記紀神話にみえる衝き立てられた杖は岐神（フナトノカミ）と呼ばれたが、この岐神と杖の関連が、岐神を祭った道饗祭において、陽物形木製品を道に立て邪悪なものの侵入をくい止めようとした祭祀行為に通ずるものと理解できる。さらにこの祭りでは、熊の皮、牛の皮、鹿の皮など獣皮が用いられている点が注目される。9世紀の『古語拾遺』によれば、怒れる神を鎮めるために、水田の水口に牛肉とともに陽物が置かれている。牛肉や陽物を祭りに用いる点は、道教的の呪術の要素をうかがうことができるのではないか。
　畔で方形に囲まれた状況は、都城の羅城に相当し、水口は外に通ずる都城の門と同様の意義をもっている。
　古代国家にとって、都城祭祀と水田祭祀が類似の祭祀形態を有する点は、きわめて重要な意義があり、今後の検討課題と位置づけたい。

（5）まとめ——道祖神信仰の流れ——
　本格的都城が造営された時点、7世紀後半、天皇の居所をはじめ、都城内を清浄に保ち、邪

悪なものの侵入を防ぐために、京城の四隅の道上で道饗祭を実施した。
　その道饗祭の特異な祭祀形態として二つの特徴をあげることができる。
　一つはのちの『小野宮年中行事』に道饗祭事として、陽物を表現した神像（陰物の女性像と対の場合もあり）がチマタに立てられていたが、当時の人々には奇異なものと意識され、『今昔物語集』巻十三、第卅四話においても「下劣ノ神形」と表現されるような呪術的要素の強い祭祀形態であった。こうした祭祀は、6世紀の百済の王京の入り口近くに陽物形を道の縁に立てる祭祀を、7世紀後半、日本の都城祭祀に導入したことによると理解することができよう。
　もう一つは、道饗祭の祭料に牛・猪・鹿・熊という四つの動物皮が供えられている点である。『延喜式』にみえる障祭、宮城四隅疫神祭なども含めて、すべて道に関わる祭祀、とくに疫病などの邪悪なものの都城への侵入を阻止する祭祀に限って、四つの動物皮が供えられている点はきわめて特異である。
　道饗祭は、陽物形や動物皮などを用いたきわめて外来の呪術的要素の強い特異な祭祀形態であったことは間違いないであろう。
　今回、百済の王京の羅城の東門跡付近の道縁に立てられた陽物形木製品の発見によって、古代日本における都城制の本格的成立とともに、道饗祭のような祭祀が実施され、その祭祀形態は、日本列島における従来の一般的信仰とは異質な外来の呪術的要素を強く備えたものであったことが明らかとなった。
　この道饗祭・岐神・障祭などを含めた道に関わる古代の都城祭祀こそ、道祖神信仰の原点といえる。道祖神信仰はこれまで民俗学で想定したように、古代の村々にすでに存在したものではなく、古代の都城祭祀としてきわめて政治的に創出された特異な祭祀形態であると考えるべきものである。それゆえに道祖神祭はまず、都城で成立し、やがてその出先ともいうべき地方都市においても実施され、村落に邪悪なものが侵入するのを防ぐ村の祭りとしての道祖神祭は、おそらくは村の自治が本格的に確立される中世末から近世に入ってはじめて導入され、現在東日本を中心に民俗行事として盛んに実施されているものと考えられる。
　現在の道祖神信仰の複雑な要素は、近世以降加味されていったものではないかと考えられる。

付記
　本稿に先立ち、拙稿「古代における道の祭祀―道祖神信仰の源流を求めて―」（山梨県立博物館『開館企画展　やまなしの道祖祭り―どうそじん・ワンダーワールド―』2005年10月、88〜99頁）を発表している。さらに、総括的研究として「道祖神信仰の源流―古代の道の祭祀と陽物形木製品から―」と題した論文が、2006年度中に『国立歴史民俗博物館報告』に掲載される予定である。あわせて参照していただきたい。

刻書紡錘車からみた日本古代の民衆意識

宮瀧交二

はじめに

　日本古代の遺跡出土文字資料、すなわち全国各地の古代遺跡から出土する木簡・墨書土器・漆紙文書等は既に広く市民権を得ていると述べても過言ではないだろう。事実、これらの資料を対象とした具体的な検討作業から、日本古代史の様々な局面を解明する幾多の成果が上がっている。そのような中、ここに取り上げる刻書紡錘車は、糸に縒りをかける際に使用する紡錘の石製のはずみ車に文字が刻まれたものであるが、

　①群馬・埼玉県下を中心に北関東地方からの出土事例が多いように、出土地域に偏りがある。
　②主に集落遺跡から出土する資料である。

といった点において、木簡・墨書土器・漆紙文書等とは異なる資料的特質を有している。しかしながら、翻ってみれば、このような刻書紡錘車の資料的特質は、①に関して言えば古代東国史研究の一級資料であることを示すものであり、②に関しても、墨書土器よりも記載文字数が多く、より多くの情報がもたらされるという点において、古代東国村落史・民衆史研究に不可欠な資料とも言うことが出来よう。

　刻書紡錘車の性格解明作業は緒に就いたばかりであるが、筆者はかつて高島英之と共に群馬県下の古代遺跡から出土した刻書紡錘車の集成・検討を行った〔高島・宮瀧 2002。以下「前稿」とする〕。その結果、このような刻書紡錘車の性格として以下の点を指摘することが出来た。

(a)刻書紡錘車は、集落遺跡から出土する墨書・刻書土器と同様、仏教をはじめとする様々な信仰に伴う祭祀・儀礼行為の中で使用されたであろうこと。
(b)紡錘車本来の用途に加え、刻書内容等から、紡織に関する祭祀・儀礼に伴い用いられたものもあること。
(c)その一方で、紡錘車本来の用途とは全く無関係の祭祀・儀礼に伴い用いられた可能性があること。
(d)前項に関連して、当該期の円盤状土製品・鉄製品の中には、銭貨の代用品・模造品として墓壙等から出土するものがあること。

　このような点を確認した上で、今回は前稿に加えて、更に埼玉県下の事例の検討を行い、刻書紡錘車研究の現状と課題を確認するものとしたい。

1 群馬・埼玉県下出土の刻書紡錘車

　表1が、群馬県下の古代遺跡から出土した刻書紡錘車、そして表2が、管見に入った埼玉県下の古代遺跡から出土した刻書紡錘車の一覧である。その釈文に注目すれば、刻書の内容を理解することが出来るものも少なくない。

　先ず注目されるのが、かつて筆者が注目し〔宮瀧 2000〕前稿でも指摘した、明らかに仏教と関わる内容を有するもの（図4）である。仏教関係の刻画も有する刻書紡錘車としては、群馬県沼田市戸神諏訪Ⅱ遺跡出土の仏堂とみられる絵画を有するもの、埼玉県北本市下宿遺跡出土の如来と思われる仏像と如来の印相を記したもの、そして埼玉県本庄市大久保山遺跡出土の仏面とおぼしき顔面を有するもの等が掲げられる。また、刻書の内容からは、春日部市八木崎遺跡出土の「仏に随い念じ奉る。道足」という内容を有するものも注目されよう。更に、文字を刻んだ刻書紡錘車ではないが、熊谷市北島遺跡出土の紡錘車には蓮華文が描かれており、注目に値する。今後、当該期の刻書・刻画紡錘車の性格を考える上で、仏教との関係には看過出来ないものがある。

　また、仏教とは断定しきれないものの、宗教的内容（願文）を有するものも確認できる。群馬県下においては、既に前稿で指摘したとおり、群馬県尾島町尾島工業団地遺跡出土の紡錘車には「矢田□人即万呂矢田公子家守状」という文字が刻まれており、これは「矢田□人即万呂」と「矢田公子家守」が何者かに対して「状す」、すなわち「申し上げる」といった内容とみることが出来る。また、同沼田市東長岡戸井口遺跡出土の紡錘車には「太綾神奉奉上」とあり、この紡錘車またはこの紡錘車で紡いだ糸をはじめとする何らかのものを「太綾神」に奉納したことがうかがわれる。このような内容を有する刻書紡錘車は、埼玉県下からも出土しており、岡部町熊野遺跡出土の紡錘車には「道乙朋道俱伏状」すなわち、「道乙、朋道、俱に伏して状す」（道乙と朋道の2人が、ともにひれ伏して申し上げる）という願文が記されている。先に掲げた春日部市八木崎遺跡出土の「仏に随い念じ奉る。道足」という文字を刻んだ紡錘車も、対象は仏であったが、願文の書式を採っている点において注目されよう。この場合、「矢田□人即万呂」「矢田公子家守」、「道乙」「朋道」「道足」といったように、願主としての人名が記されることが注目されるが、人名を記す紡錘車はこの他にも認めることが出来る。埼玉県内に例を取ってみても東松山市沢口遺跡の「佐太人」、本庄市南大通り線内遺跡の「武蔵国児玉郡草田郷戸主大田マ（部）身万呂」の「大田マ（部）身万呂」、そして上里町若宮台遺跡の「天女（安）二年十二月廿八日黒成、黒成」の「黒成」等が掲げられよう。既に平川南や高島英之によって指摘されているように〔平川 2000、高島 2000〕、墨書土器に記された国・郡・郷・人名・年月日等の表記は、冥界あるいは神仏等に対して願主を特定させるために必要な記載であったものと思われるが、このことは、現在の絵馬の奉納時の記載内容から推しても得心のいくところである。古代東国の在地社会における民衆の信仰の実態は、既に指摘されているとおり、仏教、神祇信仰、在来信仰等が混交したものであったと思われ、体系的なものではなく、現世利益的な在地固有のものであったと思われる。

2 刻書紡錘車の用途

　以上、これらの刻書紡錘車に刻まれた文字は、古代村落に暮らす民衆の仏教をはじめとする信仰と深く結びついていることが明らかになった。それぞれの刻書紡錘車が具体的に何に用いられたのかを明らかにすることは困難を極めるが、その可能性の一つは、前稿でも指摘したように、紡織に関する祭祀・儀礼に伴い用いられたとするものである。これに加えてここでは、また別の角度からの検討を加えてみたい。

　埼玉県内における紡錘車の系譜を遡ってみた場合注目されるのは、「葬送儀礼において紡錘車を納置する儀礼行為が存在」したのではないかとする大谷徹の見解である〔大谷 1998・2000〕。埼玉県鴻巣市の新屋敷古墳群は5世紀後半～7世紀初頭に営まれた古墳群であるが、全古墳の25％にあたる19基の古墳（6世紀前半に集中する一連の円墳）から23点の石製紡錘車が出土しており、基本的には一古墳から二個の出土があるとのことである。23点の紡錘車のうち13点は、土師器坏（饗応儀礼に使用された土器か）と共伴している点も特徴的である。更に6世紀前半に集中する一連の円墳には、周溝の一部を掘り残して造り出された土橋（通路）があり、紡錘車はその右側からの出土が多いという特徴も存在する。紡錘車には使用痕を残すものが少なく、仮器である可能性もあるという。また、58号墳からは、2頭の鹿の線刻画のある紡錘車が出土しているが、鹿は神の使いである神聖な霊獣であることから、古墳への邪霊の侵入を防ぐ「避邪」の性格や、死者の再生や復活を願う「魂振り」の性格も想定することが可能であるという。その上で大谷は、当該期の古墳における「葬送儀礼において紡錘車を納置する儀礼行為が存在」した可能性を指摘している。更に古墳周溝より出土した紡錘車の例としては、生出塚1号墳（鴻巣市）、古凍根岸裏遺跡古墳跡（東松山市）、椿山3～5号墳（蓮田市）、蜻蛉遺跡古墳跡（草加市）、白鍬宮腰遺跡第2号円形周溝墓（さいたま市）等があるという。以上の指摘は、当該地域の在地社会において紡錘車が、古墳時代以降伝統的に葬送儀礼をはじめとする様々な信仰の場において、本来の用途である糸縒りとは全く別の用途にも用いられていた可能性を強く示唆するものとして注目されよう。「葬送儀礼において紡錘車を納置する儀礼行為が存在」した古墳の分布が、埼玉県域を中心としていることは、冒頭で述べた刻書紡錘車の出土地域の偏りとも整合するものであり、大いに興味を惹くものである。今後の更なる事例の増加を期待したい。

まとめにかえて

　最後に、刻書紡錘車に関していくつか考えていることを列挙してまとめに代えたい。
　先ず、なぜ関東地方、それも群馬・埼玉県下を中心とした北関東地方地域にのみ刻書紡錘車の出土が集中するのかという疑問についてであるが、解答としては、このような刻書紡錘車を伴う儀礼が盛行していた地域と理解することが、墨書土器や瓦塔等の分布の粗密と同様、妥当ではないかと思われる。

また、従来までの織物生産史研究の成果によれば、織物生産、特に「糸紡ぎ」は女性の労働とされているにもかかわらず、刻書紡錘車に記された人名には女性名が無いことをどう考えるかという点であるが、刻書紡錘車が様々な信仰に伴う祭祀・儀礼行為の中で使用されたものであるとすれば、盛行した奈良時代から平安時代にかけては、既に女性史研究の成果にあるように、家父長制が徐々に成立（男性戸主により家が代表される）しつつある時期でもあり、様々なレヴェルでの祭祀・儀礼行為の執行者がちょうど男性に集中していく時期と重なっていると考えるのが最も整合的であると思われるがいかがなものだろうか。

　また、刻書紡錘車の用途に関する検討は更に継続していかなければならないが、今後は特に民俗事例等の検討が不可欠になるものと思われる。海外の民俗事例に目を向ければ、紡錘車は女性の装身具（護符）としても用いられているようであり〔阪野 1970〕、例えば巫女が梓弓を武器ではなく楽器として用いるように、紡錘車に関しても、我々の想像をはるかに超える二次的な用途も考えられるのではないだろうか。いずれにしても、刻書紡錘車に関する研究はまだ緒に就いたばかりである。

　なお最後になったが、今回、貴重な検討の機会をいただいた国士舘大学・須田勉先生に深謝したい。

参考文献
大谷　徹　1998『新屋敷遺跡（D）区』埼玉県埋蔵文化財調査事業団
大谷　徹　2000「新屋敷古墳群」『埼玉の遺跡』さきたま出版会
阪野於菟　1970「紡錘車・つむに魅かれて」『民芸手帖』第143号、東京民芸協会
髙島英之　2000『古代出土文字資料の研究』東京堂出版
髙島英之・宮瀧交二　2002「群馬県出土の刻書紡錘車についての基礎的研究」『群馬県立歴史博物館紀要』
　　第23号
平川　南　2000『墨書土器の研究』吉川弘文館
宮瀧交二　2000「日本古代の民衆と「村堂」」（野田嶺志編『村のなかの古代史』）、岩田書院

表1 群馬県内出土の古代刻書紡錘車（番号は図1・2に対応）

番号	遺跡所在地	遺跡名	出土遺構	材質	形状	上径(cm)	下径(cm)	厚み(cm)	孔径(cm)	重量(g)	形状	年代	墨書・刻書部位	釈文
1	月夜野町	後田遺跡	79号竪穴建物跡	蛇紋岩	薄合形	5.5	3.6	1.4	0.9	71.0	完形	8世紀後半	上、下面	「手貢」4ヵ所
2	沼田市	大釜遺跡	26号竪穴建物跡	石	薄合形	4.7	3.0	1.4	0.7	43.4	完形	9世紀前半	上面	判読不能
3	沼田市	戸神諏訪遺跡	58号竪穴建物跡	蛇紋岩	薄合形	4.8	4.1	1.4	0.7	30.4	約1/2	9世紀前半	下面	「十」
4	沼田市	戸神諏訪遺跡	129号竪穴建物跡	流紋岩	薄合形	4.8	3.5	1.7	0.7	59.1	完形	9世紀前半	側面	判読不能
5	沼田市	戸神諏訪遺跡	136号竪穴建物跡	蛇紋岩	薄合形	4.9	3.9	1.6	0.7	67.0	完形	9世紀前半	側面	「十」
6	沼田市	戸神諏訪Ⅱ遺跡	A-47号竪穴建物跡	石	薄合形	4.9	2.8	1.7	0.9	61.0	完形	9世紀前半	側面・正位	寺院仏堂線刻・「有馬酒麻呂」
7	渋川市	有馬条里遺跡	1号竪穴建物跡	滑石片岩	厚合形	4.7	3.5	1.9	0.7	50.0	完形	9世紀前半	上、下面	（上）「有馬公力」、（下）「有」
8	富士見村	見眼遺跡	5号竪穴建物跡	滑石片岩	厚合形	4.2	1.8	1.8	0.8	–	完形	9世紀前半	側面・逆位	「見」「見」「見」「利」「利」
9	前橋市	荒砥天之宮遺跡	C-21号竪穴建物跡	滑石	薄合形	4.8	3.4	1.5	0.6	52.0	完形	6世紀後半	側面	「八十」
10	前橋市	荒子小学校庭Ⅱ・Ⅲ遺跡	20号竪穴建物跡	石	薄合形	4.5	3.0	1.5	0.9	57.0	完形	8世紀後半		「下」
11	前橋市	荒子小学校庭Ⅱ・Ⅲ遺跡	20号竪穴建物跡	石	薄合形	4.6	3.5	1.4	0.8	48.0	完形	8世紀後半	側面・逆位	「□□若代□去勢女」
12	前橋市	柳久保遺跡Ⅵ	65号竪穴建物跡	滑石	薄合形	4.8	3.2	1.6	0.9	–	完形	8世紀後半		判読不能
13	前橋市	芳賀東部団地Ⅰ遺跡	H383竪穴建物跡	蛇紋岩	薄合形	4.1	3.0	1.2	0.9	–	完形	9世紀後半	側面・逆位	「有」「有」「合」「木」「□」
14	前橋市	芳賀東部団地Ⅱ遺跡	H-81号竪穴建物跡	石	厚合形	3.7	2.7	1.5	0.9	–	完形	9世紀後半	側面	「勢多部楊□五百□部□」
15	前橋市	芳賀東部団地Ⅱ遺跡	H-77号竪穴建物跡	蛇紋岩	薄合形	5.6	4.5	1.4	0.9	–	完形	9世紀	上、下面	（上）「春日マ」「春日」「春日マ」、（下）「麿春日マ国麿」
16	前橋市	芳賀東部団地Ⅱ遺跡	K-113掘立柱建物跡	石	薄合形	3.8	2.6	1.4	0.6	–	完形	不明	下面、側面	（下）「山」、（側）「×」
17	前橋市	芳賀東部団地Ⅱ遺跡	H-140号竪穴建物跡	石	薄合形	4.7	3.1	1.6	0.7	–	完形	8世紀後半	側面・正位	卍
18	前橋市	荒砥北部遺跡	H-43号竪穴建物跡	石	薄合形	4.8	3.6	1.2	0.9	–	完形	不明	下面	「大田部□麻子」
19	前橋市	鶴ヶ谷Ⅱ遺跡	30号竪穴建物跡	滑石	厚合形	4.4	2.7	1.8	0.8	–	完形	8世紀後半	側面・正位	「八用」
20	前橋市	上西原遺跡	72号竪穴建物跡	蛇紋岩	薄合形	5.4	4.2	1.2	0.9	–	完形	9世紀後半	下面	「是有食月有見」
21	高崎市	上西原遺跡	85号竪穴建物跡	蛇紋岩	厚合形	4.2	2.6	1.8	0.8	–	完形	9世紀中葉	側面・横面、下面	（側）「大井」、（下）「□□」
22	高崎市	熊野堂遺跡	81号竪穴建物跡	蛇紋岩	薄合形	4.8	3.1	1.6	0.8	56.4	完形	9世紀後半	側面・正位	「万」「大大大大大」
23	高崎市	熊野堂遺跡	81号竪穴建物跡	蛇紋岩	薄合形	4.1	3.0	1.2	0.8	35.3	完形	9世紀前半	側面・正位	「上」
24	高崎市	融通寺遺跡	4区21号竪穴建物跡	蛇紋岩	長方形	4.7	4.7	1.4	0.8	55.6	完形	9世紀後半	側面	判読不能
25	高崎市	大八木屋敷遺跡	89号竪穴建物跡	土製	薄合形	4.0	2.8	1.2	0.5	–	3/4	9世紀後半	上、下両面	「加□」・「加□」

26	高崎市	下佐野遺跡	4区14号竪穴建物跡	蛇紋岩	薄合形	4.8	3.0	1.8	0.8	66.7	完	形	9世紀後半	下面	判読不能
27	伊勢崎市	書上上上原之城遺跡	43号竪穴建物跡	蛇紋岩	薄合形	5.1	3.6	1.5	0.8	66.3	完	形	9世紀後半	側面・正位、上面	(側)「福」「美」「口」「口」
28	伊勢崎市	地下壱町田遺跡	地下式土坑内	蛇紋岩	厚合形	3.6	2.0	1.8	0.6	30.6	完	形	不明	側面、下面	「王」
29	伊勢崎市	上植木光仙房遺跡	36号竪穴建物跡	蛇紋岩	薄合形	5.2	3.6	1.5	0.9	67.4	完	形	9世紀後半	側面・正位	「天」「矢」「未」「天」「夫」
30	伊勢崎市	上植木光仙房遺跡	37号竪穴建物跡	蛇紋岩	薄合形	5.0	3.6	1.5	0.9	56.7	完	形	9世紀後半	側面・横位	「天」「矢」「未」「天」「夫」
31	伊勢崎市	上植木光仙房遺跡	91号竪穴建物跡	蛇紋岩	薄合形	5.4	4.0	1.5	0.9	68.3	完	形	10世紀後半	側面・正位	「朝周家」
32	伊勢崎市	三和町	表採	角閃石安山岩									不明		「生」「玉」
33	境町伊与久	十三宝塚遺跡	10号竪穴建物跡	滑石	薄合形	2.6	3.8	1.6			完	形	不明	側面、逆位、上面	(側)「萬眼目口口朝周家」(下)「東」「妙」
34	箕郷町	生原佐藤遺跡	竪穴建物跡	泥岩	薄合形	3.5	5.3	1.8			完	形	不明	側面・逆位、下面	(側)「田口」、(下)「田口」
35	群馬町	楳髙	表採	不明	厚合形						完	形	不明	側面・逆位	「車」
36	吉岡町	熊野・辺玉遺跡	2区19号竪穴建物跡	蛇紋岩	薄合形	4.1	2.9	1.5	0.7	40.4	完	形	6世紀後半	上面	「井」
37	尾島町	尾島工業団地遺跡	竪穴建物跡	滑石	薄合形	5.5	4.0	1.6			完	形	9世紀中葉	上面	「矢田口八即万呂矢田公子家守状」
38	新田町	台遺跡	62区2号竪穴建物跡	蛇紋岩	薄合形	5.0	3.4	1.5	1.0		完	形	9世紀中葉	上、下面	(上)「越中国」、(下)「甲」「八」
39	太田市	稲荷宿遺跡	1号竪穴建物跡	土製	薄合形	4.1	5.7	1.4			完	形	9世紀中葉	上面	「法師尼」
40	太田市	東長岡戸井口遺跡	110号竪穴建物跡	蛇紋岩	薄合形	4.5	3.0	1.4	0.8	46.0	完	形	8世紀末	上面、側面、横位	(上)「中村田口盛長口」
41	吉井町	黒熊遺跡	4区24号竪穴建物跡	滑石片岩	薄合形	7.5	6.6	2.2	0.8	66.2	完	形	7世紀	上面、側面・正位	(上)「下家」「下家車車」(側)「福」「下家」
42	吉井町	矢田遺跡	50号竪穴建物跡	蛇紋岩	厚合形	4.6	2.3	1.9	0.7	49.2	完	形	11世紀前半	側面・正位	「八田郷」「八田郷」「家郷」
43	吉井町	矢田遺跡	79号竪穴建物跡	蛇紋岩	厚合形	4.7	2.3	1.9	0.7	52.3	完	形	11世紀前半	側面・正位	「八田郷」「八田郷」「大
44	吉井町	矢田遺跡	83号竪穴建物跡	蛇紋岩	薄合形	7.1	5.0	1.8	0.8	145.9	完	形	8世紀後半	上面	「牧馬馬手為嶋名」
45	吉井町	矢田遺跡	189号竪穴建物跡	蛇紋岩	薄合形	5.1	3.1	1.6	0.8	54.8	完	形	8世紀前半	上面、側面	(上)「×、田」、(側)「×」
46	吉井町	矢田遺跡	12号竪穴建物跡	蛇紋岩	薄合形	4.6	3.4	1.4	0.9	51.5	完	形	10世紀前半	側面・横位	「物部郷長」
47	吉井町	矢田遺跡	679号竪穴建物跡	滑石片岩	薄合形	5.2	3.6	1.7	0.8	44.1	完	形	9世紀後半	上面、下面	(上)「物P」「八田」(下)「万」
48	吉井町	矢田遺跡	61号竪穴建物跡	滑石	薄合形	4.4	2.6	1.6	1.0	41.5	完	形	8世紀後半	下面	「土」
49	吉井町	矢田遺跡	88号竪穴建物跡	滑石	長方形	5.4	5.2	1.0	0.9	55.6	完	形	9世紀後半	上が下面(正下区別藤)	「万」「万」「八」
50	吉井町	矢田遺跡	496号竪穴建物跡	滑石	厚合形	4.9	2.6	2.0	0.7	65.0	完	形	8世紀前半	下面	「八」
51	吉井町	矢田遺跡	728号竪穴建物跡	滑石	薄合形	5.0	2.7	1.8	0.7	62.1	完	形	8世紀前半	側面・正位	「八田郷」
52	吉井町	矢田遺跡	526号竪穴建物跡	蛇紋岩	薄合形	4.6	3.1	1.7	0.9	70.5	完	形	9世紀後半	上面	「万」

【文献】
1 群馬県埋蔵文化財調査事業団編 1988『後田遺跡』Ⅱ
2 群馬県埋蔵文化財調査事業団編 1983『大釜遺跡・金山古墳群』
3～5 群馬県埋蔵文化財調査事業団編 1990『戸神諏訪遺跡』
6 沼田市教育委員会編 1992『戸神諏訪Ⅱ遺跡』
7 群馬県埋蔵文化財調査事業団編 1991『有馬条理遺跡』Ⅱ
8 富士見村教育委員会編 1986『富士見遺跡群─田中田遺跡・窪合戸遺跡・見眼遺跡─』
9 群馬県埋蔵文化財調査事業団編 1988『荒砥天之宮遺跡』
10・11 前橋市教育委員会編 1990『荒子小学校校庭Ⅱ・Ⅲ遺跡』
12 前橋市教育委員会編 1988『柳久保遺跡群』6
13 前橋市教育委員会編 1984『芳賀東部団地』1
14～17 前橋市教育委員会編 1988『荒砥北部遺跡群』Ⅱ
18 群馬県埋蔵文化財調査事業団編 1984『荒砥北部遺跡群』Ⅱ
19 前橋市教育委員会編 1982『鶴ヶ谷遺跡群』Ⅱ
20・21 前橋市教育委員会編 1999『上西原遺跡』
22・23 群馬県埋蔵文化財調査事業団編 1990『熊野堂遺跡』2
24 群馬県埋蔵文化財調査事業団編 1991『融通寺遺跡』
25 群馬県埋蔵文化財調査事業団編 1996『大八木屋敷遺跡』
26 群馬県埋蔵文化財調査事業団編 1989『下佐野遺跡Ⅱ地区』
27・28 群馬県埋蔵文化財調査事業団編 1988『書上上吉祥寺遺跡・書上上原之城遺跡・上植木光仙房遺跡』
29～31 群馬県埋蔵文化財調査事業団編 1989『上植木光仙房遺跡』
32～34 井上唯雄 1987「線刻をもつ釣鐘車─群馬県における事例をはじめった」『古代学研究』第115号、古代学協会
35 かみつけの里博物館編 2001「ゲンマではクルマからはじまった」
36 吉岡町教育委員会編 1995『熊野・辺土遺跡』
37 尾島町編 1994『尾島町誌』通史編・上
38 新田町教育委員会編 1988『台遺跡』
39 群馬県埋蔵文化財調査事業団編 1985『渡良瀬川流域遺跡群発掘調査概報』
40 群馬県埋蔵文化財調査事業団編 1999『東長岡戸井口遺跡』
41 吉井町教育委員会編 1984『黒熊遺跡発掘調査報告書』3
42～52 群馬県埋蔵文化財調査事業団編 1990～1997『矢田遺跡』Ⅰ～Ⅷ

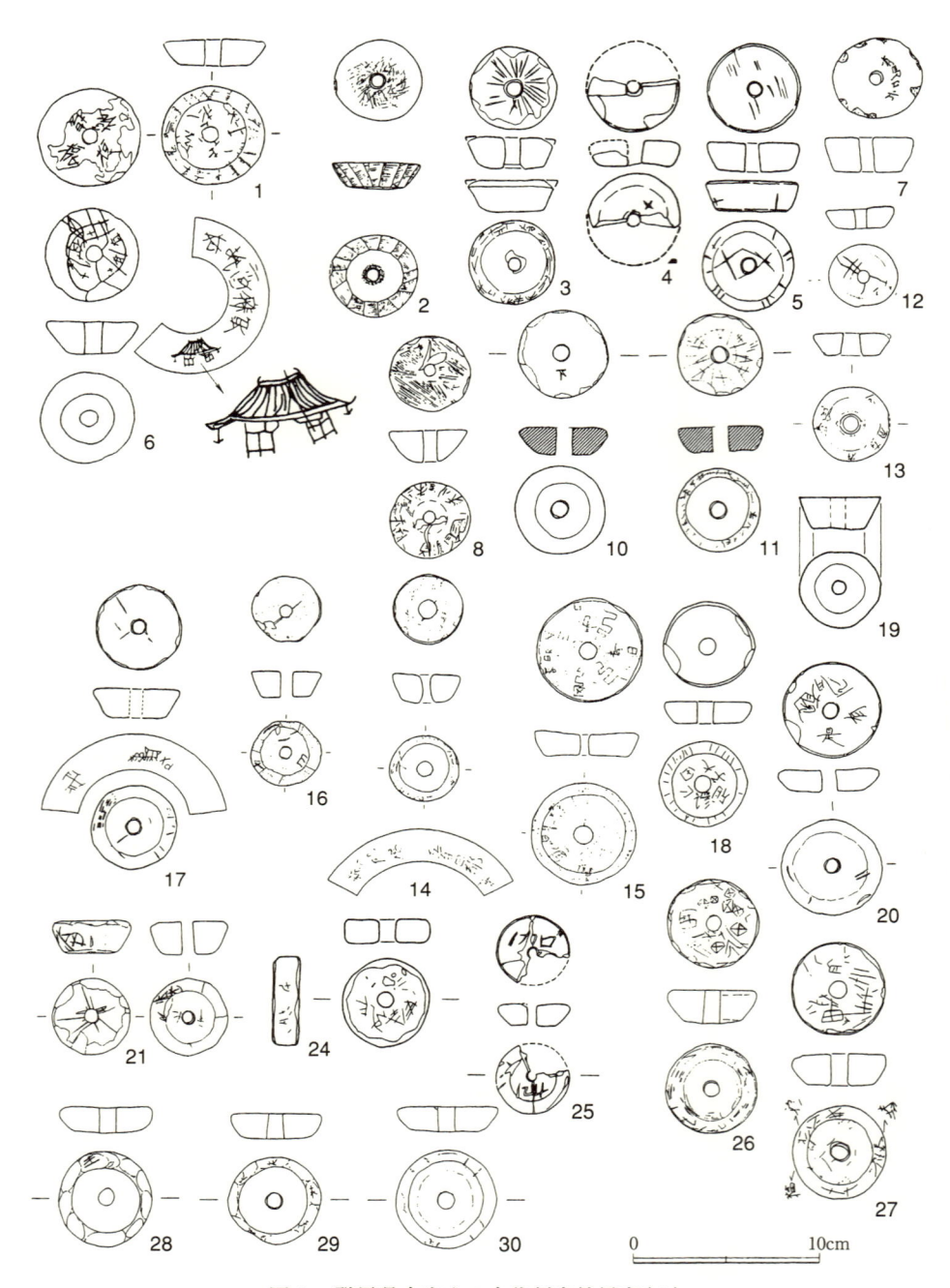

図1　群馬県内出土の古代刻書紡錘車（1）

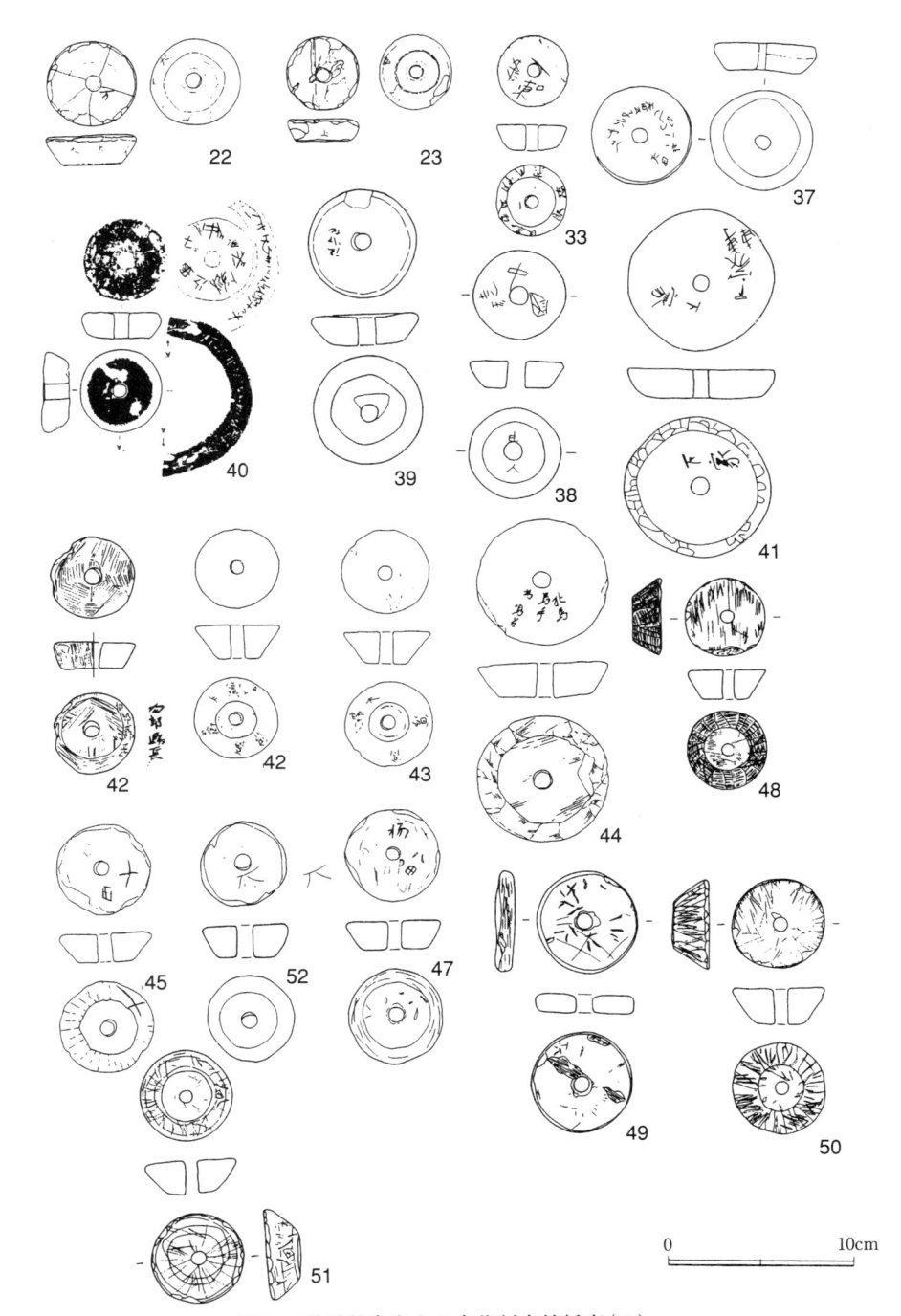

図2　群馬県内出土の古代刻書紡錘車（2）

表2 埼玉県内出土の刻書・刻画紡錘車（番号は図3に対応）

	遺跡名	遺跡所在地	釈文（括弧内は文字記載部位）	出土遺構	出土層位	材質	時期	最大径	備考
1	八木崎遺跡	春日部市	△「奉念随帰道足」（上面）	6号竪穴建物跡	＊	＊	9世紀前半	4.85cm	
2	水深遺跡	加須市	△「生」（側面）	8号竪穴建物跡	＊	蛇紋岩	国分期（9世紀前半）	＊	
3	弁天西遺跡	川越市	△「祥、祥、［人物像］、［人物像］、口」（上面）、「祥、祥、祥、祥、［蓮華文］」（側面）	4号竪穴建物跡	床面	滑石	9世紀第3四半期	4.9cm	表面に漆が塗布される
4	下宿遺跡	北本市	▲「［仏像］、［印相を結ぶ手］、牛甘、口」（下面）	3号竪穴建物跡	＊	蛇紋岩	8世紀末～9世紀前半	4.51cm	
5	小針遺跡	行田市	△「私物、［水鳥の絵画］」（＊）	＊	＊	＊	国分期	＊	
6	小針遺跡	行田市	△「支マ鳥麻呂」（側面）	54号竪穴建物跡	覆土中	蛇紋岩	平安時代（9世紀前半）	4.8cm	
7	原遺跡	行田市	△「有」（上面）	2号竪穴建物跡	＊	滑石	＊	5.0cm	
8	若葉台遺跡	坂戸市	△「口、口」（側面）	15号竪穴建物跡	床面	滑石	9世紀前半	4.8cm	
9	御門遺跡	坂戸市	△「キ」（側面）	2号竪穴建物跡	床面	石製	＊	4.1cm	報告書は「キ」とするが、実測図を見る限り、記号「#」の一部が磨滅したものとも見受けられる
10	富士見一丁目遺跡	鶴ヶ島市	▲「大田大部」（側面）、「大」（下面）	3号竪穴建物跡	＊	＊	8世紀第2四半期～9世紀半ば	＊	
11	御林遺跡	運田市	△「武蔵」（上面）	1号竪穴建物跡	床面	絹雲母片岩	9世紀前半	4.5cm	
12	沢口遺跡	東松山市	△「佐太」（※）	12号土壙	＊	＊	8世紀後半～9世紀中葉	＊	
13	大久保山遺跡	本庄市	△「#」（側面）	＊	＊	滑石	＊	5.3cm	「#」以外にも刻書あり
14	大久保山遺跡	本庄市	△「口」（側面）	12号竪穴建物跡	床面	石製	9世紀後半	4.8cm	約1/2大損
15	大久保山遺跡	本庄市	△「大、下、大井、［ ］」（側面）	75号竪穴建物跡	床面	滑石	9世紀後葉	4.1cm	
16	大久通り線ら内遺跡	本庄市	▲「［顔面］、［ ］」（側面）、「#」（下面）	123号竪穴建物跡	貼床	滑石	7世紀後葉	4.07cm	
17	南大通り線内遺跡	本庄市	△「武蔵国児玉郡草田郷戸主大田マ身万呂」（上面）	51号竪穴建物跡	床面	蛇紋岩	国分期	4.4cm	
18	東五十子遺跡	本庄市	△「君志、直身、生木、有鮪、大里、有佃、エ、エ」（下面から側面）、「去、マ古、部、之、水、集、身、様、口［釜カ］、大、里、戸主」（上面）	60号竪穴建物跡	貼床	蛇紋岩	9世紀中葉	5.0cm	
19	東五十子遺跡	本庄市	△「大、大、大、大、大、口［渦カ］」（下面）	N-14グリッド	＊	蛇紋岩	＊	6.3cm	
20	将監塚・古井戸遺跡	本庄市・児玉町	△「上、下」（側面）	141号竪穴建物跡	床面	滑石	9世紀第3四半期		

	遺跡	所在地	釈文の表記(「」等)	堅穴建物跡		石製	奈良時代			
21	熊野遺跡	大里郡岡部町	「[ ]」(上面)、「道乙朋道具伏状」(下面) △	C区18号堅穴建物跡	*	石製	8世紀第4四半期	△	*	
22	熊野遺跡	大里郡岡部町	「弓成」(上面) △	13号堅穴建物跡	覆土中	蛇紋岩	9世紀	△	5.15cm	
23	北坂遺跡	大里郡岡部町	「□、□、□、□」(側面) △	49号堅穴建物跡	覆土中	緑泥片岩	9世紀後半	△	4.9cm	
24	台耕地遺跡	大里郡花園町	「□、□ [日ヵ]×]」(下面) △	60号堅穴建物跡	*	礫灰岩質砂岩	9世紀中葉	△	5.3cm	約1/2欠損
25	台耕地遺跡	大里郡花園町	「大、大」(上面) △		竈内			△	4.6cm	
26	若宮台遺跡	大里郡上里町	「天女(安)二年十二月廿八日黒成」(上面)、黒成」(側面) ▲	44号堅穴建物跡	*	滑石	天安2年(858)		*	
27	若宮台遺跡	児玉郡上里町	「天」(側面) △	46号堅穴建物跡	*	滑石	国分期第Ⅰ期	△	*	
28	若宮台遺跡	児玉郡上里町	「#」(下面) △	46号堅穴建物跡	*	滑石	国分期第Ⅰ期	△	*	
29	若宮台遺跡	児玉郡上里町	「大、大、大、□」(側面) △	46号堅穴建物跡	*	滑石	国分期第Ⅰ期	△	*	
30	中堀遺跡	児玉郡上里町	「荒、馬、□[令またば今]」(側面) △	6号堅穴建物跡	北壁中央	*	10世紀第4四半期	△	*	
31	中堀遺跡	児玉郡上里町	「榎下、□具具」(側面) △	18号堅穴建物跡	覆土中	蛇紋岩	9世紀第4四半期	△	*	
32	此把稲遺跡	児玉郡上里町	「[頭面]、蔵、□、□、□、□、□、有□、□[蔵ヵ]、玉、○](側面) △	16号堅穴建物跡	床面	石製	国分期前半	△	*	
33	阿知越遺跡	児玉郡上里町	「大、大、大」(側面) △	12号堅穴建物跡	竈内		国分期	△	*	
34	中道遺跡	児玉郡上川町	「武蔵」(*) △	遺構外	*	*	*	△	*	文字多数
35	皀樹原遺跡	児玉郡上川町	「□、□」(側面) △	162号堅穴建物跡	*	黒色頁岩	奈良・平安時代	△	5.0cm	
36	皀樹原遺跡	児玉郡上川町	「大伴」(側面) △	46号掘立柱建物跡	*	蛇紋岩	奈良・平安時代	△	4.7cm	
37	皀樹原遺跡	児玉郡上川町	「秋、戌」(上面)、「秋」(側面) △	113号堅穴建物跡	*	石墨片岩	奈良・平安時代	△	4.1cm	
38	皀樹原遺跡	児玉郡上川町	「[ ]」(側面) △	40-147グリッド	*	緑泥片岩	奈良・平安時代	△	4.3cm	
39	皀樹原遺跡	児玉郡上川町		78-130グリッド	*	硬砂岩	奈良・平安時代	△	4.3cm	
40	皀樹原遺跡	児玉郡上川町	「大仏、□、+、+、+、+、+、+」(側面)、「乐、乐、乐、□[布ヵ]」(下面) △	267号堅穴建物跡	*	黒色頁岩	奈良・平安時代	△	4.2cm	
41	西吉見条里遺跡	比企郡吉見町	「□[月ヵ]十四日」(土面) △	*	*	石製	*		4.6cm	
42	*	熊谷市	「大同元年七□」(上面)、「蓮華文]」(下面) △	*	*	滑石	大同元年(806)	△	*	
参	北島遺跡	熊谷市	「蓮華文]」(下面) ▲	14地点46号堅穴建物跡		礫灰岩	9世紀中頃	△	4.3cm	川越市田中伝次郎採集

【凡例】
1 釈文の表記(「」等)は、木簡学会の木簡の釈文表記方法に準拠した。
2 各欄に付した記号は下記の通りである。
* 報告書等に記載なし
△ 報告書等の典拠とした文献中における記載をそのまま転載したもの
 (報告書等に記載とした釈文に疑問がある場合でも、資料を実見していない以上、そのまま転載した
▲ 宮瀧が資料を実見するなどして、報告書等の典拠とした文献中における記載を訂正したもの

【文献】
1 埼玉県県埋蔵文化財調査事業団編 2002 『八木崎遺跡－県立春日部高等学校関係埋蔵文化財調査発掘調査報告－』
2 埼玉県教育委員会編 1972 『水深』
3 川越市教育委員会・川越市遺跡調査会編 2002 『弁天西遺跡（第15次調査）』（『川越市遺跡調査会調査報告書』第23集）
4 『埼玉新聞』(埼玉版)、1998年12月26日記事
5 行田市教育委員会編 1980 『小針遺跡発掘調査報告書－B地区』
6 行田市郷土博物館編 2005 『第十九回企画展 東歌の郷と古代の文字』。『朝日新聞』2005年9月20日朝刊記事。
7 行田市教育委員会編 1984 『原遺跡発掘調査報告書－第3次調査－』（『行田市文化財調査報告書』第16集）
8 坂戸市遺跡発掘調査団編 1997 『若葉台遺跡発掘調査報告書』IV
9 坂戸市教育委員会編 1991 『坂戸市遺跡群発掘調査報告書』第Ⅲ集
10 埼玉県埋蔵文化財調査事業団編 1998 『富士見一丁目遺跡 住宅・都市整備公団鶴ヶ島市富士見地区住宅団地関係埋蔵文化財発掘調査報告』
11 埼玉県教育委員会編 1987 『黒浜貝塚群 宿上遺跡 御林遺跡』
12 埼玉県編 1984 『新編埼玉県史』資料編、古代1、奈良・平安
13 『毎日新聞』(埼玉版)、1985年11月29日記事
14 早稲田大学本庄校地文化財調査室編 1980 『大久保山』Ⅰ
15 早稲田大学本庄校地文化財調査室編 1999 『大久保山』Ⅶ
16 早稲田大学本庄校地文化財調査室編 2000 『大久保山』Ⅷ
17 本庄市教育委員会編 1987 『埼玉県本庄市市大通り線内遺跡発掘調査報告書』
18・19 東松十子遺跡調査会編 2002 『児玉郡児玉町広域市町村圏組合 小山川クリーンセンター・湯かっこ建設工事関係発掘調査報告 五十子・川原町』
20 埼玉県埋蔵文化財調査事業団編 1988 『将監塚・古井戸 歴史時代編Ⅱ』（『児玉工業団地関係埋蔵文化財発掘調査報告』Ⅳ）
21 鳥羽政之 1993 「岡部町の都衙関連遺跡」『岡部町史談』第13号、岡部町郷土文化会
22 埼玉県埋蔵文化財調査事業団編 2002 『熊野遺跡（A・B・C区）－岡部町岡中央団地関係埋蔵文化財発掘調査報告』XI』
23 埼玉県埋蔵文化財調査事業団編 1981 『清水谷・安光寺・北坂』（『関越自動車道関係埋蔵文化財調査報告』XIX）
24・25 埼玉県埋蔵文化財調査事業団編 1984 『台耕地』II 『関越自動車道関係埋蔵文化財調査報告』XVII）
26 埼玉県立歴史資料館編 1987 『埼玉の古代窯業遺跡』
27〜29 埼玉県埋蔵文化財調査事業団編 1983 『若宮台』『関越自動車道関係埋蔵文化財調査報告』XVII）
30・31 埼玉県埋蔵文化財調査事業団編 1997 『上里町 中堀遺跡・御陣場川堤関節池関係埋蔵文化財発掘調査報告』
32 埼玉県遺跡調査会編 1973 『枇杷橋遺跡発掘調査報告書』
33 埼玉町遺跡調査会編 1983 『阿知越遺跡』I
34 鈴木仁子 1982 「掘立柱建物、陶硯、墨書一覧」『沼下・平原・新堀・中山・お金塚・中井丘・鶴巻・水久保・洛久保遺跡』(埼玉県埋蔵文化財調査事業団編『関越自動車道関係埋蔵文化財調査報告』XIV)
35〜38 邑樂原・檜下遺跡調査会編 1991 『邑樂原・檜下遺跡－明日工業(株)児玉工場関係埋蔵文化財発掘調査報告』Ⅲ、奈良・平安時代編2
39・40 邑樂原・檜下遺跡調査会編 1991 『邑樂原・檜下遺跡－明日工業(株)児玉工場関係埋蔵文化財発掘調査報告』Ⅳ、奈良・平安時代編3
41 吉見町教育委員会編 2005 『西吉見条里遺跡－県営ほ場整備事業西吉見南部地区に伴う発掘調査報告書』第1分冊
42 田中稔 1980 「田中伝次郎氏採集紡錘車銘文の真偽鑑定書」『北島遺跡－上之調節池建設用地内埋蔵文化財発掘調査報告』(私家本)
(参考) 埼玉県埋蔵文化財調査事業団編 1998 『北島遺跡－上之調節池建設用地内埋蔵文化財発掘調査報告』Ⅳ

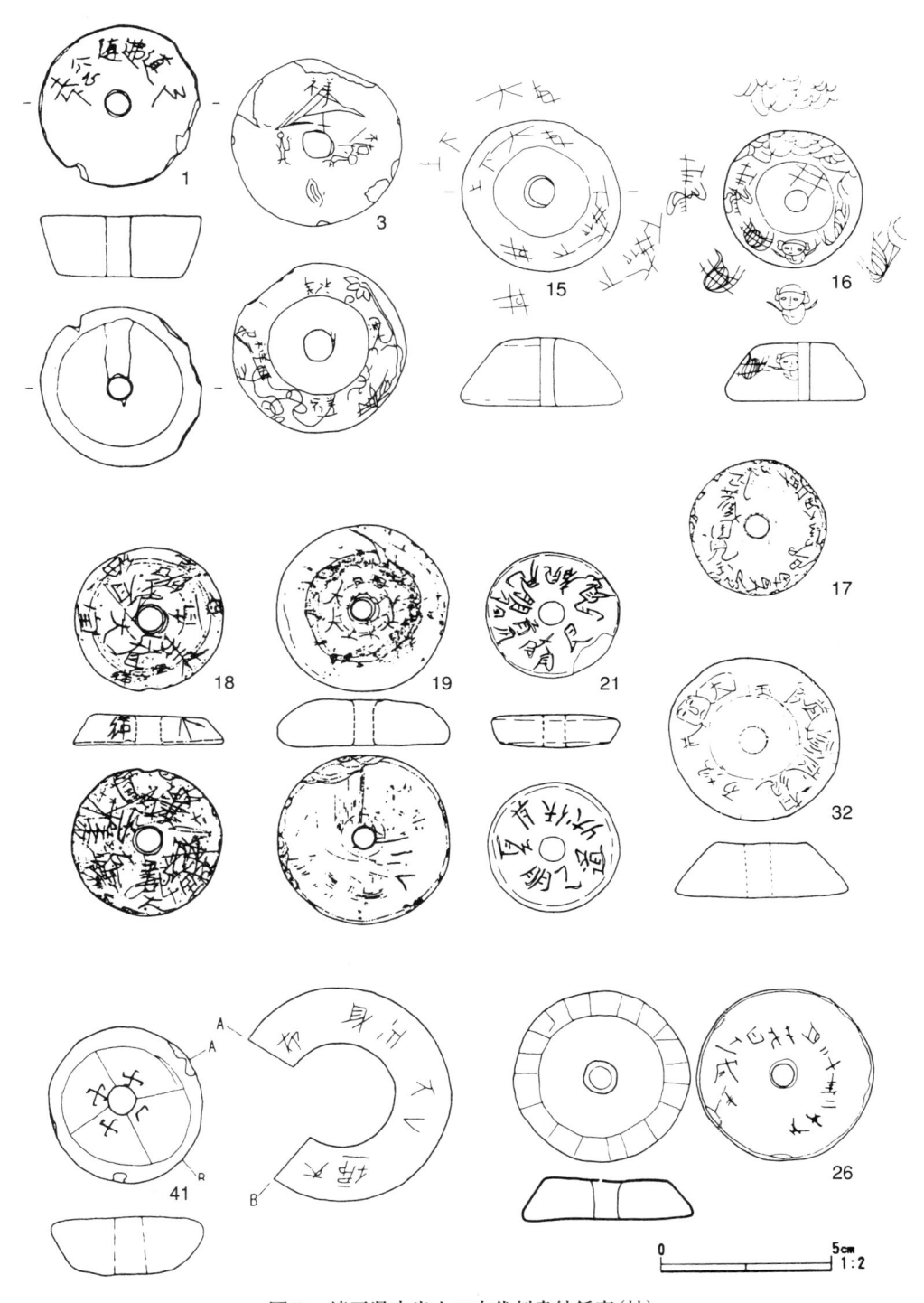

図3 埼玉県内出土の古代刻書紡錘車（抄）

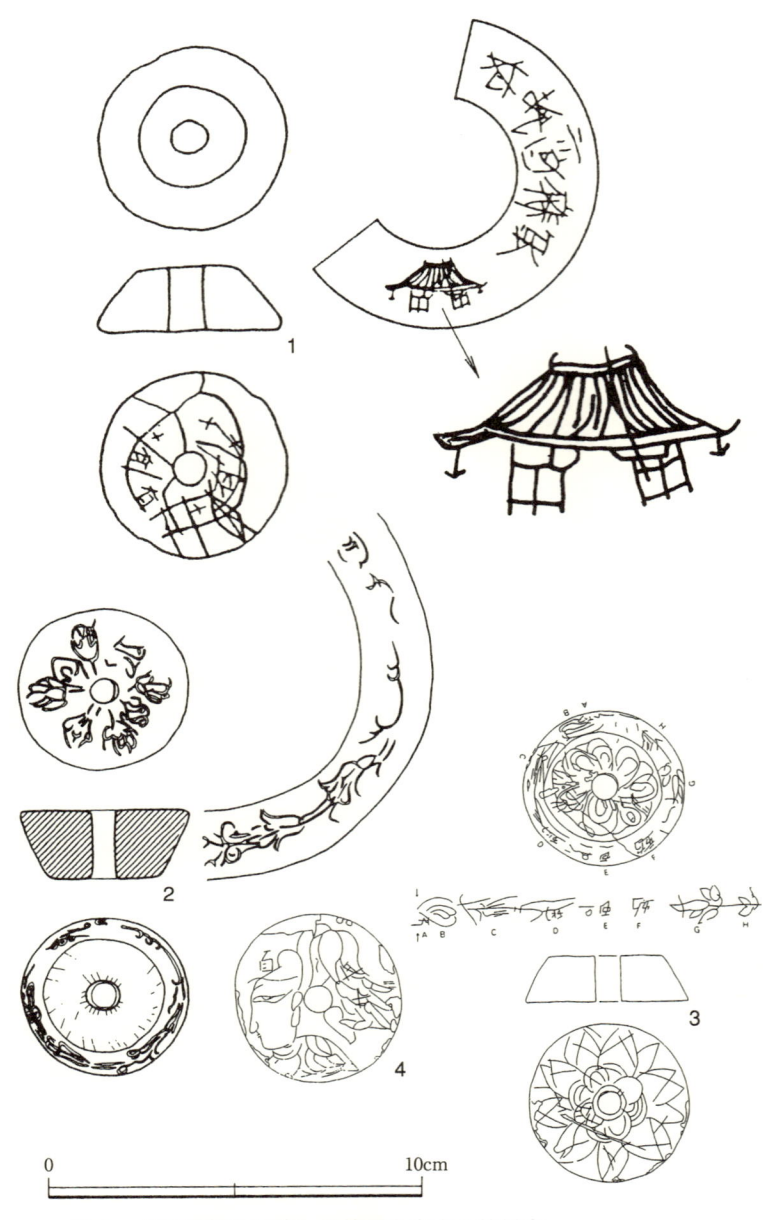

図 4　仏教思想を反映した絵画を有する紡錘車
1　群馬県沼田市戸神諏訪Ⅱ遺跡、2　茨城県東町幸田台遺跡
3　埼玉県熊谷市北島遺跡、4　埼玉県北本市下宿遺跡

竈神と墨書土器

荒井秀規

はじめに

　竈神と墨書土器というと、まず思い起こされるのは千葉県芝山町庄作遺跡の「竈神」と墨書された土器や同じく千葉県東金市久我台遺跡の「竈」と墨書された土器であろう（釈図は233・234頁）。どちらも竈神の祭祀に用いられたものとされている。その一方、住居の廃絶に伴うカマドの解体行為も竈神の祭祀とされ、いずれも、『抱朴子』に見る竈神と関連させた説明がなされることが多い。

　筆者も墨書土器の祭祀の一例として竈神の祭祀を文献史料を交えながら取り上げたことがあるが〔荒井 2005b〕、その際はカマドの解体には考えが及ばなかった。そこで、以下、あらためて文献史料に見える竈神祭祀と、墨書土器やカマド遺構から見た竈神祭祀との連関について考察を試みることにする[1]。

1　宮中の竈神

　まず史料に見える日本の竈神について、松前健〔1998〕の論を参考に確認しておきたい。

　すなわち、律令祭祀としての竈神祭祀は、『続日本紀』天平3年（731）正月乙亥（26日）条に「神祇官奏す、庭火御竈の四時の祭祀、永く常の例とす」（原典は漢文。以下、漢文体は適宜読み下す）とあって、内膳司で行われる庭火御竈祭を恒例化したのを初見とする。『延喜式』四時祭式下54忌火庭火祭条によれば毎月朔日に神祇官の宮主が内膳司に出向いて忌火庭火祭が行われ、また、四時祭式上26忌火庭火祭条によれば6月と12月の神今食祭や11月の新嘗祭の大殿祭の終了後にも同様に忌火と庭火が祀られた。庭火は日常の天皇の供御を調理するカマドの神であり、忌火は新嘗祭や神今食祭の神饌を調理するカマドの神である。宮中では、カマドの神は内膳司のほかに大膳職・大炊寮・主殿寮・造酒司や主膳監などに坐したが[2]、なかでも大炊寮の竈神は大八嶋竈神と呼ばれ、庭火神・忌火神ともに重要な竈神であった。忌火神の所在及び神階叙位の時期に混乱があるが、『日本文徳天皇実録』斉衡2年（855）12月朔日条に「大炊寮大八嶋竈神、斎火武主比命、庭火皇神」に従五位下、『同』天安元年（857）4月6日条に「大炊寮大八嶋竈、内膳司忌火・庭火神」に再び「従五位下」、さらに『日本三代実録』貞観元年（859）正月27日条に

「大炊寮従五位下大八嶋竈神八前、斎火武主比命神、内膳司従五位下庭火皇神」に従五位上と、神階も三神同時に進められている（後には庭火神が抜け出して従三位まで進む）。

　一方、内膳司には平野竈神も祀られている。その初見は『延喜式』陰陽式22竈神祭条の「庭火并びに平野竈神祭内膳司に坐す」及び宮内式24中宮御贖条に「忌火、庭火御竈神、平野御竈神」とあるもので、その祭祀は新しい。桓武朝以降に桓武天皇の母、高野新笠の出自である渡来系氏族和氏ゆかりの平野神社（京都市北区）の祭神である久度神・古関神（四時祭式上17平野祭条。写本によっては古「開」神）を内膳司に勧請した渡来系の神と考えられている〔水野 1969、松前 1998、義江 1986〕。宮中祭祀での位置付けとしては、平野竈神が大八嶋竈神に替わったようで〔近藤1846〕、宮中の竈神と言えば、先ずは内膳司に祀られる庭火・忌火・平野の三竈神が取り上げられる。この三竈神の変遷については吉澤悟〔1994〕が詳述しているので参照されたい。

　さて、本稿が取り上げるのは、その竈神三神の神坐である。すなわち、『日本紀略』天徳4年（960）11月19日条に、

　　今夜、内膳司に坐す忌火・庭火等の御神を、冷泉院の内膳に遷し奉る。仍ち権大納言師尹卿以下遷し奉る。平野といふは釜二口、庭火と謂ふは鋺一口なり。各の台・長櫃など有り。衛士これを持ち、院の乾の方の新しき屋に移し奉る。庭火・平野は別々の屋なり。安置の後、宮主、祝詞を申す。

とある。内裏が焼亡したことによる竈神の移遷であるが、平野竈神の神坐が釜、庭火神の神坐が鋺とされている。さらに、増補本系の『増鏡』巻五「煙のすゑずゑ」には、宝治2年（1248）10月22日の閑院殿内膳屋火事の記事に、

　　この御るすの程に、二条油小路に火いできて、閑院殿のついがきの内なれば、内のおもの屋焼けて、神代より伝はれる御釜も、焼け損はれけるをぞ、いとあさましき事には申し侍りし。かの釜、昔は三つありけるを、一つをば平野、一つをば忌火、一つをば庭火と申しけるを、円融院の御代永観の頃、二つは失せにけり。

とある。「神代より伝はれる」とあるのはさておくとして、ここでも忌火・庭火・平野三神の神坐はカマドではなく「御釜」とあり、それはここに伝えられている永観の盗難事件について記録する『日本紀略』永観元年（983）10月1日条「内膳司の平野・庭火の御竈の釜、盗み取られ了んぬ」でも同じである。また、大八嶋竈神にしても、『日本書紀』天智10年（671）年是歳条に壬申の乱の予兆記事として「大炊に八つ鼎有りて鳴る」とあるように、神坐はやはり鼎＝釜であった。

　内膳司の竈神は、天皇の行幸などによって移遷することが諸史料に見られるが（吉澤1994の付表参照）、その移遷とはすなわち神坐である釜の移遷に他ならない。移遷の次第は『西宮記』巻十八・臨時六の「内膳御竈奉遷他所事」に、

　　生絹を以て、上を覆ひ、衛士八人、之を舁く。宮主、先に解除し、納言一人、弁・外記・史以下、歩行して供奉す。

とある。また、『禁秘抄』上巻には、

竈神　他所に行幸の時、中納言已下供奉す。尤も霊物と為すべし。女房は忌まず。男は主上の
　　外は沐浴せざるなり。四つ五つに破(わ)る。但し指し合せて之を用ふ。不可説の物なり。

と記されている。竈神は「不可説」な物、すなわち『華厳経』の言う説き尽くすことの出来ない
ものと言うくらいだから秘中の秘なのであろう。「四つ五つに破る。但し指し合せて之を用ふ」
とあるのは意味がわからない。

　以上、宮中の竈神は、今日言う所の広い意味でのナベ・カマの類（釜・錡・鍋）を神坐として
いた。そもそも、『古事記』上巻（後掲222頁）では竈神である奥津比売命の別名が大戸比売神(おほべひめのかみ)と
されているが、「戸」は「瓮（ヘ・ほとぎ）」でナベ・カマの類を指す。また、カマドはヘツイ
（ヒ）・ヘッツイ（ヒ）とも呼ばれる。ヘツヒの語源については諸説あるが、ヘツヒは本来「戸
（瓮）の霊（ヒ）」で釜の霊であろう。二巻本及び三巻本『色葉字類抄』や『伊呂波字類抄』が
「竈神」を「ヘツヒ」と訓むように、後掲の『枕草子』や『木工権頭為朝朝臣家百首』に見える
ヘツヒも竈神を指している。つまり、ヘツヒは本来は釜を神坐とする竈神のことであるが、それ
が転じてカマドそのものを指すようになったのである。

　さて、釜を神坐とする天皇の竈神は天皇個人に付随して移遷するものであった。『玉葉』承安
3年（1173）4月8日条に竈神は行幸ごとに動くので「本より地に染まらない」とあるのがその
性格を言い当てている。移遷は、行幸に限らず、天皇が代替わりして居所の移遷がある際にも行
われた。すなわち、東宮の竈神は東宮が即位すると東宮坊から内膳司に遷り、天皇の竈神は天皇
が退位すると内膳司から院御所へ遷される。このことは中宮の竈神も同じであった。能因本『枕
草子』92段・めでたき物に「后の昼の行啓、御産屋、（中略）内膳、御へつひわたし奉りなどし
たる」、『日本紀略』寛和元年（985）9月20日条に「中宮の御竈神、二条宮へ渡し奉る」などと
ある。

　このような竈神の移遷は、『江家次第』巻第十九「院鎮魂」に鎮魂祭で上皇の御魂が結び込め
られた御玉結糸を「御竈神の堝」に入れて封じていることが見えるように、竈神が個人の御魂＝
命を具現していたことに基づく。そして、その個人が死亡した場合には、たとえば鳥羽上皇の崩
御に関して平信範が日記『兵範記』の保元元年（1156）7月2日条に「御竈神、深山(みやま)に送られ了
んぬ」と記しているように、竈神は山へと送られたのであった。

　竈神の移遷は宮中に限られたことではない。再び『兵範記』を見れば、久寿2年（1155）9月
21日条に同月14日に死去した関白藤原忠通の室、藤原宗子の竈神を菩提寺である法性寺（京都市
東山区）の「東の山の辺に、仕丁を以て送り棄てさせ了んぬ云々」とあり、嘉応2年（1170）
5月12日条には、前々日の10日に死去した筆者（信範）の室の葬儀を記した後に「竈神一社、取
り別(わ)きて、山路に棄て置き了んぬ」とある。「竈神一社」とあるのは、裏書に「中古の例に云は
く、竈神両者の中、左方を以て女房と為す」とあるように[3]、当時の貴族の屋敷には主人夫婦の
竈神がそれぞれ祀られていたからであり、前掲久寿2年9月21日条には「件の神殿、殿下（忠通）・
北政所（宗子）相ひ連なり御座」とある。貴族夫婦の竈神も宮中の天皇ほかの竈神と同様に人の
命と一体のものとされ、主人に伴って移遷し、主人が死ぬと山へと送られるのであった[4]。

2 日本と中国の竈神の異同

　次に中国の竈神であるが、日本への影響を考えるに、先ず『抱朴子』の説く竈神が問題となる。『抱朴子』は、東晋の葛洪が建武元年（317）に著した仙術書で、日本でも山上憶良が傾倒したのをはじめ（『万葉集』896番ほか）、貴族社会に少なからぬ影響を与えた〔増尾 1997〕。竈神に関しては内篇巻六「微旨」に、

　　長生の道を修めんと欲す、何をか禁忌さ所るや。（中略）身中に三尸有り、三尸の物為る、形無しと雖も実に魂霊鬼神の属なり。人をして早く死せしめんと欲す。此尸は当に鬼と作ることを得て、自ら放縦遊行して、人の祭酹を享くべし。是を以て庚申の日に到る毎に、輒ち天に上りて司命に白して、人の為す所の過失を道ふ。又、月晦の夜には、竈神も亦天に上りて人の罪状を白す。大なれば紀を奪ふ。紀とは三百日なり。小なれば算を奪ふ。算とは三日なり。

とあって、庚申の日の三尸と同様に、竈神は毎月晦日に上天して、家人の罪状を司命神に伝える。日本でも、10世紀半ばの『本朝月令』が「六月晦日」の大祓事の記事に、

　　抱朴子に云ふ。月の晦日、竈鬼も亦天に上りて、人の罪状を白す。大なれば紀を奪ふ。紀とは三百日なり。小なれば算を奪ふ。算とは一日なり。

と、『抱朴子』を引いている。ここでは「竈鬼」とするが、その天上への報告による罪状の大小により、人の命が奪われるとしていることは同じである。『本朝月令』は続けて『世風記』なる書を引いて「常月の晦日、竈神、天に上り、人の罪状を白し、人の紀算を奪ふ。故に世俗、この日、祓除す云々」と記し、その後に毎月晦日の「御麻奉献」に関わる『弘仁式』の宮内式23供奉護麻条と6月と12月の晦日の大祓に関する四時祭式上29大祓条を引いている[5]。

　さて、中国本土・台湾を中心に道教では今日も、旧暦の12月23日ないし24日に竈神が一年間の家人の善悪を玉皇上帝に報告するため旅立つことを祀る「祭竈節」「送竈」が行われている。カマドを線香・灯明で飾り、清水・金色や黄色の紙で作った銭・飴などの食べ物や、場所によっては竈神が上天するのに乗る竈馬（穀物の茎で作る。または版画）や飼葉も供え、家の主人（原則的に男性）が「好話多説、不好話少説」（善いことは多く、善くないことは少なく報告して下さい）などと祈って、その年一年間カマドの傍の壁に掛けてあった竈神像（版画など）を紙銭や竈馬と共にカマドにくべる。焚かれた竈神は紙銭を持って竈馬に乗って煙とともに天上へと向かうわけである〔窪 1996、三山 2000〕。玉皇上帝は竈神の報告により人の善悪を審査し、それを受けて竈神は大晦日に善行が多ければ幸福を、悪行が多ければ厄災を携え地上に帰ってくる。そこで、人々は竈神の機嫌を取り、良い報告をしてもらうために飴などを供えるが、飴は竈神の「口を甘く」するためとも飴の粘着性で口をくっつけて報告させないためとも言われている〔窪 1982〕。

　月ごとの晦日か、年末一度かで相違があるように、竈神の祭祀については、中国でも時代や場所、また史料によって異同が大きい。関連史料は『芸文類聚』巻八十の火部「竈」ほかに煩多なので、以下、守屋美都雄〔1978〕や中村喬〔1985〕の考察を参考に簡単に中国の竈神の性格につ

いて纏めておく。

『後漢書』列伝巻二十二の陰識伝に、識の先祖の子法が「臘月の晨」に炊事していたところ竈神が現れ、子法が「黄羊」を献げて祀ると、「巨富」を得ることが出来た。「子方、常に言ふ。我が子孫、必ず将に彊大にならむとす。識に至るまで三世にして遂に繁昌す。故に後、常に臘日を以て竈を祀り、黄羊を薦む」とあって、陰氏は臘日（12月8日。12月晦日とする説もある）に竈神を祀っていたが、このような竈神祭祀は、下って6世紀の梁の宗懍『荊楚歳時記』には12月8日に「其の日豚・酒を以て竈神を祭る」とあるように広く一般化した。

『抱朴子』が説く竈神は人の生き死に関わり、陰識伝が語る竈神は氏族の蓄財・繁栄に関わるが、両者が同根であることは『史記』巻二十八の封禅書や『抱朴子』と同じく葛洪の撰と伝わる『神仙伝』に見える李少君の話が参考となる。すなわち、封禅書によれば、漢の武帝が不老不死を求めた時、李少君は、「竈を祀り、竈神の助けを得て丹沙を黄金とし、黄金で作った器で飲食して（『神仙伝』では黄金を飲む）長寿となり、長寿をたよりに海中蓬莱の仙人に会い、会って封禅すれば死なない」と進言した。竈神は本来、カマドが家族の食事を作る場であることから、家族の健康と命を守る家族の神、家の神であり、その延長線上に不老不死があるが、ここではその不老不死を得る手段として竈神を祀る錬金術が説かれている。こうして、竈神は富貴の神ともなる。また、命を守護することは逆に言えば命を奪うことでもあるから、竈神に対して競争相手を呪詛させることも行われた。

このような竈神は、元来女神であって、調理に当たる女性が祭祀を担当し、それは「老婦の祭」（『礼記』礼器篇）と呼ばれたが、漢末までにその祭祀権は男性に移り、女性が排斥されるようになる。家族の神である竈神が富貴をもたらす神となり、それが氏族に及んだとき、家族の神から氏族の神・祖先神へと転じ、この変遷が家父長制の伸展と結びつくことでその祭祀権は女性から男性へと移ったのであり、それに伴い竈神そのものも女神から男神へと転じている。

ここで、日本と中国の竈神の異同を確認しておきたい。

まず、祭日の相違がある。内膳司の竈神について詳論した吉澤は、日本の宮中の竈神祭祀について、「彼地（中国。筆者注）の竈神を知識としては受け入れつつも日本の宮廷社会はそれをそのまま包摂し、晦日の祭を実施することはなかったようである」としている〔吉澤 1994〕。確かに、『延喜式』に見る竈神祭祀の祭日は、臨時のものを除いて、毎月朔日であったり、6月・12月の神今食祭や11月の新嘗祭の際に行われていて、『抱朴子』や『世風記』が説くような毎月晦日の「上天祭祀」は行われてはいない。しかし、これは中国の民間祭祀と日本の宮中祭祀との相違である。中国でも宮中の竈神祭祀は『礼記』月令篇に孟夏・仲夏・季夏、『後漢書』礼儀志・中に季夏とあるなど、ほかに検討することもあるので[6]、本稿ではこれ以上はふれないでおこう。

さて、本稿が問題としたい相違は、第一には、中国の竈神が家に付随して家と天界とを往来するのに対して、日本の竈神は、内膳司の竈神をはじめとして個人に付随して、その移動や生死を具現するという性格があるということ、第二には、中国の竈神は、当初は女性が祀る神であったのが、やがては女性がその祭祀から排斥されたのに対して、日本の竈神は古くより男女ともに祀

る神であり、むしろ中世以降は女性の祭祀となるということである。

日本の竈神は、初見である『古事記』上巻に大年神と天知迦流美豆比売(あめちかるみづひめ)の子として、

> 奥津日子神(おきつひこのかみ)、次、奥津比売命(おきつひめのみこと)、亦の名は大戸比売神(おほべひめのかみ)、此は諸人(もろひと)の以ち拝く竈の神ぞ

とあって、奥津日子神と奥津比売命（「奥」は燠＝カマド）、男神と女神がペアになっている。また、先述のように平安期の貴族の邸宅には主人夫婦の竈神がやはりペアになって祀られていて、『拾芥抄』下の「竈神の事」に至っては「男女共に夫婦を儲けて後、祭るべき」とある。

つまりは、日本の竈神は、中国の道教の竈神の系譜を引くものと、それとは異質なものとが混淆していて、家屋に付随し家人の言動を伝えに天界との間を往来する性格と、個人に付随し個人の生命を象徴して移動する性格の両面があることに、留意しておきたい。

3　竈神祭祀の形態

日本のカマド神の性格を再確認したところで、本章では、文献史料に沿ってその有り様を探ってみる。

四方拝

『古事記』上巻に奥津日子神と奥津比売命（大戸比売神）を「此は諸人の以ち拝く竈の神ぞ」と説くのは、『古事記』が編纂された7世紀末から8世紀初頭の頃の実情として、宮中外でも竈神祭祀が行われていたことを示している。平安末期の史料である、『江家次第』巻第一の正月元旦・四方拝には、天皇儀（一人儀）の四方拝とは別な庶人の儀が載る。

> 庶人の儀 卯の時、前庭に座を敷き云々、北に向ひて属星(しょくじゃう)を拝し、乾に向ひて天を拝し、坤に向ひて地を拝す、次に四方子に自り、西に終る、次に大将軍・天一・太白、以上再拝 太白は一日・十一日・二十一日は必ず東に在り、次に氏神両段再拝・竈神、先聖・先師再拝・墳墓両段再拝を加ふべし

とあるもので、「又説四方拝事」として『九記』を引いて「卯の刻、庶人は四方を拝して後、大将軍・天一・太白以上再拝、氏神両段再拝、竈神・先聖・先師以上再拝、を加ふべし」ともある。『九記』は天徳4年（960）に没した藤原師輔の日記『九暦』のことであり、また、源為憲が天禄元年（970）に著した『口遊(くちずさみ)』にも「歳旦拝天地四方諸神芳誦」として天皇の元旦四方拝とは異質な、大将軍や天一・太白ともども竈神をも拝する四方拝が説かれているから、庶人の四方拝は10世紀半ば以前に遡る。

さて、次章で詳しく取り上げるが、カマド遺構から竈神を考察した桐原健〔1977〕も『江家次第』に着目している。ただし、桐原が「庶人の儀」を一般庶民とするのは誤りで、『江家次第』でも巻第二十の「関白四方拝」が「庶人の儀」と同様なものとなっているように、貴族の邸宅での元旦行事に留まる。また「元旦四方拝」そのものの成立を嵯峨朝とするか宇多朝とするかで議論があるが、いずれにせよ『古事記』編纂時代に遡るものではない。しかし、天皇の元旦四方拝と異質な庶人の元旦四方拝に竈神が対象とされていること、また、四方拝そのものは『日本書紀』

皇極元年（642）8月朔日条に皇極天皇が雨乞いのために行っていることを、先の『古事記』記事と勘案すれば、7世紀後半には貴族の邸宅に竈神が祀られ、四方拝の対象となっていたと考えることが出来よう。

なお、元旦四方拝で元旦に竈神が拝されることは、竈神がその年の招福・除災をつかさどる御年神としても祀られていたことを示す。この意味での竈神は、中国で竈神が年末にその年一年の家人の善悪を天上に報告し、その審査による禍福を携えて大晦日に帰ってくるとされていることの延長線上に位置するものである。

宅神としての竈神

『明月記』正治元年（1199）4月30日条に「今夜、家の神の祭と云々、件の竈神は日来(ひごろ)坊門に坐すも、去ぬる廿七日、此の宿所に坤の方に渡し了んぬ」とあるように、竈神は家神（宅神）と認識されていた。宮中祭祀では6月と12月に神今食に先立って月次祭が行われるが、『令義解』がそれを「庶人の宅神の祭の如し」と解釈するように（神祇令5季夏条）、「庶人」の家でも早くから宅神祭＝家神祭が行われていた〔和歌森 1948〕。

この宅神の祭祀については繁田信一〔2004・2005〕が詳しく論じている。すなわち、繁田によれば、宅神とは、康平6年（1063）に右大臣藤原師実が新宅に移徙(わたまし)した際の「移徙(いし)作法」（『類聚雑要抄』巻二）に見える門・戸・井・竈・神殿・庭・厠の神々のことであるが、なかでもその中核が竈神であった。宅神としての竈神は祟り神であり、古記録には竈神が祟る記事が多く見られる[7]。

そこで、『明月記』に見るように平安貴族は毎年4月や11月に宅神を祀ったのであるが[8]、4月・11月の祭りならば、柳田国男〔1969a〕が注目したように『類聚三代格』寛平7年（895）年12月3日大政官符に、当時の貴族層が毎年2月・4月・11月に氏神を祀っているとあることが想起される。前稿〔荒井 2005b〕でもふれたように、このことは、さらに『常陸国風土記』香島郡に卜部一族が毎年4月10日に集まり酒宴に興じるとあること、『万葉集』にも大伴坂上郎女が天平5年（733）年11月に「大伴の氏神を供祭する時」の歌（378・379番）があることに遡る。また、「正倉院文書」では宝亀2・3年（770・771）の4月・11月に東大寺写経生が「私祭礼」「祠祀」「私神祀」「氏神祭奉」「私氏神奉」を理由に休暇申請をしている。人々が私神・氏神を祭ることは奈良時代以前からのことであり、したがって『令義解』の言う「庶人の宅神の祭」とは、貴族層に限らず庶民も含まれるのであろう。そして、『拾芥抄』下の「竈神の事」には父母の喪中の「重服の人」は「四月若しくは十一月」は「竈神」を祀ってはならないとあって、その私神・氏神の祭祀が竈神を主とする宅神の祭祀であったことがわかる。

さて、庶民の宅神＝竈神の祭りについて、少し掘り下げて、見てみよう。

すなわち、繁田は民俗学〔柳田 1969b〕を参考にして、貴族層が宅神祭を行っている時期に農村では祖霊祭祀を行っていたとする。農村において春2月は種蒔き・苗代作りの時期、秋11月は稲刈りが終わる時期であり、それぞれ収穫を祈る播種祭や収穫への感謝祭が行われた。東大寺

図1 『一遍上人絵伝』
太宰府の場面
（清浄光寺蔵）

の写経生が帰郷したのはまさにこのためなのである。そして、夏4月は田植えの時期であり、この時に行われたのが「山の神」を田に迎える祭であり、それが祖霊祭祀であった。柳田民俗学によれば、死者の霊は山へ行き、「山の神」となって子孫を見守るが、春になると田に迎えられ「田の神」として子孫の農事を助け、また家に入ってはカマドに居て「家の神」（宅神）＝竈神として子孫の生活を守護する。死者を荼毘する場へ送ることを「山送り」と呼ぶが、先に見た死者の竈神が山に送られるのも、このサイクルの一環に他ならない。

この4月の祖霊祭祀については、『貫之集』に、

　　まつる時　咲きもあふかな　卯の花は　なほ<u>氏神</u>の　花にぞありける

の一首があるように（下線は筆者。以下、和歌はテキストの万葉仮名・平仮名を適宜漢字に変える）、卯の花（ウツギ）が咲き競い卯花垣が作られる頃に氏神祭が行われた。卯の花は氏神祭を象徴する花であることを戸田芳実〔1987・1991〕が指摘している。また、繁田は、『木工権頭為朝朝臣家百首』の兵庫頭仲正と伊豆守為業のそれぞれ一首、

　　山賤の　垣根にいはふ　<u>やかつ神</u>　卯の花咲ける　岡に見えるかも
　　あつか立て　はさらとり据え　<u>やかつ神</u>　まつる卯月に　早なりぬとか

をあげて、山賤（農民）が卯月四月に宅神＝祖霊神を祀っていたとする。そして、その具体的祭祀については、保立道久〔1998〕が『一遍聖絵』の太宰府（肥前国清水とする理解もあり、保立はそれを採っている）の場面（図1）に民家から延びる竿柱が和歌の「あつか（束草）」に当たり、その根本に供物を置いたのが「葉皿」であるとしたことに倣っている[9]。

竈神の祭祀を詠う和歌には、桐原も着目した『木工権頭為朝朝臣家百首』の勘解由次官親隆の

一首、

　ならかしは　そのやひらでを　供へつつ　宿のへつひに　手向けつるかな

と『土御門院御集』の一首、

　かしは木の　もりの下葉を　折しきて　やかつ神を　祭る日かな

のほかにも、三奏本『金葉和歌集』の「四月、神祭の心をよめる」の題詞を持つ永成法師の一首、

　やかつ神　祭れる宿の　しるしには　ならの広葉の　やひらでぞ散る

また、『夫木和歌抄』に能宣朝臣の一首、

　みむろ山　みねのさかき葉　よろづよに　をりてまつらん　わがやどの神

などの例があるように、やかつ神（宅神）＝ヘツヒ（竈神）を祀るには、かしわの葉や荷葉（かよう）（蓮の葉）などで作る浅く平たいヒラデ（葉盤・枚手）や深く窪んだクボテ（葉椀・窪手）が用いられた。葉皿（葉盤・葉椀）は祭礼専用の供膳器・食膳器であり〔高橋1997〕、特に「やひらで」は『日本書紀』神武即位前紀戊午年11月条に「葉盤八枚（ひらでやつ）を作して、食を盛りて饗（あ）ふ葉盤、此をば昆羅耐（くひもの）と云ふ」とあって、八枚の葉を刺して作る葉皿である。葉皿は束草の根元に置かれるだけでなく、家の中にあって祭壇に供膳器として並べられたのであろう。卯月を詠う和歌にはことさらヒラデとあるが、もちろん、一般に神供えの器が土器を拒むものではない。土器の場合に、特に神祭用のものはヒラカ（比良加・平瓮）と呼ばれる。

新居に移る竈神

先にふれた『類聚雑要抄』の「移徙作法」によれば、入宅の次第の詳細は、

第一、童女二人　一人は水を擎げ、一人は燭を擎げる。第二、一人、黄牛を牽く。第三、二人、案を擎げる上に金宝器を着く。第四、二人、釜を持つ内に五穀を着く。第五、家長。第六、一人、馬の鞍を擎げる。第七、子孫男。第八、二人、箱を持つ絵錦・綵帛を盛る。第九、一人、甑を持つ　この内に五穀の飯。第十、家母、鏡を心前に帯ぶ。

とあり、「家長」（主人）が新居に入る前に、先ず童女2人が水と火をそれぞれ携えて入り、ついで黄牛（あめうし）や金宝器を載せた案が入り、その次に五穀を容れた釜が入る。その後、家長、馬鞍、男子家族、布帛類を容れた箱、五穀の飯を容れた甑が入り、最後に鏡を胸に抱えた「家母」（家室）が入るのが作法となっていて、釜や甑は入宅後に「大炊に入る」。そして、入宅の翌日の朝に諸神が祀られ、前日に持ち込んだ甑のなかの五穀の飯が供えられるが、その諸神とは「門・戸・井・竈・堂・庭・厠」の神である。これは入宅後3日に再度行われるが、その際には釜のなかの未炊飯の五穀が童女2人によって持ち込まれた火と水で炊かれて供えられることになる。なお、同様な次第が『二中歴』第八にも載るが、そこでは、「燭」は「火」と、「甑」は「瓶」と記され、また家母の後に女子家族が入宅している〔繁田2004〕。

さて、ここで、童女が新宅に持ち込んだ燭台の火とは旧宅の竈の火を意味している。旧宅から新宅にカマドの火が引き継がれていることは、竈の祭祀が継続したことにほかならない。つまりは、新宅に祀られる竈神は旧宅から遷されたものなのである。このような移徙の作法は、『日本

三代実録』元慶元年(877) 2月29日条に、前年11月に清和天皇から譲位を受けた陽成天皇の移徙について、

> 是の日、申の時。天皇、東宮より遷りて、仁寿殿に御す。童女四人、一人は燎火を秉り、一人は盥手器(かんしゅき)を持ち、二人は黄牛二頭を牽き、御輿の前に在り。陰陽家の新居を鎮むるの法を用ふるなり。公卿は内裏に宿侍し、三日でず。

とあるように、陽成天皇の東宮から仁寿殿への移徙に遡る。即位した東宮の竈神が東宮坊より内膳司に遷ることは既にふれたが、それも移徙作法のうちにあると言える。正倉院に伝わる天平18年(746)の「具中歴」(『大日本古文書』2巻、574頁)には2月11日「歳前小歳対拝官移徙修宅作竈吉」、同29日「歳後天恩母倉加冠入学移徙起土修宅治井竈吉」、3月7日「歳後移徙血忌」などとあり、宮中の内外で竈神の移動を含む移徙が、『類聚雑要抄』に見るような整ったものではないにせよ、行われたことは奈良時代に遡る。

　以上、先ず史料に見る竈神について述べてきた。次には、考古学分野からの竈神祭祀の考察を見てみよう。

4　カマド遺構と竈神祭祀

　考古学では、廃絶住居におけるカマドの廃絶・解体と竈神信仰との連関が大きな問題テーマとなっている[10]。

　カマド遺構と竈神祭祀との関係を逸早く考察したのは桐原健である。桐原は、主に長野県の事例を基にして、東国の住居の「造り付けカマド」の場合には、はじめ支脚石が火の神と観念されたが、「鬼高期末期」になって竈神の性格が付与され、それが奈良・平安期に普遍化してさらに宅神の性格が付与される。竈神や宅神の概念は渡来人がもたらしたものなので、当初それは畿内に留まったが、やがて東国にも広まった、とした。そして、住居を移す際はカマド自体を破壊するかまたは竈神が憑依した支脚石を新たな住居に移すが、人が死んで住居が廃される場合は支脚は移さないと想定した〔桐原 1977〕。また、そうした家宅神祭祀がカマドの左右の壁下の棚状施設で行われ、その祭祀には土器、とりわけ墨書土器が使われたが、文字を土器に記したのは一般農民ではなく、神官か陰陽師であったと推測した〔桐原 1979〕。

　この桐原の論は、本稿との関係で言うならば、カマド遺構の考察に竈神関連史料を活用したこと、カマド左右の棚状施設で竈神の祭祀が行われたことを指摘したこと、庄作遺跡の「竈神」の墨書土器や後述の馬場遺跡の「上」の墨書土器が報告される以前に竈神祭祀に墨書土器が用いられたことを推測したことにおいて評価される。

　考古学の分野でも、桐原の論はその後のカマド遺構・祭祀の研究に大きな影響を与えたが、その「支脚石転移説」に対しては堤隆〔1991〕が、「住居廃絶時における普遍的な通過儀礼としての竈解体」があり、「むしろ解体の一様相として支脚部の除去」があったと疑問を呈し、また、文献史料の活用については今泉潔〔1987・1989〕が、カマドの廃絶状態は必ずしも日常生活の祭

祀形態を留めているとは限らないので、文献史料上の日常・吉日に行われた祭祀とは乖離すると危惧した。

　さて、今日、（奈良・平安時代の）住居跡から破壊された状態で検出される「竈はこわれたのではなく、こわされている」〔中沢 1986〕のであって、住居の廃絶時にカマドが解体されるということは大方の共通認識となりつつある。その際の支脚の扱われ方については、多様な事例の存在に伴う形で意見の相違があり、支脚に竈神の憑依を認めることの当否も見解が分かれるところであるが、後者について、2002年に千葉県文化財センターより報告された同県酒々井町の飯積原山遺跡出土の人面ヘラ描き土製支脚が注目されている[11]。9世紀前半の竪穴住居跡のカマド焚き口付近から出土したもので、文字や顔を描いた土製支脚は全国で初めての出土例である。炎に当たっていた痕跡があるのでカマドの支脚として実用されていたと考えられ、焼成前に顔を描いているから、カマド構築時の祭祀として顔を刻んだものである。そして、その顔はまさに竈神の顔であろうから、この場合には、桐原の指摘の通りに支脚に竈神が憑依していることになり、内田律雄〔2005〕は類例としてパプアニューギニアの「人面」土製支脚を紹介してもいる。

　また、カマドの祭祀に関しては、佐々木隆彦〔1980〕がカマド遺構から検出される竈神祭祀の痕跡をカマド構築時の「火入れ」の祭祀とカマド廃絶時の「火おとし」の祭祀とに分けることを提唱し、久松哉須子〔1992〕も西日本のカマド遺構に見るカマド祭祀を新築と廃棄とに二分している。さらに、寺沢知子〔1992〕がそれに加えて、カマド祭祀と竈神祭祀とを分けることを提唱するなど祭祀の場（時間的空間）の区分が問われているが、ここでは、特に寺沢の視点に注目したい。寺沢は、①古墳時代のカマド廃棄時の祭祀的行為は住居廃棄における祭祀の延長に過ぎず、他方、カマド構築時の祭祀も地鎮的祭祀の範疇に留まり、日常的な「カマド神」への祭祀とは異なるとして、

　②「杯伏せ型」の掛け口閉鎖にみられるような、「日常のカマド祭祀」への使用が想定しうる杯等を、カマドの機能停止と祭祀用土器の機能の停止の両方の意図をもって伏せ置く行為の出現と、その類例の多さに、新たな「カマド神へのカマド祭祀」の成立の可能性が示唆しうるのである。

とする。そして、その成立の過程を渡来人のもたらした思想を背景に、③5世紀後半に「炊飯具型土器」が非日常的な炊飯行為に用いられ、④6世紀後半から7世紀初頭には、伝来した中国における「家」概念の中心となるカマドの強い宗教意識に基づいてそれが古墳へ副葬され、⑤8世紀に「カマド神の祓除─上天白人罪状─」が大祓の整備の過程で採用され、諸京官人の間にカマド形（ミニチュアのカマド模型）の信仰が流行した。⑥一般の人々に竈神信仰が定着していくのは、道教思想による竈神の性格がカマドに付加されていった8世紀頃であり、⑦「考古学的に見て、一般の人々に信仰の対象としてのカマド神が「家の神」「宅神」の役割を担って祀られるのは」「平安時代以降の二棟位からなる単位集団を「イへ」として、その中で日常的な供膳行為が推察できる頃からであろう」とした〔寺沢 1992〕。また、古墳時代のカマド祭祀が集落全体の意図を受けて「住居廃棄と一体化」したものであるのに対して、「カマド神」祭祀は律令制下に

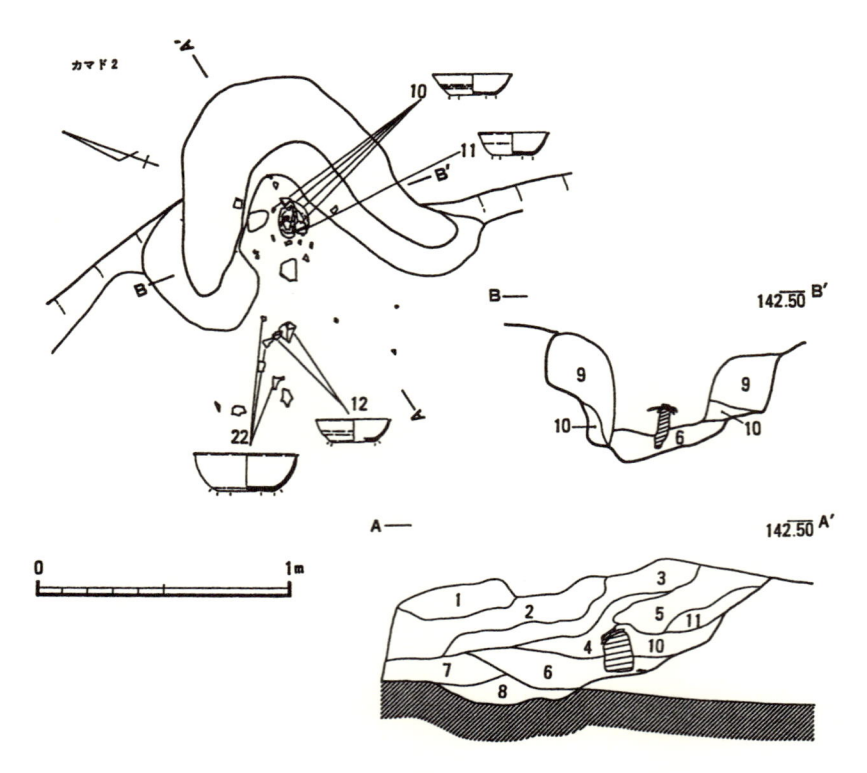

図2　多摩ニュータウンNo.512遺跡7号竪穴住居跡のカマド
（東京都埋蔵文化財センター編1986より一部省略して転載）

「家」が成立した後に展開するとも要約〔寺沢1986〕している。

　寺沢の論は考古学からカマド祭祀の流れを鳥瞰した数少ないものとして高く評価したいが、③〜⑤が九州や関西の事例であり、一方⑦を導くのに東国の事例を用いていることにやや不安を覚える。東国の「作り付けカマド」を取り上げる本稿では、竈形や韓竈については註5で留保したので、③〜⑤については⑤を7世紀後半に遡らせることでそれを支持するが、これ以上の言及はしないことにする。

　本稿が取り上げるべきは、②の視点である。すなわち、寺沢は②で、「日常のカマド祭祀」を想定するがそれを停止させる「杯伏せ型」の掛け口閉鎖を「住居廃棄における祭祀的行為の延長上」で機能するとして、「カマド神」に対する祭祀行為と認識してはいない。この点は桐原においても、支脚石に竈神の性格が付与した時期が「鬼高期末期」以降とする理由を、「鬼高期」には倒置した高杯で支脚を代用したり支脚に甕を被せている例があるからまだその性格は付与されてはいない、とするように、支脚に土器を被せること自体には祭祀を認めていないことに留意する必要がある。

　一方、飯塚武司〔1986〕は多摩ニュータウンNo.512遺跡の平安期の4号竪穴住居跡のカマドで石製支脚の上に土師器杯が2点、第7号竪穴住居跡の二つあるカマドの一つから石製支脚の上に須恵器杯が2点（図2）、ともに倒位で重ねた状態で出土しているの事例を「カマドの機能

図3　鳴神山遺跡Ⅱ004「竪穴建物」のカマド
　　　（田形 1996より転載）

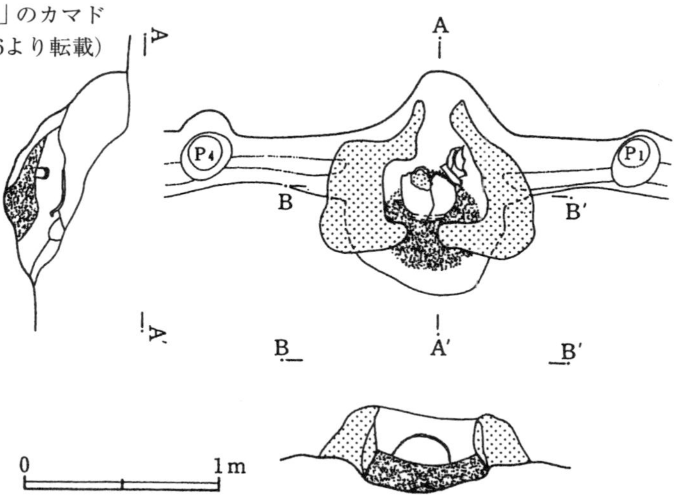

を停止した際に行われたカマド神に対する祭祀」とし、また、田形孝一〔1996〕は千葉県印西市鳴神山遺跡で、カマド内に小型の甕や杯の破片を倒位にして積み重ねる事例（図3）が多く見られることに加えて支脚を倒位にしている事例もあることに着目して、「封じ込めるということから、「モノ」を倒位にするという行為を、竈の祭祀行為としている可能性もある」としている。一方、小林清隆〔1989〕は下総国のカマド内遺物の出土状態を検討して、土器が「カマドの廃棄に伴い意図的にすえられた」のは「掛け口を塞いで、二度と使用することがないという意思表示として、それがより意味をもっていた」とするが、それが祭祀か否か、またその信仰の対象については留保している。

　このように、カマドの解体という行為そのものを祭祀とみなすか否か、解体したカマドの支脚に土器を伏せ被せることを祭祀とみなすか否か、祭祀とした場合にその対象をカマドそのものとするか竈神とするかについては、見解が分かれるところで、内田律雄〔2005〕もカマドの祭祀と竈神の祭祀について、「両者は互いに密接不可分の関係にあるのだが、日常的には竈の付近、あるいは竈において竈神が祀られていたのであり、竈そのものが祭祀の対象となるのは、西日本でも、東日本でも、竈の廃絶時のみであったと考えたい」とする。

　この問題は、炉からカマドへの変遷、炉の神（火の神）とカマドの神との異同、カマドの祭祀から竈神の祭祀への展開など複雑なテーマを持ち、論者によっての祭祀行為に対する認定度合いや用語の相違もあって（本稿が先学の文章をそのまま引用することが多いのもそのためである）、一筋縄には行かないのであるが、当面の問題に引きつけて、今は次のように理解しておきたい。

　すなわち、住居の廃絶に伴ってカマドの使用が停止する際に、それを放置せずカマドを解体するという行為は、それだけで何らかの祭祀行為として認めうる。そして、単にカマドを壊すのではなく、その壊してあるカマドの中の床面や支脚の上、または掛け口に完形・破片の土器（及び礫・土）を置くというさらなる行為は、カマドそのものに対するものではなく、カマドに宿る霊物すなわち竈神を意識する祭祀と理解される。その祭祀の意義を端的に示すのが、土器を「倒置」

する行為である。

　その土器を伏せる行為の意図については、別に論ずべき問題があるので後述に廻すとして、ここで残る問題は、その竈神信仰が一般集落に広まった時期である。寺沢は②の時期を前掲の馬場遺跡や多摩ニュータウン No.512遺跡の事例を参考に、「考古学的に見て」平安時代としたが、文献史料では先述のように「庶人」＝貴族層で竈神が宅神として四方拝の対象とされるのは『古事記』編纂期の 7 世紀末以前であり、また一般庶民層においても、東大寺写経生の帰郷理由や庄作遺跡の「竈神」の墨書土器の存在から、8 世紀の前半には既に竈神が祀られていたと考えられる。桐原は支脚に倒置した土器を被せることを竈神が未だ支脚に宿っていない証左としたが、支脚に土器を被せる行為そのものを祭祀と認めれば、それは逆に竈神が支脚に宿っていることを示すことになる。つまりは「鬼高期」にはすでに竈神祭祀が行われていたのである。したがって、私見としては、竈神を宅神とするカマドの祭祀が遅くとも 7 世紀後半に貴族層・近畿地方に、遅くとも 8 世紀前半に農民層・東国に浸透していたと考える。

5　カマド遺構と墨書土器

　前章での私見をもとに、カマド遺構と墨書土器について考えてみたい。
　カマドから出土した土器は、その土器が墨書土器であった場合により特化されて注目を集めることになる。たとえば、阿久津久〔1994〕がカマドと墨書土器の相関関係について、カマド内に墨書土器が置かれていた千葉・茨城・栃木 3 県の 6 遺跡の事例をあげて検討している。阿久津論考及び報告書類によって、簡単にふれれば以下の通りである。

　A　諏訪遺跡〔日立市教育委員会 1980〕　茨城県日立市諏訪町
　平安時代の 3 号竪穴住居跡に東（旧）と北（新）の二つのカマド遺構があり、東の最初のカマドを廃して「埋め戻された土層の直上に墨書された土師器坏が二枚置かれていた」が[12]、うち 1 点は「満」、もう 1 点は判定できない文字がそれぞれ体外に横位で墨書されている。

　B　浜ノ台遺跡〔三和町編 1992〕　茨城県三和町大字尾崎
　窯跡と粘土採掘坑と 1 軒の竪穴住居跡からなる。9 世紀第 1 四半期頃の竪穴住居跡の片付けられたカマドの燃焼部に、高台部と双耳を打ち欠いた双耳高台杯が伏せて置かれていた。双耳高台杯の体外には横位で「香盞」、底外の端に「盃」の墨書があり、灯明皿として使用された痕跡がある（三和町は 2005 年 9 月 12 日に古河市ほかと合併して、現在の遺跡所在地は古河市尾崎）。

　C　宮内東遺跡〔小山市教育委員会編 1987・1997〕　栃木県小山市粟宮字宮内
　第 2 次調査の 9 世紀後半以降の 11 号竪穴住居跡で、カマドの煙道部右側のテラスに須恵器が潰れた状態で、また燃焼部から杯が 2 点出土している。杯の 1 点は、燃焼部中央の火床直上よりの出土で、出土の際の口向きは報告書より読みとれないが、体外に横位で「万時」の墨書がある。さらに、カマドの前面部向かって右側の床面より、体外に横位で「万時」の墨書のある土師器杯と底外に「萬時」の墨書のある土師器皿が出土した。

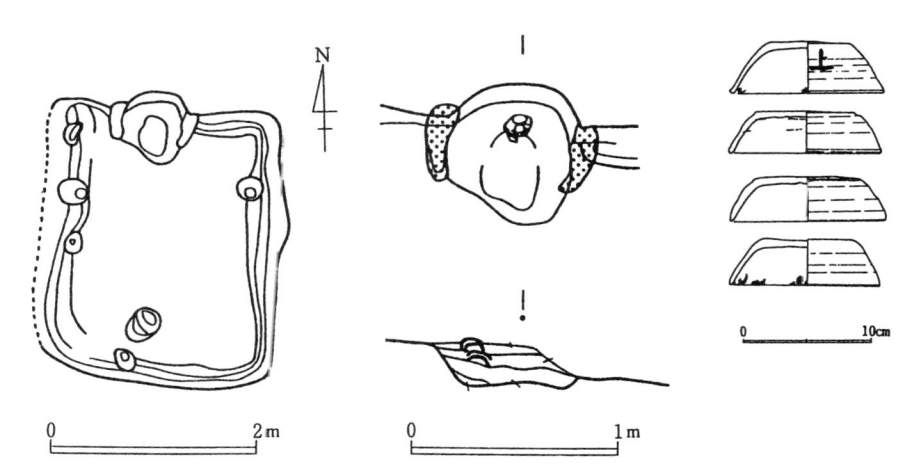

図4　馬場遺跡4号竪穴住居跡と墨書土器(千葉県文化財センターほか編 1988より一部省略して転載)

　D　**金山遺跡**〔栃木県教育委員会編 1993〕　栃木県小山市東野田
　第1次調査のⅠ区87号竪穴住居跡のカマドより7点の土師器杯が出土し、そのうち残り6点より下層の覆土から倒位で出土した1点に墨書があるが判読できない。
　E　**庄作遺跡**〔山武考古学研究所ほか編 1990〕　千葉県芝山町小原子(おばらく)
　9世紀初頭の32号竪穴住居跡でカマド上部に土師器杯が3枚重なって出土し、その上から1枚目の体外に「土」、2枚目の体外に横位で「十千」に墨書があり、住居の東隅・西隅にも同様な3枚重ねの杯が出土していて、前者は一番下の杯の底内と体外に「山」、後者は中央の杯の体外に横位で「父大大」、一番下の杯の体外に「十」と墨書がある例、また、55号竪穴住居跡でカマドから甑のほか「得」の墨書のある4点の土師器杯が出土している例がある[13]。
　なお、本遺跡からは、ほかに後述の底外に「竈神」と墨書された8世紀第2四半期の土師器杯（図5）のほか、体部外面に「□□継罪□」、底部内面に「国玉」と墨書された8世紀後半の土師器杯、体部外面に「丈部真次召代国神奉」と墨書された9世紀前半の土師器杯（人面墨書土器）、胴部外面に「罪ム国玉神奉」と墨書された9世紀前半の土師器甕、体部外面に「×秋人歳神奉進　上総×」と墨書された9世紀前半の土師器杯などが出土している。
　F　**馬場遺跡**〔千葉県文化財センター編 1988〕　千葉県佐原市馬場（図4）
　4号竪穴住居跡のカマドの煙道部より土師器杯4点が倒位で重ねて出土し、その一番上の灯明皿としての痕跡がある杯の体外に倒位の「上」の墨書がある。また、カマドの東側から、体外に横位で「鹿郷長鹿成里成里□」、底外に「子山大」の墨書のある土師器杯が出土している（佐原市は2006年3月に山田町ほかと合併して新「香取市」となる）。
　これらの事例から、阿久津は、カマド内の墨書土器について、次のように指摘した。
　①墨書土器は、いずれも土師器杯である。
　②墨書する土器は灯明皿が使われる例がある。
　③作法として墨書土器をカマド床中央部の上に伏せて置く。

竈神と墨書土器（荒井）　231

④作法として墨書土器をカマドの上に伏せて置く。

一方、平川南は早くより庄作遺跡の「竈神」の墨書土器に着目していたが〔1990・1991〕、その後の著書〔2000〕では、この阿久津の指摘を引いて、③④を、その「竈神」の墨書土器の存在や『抱朴子』の説く竈神に依拠して、「カマドを廃棄するさいにカマド神を封じ込めるために坏を伏せたものと解釈できる」(353・310頁) としている。

ところで、阿久津は、馬場遺跡で倒位で4枚重ねられていた杯の一番上の、カマド遺構に置かれる以前に灯明皿として正位で用いられていた杯に、倒位で「上」と墨書があることについて、栗田則久〔1993〕の、

> 倒立で書かれた坏を伏せた状態で使用することにより正常な意味を表していることになる。すなわち、カマドを最終的に廃棄する段階で使われたことに他ならないのであり、カマド祭祀の一例を示す。

という指摘を支持している。この点は平川も同様である。

さて、このことは、先述のように飯塚と田形がカマド遺構に（墨書土器ではない）杯が倒位で出土する例が多いことから、それをカマドの祭祀行為としたことを、墨書土器を媒介として保証したことになり、墨書土器を活用した考察の有効性の一例でもあるが、と同時に留意すべきは、小林泰文〔1998〕が、

> 祭祀に使用されたのは「墨書」土器ではなく、それを含めた4つの土器そのものであり、「上」と記された墨書はその土器を倒位で一番上に置くという、いわば標識的な意味しか持っていなかったとも考えられる。

としたように、「上」の字そのものが祭祀に必要とされているわけではないことである[14]。すなわち、馬場遺跡の例は、墨書土器がカマド祭祀の要件であることを示しいるとは言えないのである。

6 「竈神の墨書土器」

前章でみたように、カマドの内外に土器を伏せて置く行為は竈神に対する祭祀であるが、その場合にその土器は必ずしも墨書土器である必要はなかった。一方、その土器が墨書土器でなければならなかったことを示す例がある。ほかでもない「竈神」や「竈」と墨書された土器である。吉村武彦を代表とし筆者も参加した墨書土器のデーターベース〔2002〕とその後の管見の範囲で「竈神」「竈」と書かれた墨書土器は、前掲の庄作遺跡の例を含めて、次の5例である[15]。

G　庄作遺跡「竈神」〔山武考古学研究所ほか編 1990〕　千葉県芝山町小原子（図5）

58号竪穴住居跡で、中央より西側の覆土から出土した赤彩の8世紀第2四半期の土師器杯の底外に「竈神」と墨書されている。ただし、その住居のカマドは他の住居に切られて消滅している。

H　多功南原遺跡「竈神」〔栃木県教育委員会編 1999〕　栃木県上三川町大字多功字南原（図6）

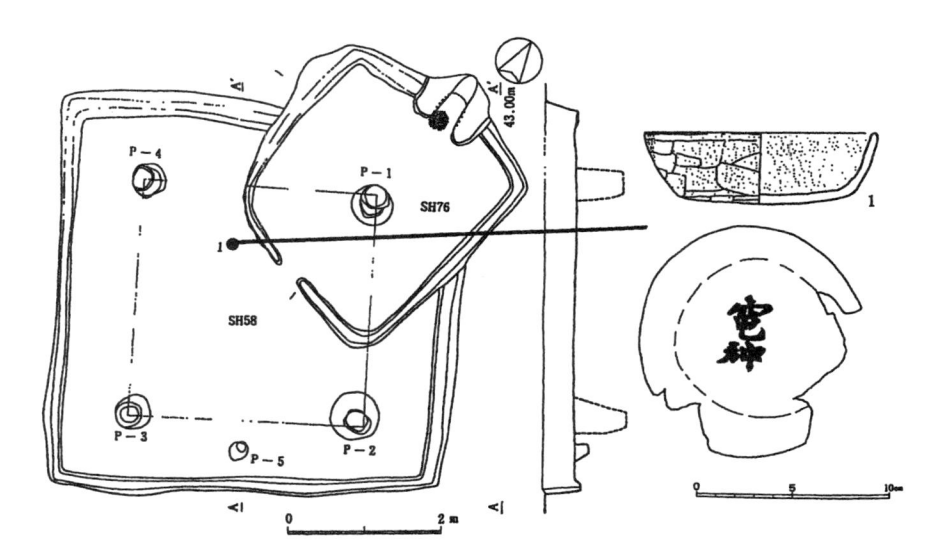

図5　庄作遺跡の竪穴住居址と「竈神」の墨書土器
（山武考古学研究会ほか編 1990 より一部編集して転載）

図6　多功南原遺跡の「竈神」の墨書土器
（栃木県教育委員会ほか編 1999 より転載）

　郷の役所的機能や駅家を含むともされる大規模集落で、739号竪穴住居跡より出土した須恵器杯の底部破片の外面に「竈神」の墨書がある。「竈」の字は穴冠が確定され、その中はくずし具合からの推測であるが妥当であろう。土器の年代は報告書に明記はないが、同一住居の共伴土器から見て平安期であろうか。カマドのほぼ前面の床面直上で、墨書面を上にして出土していて、報告書は「何らかの行為が行われた」とする一方で、「体部下端の位置で明らかに人為的に底部のみの円盤状に打ち欠いた痕跡が確認され、破損した坏を転用して使用したものとも推測される」ことからその「竈神」の文字は杯が「完存の時点で記されたかどうか疑問が残る」とする。なお、カマドの掘り方の覆土中からは土師器甕の胴部破片が10点前後出土している。

Ⅰ　水橋荒町遺跡「竈神」〔小林高範 1995・2004〕富山市水橋辻ヶ堂（図7）

　第1次調査中の1992年に出土した8世紀前半の杯蓋の外側に「竈神」の墨書がある。当該次調査の正式報告は未刊であるが、発掘担当者の小林高範より区画溝の覆土からの出土であると教示された。本遺跡は『延喜式』兵部省式に記載される水橋駅跡に比定する見解も出されている掘

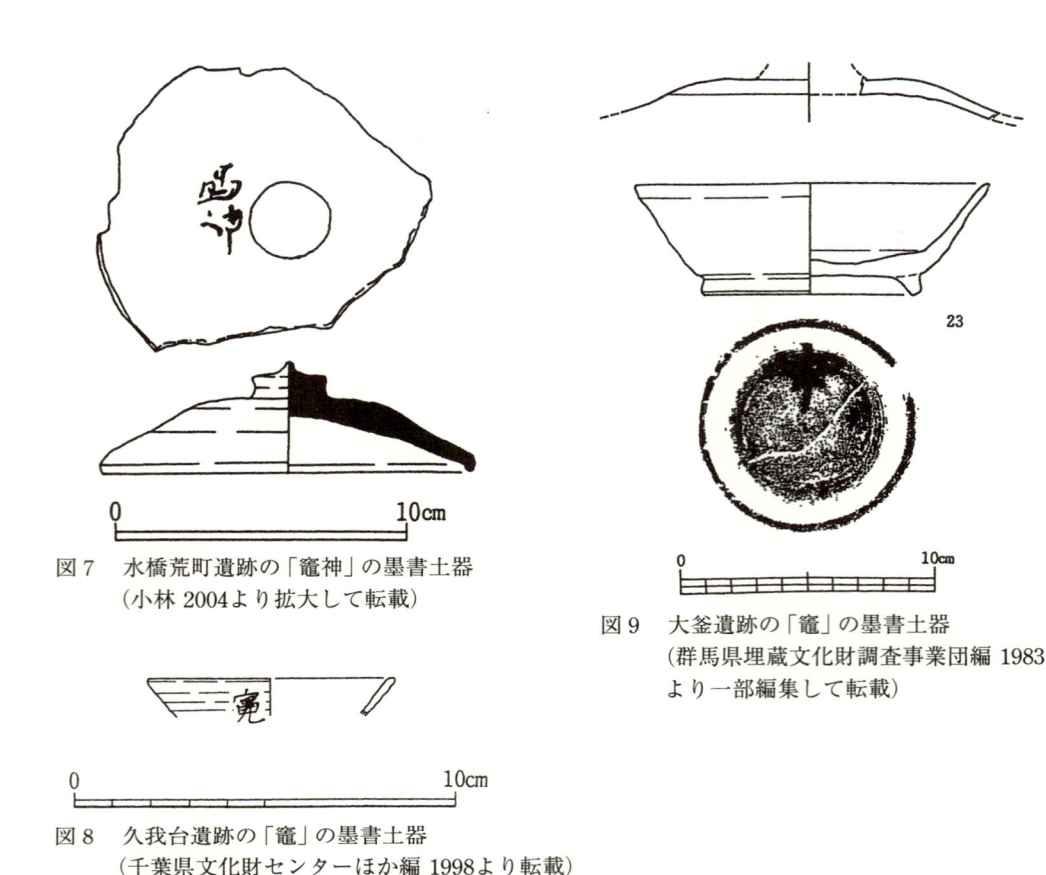

図7　水橋荒町遺跡の「竈神」の墨書土器
　　　（小林 2004より拡大して転載）

図8　久我台遺跡の「竈」の墨書土器
　　　（千葉県文化財センターほか編 1998より転載）

図9　大釜遺跡の「竈」の墨書土器
　　　（群馬県埋蔵文化財調査事業団編 1983
　　　より一部編集して転載）

立柱建物跡・井戸を中心とする官衙的性格の強い遺跡である。

J　久我台遺跡「竈」〔千葉県文化財センターほか編 1998〕　千葉県東金市松之郷字久我台（図8）

　40号竪穴住居跡より出土した10世紀前半の土師器杯の体外口縁部に「竈」の墨書がある。報告書に住居跡内での出土地点は明確に記載されていないが、カマド内からの出土ではないことは確かである。この住居跡のカマドは天井部を欠き、両袖のみが残り、燃焼部覆土からは土師器甕・須恵器甕の破片が出土しているが、そこにこの杯は含まれてはいない。

K　大釜遺跡「竈」〔群馬県埋蔵文化財調査事業団編 1983〕　群馬県沼田市大釜町・堀廻町（図9）

　8世紀前半～10世紀前半の集落遺跡で、8世紀後半の3号竪穴住居跡の覆土より出土した須恵器椀の底外と須恵器蓋の内側に「竈」の墨書があり、報告書はセットの可能性があるとする。報告書に出土地点は椀に関しては記載がないが、蓋は住居のほぼ中央から出土している。

　以上、わずかな事例であるが、一見して気づくことは、これらの「竈神」「竈」の文字を墨書した土器（以下、「竈神の墨書土器」と呼ぶ）が示唆する竈神祭祀は、必ずしもカマド解体の際の祭祀ではないということである。

　先ず、水橋荒町遺跡の「竈神」は、住居跡からの出土ではなく、官衙の竈神に関する例である。長野県千曲市の評家遺構を含むとされる屋代遺跡群（旧更埴市域）の湧き水遺構から7世紀後半

から 8 世紀初頭の「竈神」と墨書された木簡が出土しているように〔長野県埋蔵文化財センター編 1996〕、地方官衙でも早くから竈神祭祀が行われていた。また、長保 2 年（1000）の「造東寺年終帳」には竈祭が元旦・3 月 3 日・5 月 5 日・7 月 7 日・9 月 9 日の五節句に行われているし（『平安遺文』405 号）、長治元年（1104）の「東大寺司料米切符」（『同』1560 号）には 6 月晦日の竈神祭料が見え、官衙のほか寺社でも竈神の祭祀が行われていた。水橋荒町遺跡の事例は、官衙の日常（カマド機能時）の竈神祭祀に関わるのであろう。

残る 4 例もカマド内からの出土ではないから、単純にカマド解体時の祭祀と解釈することは出来ない。この点については、次章で考えてみたい。

7 カマドの構築・使用・廃絶とその祭祀

従来、カマド遺構を竈神祭祀に関連させて考察する際や、墨書土器が示唆する竈神祭祀を探る際には、もっぱらカマドの廃絶時に『抱朴子』に見る道教系の竈神との関係が指摘され、個人に付随し個人の命を具現する竈神や宅神として日常的に祀られている竈神に留意されることは少ない。そこで、以下、竈神の祭祀をカマド構築時の祭祀、カマド使用（機能）時の祭祀、カマド解体時の祭祀に区分して、文献史料とカマド遺構や墨書土器など遺物に関する考古学的考察との両面からそのあり方を探ってみよう。

カマド構築時の祭祀

文献史料では、「移徙作法」があげられる。なお、今泉潔は千葉県沼南町（2005 年 3 月 28 日柏市と合併して新「柏市」）大井東山遺跡の竪穴住居でカマド支脚上面に甑が横置きの状態で出土している状況を報告書〔今泉 1987〕で『類聚雑要抄』の「移徙作法」の五穀飯を容れた甑の使用法に准えているが、この事例はカマドの廃絶に伴うものであるから「移徙作法」とは別に考えねばならない。今泉も後の論文〔1989〕では「移徙作法」には触れていない。

一方、考古遺物としては、まず、前掲の飯積原山遺跡出土の人面ヘラ描き土製支脚がある。また、墨書土器には、福島県郡山市柿内戸(かきうど)遺跡で 9 世紀前半の竪穴住居跡のカマド燃焼部（火床面下か）から底部外面に「神」と墨書された土師器杯が出土し、井上尚明〔2001〕がカマド構築時か使用時に置かれた可能性が高いとした例（図10）、東京都府中市の武蔵国府関連遺跡日鋼地区の M24 区 124 号竪穴住居跡でカマドの基礎底部の両脇部分の掘り方にそれぞれ上向きに据え置き、その上にさらに杯を伏せて重ねた状態で完形の須恵器杯 4 点が出土していて、そのうちの左側の上の杯の口縁部内外面に「火」の墨書があり、報告書〔日本製鋼所遺跡調査会編 1995〕が土器の年代観は示さないが「竈に対する祭祀的な目的から据えられたもの」としている例（図11）などがある。後者は飯積原山遺跡の事例ともどもカマド構築時に竈神をカマドに安置する行為を示しているのではなかろうか。また、土器以外を例としてカマド構築時の祭祀と指摘されている事例も多いが、近時では、神奈川県の祭祀遺物を総合的に考察した冨永樹之〔2005〕が、伊勢原

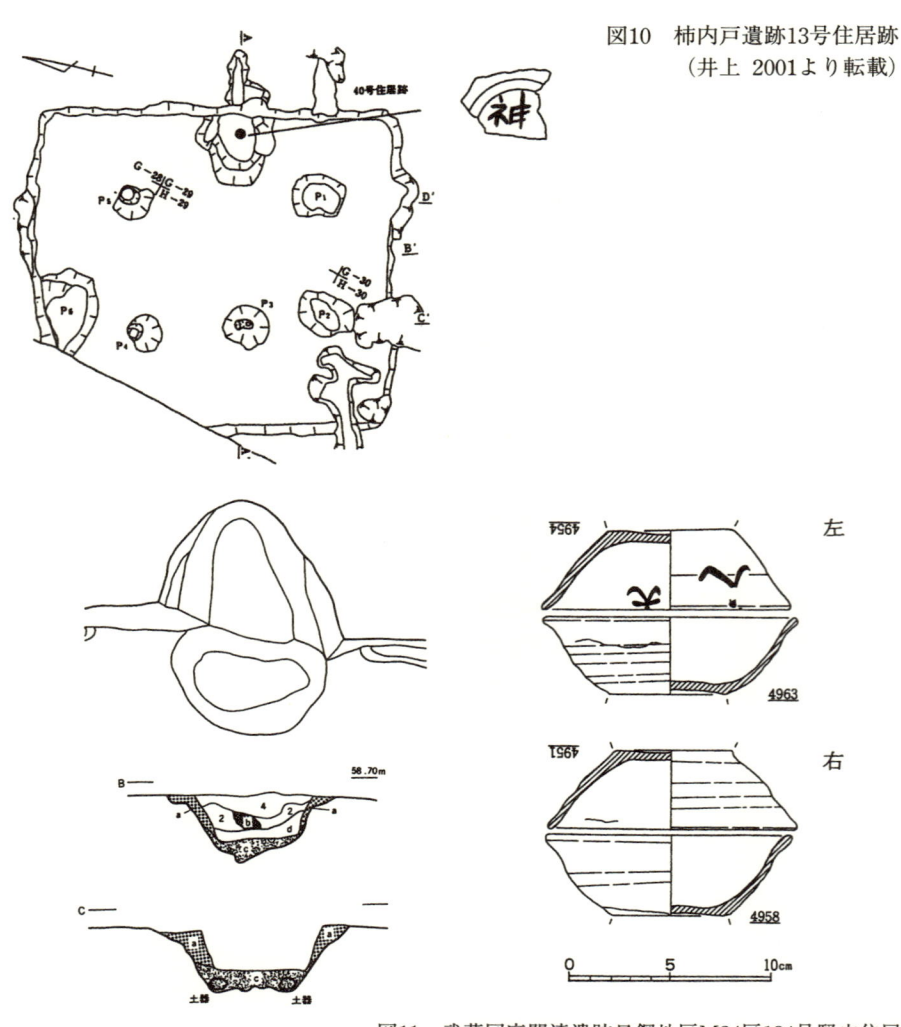

図10　柿内戸遺跡13号住居跡
（井上　2001より転載）

図11　武蔵国府関連遺跡日鋼地区M24区124号竪穴住居跡のカマドと墨書土器　（日本製鋼所遺跡調査会編　1995より一部編集して転載）

市坪ノ内・宮ノ前遺跡で9世紀前半の竪穴住居跡でカマドの燃焼部の基盤土から水晶切子玉・丸玉・管玉状土製品が出土している事例と平塚市真土六の域遺跡の竪穴住居跡でカマドの右袖からガラス白玉が出土した事例をあげている。

　カマドを構築することは、引越し（建て替え）による住居の新造行為に伴う。すなわち、家族全員が死亡ないし逃亡した「絶戸」を除けば、引越しの場合にカマドの解体、カマドの構築は連続する行為であり、それは竈神の移徙に他ならない。新居に移る時に、旧居のカマドを廃絶させて、竈神を旧いカマドから新しいカマドに遷すことでカマドの祭祀は継承される。その際、文献史料に見る竈神の神坐は土器であり、東宮坊→内裏→院御所という天皇の引越しでも竈神は土器を神坐として移遷しているから、「移徙作法」で言えば、竈神は、家長に先立って旧居から新居に持ち込まれた釜に宿って引越しするのである。なお、いわゆる分家、すなわち家口が別に戸を

成し新居を構える「析出戸」（養老戸令13為戸条）の場合でもカマドの祭祀は継承され（カマド分け）、構築の祭祀が行われたのであろう。

　一方、桐原〔1979〕は支脚石の移動を説いている。また、中沢悟〔1986〕は竃神信仰と支脚石を直接に結び付けないが、同じく支脚の移動を「竈の引越し」とする。飯積原山遺跡の支脚を勘案すれば、たとえば冨永〔2005〕が神奈川県北部では支脚石が残存している事例が多くカマドの解体と支脚の移動が一体となっていないことを指摘しているように、すべてではないにせよ支脚に竃神の存在を認めてもよいのではなかろうか。もしそうであるならば、竃神はカマドのなかにあっては支脚を、外にあっては土器を神坐としたのであろうか。あるいは、地域・時代によって、神坐として求められたものが違うのであろうか、明確な答えは提示できず、今後の課題とせざるを得ない。

カマド使用時の祭祀

　文献史料ではすでに見たように、宮中や官衙・寺社の竃神祭祀、貴族層の四方拝、『令義解』がいう「庶人の宅神の祭」、農村の四月氏神祭祀、また『抱朴子』に見る竃神があげられる。

　一方、考古遺構としては、今泉が言うように解体されたカマド遺構から日常的なカマドの祭祀を考察することは困難であるが、これに関連して注目すべきは竪穴住居跡のカマドに付随するテラス状の遺構＝棚状遺構である。早くは、桐原〔1979〕がカマドの位置する所の「壁面に幣帛を立て、その下の幅狭いテラスに祭器としての椀・皿が置かれて家宅の神を祀ったことだろう」と推測し、近時では井上〔2001〕が「棚状遺構は、「竃神」を祀る性格も具備した屋内施設であり、住居単位を対象にした施設」とし、桐生直彦〔2003〕はそれを「神棚」と呼んでいる[16]。『常陸国風土記』那珂郡茨城里の哺時臥山説話に神の化身である蛇を「浄き坏」や「瓮」に「盛りて、壇を設けて安置」したとあるのは、まさにこの神棚に当たろう。

　さて、井上と桐生の見解を確たるものにするのは、飯塚と田方の論に対する馬場遺跡の事例の如く、墨書土器である。すなわち、井上は、神社遺構を検討するなかで墨書土器の「神」と竃神の関係に留意し〔井上 2000〕、竪穴住居跡出土の特定の固有名詞を用いない墨書土器の「神」を「カマド・即ち「家」を司る神」と推測し、それら「神」の墨書土器はカマド廃絶時の祭祀に限らず、カマド構築時点からカマド使用時のカマドに付属する神棚の祭祀として行われたとする〔井上 2001〕。井上が例示したなかでは、カマド構築時の祭祀でもふれた柿内戸遺跡の事例がカマド使用時の祭祀でもある可能性がある。また、千葉県佐倉市の高岡大山遺跡390号竪穴住居のカマド右袖脇床面より出土した「神屋」と墨書された土師器杯は（図12）、井上の推測通り棚状施設から落下したもので、日常的な竃神祭祀に関わるものなのであろう。さらに、千葉県大袋腰巻遺跡の5号竪穴住居跡でカマド遺構と離れた所から「神奉」と墨書された土師器甕が出土している例も同様にカマド使用時に竃神に供献した祭祀となる。これは、竃神を饗応し、天上への報告を甘い内容にしてもらうためである。

　ただし、井上があげた大袋腰巻遺跡43号竪穴住居跡のカマド脇から出土した底部内面に「神

奉」、体部外面に「神奉日下部」の墨書がある土師器杯のように氏族名・個人名、さらには本貫地が墨書されるものは、前稿〔荒井 2003・2005b〕でも触れたように、平川南〔2000〕が『日本霊異記』説話を参考にして指摘した冥界信仰に基づくものであり、その饗応の対象は竈神ではなく、冥界からの使者（冥使や疫鬼）であろう。したがって、井上が固有名詞のない墨書土器の「神」をすべて竈神とすることには検討の余地がある。

　一方、桐生も竪穴住居跡の棚状施設を「神棚」と位置付け、井上説を支持している。桐生の検討方法は、カマドないし棚状施設から出土する破損した墨書土器に「日常什器としての役割を喪失している点」を見いだし、そこから逆に日常は祭祀に供されていたと推測するもので、前掲の寺沢の②の視点に通じ、カマド使用時の祭祀を推測するに有効な方法である。桐生が「棚状施設における非日常的な痕跡」として例示したなかに、千葉県市川市の大宮越遺跡で、9世紀後半の１号竪穴住居跡のカマドの向かって右側のピットから破損した体部から底部の外面に「万生」の墨書があるロクロ土師器杯が、同じく右側の棚上遺構の上から土師器甕が出土している事例がある（図13）。この住居跡では同じく「万生」と墨書された土器がロクロ土師器６点（１点はカマド内より出土）、灰釉段皿１点が出土している。この都合８点の「万生」について、桐生はすべて異筆であるとして、「万生」は同族集団の護符的性格のもので、ピット内のものを除いて、住居廃絶時に住居内に廃棄されたものとする。釈図を見る限りでは同筆・異筆の判断は難しく、同族集団とする解釈については留保したいが、墨書土器の文字としては珍しい「万生」（千葉県市川市曾谷貝塚遺跡の９世紀中頃の杯が類例）は、各地の遺跡で出土している「生万」に通じるのではなかろうか。「万（萬）生」とは生きとし生けるものの意味で、室町時代に下るが、『俵藤太物語』に「一死万生の喜び」とあるのは、一つが滅びることで多くが災いを免れることを指す。墨書土器の「万生」「生万」、また前掲の宮内東遺跡の「万時」も、除災・延命祈願の文字ではなかろうか。「万生」の墨書土器は、天上へ竈神が悪い報告をした結果、寿命が縮まることを避けるために、竈神を饗応することで長寿を祈願した土器と考える。そして、このような井上・桐生が主張する竪穴住居跡の神棚＝「竈神の祭壇」に供せられた土器が、和歌に見える葉盤・葉椀に当たるのであろう。

　ところで、宮中では11月の新嘗祭の後に竈神の祭祀があったが、新嘗の祭りは早くから東国でも行われていた。『万葉集』3386番歌の「にほ鳥の葛飾早稲をにへすとも　そのかなしきを外に立てめやも」とあり、『常陸国風土記』筑波郡条では筑波神が「今夜は新粟嘗すれども、敢へて尊旨に奉らずはあらじ」と答えて、神祖の尊を万葉歌とは逆に家に招き入れている。新嘗の祭りとは秋の収穫を祝って新穀を神に奉り、その後に共食する祭りであるから、当然カマドでの炊飯が伴う。東国の農村でも新嘗の祭に竈神の祭祀が付随したことは想像に難くない。そのほか、現世利益的な竈神祭祀が普段より行われていたのであろう。竈神は個人や家族の命、氏族の富貴・繁栄を担ったが、「万生」の墨書土器はまさにその一例となる。また、『古語拾遺』に、その昔、蝗害が起きた理由を「肱巫（ひじかうなぎ）」という占法で占い、御歳神の祟りとわかるという話を載せるが、「肱巫」を「今俗、竈羽（かまは）及び米占（よねうら）なり」と注している。その内容は不詳であるが、竈神に吉凶を

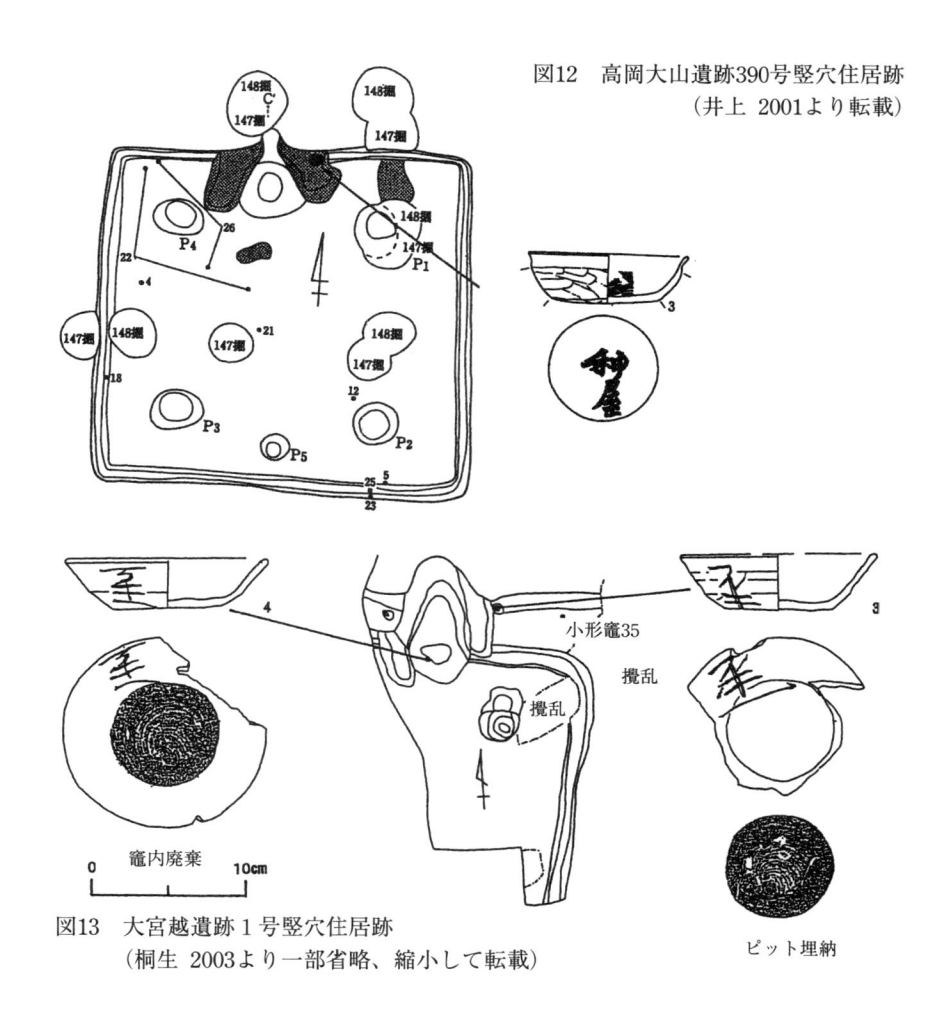

図12　高岡大山遺跡390号竪穴住居跡
　　　（井上 2001より転載）

図13　大宮越遺跡1号竪穴住居跡
　　　（桐生 2003より一部省略、縮小して転載）

問うこともあった。なお、『古事記』応神天皇段には「烟」（カマド）の上に呪詛の品を置いた記事があるから、神棚はカマドの脇に限らず、カマドそのものも祭壇であったと考えられる。

　さて、既に述べたように、庄作遺跡の「竈神」や久我台遺跡の「竈」の墨書土器は、カマド廃絶時の祭祀の例として紹介されることが多いが、ともにカマド内より出土したものではないことに注意する必要がある。内膳司の竈神が釜や鋺などナベを神坐としたように、竪穴住居では竈神が「竈神の墨書土器」を神坐として「神棚」に祀られていた可能性を考える必要があろう。特に大釜遺跡の「竈」の墨書のある須恵器は椀と蓋とが組となって、そのなかに竈神が宿されたのではなかろうか。『宇津保物語』国譲・中に、クボテの蓋に「神の多かるくぼてぞ」と書かれる例があり、本来は神饌用の器である葉盤・葉椀が転じてそれ自体に神が宿るとする観念があった〔梅川 2001〕。また、宮内省の韓神社の韓神を「神おろし」する神楽歌（「採物・韓神」）に「八葉盤　手に取り持ちて　我韓神も　韓招ぎせむや　韓招ぎ　韓招ぎせむや」（『梁塵秘抄』）とあって、八葉盤は魂振りの呪物であり、また神の招代となっている〔高取 1982〕。土器が神坐となることがあることは、すでに関和彦〔2004〕や高島英之〔2004〕も前掲の『常陸国風土記』の晡時臥山

説話やその他の史料をあげて指摘している[17]。

　ところで、「竈神の墨書土器」が竈神の神坐であるとした場合に気になることは、多功南原遺跡の「竈神」の杯が底部を円盤状に打ち欠いてから「竈神」と墨書しているらしいことである。この場合、杯は竈神の神坐となっていた時点では「竈神」の墨書が無く、カマドの廃絶に至って、それが神坐であったこと、その役割が終わったことを明確にするために打ち欠き、かつ「竈神」と墨書したことになろう——これは、竈神の神坐である土器が必ずしも「竈神の墨書土器」である必要はなく、出土した非墨書土器にもそれがあることを示してもいる——。このことに関連するのは、前掲『兵範記』久寿2年（1155）9月21日条に藤原宗子の竈神を法性寺の「東の山の辺に、仕丁を以て送り棄てさせ了んぬ云々」とあるのに続けて、「釜は施入すべきは然るべき寺々へ、他の物等は焼き棄てるべき云々」とあって、竈神が神坐としていた釜は故人の竈神が山へ帰された後で寺に施入されていることである。すなわち、神坐である釜は竈神が離れることで、神坐たる役割を終えている。その一方、「移徙作法」や内膳司の竈神に見たように、引越しの場合に竈神は旧居から新居へ遷されている。両者を勘案すれば、多功南原遺跡の「竈神」の杯が打ち欠かれている背景には、その住居の主が死亡したことなどを想定できるのではなかろうか。

カマド解体時の祭祀
　カマドの祭祀を移遷ないしは廃絶させる祭祀であり、既に幾例か紹介したように遺構事例の指摘としては、このケースが専らとなっている。繰り返しになるが、奈良・平安時代の東国の竪穴住居跡のカマドは破壊された状態で検出されることが多く、その痕跡が確認できなかった例も含めて例外はあるにせよ、住居が廃絶される際にカマドは意図的に解体されたとするのが共通認識となりつつある。そして、それは竈神信仰を背景に説明され、その具体例として、カマドの中の床面や支脚の上または掛け口に——特に倒位で——置かれた土器が指摘されている。カマド内に重ねられた倒位の杯は支脚そのものである、あるいは支脚の上に置かれた土器は支脚の高さの調整であるとして祭祀との連関を疑問とする意見もあるが、全てではないにせよ、カマドを壊すのみならず、壊したカマド内やその周辺に土器を伏せて置くことは竈神を意識した行為とみなしてよかろう。そして、そのような竈神祭祀に、馬場遺跡の倒位で出土した「上」と墨書された土器、さらには庄作遺跡の「竈神」や久我台遺跡の「竈」の墨書土器が具体例としてよく取り上げられること、しかし後二者は廃絶時の祭祀を示さない可能性があることは既に述べた通りである。

　さて、廃絶に伴うカマドの解体を竈神信仰と連関させる場合に、竈神の処遇をめぐって、先行研究に正反対の二つの見解がある。

　その一つは、カマド内外に土器が伏せ置かれていることに着目して、それを竈神が上天して家人の悪行を司命に告げないように土器で封じたものと解釈する、言わば「竈神封印説」である。いま一つは、住居の移転を意識する解釈で、例えば、堤〔1995〕は「竈祭祀を相対的に位置付けるなら、「解体」あるいは「封鎖」こそその本質であり、それが竈神を送り出すような意味をもった行為である」とし、また、冨永〔2005〕は「住居が移る際にはカマドから神を天にもどす祭

祀を行うことは中・近世も民間ではよく行われていた。それに伴ってカマドを壊し、機能が無くなったことを強調した」としている。こちらは一括して「竈神移遷説」と呼んでおこう。

「竈神封印説」は、馬場遺跡の墨書土器について栗田〔1988〕が「カマド廃絶という行為によって最終的に竈神的な存在を永久的に封じ込める必要があり、そこに始めて杯を伏せるという行為が意味を持ってくるのであろう」としたほか、既述（232頁）のように平川が「竈神を封じ込めるために坏を伏せた」とし、田形〔1996〕が「竈神を封じ込めるために、土器などを倒位でおく」としているのが栗田の見解の延長線上にある。そして、『千葉県の歴史　通史編　古代』第 2 巻 (2001) の第 2 編第 4 章にも「竈神を封じ込める祭祀」(406頁) とあり、かく言う筆者も前稿〔荒井 2005b〕で、馬場遺跡について栗田の見解を紹介し、一方、庄作遺跡や久我台遺跡の事例については土器を神坐とした日常祭祀の可能性があり「竈神を封じる祭祀と断じることはできない」として、「竈神封印説」を襲っている。さらには、高島英之〔2000〕の「竈神を鎮める祭祀」という表現も、この立場に属すと言えよう。

　従来、この「竈神移遷説」と「竈神封印説」の両者は互いの説に関心を払っていない。わずかに内田律雄〔2005〕が、カマドの祭祀と竈神の祭祀を切り離す理由として、栗田の文章を引いて「竈の廃絶が何故「竈神」を永久的に封じ込めなければならないのか曖昧」としている程度であろうか。それは、「竈神封印説」は主に墨書土器に関する研究のなかでその具体例として馬場遺跡などの事例を採り上げたものであって、住居の廃絶を考察要素として持っていないこと、一方、「竈神移遷説」は廃絶住居跡の研究から竈神信仰に及んだもので、カマドの解体に考察が集約され、墨書土器を主たる考察要素とせず、特にそれが古墳時代の住居であった場合には考察の参考にもされていないことが多いことによる。

　さて、今回、竈神祭祀について再検討したが、この点は「竈神移遷説」を採るべきであった。筆者も含め「竈神封印説」は、竈神が寿命を縮めるとする『抱朴子』の記述に惹かれすぎ、竈神が天との往来だけではなく地上を移遷することを検討しなかった。竈神が土器を神坐とし、引越しの際に移遷することを考慮すれば、竈神を旧居に封じることはないと言わねばならない[18]。

　一方、「竈神移遷説」の論でも「封印」「封鎖」の語が用いられることがある。しかし、その対象は竈神ではない。「竈神封印説」が竈神を封ずるのに対して、「竈神移遷説」はカマドそのものを封ずるのであり、それは竈神がそこに留まれなくするための行為であった。要するに、新居のカマドに移遷した竈神は、もはや旧居のカマドへ戻ってはいけないのである。カマドの封鎖行為の意義は、カマドを使用不能にすることにあるではなく、それを手段として、竈神を移遷させることにあると言わねばならない。かくして、封ぜられるのが「竈神」ではなくカマドであるならば、カマドの解体とそれに続く土器を伏せおく行為は一連の祭祀となり、内田の疑問も解消されよう。

　もっとも、「竈神移遷説」でも冨永が中・近世の民俗例に拠って「住居が移る際にはカマドから神を天にもどす祭祀を行う」としていることが問題となる。本稿では天に戻らず新居に移ると考えるが、この辺は死亡に伴うカマドの解体や竈神の扱われ方ともども、民俗事例を探査する

必要があろう。

　すなわち、カマドの解体は引越しの時に限られるものではない。皇族や貴族が死亡した場合に、その竈神は「山送り」されたことは既述した。では、一般庶民の場合はどうなのであろうか。阿久津〔1944〕は、諏訪遺跡の事例で埋め戻し整理されたカマドの上に墨書土器を置くことを、その住居跡に新旧二つのカマドがあることを考慮して、「死や出産に際して火の浄化を保つため、別カマドを築く行為の中で行われたもの」と推測している。また、笹森健一〔1990〕は、(妻の死亡に伴う)再婚の場合のカマドの作り替えについて考察している。

　同一住居に複数のカマドがあることは往々にあり、出産はさておくとして、死亡や婚姻の際にカマドの作り替えが行われたことは想像に難くない。その際でも解体されるカマドの竈神への祭祀は、引越し同様に行われたのであろう。そして、その場合にも、故人の竈神は封ぜられることはなく、天に戻された、すなわち「山送り」されたのではなかろうか。柳田が提唱した「山中他界論」に依拠したい。さらには、疫病などで家族全員が死亡した絶戸の場合も、集落共同体によって、住居そのものを焼却するなどして、カマドの封鎖行為が行われたのではなかろうか。このことは、家族全員逃亡による絶戸も同様であろう。

　さらには、『日本書紀』大化2年(646)3月甲申(22日)条に「愚俗」を禁止する詔があり、その一つに路頭で炊飯した往来の役民に「路頭の家」が「祓除」を求める行為があげられている。これは、他郷の火が焚かれたことで「路頭の家」がカマドの火が穢されたと称して祓除料の物品を強要することを禁じたものであるが、むしろ、路頭に火(カマド)の跡が放置されることが問題なのではなかろうか。絶戸のカマドも同様である。安倍晴明の『占事略決』第二十七の「占病祟法」には、「竈神」とともに「廃(すたれ)竈神」があげられている〔山下 1996〕。引越し・死亡・逃亡など理由はともあれ、カマドが使用されなくなり、竈神の祭祀が途絶えたまま放置されたのが「廃竈神」である。人々が廃絶した住居のカマドを封鎖したり、故人の竈神を「山送り」するのは、この「廃竈神」を誕生させないためであった。

　第4章で私見を纏めた際、竈神を宅神とするカマドの祭祀が遅くとも7世紀後半に貴族層・近畿地方に、遅くとも8世紀前半に農民層・東国に浸透していたと考える、としたが、この大化期の習俗が他郷の竈神が路頭に残されることをその地の人々が忌諱していると解釈されることで、竈神信仰の受容を示す史料はさらに遡る。

おわりに

　文献史学の竈神研究、墨書土器の研究、廃絶住居のカマド遺構の研究、この三者は、それぞれ独立して行われていて、相互に他を事例として参照することはあっても、それを総合的に捉えようとする姿勢は、総じて希薄であると言わねばならない。本稿では、文献史料に見る竈神、「竈神」や「竈」の墨書土器、その他カマド内外から出土した墨書土器や土器、そして検出されるカマド遺構、を敢えて関連させることを試みた。

　その結果、①日本の竈神には住居のカマドに付随し天とを往来する性格だけではなく、人に付

随し人の移動とともに移遷する性格があることを、②その竈神の神坐は釜・鎬などで土器である場合があったこと、③東国の竈神信仰が奈良時代初期以前に遡ること、④廃絶住居を研究の端緒とすることからカマドの解体時と構築時に考察が集中する竈神信仰について、カマド使用時のそれも棚状遺構＝「神棚」や「竈神の墨書土器」、そして文献史料から抽出できること、⑤換言すれば、古代末期の農村に行われていた「やかつ神」の祭は、竈神の祭祀として奈良時代初期にはすでに行われていたこと、⑥伏せた土器などでカマドを封じることは、竈神を意識する行為ではあるが、竈神そのものを封印するのではなく、カマドを封鎖することで竈神を移遷させることを目的とするものであること、また⑦死亡者の竈神は「山送り」されたこと、などを確認し得た。

　もっとも、このような文献史料と考古学の成果を直結させる方法には批判もあろう。しかし、ある時代の人々の生活痕跡とその時代の人々の手による記録とがまったく関係なし、ということもあるまい。むしろ筆者の危惧は、本稿が引用した史料の多くが中央のものであり、貴族層の手になるものであるのに対して、本稿がそれと関連させた「作り付けカマド」の遺構や墨書土器は東国の農村のものであり、地域・階層とも相違するものであることにある。また、東駿河湾地域でカマド遺構出土の手捏土器に竈神祭祀を探った渡辺康弘〔1993〕が「中央では7世紀後半にピークを迎える道教の神の受容が、地方にあっては8世紀の前半期になって竈神信仰として顕在化」したが、「出自の相違」によってそれを「受容した家とそうでない家の相違があった」とし、田形〔1996〕が鳴神山遺跡の住居跡には「竈祭祀を行っているものと行っていない（明瞭な痕跡を残していない）もの」があるとするように、竈神信仰の受容（の痕跡）には、東国諸地域の相互間に加えて同一地域・同一集落でも濃淡があるようである。この点、今後のカマド遺構や墨書土器の発掘例の増加とそれに基づく考察成果の集積[19]、広く関連史料の探査、そして本稿が言及出来なかった民俗事例の確認・比較などを通じて、竈神信仰に対する地域差や階層差が解消、あるいは逆に際立つことに期待し、また考察に心掛けたい。

註
1)　『倭名類聚抄』が「竈」について「四声字苑云竈則到反、与輔同、和名加万炊爨処也」とするように「竈」は炊飯の場でカマと読むから、「竈神」も本来カマ神と読むべきであろう。ところが、『万葉集』892番歌の山上憶良の貧窮問答歌には、「可麻度には火気吹き立てず、許之伎には蜘蛛の巣かきて」とあるから、炊飯の場をカマドと呼ぶことも古い。一方、釜は『倭名類聚抄』に「和名賀奈閉、一云末路賀奈倍」とある。詳細は別稿〔荒井 2005a〕や狩野敏次〔2004〕に譲るが、「正倉院文書」に見える「竈戸」「釜戸」や『延喜式』や『皇太神宮儀式帳』に見える「竈戸」は釜の意であるから、狭義の「竈＝カマ」と「竈戸・釜戸・竈子＝釜＝カナヘ」がセットで広義の竈一具となり、かつ広義の竈はカマドとも呼ばれたようである。以下、本稿は「竈」はカマ、「釜」はカナヘ、「竈神」はカマ神と読むことにする。また、住居跡の竈及び今日的な意味での炊飯の場についてはカマドと表記し、カマの字体は「竈」に統一する。
2)　『延喜式』によれば、四時祭式に見える内膳司や主膳監の忌火庭火祭のほか、竈神祭祀の祭料が大膳式・大炊式・造酒式に見え、また、臨時祭式には3鎮竈鳴祭条と5御竈祭条に竈神祭祀の祭料が規定されている。鎮竈鳴祭は「竈鳴り」の異変が起きた時の祭料規定であるらしく、御竈祭は天皇の食物の炊

事に用いるカマドを祭るものであろうが、いかなる時の祭祀かは不明である。
3) 増補史料大成本『兵範記』は「中右の例」に作るが、繁田信一〔2005〕が陽明文庫所蔵の清書本より「中古の例」とするのに従う。なお、繁田は「鳥羽上皇の皇后となった高陽院藤原泰子が没すると、彼女の竈神は葬儀の後に「深山」に捨てられている（『台記』保元元年〈一一五六〉七月二日条）」とするが、高陽院の死去は前年の久寿2年12月16日であるから、これは本文に引用した鳥羽上皇の葬儀のことを記す『兵範記』保元元年（1156）7月2日条の「御竈神深山に送られ了んぬ」と混乱がある。この点は、繁田が参照した勝田至の論説〔2003〕も同様である。
4) 葬儀の際に竈神を山に送る例として、ほかに勝田至〔2003〕が『明月記』天福元（1233）年9月30日条、『師守記』康永4年（1345）2月9日条を挙げている。
5) 水野正好〔1982〕は、平城京跡から出土する竈形（「韓竈〈辛竈〉」の模型）を竈神の象徴とする。そして、『本朝月令』が大祓の説明に『抱朴子』ほかの竈神を引用することを参照にして、竈形は大祓の祓具であり、当時大祓に『抱朴子』に見る中国の「竈神上天」信仰が取り入れられていたとする。また、煤が付いている出土例があることから、竈神への饗宴用の煮炊きにも用いられた可能性を指摘する。一方、金子裕之〔1985〕は、同じく竈形を祓具とするが、それを損壊して竈神の動きを封じるとする。「韓竈」は、東国に出土例が稀少で、また住居廃絶や墨書土器との関係も指摘出来ないので、本稿では扱わず、両者の見解についても是否を論じないが、稲田孝司〔1978〕が日常の「造り付けカマド」に対して、カラカマは祭祀用の「聖なる食物を調理する竈」であって祭具であるから竈神の宿るカマドではないと指摘したことに留意したい。カラカマをすべて祭祀専用と特定することは出来ないが、祭祀具である場合に竈神との関係は、そのミニチュアである「竈形」も含め、稲田に従いたい。なお、注6参照。
6) 注5で触れたように、大祓に竈神の「上天祭祀」が取り込まれていたとする指摘がある。その場合に『本朝月令』は毎月晦日の「御麻奉献」に関する宮内式23供奉護麻条を引くから、6月と12月の晦日の大祓のほかに「毎月晦日の御麻」や「毎月晦日の御贖」の背景にも竈神信仰があることになる。つまりは、竈神信仰が関わるのは大祓に特定されるのではなく、祓という行為そのものとなろう。前稿〔荒井 2004〕で「御贖」物としての人面墨書土器を扱った際その人面と竈神の関係にふれたが、韓竈・竈形を含め祓と竈神信仰については新たに稿を成すことにしたい。
7) 『御堂関白記』長和2年（1013）4月11日条、『小右記』万寿4年（1027）年3月5日条ほか。なお、竈神同様に土公神も祟り神として古記録に散見する。土公神は陰陽道で土を司る神であるが、『倭名類聚抄』が「董仲舒書」を引き、土公神は春は竈に夏は門に秋は井に冬は庭に在るとするように、竈神と一体と認識されることも多いが、煩雑になるので本稿は土公神を取り上げない。さしあたっては、増尾伸一郎〔2001〕や前稿〔荒井 2005b〕を参照されたい。
8) 『権記』寛弘元年（1004）4月29日条・『小右記』万寿2年（1025）11月21日条ほか。
9) 柳田国男〔1969b〕が「天道花」を「四月神祭」の祭事の一部として、折口信夫〔1955〕が祖霊の依代であるとした髯籠に当て、宮本常一〔1984〕が『一遍聖絵』に見える竿柱を「天道花」と推測し、保立道久〔1998〕が『松崎天神縁起』や『慕帰絵詞』にもそれが描かれていることを指摘して、「束草」であるとした。ただし、保立は「天道花」（＝「束草」）を依代とする理解には否定的である。なお、「束草」は青草を束ねたもので、『延喜式』大嘗祭式22大嘗宮条に「束草〈いわゆる阿都加〉」とある。
10) 竪穴住居のカマドに関する考察視点は、竈神祭祀との関連とは別に多岐にわたる。近年の研究動向については山梨県考古学協会の大会記録「発掘が語る古代竪穴住居の様相」〔1995〕及び同大会報告で桐生直彦〔1995〕が、その問題点を包括している。
11) 報告書は未刊であるが、2002年3月28日付飯積原山遺跡出土「人面ヘラ描き土製支脚」報道発表資料が千葉県教育振興財団のホームページで閲覧できる（2006年5月現在）。前稿〔荒井 2005b〕にも同財団より提供を受けた写真を掲載した。

12)　前稿〔荒井 2005b〕で本遺跡について「竈の直上に「満」などの墨書がある土師器杯が二枚置かれていた」としたのは、私の不注意な誤りである。正しくは「埋め戻された竈の上に〜」とすべきであった。この場を借りて、訂正しておきたい。
13)　報告書〔山武考古学研究所ほか編 1990〕は「部」の可能性をあげ、阿久津〔1994〕は「乃」とするが、平川〔2000〕が指摘するように「得」である。
14)　カマドの祭祀に供する土器に、文字内容は問わず、積極的に墨書土器が用いられた可能性はあろう。文字の持つ呪術性が祭祀に期待された場合である。試みに、『千葉県の歴史　資料編　古代』別冊の「出土文字資料集成」(1996)で出土遺構がカマド・カマド脇・カマド前とある墨書土器を探すと、全墨書土器10459点のうち176点（線刻類を含む）ある。同集成から個々の土器のカマド内での出土状況などは確認し得ないが、それらの文字は佐原市東野遺跡の「國玉」、千葉市東住吉遺跡の「萬」、八千代市権現後遺跡の「奉」、成田市大袋小谷津遺跡の「福」や何らかの記号などわずかな例を留保して、人名・地名の一部などのようで、カマドの廃絶に際して特に記されたものではなく、日常に土器を使用していた際の別の意図による墨書と思われるものが大部分である。176点という墨書土器の数が、カマドから出土した墨書土器と非墨書土器との全体に対してどのくらいの割合になるのか。その結果とカマド出土以外を含めた全出土土器数に対する全墨書土器数10459点の割合を比較したとき、上記の問いの答えが導けるのかもしれない。気の遠くなるような作業であるが、千葉県に限らず、個々の集落遺跡をピックアップするならば可能かとも思う。今後の課題としておきたい。
15)　『和名類聚抄』が「竈」の和名を「加万」とすることから、吉村武彦を代表とする墨書土器のデーターベース〔2002〕で「加万」「加萬」とある墨書土器を探すと、人名の一部である佐原市吉原山王遺跡の例を除けば、埼玉県和光市峰前遺跡1点、静岡県島田市居倉遺跡1点、千葉県佐倉市高岡大山遺跡6点、同東金市油井古塚原遺跡1点、同木更津市久野遺跡1点である。しかし、たとえば高岡大山遺跡でほかに「六万」「七万」、久野遺跡でほかに「立万」があることから考えるに、これら「加万」は「竈」ではないようである。
16)　桐生の棚状遺構や竪穴住居に関する研究は、引用のほか一連の論考がある。それは著書『竈をもつ竪穴建物跡の研究』(2005年10月)に纏められるが、本稿の脱稿と重なり、未見である。
17)　関は元応2年(1320)『類聚神祇本源』の酒殿神に関する記事に「造酒天之瓶一口は大神の霊器なり、以て敬拝して祭る也」、伊勢神道の教典「神道五部書」の『倭姫命世記』に土御祖乃神が宝瓶に坐し、若雷神が瓶そのものとされていること、及び同じく「神道五部書」の『豊受皇太神御鎮座本紀』に「天平瓮」が「諸神を納め受ける宝器」とされていることを指摘し、高島は土器ではないが『日本書紀』崇神10年条の三輪山説話の神が入った櫛箱、『類聚神祇本源』の伊勢神宮外宮別宮の「御体瑠璃壺」などをあげている。
18)　一般論として、日本の神は、祀る、祀られねばならぬものであり、封じる、封じられるものではない。それは御霊や疫神、祟り神、「荒ぶる神」など、災いをもたらす神には尚更である。この点は日本での竈神の場合も例外ではないのであろう。一方、前稿〔荒井 2005b〕でも紹介した大阪府高槻市の嶋上官衙跡の井戸から出土した2杯の杯は、1枚の底内中央に「土公水神王」「天㹨」などが、また体内口縁部には「封」が12字墨書されていて、もう1枚の杯に墨書された「十二神王」と結びついて、合わせ口の状態で天㹨神・土公神を「封」じて井戸に沈められることで井戸を鎮めたものと考えら事例もあるから、神を封じるという行為と神を祀る・鎮めるという行為の異同については、さらに検討してみたい。
19)　最近のものとして、神奈川県立埋蔵文化財センターの奈良・平安時代研究プロジェクトチーム〔1997〜99〕が神奈川県のカマド遺構を集成する。また、川津法伸〔1997・1999・2001〕が茨城県の棚状遺構を集成している。

参考文献

阿久津久 1994「カマドにみる祭祀の一形態」『日立史苑』第7号、日立市史編さん委員会
荒井秀規 2003「鬼の墨書土器」『帝京大学山梨文化財研究所報』第47号、帝京大学山梨文化財研究所
荒井秀規 2004「人面墨書土器の使用法をめぐって」『古代の祈り―人面墨書土器から見た東国の祭祀―』盤古堂
荒井秀規 2005a「延喜主計式の土器について（下）」『延喜式研究』第21号、延喜式研究会
荒井秀規 2005b「神に捧げられた土器」『文字と古代日本』4、吉川弘文館
飯塚武司 1986「No.512遺跡・カマド内遺物出土状態の検証」『多摩ニュータウン遺跡 昭和59年度』第4分冊、東京都埋蔵文化財センター
稲田孝司 1978「忌の竈と王権」『考古学研究』第25巻第1号、（岡山大学）法文学部考古学研究会
井上尚明 2000「考古学から見た古代の神社」『埼玉県立博物館紀要』第25号、埼玉県立博物館
井上尚明 2001「古代神社遺構の再検討」『研究紀要』第16号、埼玉県埋蔵文化財調査事業団
今泉　潔 1987「カマドの廃絶」『大井東山遺跡・大井大畑遺跡』千葉県文化財センターほか
今泉　潔 1989「竪穴住居の解体と引越し」『史館』第21号、市川ジャーナル
内田律雄 2005「竈神と竈の祭祀」『季刊考古学』第87号、雄山閣出版
梅川光隆 2001『平安京の器』(私家版)、白沙堂
小山市教育委員会編 1987『宮内東遺跡発掘調査報告書　第2次調査』
小山市教育委員会編 1997『宮内東遺跡　第4次発掘調査報告書』
折口信夫 1955「髯籠の話」『折口信夫全集』2、中央公論社（初出は1915・1916）
勝田　至 2003『死者たちの中世』吉川弘文館
神奈川県立埋蔵文化財センターほか編 1997～99「神奈川県におけるカマド構造の基礎的研究（1）～（3）」『かながわの考古学　研究紀要』第2～4号
狩野敏次 2004『かまど』(「ものと人間の文化史」117)、法政大学出版局
金子裕之 1985「平城京と祭場」『国立歴史民俗博物館研究報告』第7集、国立歴史民俗博物館
川津法伸 1997・1999・2001「竈の脇に棚をもつ住居について（1）～（3）」『研究ノート』第6・8・10集、茨城県教育財団
桐原　健 1977「古代東国における竈信仰の一面」『國學院雑誌』第78巻第9号、國學院大學
桐原　健 1979「新饌を盛る土器・家神を祀る土器」『信濃』第31巻第1号、信濃史学会
桐生直彦 1995「竈出現以降の竪穴住居址内の遺物出土状態をめぐる問題」『山梨県考古学協会誌』第7号、山梨県考古学協会
桐生直彦 2003「棚状施設は神棚か？（その2）」『遺跡の中のカミ・ホトケ』帝京大学山梨文化財研究所・山梨県考古学協会
桐生直彦 2005『竈をもつ竪穴建物跡の研究』六一書房
栗田則久 1988「出土状況からみた墨書土器の機能」『東関東自動車道埋蔵文化財調査報告書Ⅳ　佐原地区（1）』、千葉県文化財センター、ほか
栗田則久 1993「考古遺物としての墨書土器」『千葉史学』第22号、千葉史学会
窪　徳忠 1982「東南アジア在住華人の竈神信仰」『歴史における民衆と文化』国書刊行会
窪　徳忠 1996『道教の神々』講談社学術文庫（初出は1986）
群馬県埋蔵文化財調査事業団編 1983『大釜遺跡・金山古墳群』
小林清隆 1989「カマド内出土遺物の意味について」『研究連絡誌』第24号、千葉県文化財センター
小林高範 1995「富山・水橋荒町遺跡」『木簡研究』第17号、木簡学会
小林高範 2004「富山市水橋荒町・辻ケ堂遺跡について」『奈良時代の富山を探る』富山市教育委員会

小林泰文 1998「集落遺跡にみる土器墨書行為について」『神奈川考古』第34号、神奈川考古同人会
近藤芳樹 1846『大祓執中抄』（版本）、伊丹屋善兵衛
佐々木隆彦 1980「竈祭祀について」『赤井手遺跡』春日市教育委員会
笹森健一 1990「竪穴住居の使い方」『古墳時代の研究』2、雄山閣出版
山武考古学研究所ほか編 1990『千葉県芝山町　小原子遺跡群』芝山町教育委員会
三和町編 1992『三和町史』資料編、原始・古代・中世
繁田信一 2004『陰陽師と貴族社会』吉川弘文館
繁田信一 2005『平安貴族と陰陽師』吉川弘文館
関　和彦 2004「神と「面形」土器」『古代の祈り―人面墨書土器から見た東国の祭祀―』盤古堂
高島英之 2000「古代東国の在地社会と文字」『古代出土文字資料の研究』東京堂出版（初出は1994）
高島英之 2004「関東地方集落遺跡出土人面墨書土器再考」『古代の祈り―人面墨書土器から見た東国の祭祀―』盤古堂
田形孝一 1996「集落から村落へ（1）」『研究連絡誌』第47号、千葉県文化財センター
高取正男 1982「採り物」『民間信仰史の研究』法蔵館
高橋照彦 1997「「瓷器」「茶椀」「葉椀」「様器」考」『国立歴史民俗博物館研究報告』第71集、国立歴史民俗博物館
千葉県史料研究財団編 1996『千葉県の歴史　資料編　古代』別冊「古代出土文字資料集成」、千葉県
千葉県史料研究財団編 2001『千葉県の歴史　通史編　古代』2、千葉県
千葉県文化財センターほか編 1988『東関東自動車道埋蔵文化財調査報告書Ⅳ　佐原地区（1）』
千葉県文化財センターほか編 1998『東金市久我台遺跡』
堤　　隆 1991「住居廃絶時における竈解体をめぐって」『東海史学』第25号、東海大学
堤　　隆 1995「竈の廃棄プロセスとその意味」『山梨県考古学協会誌』第7号、山梨県考古学協会
寺沢知子 1986「祭祀の変化と民衆」『季刊考古学』第16号、雄山閣出版
寺沢知子 1992「カマドへの祭祀的行為とカマド神の成立」『考古学と生活文化』（「同志社大学考古学シリーズ」5）、同志社大学考古学シリーズ刊行会
東京都埋蔵文化財センター編 1986『多摩ニュータウン遺跡　昭和59年度』第4分冊
戸田芳実 1987「むらの季節と農事」『週刊朝日百科　日本の歴史』第60号、朝日新聞社
戸田芳実 1991「十一―十三世紀の農業労働と村落」『初期中世社会史の研究』東京大学出版会（初出は1976）
栃木県教育委員会編 1993『金山遺跡』Ⅰ
栃木県教育委員会ほか編 1999『多功南原遺跡』
冨永樹之 2005「神奈川県における奈良・平安時代の祭祀遺構と遺物」『論叢古代相模』相模の古代を考える会
中沢　悟 1986「竈の廃棄について」『大原Ⅱ遺跡・村主遺跡』群馬県教育委員会ほか
長野県埋蔵文化財センター編 1996『長野県屋代遺跡群出土木簡』
中村　喬 1985「竈神と竈の祭について」『立命館文学』第481・482号合併号、立命館大学人文学会
日本製鋼所遺跡調査会編 1995『武蔵国府関連遺跡調査報告　日鋼地区』
久松哉須子 1992「カマドをめぐる祭祀」『考古学と生活文化』同志社大学
日立市教育委員会編 1980『諏訪遺跡』
平川　南 1990「庄作遺跡出土の墨書土器」『千葉県芝山町　小原子遺跡群』芝山町教育委員会
平川　南 1991「竈神・歳神」『歴博』第46号、国立歴史民俗博物館
平川　南 2000『墨書土器の研究』吉川弘文館

保立道久 1998「巨柱神話と天道花」『物語の中世』東京大学出版会（初出は1990）
増尾伸一郎 1997『万葉歌人と中国思想』吉川弘文館
増尾伸一郎 2001「氏神・土の気・竈神とその鉱脈」『系図をよむ／地図をよむ─物語時空論─』（「叢書　想像する平安文学」7）、勉誠出版
松前　健 1998「古代宮廷竈神考」『松前健著作集』12、おうふう（初出は1974）
水野正好 1972「外来系氏族と竈の信仰」『大阪府の歴史』第2号、大阪府史編集室
水野正好 1982「竈形　日本古代の竈神の周辺」『古代研究』第24号、元興寺文化財研究所
水野正好 1985「招福・除災　その考古学」『国立歴史民俗博物館研究報告』第7集、国立歴史民俗博物館
三山　隆 2000・2001「竈神図（上・中・下）」『アジア遊学』第21・22・24・25号、勉誠出版
宮本常一 1984「民家」『新版　絵巻物による日本常民生活絵引』2、平凡社（初出は1965）
守屋美都雄 1978「竈の神の祭」（東洋文庫『荊楚歳時記』十二月の項の解説）、平凡社（初出は1963）
柳田国男 1969a「祭日考」『定本柳田国男全集』11、筑摩書房（初出は1946）
柳田国男 1969b「卯月八日」『定本柳田国男全集』13、筑摩書房（初出は1917）
山下克明 1996「陰陽師再考」『平安時代の宗教文化と陰陽道』岩田書院
山梨県考古学協会 1995「発掘が語る古代竪穴住居の様相」『山梨県考古学協会誌』第7号
義江明子 1986「平野社の成立と変質」『日本古代の氏の構造』吉川弘文館（初出は1984）
吉澤　悟 1994「内膳司の竈神について」『宗教史・地方史論纂』刀水書房
吉村武彦 2002『古代文字資料のデーターベース構築と地域社会の研究』（科学研究費報告）、明治大学
和歌森太郎 1948「家の神としてのカマド神」『日本歴史』第13号、日本歴史学会
渡辺康弘 1993「竈神の祭祀」『二十一世紀への考古学』雄山閣出版

追記

　本稿脱稿後に、高島は「関東地方集落遺跡出土人面墨書土器再考」（2004）を著書『古代東国地域史と出土文字資料』（東京堂出版、2006）に補筆修正して収録した。また笹生衛は「古代村落における祭祀の場と仏教施設」（『神仏と村景観の考古学』弘文堂、2005）において庄作遺跡の「竈神」の墨書土器を取り上げている。併せて参照されたい。

「鴨御神」小考
── 古代の農耕祭祀に関わる一資料 ──

三上喜孝

はじめに

　本稿では、平安時代の荘園遺跡として著名な石川県金沢市上荒屋遺跡出土の木簡を手掛かりに、古代における農耕祭祀の実態を考察することを目的とする。近年筆者は、木簡や墨書土器などの出土文字資料から、古代における農業労働や農耕儀礼の実態をさぐる試みをしているが、本稿もその一環として、考察を試みるものである。

1　上荒屋遺跡の概要と「鴨御神」木簡

　上荒屋遺跡は石川県金沢市上荒屋に所在し、手取川扇状地の扇端、安原川流域の微高地に立地している。
　1990年度の調査で木簡が53点出土したが、そのすべてが幅約8m、深さ約2mの河川（SD40）からのものであった。このSD40には数ヵ所の船着場状遺構が確認され、近接して2間×5間西庇付の大型掘立柱建物も2棟確認されている。
　SD40からは木簡のほかにも、斎串、人形、馬形などの木製品や、帯金具、銅鈴、儀鏡などの金属製品なども出土しているが、なかでも注目されるのは500点以上の墨書土器が出土している点である。このうち、8世紀の墨書土器として「庄」や「綾庄」の記載がみえ、9世紀の墨書土器では6割以上に「東庄」（200点以上）の記載がみえる。ここから、便宜的に8世紀段階を「綾庄」段階、9世紀を「東庄」段階と呼んでいる。
　出土した木簡のうち、最も多いのは米の数量を記した付札木簡である。以下、上荒屋遺跡出土の付札木簡をあげてみる〔金沢市教育委員会ほか編 1993〕。

　1号　「品治部君足黒五斗二升」　120×15×4　051
　2号　「荒木佐ツ麻呂黒五斗二」　124×15×5　051
　4号　「く酒人月朔　　」
　　　　「く　奉　　　　」　110×20×5　033
　5号　「く大根子籾種一石二斗」　175×18×5　033
　7号　「く封　四人料　（127）×30×2

8号　「く□庭一石二斗」　178×20×5　032
　　　　［許］
9号　「度津日佐万呂黒五斗二升」　145×20×2　051
16号　「く富子一石二斗　(106)×16×3　033
18号　「春日千麻呂黒五斗二升」　113×16×2　051
19号　「津守久万呂五斗」　124×17×5　051
20号　「秋万呂上白米五斗」　142×18×4　051
22号　[　]酒人黒米五斗一升」　(110)×18×3　059
24号　・「八作万呂五斗」　211×25×5　051
　　　・「二月十五日□」
34号　「山人上黒米五　(87)×20×4　019
35号　「山人上黒米五斗」　150×19×9　051
36号　・「淨公上白米五斗」　140×14×4　051
　　　・「　「欠二升」　」
37号　「く福マ仁加□一石」　160×30×7　033
43号　「く鴨御神一束」　109×25×4　033
47号　「法師万呂米五斗」　151×14×5　033
50号　「針真黒五斗二升」　130×16×5　051

　付札木簡のうち、「人名＋米の数量」という書式のものが多いが、これは貢進者名とその負担額が記されたものとみてよいだろう。
　また、5号木簡は「籾種」とあるように、種籾に付けた木簡、いわゆる「種子札」であると推測される〔平川1999〕。「大根子」は稲の品種名であろう。同様に、8号、16号も「種子札」であると推測されている。
　43号木簡「鴨御神一束」は、報告書では当初「鴨御神「不」」と読まれていた。この点について報告書では次のように説明している。「追筆の「不」については、字体としては「束」とも読み取れるが、正倉院文書の追筆の用例「不」「不用」「不仕」等のように、この付札の追筆も「不用」を意味する「不」とする方が理解しやすいであろう」（平川南執筆）。すなわち、「不」を追筆ととらえ、この木簡が不要になった際に「不」と書かれて廃棄されたと解釈されていたのである。だがその後、平川南は後にこの木簡の釈文を改め、著書の中で「鴨御神一束」と読みなおしている〔平川2003〕。
　平川は「一束」と読み改めた根拠を明示してはいないが、筆者も「鴨御神一束」という読みを支持する。一見「一束」とは読みがたいようにも思えるが、地方出土の木簡には、「束」をきわめて簡略化して「小」のような書き方をするものがみられる。兵庫県吉田南遺跡出土木簡（『日本古代木簡選』岩波書店、1990）や、新潟県榎井A遺跡出土木簡（頸城村教育委員会編『榎井A遺跡』1998）にみられる「束」の字形はこのタイプである。地方出土木簡にみえる「束」の字形の類例から考えて、これを「一束」と読むことに全く支障はない。

（六カ）　　　（浄カ）
「十月□日　□火□万呂秋カ六十挾
　　静万呂卅一挾カ一束四巴　　正□
　　　　　　　　　　持□
　　　　　　　　　　（万カ）

兵庫県世吉田遺跡出土木簡
（『日本古代木簡選』岩波書店）

　　　（主カ）　（把カ）
十四束□七束四□
　　　　　　　　チ
　　　　　　　　乃
　　　　　　　　五
　　　　　　　　束
　　　　　　　　魚
　　　　　　　　万

新潟県榎井Ａ遺跡出土木簡
（頸城町教育委員会編『榎井Ａ遺跡』）

石川県上荒屋遺跡出土「鴨御神」木簡
（金沢市教育委員会ほか編『上荒屋遺跡』）

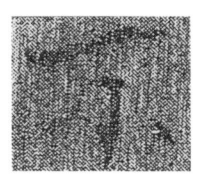

拡大「一束」 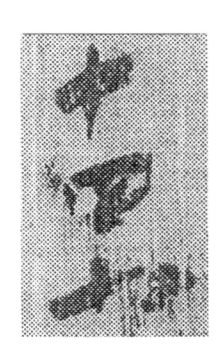　　　拡大「十四束」 　　　拡大「一束」

また、この木簡が付札の形状を呈していることからも、ここに数量が書かれていて何ら不思議ではない。さらに本木簡全体の字配りから考えても、廃棄の際の追筆を想定することは難しく、当初から「鴨御神一束」と書かれていたとみるべきである。
　以上から、「鴨御神」の下には「一束」という稲の数量が記載されていたと考えて問題ないと考える。そしてこの付札木簡は、収穫時に「鴨御神」に進上された稲1束に付された木簡であると推定することができる。

2　「祭祀料」としての稲束

　付札状の形状や記載内容から、43号木簡が「鴨御神」に進上すべき稲1束に付けられた木簡であることが判明したが、神に対するこうした稲の進上は何を意味するのであろうか。これまでに確認されている資料から、その意味について考えてみたい。
　まず、これに関連してすぐに思い起こされるのは、藤原宮出土の初期荘園にかかわる長大な木簡の記載である。弘仁元年（810）銘をもつこの木簡は、某荘園の収支に関して、まず弘仁元年の収穫高を記し、それに続けて、同年10月から翌年2月までの種々の支出と残高を詳細に書き上げている。初期荘園における田作料、出挙、義倉、田租などの実態がわかるほか、荘園内での生活にかかわる具体的な記述も含まれているきわめて興味深い資料である。
　木簡の釈文全体については『日本古代木簡選』を参照していただきたいが、本稿との関連で注目されるのは、木簡の裏面1段目にある次のような記載である。

糯米春料一束酒〔　〕
祭料物并同料青奈等持夫功一束
依門□事太郎経日食二束
庄内神祀料五束

この段の記載の最後の行には「庄内神祀料五束」とある。これを「庄内の神」と読むか「庄の内神」と読むかは問題だが、後者の場合、「内神」は荘園内の戌亥の隅の神を示している可能性がある〔三上 2003b〕。
　奈良時代の荘園図として知られている越中国東大寺領の諸荘園図をみてみると、例えば次のような例がある（以下は『大日本古文書　東大寺文書之四』による）〔木村 2003〕。
　(1)「越中国新川郡大藪開田地図」（天平宝字3年〈759〉、正倉院所蔵）
　　大藪村の北堺の外に「鹿墓社」の記載がみえる。
　(2)「越中国新川郡大荊村墾田地図」（神護景雲元年〈767〉、正倉院所蔵）
　　西北堺の外に「鹿墓社」の記載がある。そしてそこが辛女川と古川の流出点になっている。
　(3)「越中国新川郡丈部開田地図」（天平宝字3年〈759〉、正倉院所蔵）
　　丈部村の西北堺の外に「味当社」の記載がある。付近の「庄所三町」「味当村古郡所」とともに二重の円で囲まれている。

(4)「越中国砺波郡杵名蛭村墾田地図」(神護景雲元年〈767〉、正倉院所蔵)

　　杵名蛭村の荘園内に「在社」の記載が3ヵ所みえる。

(5)「越中国射水郡鹿田村墾田地図」(年次不詳)

　　荘域中央に「社所一段」の記載がある。また、荘内に「榛林井神社」の記載がある。その東隣の坪には「三宅所」の記載がある。

(6)「越中国砺波郡井山村墾田地図」(神護景雲元年〈767〉、正倉院所蔵)

　　南堺に「社所一段」の記載がある。同坪に「主神分一段・荊波分四段、雄神分四段」の記載がある。

　以上の記載から、荘園内部あるいは境界の外に、固有名を持った神社が存在していたことがわかる。

　これらの事例を荘園の鎮守社とみるか否かについては議論があるが〔木村 2003〕、いずれにしても、藤原宮出土木簡の「庄内神」が、こうした荘園図にみえる「社」に相当するものと考えるのは自然であろう。そしてこの木簡の記載は、こうした神に対する祭祀料を記していると考えられるのである。同じ段には「祭料物」の記載もみえることから、この段の記載は荘園内における秋の祭礼にかかわる支出の記載かも知れない。

　問題は「庄内神祀料」の「五束」がどのような形で使用されたのかであるが、一つは、この「五束」は、祭料物を調達する際の財源として使われたという可能性が考えられる。だがその場合、5束が具体的にどのような「祭料物」の調達に使用されたかが記載されるはずであろう。

　もう一つは、この「五束」じたいが「庄内神」に奉納された可能性である。

　これに関連して注目されるのは、やや時期がさかのぼるが、かつて宮原武夫が注目した天平2年(730)度大倭国正税帳(「正倉院文書」)である。ここに記載された39ヵ所の神戸のうち、ただ一つ神田を有する大神神戸の場合、神田1町8段の種稲として段別2束の割合で合計36束の種稲を計上している。興味深いのはこの数字が同社の祭神料36束と一致しているということである。ここから宮原は、初穂料が種稲に相当していた可能性を示唆している〔宮原 1973〕。

　祭神料と初穂料、そして種稲との関連性がうかがえるが、収穫後の稲そのものを神社に奉納するとはつまりは初穂を貢納することであり、その背景には、神から賜与された種稲を収穫時に返納するという意識がうかがえる〔三上 2003a〕。すなわち種稲分が初穂として進上されるのである。

　以上の検討をふまえると、「鴨御神」木簡は、荘園と関わりが深いと思われる「鴨御神」に対して直接奉納される「祭祀料」としての稲に付せられたものであり、可能性としては、荘園と関わりの深い神に対する初穂貢納にかかわることが考えられる。

　さらに、上荒屋木簡にみえる貢進物の多くが黒米あるいは白米の形(斛斗升)で納められている中で、「鴨御神」に進上されたと思われる稲が穎稲の形態(「束」)で納められている点は他と異なる著しい特徴である。

　穎稲による貢納については、次の史料が参照される。

『日本後紀』大同元年(806) 8月乙酉(25日)条

参議東海道観察使従三位藤原朝臣葛野麻呂言、延暦十七年格、出挙正税、給穀収穀、立為恒例者。而今奉勅、稲有早晩、各任土宜。而尽穎為穀、種子難弁。宜本者収穎、利者納穀、不絶本穎、廻充種子。本稲之外、不得収穎。若有過限収穎者、国郡官司、科違勅罪者。（後略）

　これによると、正税出挙の際に、穀で納入してしまうと早稲や晩稲などの品種の区別がつかなくなってしまうので、本稲については穎稲で、利稲については穀で納めさせることを命じたものである。実態はともかく、ここから本来は種稲が穎稲で納入されるべきものであったことが知られる。「鴨御神」に貢進された「一束」も、あるいは種稲を意味していたとも考えられ、こうした形態の相違も、初穂貢納という特別な意味とかかわってくると評価できるのではないか〔三上 2003a〕。

　次に奉納された稲の数量が「一束」である点に注目してみよう。藤原宮初期荘園木簡によれば、「庄内神」にわずか5束が奉納されたことが記されている点や、一般に初穂は収穫のほんの一部を奉納するという点からすれば、1束というきわめて少量の稲が奉納されたのも不自然ではないだろう。

　やや時代が下るが、天喜6年（1058）の「紀伊国高津郡司解」（「九条家本延喜式紙背文書」『平安遺文』893・894号）には、「例用稲壱束　村々神祭料」という記載がみられ〔木村 2003〕、「村々の神」の祭料として稲1束が計上されていた事例があったことがわかる。この事例からみても、「鴨御神」に祭料として「一束」が貢納されたとみるのはやはり不自然ではないのである。

　ただしこの木簡が、他の貢進物付札などと同じ場所から出土している点には留意する必要がある。つまり、この木簡はこの地で祭祀が行われた際に廃棄されたものではなく、その前段階で廃棄されたものであるとも考えられる。このことからすると、祭祀料の稲は1束にとどまらず、たとえば荘園内の複数の田地から1束ずつ運ばれた稲（初穂）がいったんこの場でとりまとめられた上で、あらためて別の場所にある「鴨御神」に奉納された可能性も考えられる。その場合、本木簡はそのうちの一部ということになろう。

　いずれにせよ、「鴨御神」への進上用として「一束」という少量の単位の穎稲に付札木簡が使用されている点は動かないわけで、このことは荘園と関わりの深い神に対する初穂進上という特別な意味を持つものである可能性を高めるものと考えてよいであろう。

3　「鴨御神」の再検討

　以上のように木簡の内容をとらえることができるとすれば、この木簡にあらわれる「鴨御神」は、この荘園と関わりの深い農耕神として重要な位置を占めていた可能性がある。ではこの「鴨御神」とは、どのような神であろうか。次にこの点について若干の考察を加えてみたい。

　報告書では、この「鴨御神」について「延喜式内社として加賀郡に「賀茂神社」、『白山之記』（長寛元年〈1163〉成立）によれば、安宅（現小松市安宅町）に「加茂社」が存する」として、周辺地域における「賀茂社」の存在を指摘している〔金沢市教育委員会ほか編 1993〕。

「鴨御神」が文献史料等で確認できる神社に対応するものであるのかどうかについては、不明といわざるを得ないが、これが『延喜式』にみえる加賀郡の「賀茂神社」をさすとした場合、同じ加賀郡内に所在する神社として稲が奉納されたことになる。あるいは、必ずしも『延喜式』の「鴨神社」を直接指すのではなく、荘園内の神として「鴨御神」が存在していた可能性も考えられる。

ところで「鴨御神」は、もともと山城国に所在する賀茂神社に由来するとみられるが、賀茂神社の由来については、『山城国風土記』逸文に次のようにある。

（賀茂社）
山城の国の風土記に曰はく、可茂の社。可茂と称ふは、日向の曾の峯に天降りましし神、賀茂建角身命、神倭石余比古の御前に立ちまして、大倭の葛木山の峯に宿りまし、彼より漸に遷りて、山代の国の岡田の賀茂に至りたまひ、山代河の随に下りまして、葛野河と賀茂河との会ふ所に至りまし、賀茂川を見廻かして、言りたまひしく、「狭小くあれども、石川の清川なり」とのりたまひき。仍りて、名づけて石川の瀬見の小川と曰ふ。彼の川より上りまして、久我の国の北の山基に定まりましき。爾の時より、名づけて賀茂と曰ふ。賀茂建角身命、丹波の国の神野の神伊可古夜日女にみ娶ひて生みませるみ子、名を玉依日子と曰ひ、次を玉依日売と曰ふ。玉依日売、石川の瀬見の小川に川遊びせし時、丹塗矢、川上より流れ下りき。乃ち取りて、床の辺に挿し置き、遂に孕みて男子を生みき。人と成る時に至りて、外祖父、建角身命、八尋屋を造り、八戸の扉を堅て、八腹の酒を醸みて、神集へ集へて、七日七夜楽遊したまひて、然して子と語らひて言りたまひしく、「汝の父と思はむ人に此の酒を飲ましめよ」とのりたまへば、即て酒坏を挙げて、天に向きて祭らむと為ひ、屋の甍を分け穿ちて天に升りき。乃ち、外祖父のみ名に因りて、可茂別雷命と号く。謂はゆる丹塗矢は、乙訓の郡の社に坐せる火雷神なり。可茂建角身命、丹波の伊可古夜日売、玉依日売、三柱の神は、蓼倉の里の三井の社に坐す。
（『釈日本紀』巻９）

（賀茂乗馬）
妹、玉依日子は、今の賀茂県主等が遠つ祖なり。其の祭祀の日、馬に乗ることは、志貴島の宮に御宇しめしし天皇の御世、天の下国挙りて風吹き雨零りて、百姓含愁へき。その時、卜部、伊吉の若日子に勅して卜へしめたまふに、乃ち卜へて、賀茂の神の祟なりと奏しき。仍りて四月の吉日を撰びて祀るに、馬は鈴を係け、人は猪の頭を蒙りて、駈馳せて、祭祀を為して、能く禱ぎ祀らしめたまひき。因りて五穀成就り、天の下豊平なりき。馬に乗ること此に始まれり。
（『本朝月令』所引「秦氏本系帳」）

（三井社）
又、曰はく、蓼倉の里、三身の社。三身と称ふは、賀茂建角身命、丹波の伊可古夜日女、玉依

日女、三柱の神のみ身坐す。故、三身の社と号く。今は漸に三井の社といふ。(『釈日本紀』巻9)

　すでに指摘されているように、賀茂の雷神の祭を掌握していたのは賀茂県主一族であり、賀茂県主によって、農耕神としての雷神の祭祀が行われていた。賀茂の祭は本来は農耕の豊かな稔りを祈願して行われる祭りであり、それは水の信仰にかかわる普遍的な祭りの一類型として位置づけられると考えられる〔義江 1996〕。

　こうした水の信仰としての「カモ神」は、地域的広がりをみせたものと思われ、上荒屋遺跡の「鴨御神」も、こうした農耕祭祀としての「カモ神」との関わりでとらえることができるのではないだろうか。

　そのように考えた場合、「鴨御神」は、この荘園における開発や勧農と深く関わっていた存在であったと考えざるを得ない。

　ところで、網野善彦は、中世において賀茂（上賀茂神社）・鴨（下賀茂神社）両社に属する神人が供祭人と呼ばれ、海民的特質を持っていたことをふまえた上で、賀茂社の荘園が若狭、加賀、能登、越中、伯耆、出雲、石見、鴨社の荘園が若狭、越前、越中、越後、丹後、但馬、因幡など、日本海沿岸諸国一帯に分布する事実を指摘している。このことから、賀茂・鴨社の神人が、日本海の海上交通に多くの役割を果たしていたのではないかと推測する。そして「今後、こうした方面からさらに追求していくならば、その足跡を細かくたどることも可能になるのではないかと思われる。おそらく、この両社に属した海民の活動も、東北におよんでいたに相違ない」と述べている〔網野 1990〕。賀茂・鴨社の分布が日本海沿岸にみられるという指摘は、きわめて興味深い。

　これとは別に、上荒屋木簡の「鴨御神」にみられるように、中世以前においてもすでに日本海側地域にカモ神の分布はすでに確認される。石川県内では、金沢市上荒屋遺跡にとどまらず、嘉祥2年（849）の牓示札が出土したことで著名な津幡町の加茂遺跡からも「鴨寺」と書かれた墨書土器が出土しており、ここでもやはりカモ氏、あるいはカモ社との関連をうかがわせる。出土文字資料から、これまで文献で確認されていた以上の分布が想定されるのである。今後は古代の北陸地方においてカモ氏あるいはカモ神が果たした役割をさぐる必要があることを示唆しているのかも知れない。そしてこのことが中世で日本海沿岸の荘園に賀茂・鴨社関係のものが多いという事実と関わるのか否かについても、今後の検討課題であろう。

　その際、古代におけるカモ神の広がりは、網野が指摘したような海民的活動の成果、といった面にとどまらず、信仰の内実としては、すでにみたように農耕神としての性格にも留意すべきではなかろうか。とくに北陸地方で初期荘園による開発が8世紀後半以降急速に進んでいくという事実は、そうした荘園開発や農業労働を信仰面で支えるものとして「鴨御神」が受容された可能性があることを示しているようにも思えるのである。

おわりに

　本稿では、石川県金沢市上荒屋遺跡から出土した「鴨御神一束」とかかれた木簡を素材として、

初期荘園における祭祀のあり方やその地域的特質についての検討を試みた。断片的な資料のゆえ、推測にわたる部分がきわめて多くなってしまった。
　古代荘園における祭祀や信仰の実態は、必ずしも明らかになっているわけではないのが現状であるが、上荒屋遺跡出土木簡という良好な資料群は、この問題をさぐる上での糸口を与えてくれているようにも思える。古代における開発、勧農とそれを支える神事や儀礼についての研究は、なお今後の課題である。

参考文献
網野善彦 1990「北国の社会の日本海」『日本海と北国文化』(「海と列島文化」1)、小学館
金沢市教育委員会・上荒屋西部土地区画整理組合編 1993『東大寺横江荘推定地　上荒屋遺跡』2
木村茂光 2003「鎮守社の成立と農耕儀礼」『環境と心性の文化史』下、勉誠出版
平川　南 1999「種子札と古代の稲作」(『古代地方木簡の研究』吉川弘文館、2003に再録)
平川　南 2003『古代地方木簡の研究』吉川弘文館
三上喜孝 2003a「出挙に関する二、三の考察」『日本律令制の構造』吉川弘文館
三上喜孝 2003b「出挙・農業経営と地域社会」『歴史学研究』第781号、歴史学研究会
宮原武夫 1973『日本古代の国家と農民』法政大学出版局
義江明子 1996『日本古代の祭祀と女性』吉川弘文館

おわりに

　国士舘大学を会場として開催された第71回日本考古学協会総会のテーマ会場の資料集であった『古代の信仰を考える』が、このような論文集のかたちで世に出ることとなった経緯につきましては、「はじめに」で触れた通りです。

　考古学から古代の信仰を促える研究は、出土する人形や墨書土器をはじめとする大量の信仰関連遺物や、村落内に存在する寺院遺構などが確認されたここ20年の間に格段に進展した分野のひとつであると思います。特に墨書土器に関しては、文字の解釈のみならず、それらに込められた信仰の内容に言及するまでに研究が進んできました。また、文字を持つ考古資料の発見により、文献史を専門とする研究者が考古遺物を用いて論を展開するなど、それまであまり接点のなかった文献史学者と考古学者の共同研究が進展する結果となり、本書でもそれを重視しました。

　考古学はもともと、遺構や遺物を対象とする学問ですので、信仰という目に見えない事象を研究することを不得手とする学問です。先述した墨書土器に関しても、それらがどういった信仰に際して、どのように用いられたのか、という問題に関しては、その重要性が指摘されながら、あまり進んでこなかったようにも見えます。

　これからは、これらの蓄積を活かし、より個々の研究の深化をはかるとともに、それに留まらずより大きな視野で「古代の信仰」を解明する必要があると思います。

　資料集の時から編集に関わったもののひとりとして、この論文集が、多くの人たちに活用され、さらにこの分野の研究が一層進展することを心から願ってやみません。

　本書は、第72回日本考古学協会の総会に間に合うよう準備を進めてきました。しかし、実際には諸事情により発刊が遅れてしまいました。早々にお原稿を頂いた執筆者の方々には、大変ご迷惑をお掛けしたことをお詫びいたします。

2006年7月1日

齊藤　直美

執筆者一覧 (五十音順)

①最終学歴、②現職、③業績(主要著書・論文)

荒井秀規

①明治大学大学院文学研究科史学専攻博士後期課程満期退学

②藤沢市教育委員会生涯学習課博物館準備担当学芸員

③「交通」『日本史小百科』(編著)、東京堂出版、2001年

　「神に捧げられた土器」『神仏と文字』(「文字と古代日本」4)、吉川弘文館、2005年

　「日本古代の「公民」をめぐって」『律令制国家と古代社会』塙書房、2005年

内田律雄

①青山学院大学文学部史学科

②鳥取県教育庁埋蔵文化財調査センター主幹

③『出雲国造の祭祀とその世界』大社文化事業団、1999年

　「『出雲国風土記』の郷について」『出雲古代史研究』第9号、出雲古代史研究会、1999年

　「竈神と竈の祭祀」『季刊考古学』第87号、雄山閣出版、2004年

金子裕之

①國學院大學大学院修士課程修了

②奈良女子大学特任教授

③『平城京の精神生活』角川選書、1997年

　『古代庭園の思想』角川選書、2002年

　「平城宮の園林とその源流」『東アジアの古代都城』奈良国立文化財研究所、2003年

小嶋芳孝

①同志社大学文学部

②金沢学院大学美術文化学部文化財科教授

③「能登の半島世界」『人とモノと道と』(「いくつもの日本」3)、岩波書店、2003年

　「錫杖状鉄製品と蝦夷の宗教」『アイヌ文化の成立—宇田川洋先生華甲記念論文集—』北海道出版企画センター、2004年

須田　勉

①早稲田大学教育学部

②国士舘大学文学部教授

③「国分寺造営勅の評価」『古代探叢—滝口宏先生追悼考古学論集—』Ⅳ、早稲田大学出版部、1995年

　「初期長屋王政権の対地方政策に関する検討」『日本考古学』第15号、日本考古学協会、2003年

　「平安時代における国衙祭祀の一形態」『考古学の諸相—坂詰秀一先生古希記念論文集—』Ⅱ、匠出版、2006年

高島英之
①青山学院大学博士後期課程中退
②(財)群馬県埋蔵文化財調査事業団専門員
③『古代出土文字資料の研究』東京堂出版、2000年
　「墨書土器村落祭祀論序説」『日本考古学』第9号、日本考古学協会、2000年
　「関東地方集落遺跡出土人面墨書土器の再検討」『律令制国家と古代社会』塙書房、2005年

平川　南
①山梨大学学芸学部・文学博士（東京大学）
②国立歴史民俗博物館館長
③『漆紙文書の研究』吉川弘文館、1989年
　『墨書土器の研究』吉川弘文館、2000年
　『古代地方木簡の研究』吉川弘文館、2003年

三上喜孝
①東京大学大学院人文社会系研究科博士課程単位取得退学・博士（文学）
②山形大学人文学部助教授
③『日本古代の貨幣と社会』吉川弘文館、2005年
　「城柵」『文字による交流』（「文字と古代日本」2）、吉川弘文館、2005年
　「出挙の運用」『流通と文字』（「文字と古代日本」3）、吉川弘文館、2005年

宮瀧交二
①立教大学大学院後期課程（史学専攻）学位予備論文提出後退学
②大東文化大学文学部専任講師
③「日本古代の村落と開発」『歴史学研究』第638号、歴史学研究会、1992年
　『歴史をよむ』東京大学出版会、2004年
　「村落と民衆」『社会集団と政治組織』（「列島の古代史」3）、岩波書店、2005年

吉澤　悟
①筑波大学大学院博士課程歴史・人類学研究科中退
②奈良国立博物館学芸課資料室長
③「穿孔骨蔵器にみる古代火葬墓の造営理念」『日本考古学』第12号、日本考古学協会、2001年
　「茨城県北浦町出土の灰釉短頸壺について」『Museum』No.586、東京国立博物館、2003年
　「火葬墓の出現と広がり」『千葉県の歴史　資料編　考古4』千葉県、2004年

古代の信仰と社会

2006年10月5日　初版発行

編　者　国士舘大学考古学会
発行者　八木環一
発行所　有限会社 六一書房
　　　　〒101-0064　東京都千代田区猿楽町1-7-1高橋ビル1F
　　　　TEL：03-5281-6161　FAX：03-5281-6160
　　　　http://www.book61.co.jp/
　　　　E-mail：info@book61.co.jp
　　　　振替：00160-7-35346
編　集　有限会社 天山舎
印刷・製本　有限会社 平電子印刷所

©国士舘大学考古学会　2006　Printed in Japan
ISBN4-947743-42-5　C3021